本书是 2009 年国家社科基金青年项目"当代湘西民族文化互动与族际关系研究"（项目编号 09CMZ023）结题成果（结项证书号 20110426）

◇中南民族大学民族学文库

认同与偏见

湘西土家族苗族族群关系的文化表达

李　然◎著

中国社会科学出版社

图书在版编目(CIP)数据

认同与偏见：湘西土家族苗族族群关系的文化表达 / 李然著 . —北京：中国社会
科学出版社，2017.2

ISBN 978-7-5161-9276-4

Ⅰ.①认… Ⅱ.①李… Ⅲ.①土家族-民族文化-研究-湘西土家族苗族自治州
②苗族-民族文化-研究-湘西土家族苗族自治州 Ⅳ.①K287.3②K281.6

中国版本图书馆 CIP 数据核字（2016）第 270863 号

出 版 人	赵剑英
责任编辑	朱华彬
责任校对	胡新芳
责任印制	张雪娇

出 版	中国社会科学出版社
社 址	北京鼓楼西大街甲 158 号
邮 编	100720
网 址	http://www.csspw.cn
发 行 部	010-84083685
门 市 部	010-84029450
经 销	新华书店及其他书店

印 刷	北京君升印刷有限公司
装 订	廊坊市广阳区广增装订厂
版 次	2017 年 2 月第 1 版
印 次	2017 年 2 月第 1 次印刷

开 本	710×1000 1/16
印 张	28.25
插 页	2
字 数	447 千字
定 价	105.00 元

总　序

　　民族学是中南民族大学特色学科、优势学科，曾先后被评为国家民委重点学科、湖北省重点学科、湖北省优势学科。中南民族大学民族学学科形成了从预科、本科到硕士、博士、博士后完整的人才培养链条。民族学本科专业是教育部特色品牌专业、湖北省特色优势专业，马克思主义民族理论与政策是国家级精品课程、国家精品资源共享课程。拥有民族学一级学科博士点、一级学科硕士点，其中一级学科博士点下设民族学、马克思主义民族理论与政策、中国少数民族史、中国少数民族经济、中国少数民族艺术、民族教育、民族法学和少数民族语言文学8个二级学科博士点，一级学科硕士点下设民族学等5个二级学科硕士点。设立有民族学专业博士后科研流动站。在2013年教育部公布的学科评估中，中南民族大学民族学在全国同类学科中排名第四，保持了在全国该学科中的领先水平。

　　中南民族大学民族学历史悠久，底蕴深厚。早在1951年，由我国著名民族学家岑家梧教授领衔，学校创建了民族研究室。20世纪50—60年代，以岑家梧、严学宭、容观瓊、刘孝瑜等先生为代表的一批学者，积极开展民族研究工作，参与了新中国成立初期的全国民族大调查，并为京族、毛南族、土家族、黎族等中南、东南地区的民族识别做出了突出贡献。1983年，著名民族学家、社会学家吴泽霖先生在中南民族学院创建了国家民委直属重点研究机构——民族研究所，由此民族学学科发展迅速。20世纪80—90年代，在吴泽霖先生的带领下，涌现了彭英明、吴永章、吴永明、答振益、李干、张雄、刘美崧、杨清震等一批具有全国影响的专家，在南方少数民族历史与文化、马克思主义民族理论与政策、少数民族经济等研究领域取得了一大批突出的成果。

近 10 余年来，中南民族大学大力开展民族学学科群建设，在进一步突出民族学传统学科方向和研究领域的同时，以民族学一级学科为平台，形成了民族教育、民族法学、民族语言文学、民族艺术、民族药学等多个特色交叉学科，学科覆盖面日益扩大。学科发展支撑条件优势明显，现有湖北省南方少数民族研究中心、国家民委南方少数民族非物质文化遗产研究中心、国家民委中国城市民族与宗教事务治理研究中心、国家民委少数民族教育发展研究基地、国家民委民族团结进步创建活动研究中心、湖北省中国少数民族审美文化研究中心、湖北省民族地区经济社会发展研究中心、湖北少数民族非物质文化遗产保护基地、湖北省民族立法研究中心、湖北区域历史文化研究基地和中国人类学民族学研究会散杂居民族问题研究专业委员会等 10 余个省部级研究中心和研究基地。2016 年，获批国家民委"武陵山片区减贫与发展协同创新中心"，同时，中国武陵山减贫与发展研究院、中南民族大学与湖北恩施州共建"恩施发展研究院"也依托该一级学科。

该学科条件优良，设施完备，团队实力雄厚。建有藏书 10 万余册的"民族学人类学文献资料中心"，设施完备的"民族学人类学田野调查实验室"，拥有国内第一家民族学博物馆，馆藏民族文物 2 万余件。学科还打造了国家民委创新团队"民族文化传承与发展创新团队"，以及南方少数民族历史文化研究、散杂居民族研究、南方少数民族非物质文化遗产、民族社会发展研究、中国边疆民族与宗教问题研究、民族地区减贫与发展等校级资助的研究团队。

学科现有专职研究人员 79 人，其中教授 33 人，副教授 38 人，博士生导师 20 余人。学科团队结构合理，具有雄厚的教学科研实力。学科带头人雷振扬、段超、许宪隆、田敏、柏贵喜、李吉和、李俊杰、李忠斌、康翠萍、哈正利、闫天灵等学者表现突出，在中国特色民族理论与民族政策、南方民族历史文化、散杂居民族问题、城市民族问题、少数民族非物质文化遗产保护、民族地区社会发展、民族地区减贫与区域发展、民族教育与管理等研究领域获得一大批最新成果，形成新的研究特色和学科优势。高层次学科专家发挥重要影响，有国务院学位委员会学科评议组专家1人，国家"万人计划"1人，国家社科基金评委2人，国家出版基金评委2人，"新世纪百千万人才工程"人才3人，享受国务院津贴专家5人，国家民委领军人才1人，国家民委突出贡献专家4人，教育部新世纪优秀人才计划支持人选4人，另有湖北省突出贡献专家、国家民委民族问题优秀青年专家、国家民委中青年英才等多人。近20余人次担任国家级一级学会及省部级学会的会长、副会长、秘书长和常务理事。

中南民族大学民族学学术研究成果丰硕，近5年就累计主持完成国家级和省部级科研课题140余项，承担国家社科基金重大项目、教育部哲学社科重大攻关项目5项，主持国家社科基金63项；发表核心期刊论文和出版专著230篇（部），40余项成果获教育部及省部级奖，其中教育部人文社科优秀成果奖5项，省部级一、二等奖20余项。部分成果为国家级及省部级领导批示或地方政府采纳，在服务民族地区经济社会发展方面作出了较为突出的贡献。

当前，国家正在统筹推进以建设一流大学和一流学科为主旨的"双一流"建设，我们将以此为契机，以建设一流师资队伍、培养拔尖创新人才、产出标志性科研成果、传承创新优秀文化、切实服务民族社会为抓手，不懈努力，开拓创新，争创一流民族学学科。为及时推出中南民族大学民族学学科建设的最新成果，特编辑出版《中南民族大学民族学文库》，以期为中国民族学学科发展作出新的贡献。

目　录

导　　论

一　研究意义

（一）深化族群理论研究

族群理论自 20 世纪 70 年代末被国内民族学界引入并使用后，为我国民族研究开辟了一个崭新的视角，学界对其关注与日俱增。族群理论在民族研究过程中，固然有一定的积极意义。但是，作为一种创生于西方社会文化背景之下的社会科学理论，族群理论在应用于我国实际时，该有一个本土化过程。我国的民族及族群有着不同于西方的社会文化和政治体制背景，族群关系也与西方有着相当的差异。本书试图通过对一个多民族、多族群聚居区的实证研究对族群理论做出回应，以本土的素材丰富和发展族群理论及族群关系理论。

（二）弥补学术研究不足，拓展湘西研究领域

从研究领域上讲，本书是对土家族、苗族研究和湘西研究的一个拓展。学界对土家族、苗族的研究已经取得重要进展，正在向纵深推进。而对湘西地区土家族、苗族这两个主要少数民族之间的文化互动与族际关系的研究却显得相对薄弱。明清时期土家族、苗族关系研究也有少量成果，但对当代土家族、苗族文化互动与族际关系的研究则较少涉及。

（三）为构建和谐湘西提供参考

构建社会主义和谐社会是十六大以来党和政府执政的核心目标之一。党的十七大报告又提出构建和谐民族关系、和谐文化的理念。本书就是对多民族聚居区和谐文化、和谐族群关系、和谐社会构建的探索。

湘西是一个非常具有典型意义的多民族聚居区，有土家、苗、汉、瑶、回、白等 30 个民族，2008 年人口 273.93 万人。土家族、苗族是湘西最主要的少数民族，土家族 113.81 万人，占总人口的 41.55%；苗族 90.79 万人，占总人口的 33.14%。① 从区域经济的角度上看，湘西地处我国中、西部两个经济带的结合部，素为湘、鄂、渝、黔咽喉，目前已被列入西部大开发的范围，是中西部经济发展的底蕴和后劲，关系着西部开发、中部崛起的成败。从区域文化的角度来看，湘西所在的武陵山区是苗族、土家族、汉族、白族等多元复合、多足鼎立的跨文化区域。从历史上看，地处中华腹里的湘西被称为中国的"盲肠"。明清以来，湘西民族问题、社会问题事关国运兴衰，"乾嘉苗民起义"拉开了清朝由盛转衰的序幕，民国年间的"匪患"更是一直延续到新中国成立初期才得以平息。民间也有"三十年一小反，六十年一大反"的民谚。新中国成立以来，湘西确立了新型的社会主义民族关系。但由于历史的原因、现实经济发展的差距等因素，多民族共同发展的潜在不和谐因素仍然存在，不和谐的现象也时有发生。因此，研究湘西土家族、苗族文化互动与族际关系，对于湘西和谐文化、和谐民族关系的构建，促进湘西经济社会全面协调可持续发展，推进和谐社会建设意义重大。同时，通过对一个多民族联合自治的区域自治地方的两个自治民族的研究，能够为多民族地区的和谐文化、和谐民族关系、和谐社会的建设提供更多的理论支持和现实对策建议。

二　理论回顾及研究综述

（一）族群理论及族群关系理论概述

1. 族群概念及其变迁

"族群"是针对英文 ethnic group 一词所做的对译。族群概念最早出现于 20 世纪 30 年代，被用来描述两个群体文化接触的结果，或者是从小规模群体在向更大的社会中所产生的涵化现象。第二次世界大战后，族群一词开始兴起和广泛应用，逐渐取代了英国人的"部族"和"种

---

① 中国民族年鉴社：《中国民族年鉴（2009）》，中国民族年鉴社 2009 年版，第 414 页。

族"。国内外学者都试图对"族群"进行界定，其定义数量繁多，表述各异，一直饱受争议。马戎曾不完全地查阅英文文献，发现至少有 20 多种不同的关于族群的定义，郝时远也列出了 20 种关于族群的定义。①

最早对族群进行界定的是韦伯。20 世纪 50 年代，韦伯将族群定义为："族群是指因体质的或者习俗的或者对殖民化以及移民的记忆认同的相似而对共同的血统拥有主观信仰的群体，这种信仰对非亲属的共同关系具有重要的意义。族群不同于亲属群体。"② 挪威人类学家弗雷德里克·巴斯认为，族群在人类学著作中一般用以指这样一个群体：（1）生物上具有极强的自我延续性；（2）分享基本的文化价值，以实现文化形式上的统一；（3）形成交流和互动的领域；（4）具有自我认同和他人认同的成员资格，以形成一种与其他具有同一秩序的类型不同的类型。③

国内学者潘蛟、徐杰舜等也基于本土的研究提出了自己的族群定义。如潘蛟提出，"族群是人们在交往互动和参照对比过程中自认为和被认为具有共同的起源或世系，从而具有某些共同文化特征的人群范畴"④。徐杰舜认为，"所谓族群，是对某些社会文化要素认同而自觉为我的一种社会实体"。⑤ 上述定义都特别注意到了"族群"概念中的三个关键点：文化、互动、认同。从文化互动的角度出发，本书更认同弗雷德里克·巴斯的族群定义。

2. 族群认同理论

族群是一种建构在认同基础上的人们共同体，"族群意识"是最基本的族群构成要素。所以，族群理论差异的焦点主要存在于族群认同的基础上。在此基础上，形成了文化论、族群边界论、原生论、工具论、辩证阐释理论、建构说等族群认同理论。

---

① 王东明：《关于"民族"与"族群"概念之争的综述》，《广西民族学院学报》2005 年第 2 期。

② Max Weber, "The Ethnic Group", in Parsons and Shils Etal (eds.), *Theories of Society*, The Free Press, Vol. 1, 1961, p. 306.

③ ［挪威］弗雷德里克·巴斯：《族群与边界——文化差异下的社会组织（序言）》，高崇、周大鸣译，《广西民族学院学报》1999 年第 1 期。

④ 潘蛟：《勃罗姆列伊的民族分类及其关联的问题》，《民族研究》1995 年第 4 期。

⑤ 徐杰舜编：《人类学教程》，上海文艺出版社 2005 年版，第 99 页。

（1）文化论。"文化论"又称为客观特征论。该理论通常把族群当作一种社会文化的承载和区分单位①，认为族群之间的根本差别是文化差别，共同的文化特点是族群认同的客观现实基础。② 族群之间的冲突和矛盾主要是他们之间的文化差异造成的，族群问题的解决有赖于这些差异的消失，即文化同化的发生。③ 因此，随着现代化的发展、隔离的消除、文化趋同的加剧，族群问题以及族群本身会因不合时宜而最终消解。

（2）弗雷德里克·巴斯的"族群边界理论"。弗雷德里克·巴斯认为，族群并不是在地域、经济和社会上隔绝状态下形成的文化承载和区分单位，而是一种人们在社会交往互动中生成的社会关系或组织。他强调，应从人们互动中存在的不同文化之间的共生关系和社会整合的必要性来理解族群认同以及族界的生成和维持。所以，自我认定的归属和被别人认定的归属是族群的最重要区分特征。

巴斯重点阐述了族群认同和维持认同的族群边界的生成与作用机制。首先，族群是一种人们自己或别人根据他们的出身和背景来推定的归属范畴。族群认同是族群最基本的构成要素，只要人们在互动中保持族群认同，就必然会产生认辨其成员的标准和标志其族群边界的方式。其次，族群认同和族群边界生成于具有不同内在文化价值取向的人群之间的社会互动，其作用在于组织和结构之间的互动。最后，族群认同和族群边界与社会互动中具有重要意义的文化差异有关联，但族群边界和外在的客观文化差别未必完全吻合。它们之间的关系并不是协变的。文化和社会组织方式的变化未必就会带来族群边界的变化，族群边界可以跨越文化、社会、经济、生态区分单位得以存在和维持。族群边界主要是指一种社会界限，其作用并不在于隔绝人们的交往互动，而是在于组织、沟通、结构和规范人们之间的互动。而这种作用和功能也正是族群边界生成的社会原因。④

---

① 庄孔韶：《人类学通论》，山西教育出版社 2002 年版，第 342 页。

② 勃罗姆利伊：《民族与民族学》，李振锡、刘宇端译，内蒙古人民出版社 1985 年版。

③ ［美］戈登：《同化的性质》，载马戎《西方民族社会学的理论与方法》，天津人民出版社 1997 年版，第 92—93 页。

④ 庄孔韶编：《人类学通论》，山西教育出版社 2002 年版，第 345—346 页。

（3）原生论。原生论认为，族群认同是亲属认同的一种延伸或隐喻。它是人性中某种非理性的原生情感的外化，或某种植根于人类基因中的生物学理性的表现。它分为文化历史学派和社会生物学派。

文化历史学派以格尔兹为代表。他认为族群问题是一种原生情感问题。他偏重于分析人们附着于自己历史和文化上的"原生情感"或赋予自己历史和文化的象征意义，以及这种原生情感在现代国家政治生活中的作用。他认为，在血缘、语言、习俗等方面的一致性中，蕴含着一种自在自束、难以名状，有时甚至是难以抗拒的强制力。把一个人与他的亲戚、近邻、宗教同伴束绑在一起的原因，并不仅仅是由个人的情感、实践中的必要性、共同的利益或由此招致的义务决定的，至少在很大程度上，这是由那种起因于原生纽带本身，但难以解释清楚的绝对意义决定的。但是，几乎在任何一个社会、任何一个时代，就任何一个人而言，有些情感则更多的是源于某种自然的或"精神上"的同源关系，而不是源自于社会互动。① 文化并不是那种具有生态或社会适应功能的行为模式，而是人们赋予那些包括行为在内的各种象征符号的意义，人的许多行为和追求并不完全是出于理性上或经济利益上的算计，而是出于对某种人生观、象征意义或难以名状的美感的执着和迷恋。

社会生物学派代表人物范·登·伯格认为，族群认同是一种植根于人类基因中的生物学理性的外化或表现，表面上看来非理性的原生情感有其生物学基础。族群认同不过是人的自爱或自恋的延伸，这是由人们的基因决定的。因为种族和族群实际上是亲属关系的一种延伸。那些表现型的体征之所以常常被当作族群区分标志，是因为它们较直观地反映了人们在世系或生物学意义上的关联。由于族群是建构在事实或推论的共同世系和起源基础上的人们的共同体，而人们的世系和起源关联一般是通过通婚联姻来构拟的。族群认同具有场景拆合和伸缩性，其拆合和伸缩的逻辑一般是以自我为核心，依据血缘和世系纽带的疏近来向核心家庭、扩大家庭、世系群、氏族、方言群、亚族群和族群等单位逐级拆合和延伸。②

---

① Clifford Geertz, *The Interpretation of Cultures*, London：Fontana Press, 1993.

② Pierre L. Van den Berghe, *The Ethnic Phenomenon*, New York：Elsevier, 1981.

（4）工具论。工具论也被称作"场景论"，该理论认为族群认同生成于对有限资源的竞争中，族籍不过是人们为追逐集体利益而操弄的一种工具。族籍在追逐、优化利益的过程中，跟随互动场景的变换，具有情景商榷性。族群意识的兴衰强弱也是由具体的政治、经济场景变换来决定的。

工具论的早期带头人阿伯乐·库恩认为，族籍具有象征或情感上的召唤力。人是双向度的，既是象征的人，也是政治的人。族群认同在本质上是一种政治现象。它之所以强调传统文化，是因为传统文化能够增强和调动一个族群的政治内聚力。对于族群之间的冲突，不能仅仅从传统文化本身来理解，而应该从激励人们强调和操弄传统文化的政治、经济原因来理解。[①] 保罗·布拉斯则关注族群意识是如何被唤起和操弄的。[②] 当一个族群在政治舞台上利用族籍来改变自己的政治、经济地位和受教育机会的时候，它也就成了一种政治利益群体。族群运动的领袖总是会从传统文化中挑选和操弄一些他们认为能增进其群体团结和利益的某些方面。

（5）辩证阐释理论。辩证阐释理论将族群认同的原生性与工具性综合起来考虑。[③] 查尔斯·凯斯认为，任何一种完整的族性理论都不能只考虑族籍在追逐社会利益方面的功能，还应该考虑那些构建族群的文化原则。族籍是人与人之间的一种原生关系。而原生关系是指那些根据既定或被认为是既定的事实来确定的关系。而所谓的既定事实是指那些在人们出生时便已被确定了的事实。这些实际上已被文化修饰了的事实包括性别、籍贯、生日、被当作生物遗传标志的体征、社会世系或与其祖先的联系。族籍是人们对于世系所做的一种文化解释。人们的世系事实上是由他们的文化，而不是他们之间生物学上的联系来定义的。他指出，尽管族群认同是亲属认同的一种形式，但是，人们并不是真正在按照他们的家谱来追溯他们的共同祖先。只有在文化的规划下并被赋予一

---

① Abner Cohen, *Custom and Politicis in Urban Africa*, Berkeley：University of California, 1969.

② Paul R. Brass, *Ethnicity and Nationalism*：*Theory and Comparesion*, New Delhi：Sage Publiction, 1991.

③ 庄孔韶编：《人类学通论》，山西教育出版社 2002 年版，第 352 页。

定社会功能后，通过追溯世系来构建群体的可能性才能被转变成现实。①

（6）建构说。这种理论注意到，人们的族籍事实上是现代民族—国家及其相关的意识形态在各种民族主义项目和计划中制造出来的，而并不完全是由他们自己来选择的。因此，布拉克特·威廉斯指出，工具论虽然看到了族群是在资源的竞争和利益对峙中生成的组织或群体，但他们忽视了存在于这些竞争中的不对称权力关系。② 族群是在民族建设过程中产生出来的。在这个过程中，主流人群的同质性会被民族主义强调和放大成为立国的根基，而有别于主流的人群和文化也因此凸显出来，无形中变成了对于这种设想的同质性的潜在威胁。面对这种参照主流人群对于自己做出的不利估价，以及自己实际上所处的不利地位，这些被当作异类的人群也会在实践中和观念上把自己与主流人群区分开来，诉求自己也是一个新的、纯正的族体（people）。无论是否拥有自己的领土，他们都会因此成为一个"绵延不绝的族体"。至于一个族群器重它的哪些文化特质，取决于哪些文化特质最有利于它诉求平等的公民资格。

威廉斯也指出，只要文化差别被当成辨认集体身份的标准，族籍认辨就必然是这种政治单元中的权力关系的产物。所以，有关少数族群和主体人群的区分不仅是由他们的人口比例，而且也是由他们在同一政治、经济体系中所处的不同权力和荣誉位置来决定的。在被设想为高度同质的民族国家内，族群边界仅仅是意识形态在其设想的社会秩序中就主流和其他边缘人群而划出的界限而已。其族群意识的过程仍可看成是族籍构建者和被构建者之间的一个对话和商榷的过程。无论是通过个体在物质上的阶级分化过程，通过逐代脱落不合适的文化制式；还是通过那种把个体导向国家主流文化同化的社会化过程，他们都无法根除这个范畴。当然，威廉斯讨论的主要是那些非社会主义国家及其意识形态对于族群的构建，而且他所讨论的族群更多的是指那些由外来移民构成的族群。

---

① Charles Keyes, "Toward A New Formation of Concept of Ethnic Croup", *Ethnicity*, Vol. 3, 1976, pp. 202-213; "The Dialect of Ethnic Change", in Charles Keyes （ed.）, *Ethnic Change*, Seattle: University of Washington Press, 1981, pp. 3-30.

② Brackette F. Williams, "A Class act, Anthropology and Race to Nation Across Ethnic Terrain", *Annual Revieu of Anthropology*, Vol. 18, 1989, pp. 401-404.

综上所述，上述各种族群认同理论从不同的视角展示了族群如何形成自我认同，如何在与他群的交往互动中，以及在现代民族国家构建背景下区分我群与他群，从而达到多族群的共生与族群内外的社会整合。从最初把族群看作是单纯的文化群体到"文化—社会"群体、"文化—政治"群体；从重视族群的客观文化特征、生物学基础到文化中所蕴含的原生情感、象征意义，再到文化所具有的政治、经济工具性，反映了人们对族群这个人们共同体的认识逐渐深化的过程，而且理论也出现了综合的趋势。这实际上也反映了当代族群在现代民族国家中的角色转换，特别是在多民族国家的建构与整合过程中，其内涵和角色也不断变化的过程。

3. 族群关系研究的理论与范式

（1）西方族群关系理论。美国学术界从不同的视角对美国多族群社会的研究，形成了关于族群关系的多种理论。

种族主义族群关系理论。该理论的基本特征就是认为后天进化获得的种族或族群特性或"气质"具有遗传特性，种族或族群之间在种族、族群特性或"气质"方面的融合或同化很难或者不可能发生，否认同化的可能性。[1]

早期的美国学者休斯和菲茨休（Fitzhugh）认为，奴隶制度在道德和民事方面都有其优越性，这种广为人知的优越性不应当发生改变，而应当被长久地保存下去，公开为奴隶制度辩护。[2] 在这种背景下，1900年前后，美国社会科学界普遍相信诸如教育、孩子抚养、卫生等环境因素对人们的行为有重要的影响。同时，受新拉马克主义的影响，学者们在解释这种影响时试图将这些因素与生物的进化过程联系起来，[3] 将不同种族或族群间的差别很自然地归结为不同种族或族群生物意义上的差别；并且认为，种族因后天进化所获得的种族特性和结构能够遗传给下一代。所以，许多学者，如经济学家沃克、康芒斯以及芝加哥学派早期

---

① 马雪峰：《社会学族群关系研究的几种理论视角》，《西北民族研究》2007 年第 2 期。

② Frazier, E. Franklin, "Sociological Theory and Race Relations", *American Sociological Review*, Vol. 12, No. 3, 1947, pp. 265–271.

③ *Wacker*, R. Fred, *Ethicity, Pluralism, and Race-race Relations Theory in America before Myrdal*, Greenwood Press, 1983, p. 14.

奠基人罗斯等在进行与族群关系密切相关的移民问题讨论时，对移民持消极态度，主张进行移民限制。他们认为，外来移民的种族性特征具有遗传特性。因而移民不可能或者很难融入美国社会，移民的到来，将会对以盎格鲁一致性为基础的美国社会构成威胁。①

同化理论。帕克的同化理论是美国族群关系研究中第一个具有"范式"意义的理论。他认为："同化是一个渗透和融合的过程，在这个过程中，族群群体及其人员获得了其他族群群体人员的记忆、情感和态度，并且通过分享对方的经验和历史，共享了对方的文化生活。"帕克主张以"竞争—冲突—适应—同化"的公式来概括群体间的关系过程。两个族群经历相遇、竞争、适应的过程，最后必然地走向同化。虽然风俗习惯、移民限制、种族藩篱等因素可能延缓这一过程，但最终的方向不会改变，也不会颠倒过来。②

帕克的同化理论假设了同化的不可避免性，即两个族群只要经历相遇、竞争、适应等过程，其结果必然是走向同化。同化理论中所隐含的假设是：同化的过程就是少数族群放弃自己的文化和价值观，从而接受主流的文化和价值观的过程。同化范式下的族群关系研究所关注的主要问题包括：同化的模式、同化过程所处的阶段、影响同化过程的因素以及对同化进程的测量等。

戈登的同化阶段论及其变量、模型分析。戈登进一步推进了"同化范式"的族群关系研究。戈登在《美国人生活中的同化》一书中讨论了美国族群关系的社会目标的历史演变，并将其分为盎格鲁—萨克逊化阶段、"熔炉"阶段以及多元文化主义阶段三个阶段。

戈登还提出了一个测度族群同化进程的多维模型。这个模型包括七个测量同化的变量以及对于各变量间关系的假设。这七个变量包括：文化同化（涵化），主要指一个族群对另一个族群的文化模式（包括语言、宗教信仰、风俗习惯等）的接受程度；结构同化，指族群间建立起大规模的基层群体关系，一个族群进入另一个族群的社会结构和社会网

①　Wacker，R. Fred，*Ethicity，Pluralism，and Race-race Relations Theory in America before Myrdal*，Greenwood Press，1983.

②　Park，Robert E，"Our Racial Frontier：on the Pacific"，*Race and Culture*，Glencoe：The Free Press，1950，p. 150.

络的程度；婚姻同化，指族群间的相互通婚，血缘的混合程度；认同同化，指人们的族群意识和族群性的变迁情况；态度接受同化，指偏见的程度；行为接受同化，指主流族群对于非主流族群歧视的程度；公共事务的同化，指价值观和权利分配方面冲突的消除。

戈登还提出了上述变量间关系的三个命题：第一，在主要族群和少数族群集体的接触过程中，将首先发生文化同化或文化适应；第二，文化同化甚至可能在其他类型的同化尚未发生的情况下出现，这种情况持续的时间可能是无限的；第三，如果结构同化与文化同化同步或者发生在文化同化之后，那么，所有其他类型的同化将不可避免。戈登认为，结构同化与婚姻同化有相继性，之后，认同同化将不可避免，态度接受同化和行为接受同化也将不再成为一个问题，认同同化也将发生，基层群体关系也往往变成一种包括所有群体成员的"内群感"，关于世俗价值的冲突也将不会发生。①

戈登还尝试从族群融合过程中的自变量与因变量两方面来进一步分析促成族群融合的各种因素及其作用机制。自变量包括三组变量，一是人的生理——社会发展变量；二是互动过程变量，主要涵盖互动过程中人们彼此之间的成见、"挫折—侵犯"机制、对于自身地位的失意感、对通过冲突而实现预定目标机会可能性的计算、一个族群对族群间冲突升级的估计5个因素；三是社会的变量，包括人口、价值观的差异程度、文化差异、从意识形态上对族群关系观念的差异、族群间权力分配状况及影响因素、少数族群进入社会酬赏制度的能力、社会的政治性质7个方面。因变量有同化的类型、总体同化的程度、族群冲突的程度、各族群获得社会酬赏的程度4个自变量。② 这是一个更大的、理论色彩更浓但是也更难操作的新变量模型。

同化范式下的族群关系研究，假设同化的必然性，即格雷泽和莫尼汉所说的"自由主义的期望"，觉得"把一个群体与另一个群体区分开的各种类型特征，在现代化了的和正在现代化的社会中将不可避免地丧失其重要性和显著性，人们越来越强调的是后天的成就而不是上帝赐予

---

① Gordon, Milton M., *Assimilation in American Life*, New York: Oxford University Press, 1978.

② 马戎：《西方民族社会学的理论与方法》，天津人民出版社 1997 年版，第 113—138 页。

的先赋，相同的教育和传播系统将会削平差异，国家统一的经济和政治系统也会有同样的效果"。① 随着政治、经济一体化，现代传媒的普及以及各族群间交往的增多，族群差异将逐渐消失，族群同化将不可避免。但是，文化认同并不完全等同于族群认同。在现代民族国家建设以及经济全球化的过程中，随着交往互动的增多，族群间的文化确实出现了一定程度的趋同现象，但人们的族群意识依然顽强，族群边界依然存在。

文化多元理论。文化多元理论的学者承认有某些族群被同化于主体社会分支的情形。但他们也认为族群性仍然有强大的力量。他们认为同化模式根本无法解释多族群社会，转而采用"民族基因"来描述作为适应歧视的手段创立独立族群性的过程。族群不仅保留原有因素，而且还构建和创造新的调适歧视的方式。少数族群经过几代人后，虽然与主体的族群社会共享许多特性，但是他们仍然有选择地保留其族群的传统和所创造的新的因素，保持他们的族群认同，甚至创造新的符号来显示其族群传统的自豪感。多元理论虽然对同化理论作了重要的纠正，但是这些理论无法解释引起和维持歧视的合理的、广泛的社会力量。因为，他们仅仅关注民族基因，而非民族基因的动因和社会的扩展结构。②

社会生物学理论。这种理论强调生物性是族群性的基础。个人仅仅是基因库生存所需要的作为基因暂时的房子或容器。基因被视为是"自私"的，并且趋向极大的健康，或者是保存在基因库中的能力。基于这种假设，社会生物学理论认为基因是族群性产生和维持的驱动力。巴赫和大部分社会生物学家认为社会结构仅仅是维持基因健康存在的"生存机制"。"亲缘选择"或"极限健康"与"互惠的利他主义"使得"自私"的基因创造了社会结构或"生存机制"。"亲缘选择"或"极限健康"，使得家庭结构成为一种策略，从而可以让男性和女性的基因极大地将健康基因物质保存在基因库中。当家庭成员互相帮助时，他们保证一部分基因保存在基因库中。这样，家庭就成为基因保存在基因库中的策略。"互惠的利他主义"则用于解释非家庭成员为生存的相互帮助。

① Glazer, Nathan, *We are Multiculturalists Now*, Cambridge, Mass: Harvard University Press, 1997, p. 7.

② 周大鸣:《论族群与族群关系》,《广西民族学院学报》2001年第2期。

最大程度的健康是基因的目标，当那些非亲缘的人们互相帮助时，互惠的利他主义就发生了，这些人知道这种利他行为将是互惠的。这种互惠推动健康和使个人能够生存并不需要传递他们的基因，从而保持他们的基因库。

人文生态理论。生态学理论也运用生物学的解释，强调区分族群的"特性"是竞争和选择的动力，强调资源竞争引起族群团体之间的冲突，注意那些从属的族群进入隔离的住宅区和从属范围狭窄的职业，认为一旦族群成员找到一个这样的区域，他们的边界和区分就会呈现出来，从而很容易成为歧视的靶子。苏珊的理论是解释次级族群的暴力。这种生态学理论注重非主体族群的规模、移民模式、不同的社会流动、与其他族群在住房和就业市场上的竞争。这种竞争导致冲突，并经常是暴力的，还会产生敌对族群之间的歧视和边界。这种竞争不会导致同化，而是分化和多元，还不时出现紧张和冲突。①

权力和分层理论。分层理论强调不同社会阶级的非主体族群成员过分表现导致歧视产生的过程。这种理论考虑到权力对控制族群阶级体系的流动性。权力和分层理论之下又有 5 个较小的理论。②

①种姓理论。早期的种姓理论注重权力和分层。在 20 世纪 40 年代的早期，华纳等将美国的黑人与白人的关系描述成种姓制度。黑人处于低经济地位，拒绝接受权力，被限制通婚和居住分开。白人为了维持其特权与黑人构成了相区分的种姓。考克斯（Cox）则引用马克思主义，强调资本主义的所有者阶级和工业管理者对待非主体族群的黑人和白人就像种姓制度那样严酷。一旦资本家建立起利用黑人廉价劳动力和获得高额利润的模式，其合法性就需要建立在以生物性"黑色种族"为基础的高度歧视和刻板印象之上。

②殖民主义理论。殖民主义理论分析了以往欧洲殖民主义的动力，认为向外扩张的殖民主义过程是一个国家控制另一个低度发展的、弱势的社会的政治和经济活动。赫克托的《内部殖民主义》一书认为殖民化复合体的动力是运作在一个社会"之中"。从内部殖民来看，美国族

---

① 周大鸣：《论族群与族群关系》，《广西民族学院学报》2001 年第 2 期。

② 同上。

群关系的历史更多地涉及内部殖民成功的建立，但这些内部殖民不是白人，而是盎格鲁—萨克逊清教殖民者及后裔所主导的。美国内部殖民的动机有两点：一是需要廉价劳动力增加利润；二是期望获得和控制土地。为了建立内部殖民，政府必须参与其中。政府必须提供凝聚的力量以控制那些"殖民化"的人，并建立起垄断法规的模式。凭借着对国家的控制，早期欧洲白人移民后裔能够长时间地创立和维持内部殖民。

③ 分离—劳动市场理论。分离—劳动市场理论强调族群之间为资源而竞争。该理论强调劳动市场是分部的，特定族群的成员在劳动市场上从事某些特定、禁止其他族群参加的职业，特别是一些高收入职业。分离—劳动市场的压力来自有权势的族群，他们害怕向别的族群开放劳动市场，从而失去原有的优势。别的族群可能愿意工作而少要工资，或者是增加相关的市场需求，这样就会由于职业的竞争而导致工资下降。

④ 分离—阶级理论。该理论认为除了利益冲突外，每个阶级中还存在着族群界线的分离。某些非主体族群中的成员从属于某一阶级，他们很少期望、收入低并且工作无保障。在同一阶级中，一些成员得储备劳动力，当需要时就被低薪雇佣，当不需要时就跑回储备库。许多亚洲族群，如朝鲜、越南、中国人也被限定在一些小的零售业和服务业，以及其他中产阶级和专业职位。这样社会阶级的分离也体现在劳动市场上。

⑤ 中间人群体理论。中间人群体理论描述了中产阶级的分离，认为并不是所有的族群占据了较低的种姓或阶级地位，也非所有的族群都限于内部殖民。中间人群体的构成基本上是同样的：某些少数群体带给主体社会一些企业的技术或一些资本。具有讽刺意义的是，这些重要的贡献被视为对主体族群的威胁，这些少数群体被排除在许多中产阶级职位之外，只允许从事为其自己族群服务的分行业，或者为一些受压抑的族群，偶尔为精英族群服务。

整合的族群关系理论。该理论分析的起点是对从属的次级群体的歧视。歧视的内容非常广泛，跨越社会领域的制度性歧视越多，就越促使次级群体的发展和保留独特的族群认同。维持和创造族群性的另一因素是次级群体成员可认同的程度。歧视和认同是相互促进的。作为歧视的靶子，一个群体的成员需要明显的和真实的认同。越有区别、越能认同的次级群体就越成为歧视的靶子。认同、歧视、认同维持和再歧视的循环是难以打破的。认同和歧视影响着族群次级群体有效价值资源的类型和层次，还包括收入、权力和权威。歧视、认同和资源关系是互动的。歧视、认同性、资源共享和分层的循环圈中具有不断增加的动力。

（2）中华民族多元一体理论。我国族群关系研究真正具有理论与范式意义的，当数费孝通先生提出的"中华民族多元一体"理论。该理论包含六个方面：①这个多元一体格局有一个凝聚的核心，就是华夏族群集团和后来的汉族，汉人在少数民族地区"形成了一个点线结合、东密西疏的网络，这个网络正是多元一体格局的骨架"；②相当部分的少数民族从事畜牧业，汉族以农业为主，形成内容不同但相互补充的经济类型；③汉语已逐渐成为共同的通用语言；④汉族的农业经济是形成汉族凝聚力的主要来源；⑤各民族之间在人口规模上大小悬殊；⑥中华民族成为"一体"是一个逐步发展的过程，先有各地区的"初级的统一体"，又形成北牧、南农两大统一体，最后以汉族为核心汇成一个"大一统"的格局。最终"这个自在的民族实体在共同抵抗西方列强的压力下形成了一个休戚与共的自觉的民族实体"[①]。

费孝通教授的"中华民族多元一体格局"理论探讨了中国多民族国家实体的形成过程，用一种开创性的、全新的视角，在对中国各民族交融发展的实际进程的分析中提出了一些新的基本概念和研究思路。[②] 其作为一种"中国化"的民族关系理论，是对西方民族主义的挑战、突破和拓展，是对世界民族国家建设的重大贡献。近代以来，随着西方民族主义的广泛传播，"一民族一国家"的民族国家模式滥觞于世界，成为主流的政治模式，影响深远。乃至到 20 世纪 90 年代，世界性和区域性的冲突，大多发源于此种理念，而西方对于区域冲突和主权问题的介入也常以维护此理念为借口[③]。而"中华民族多元一体"理论及其实践表明，"一民族一国家"的政治模式并非现代人类社会唯一选择。

---

① 费孝通：《中华民族的多元一体格局》，《北京大学学报》1989 年第 4 期。
② 马戎、周星：《中华民族凝聚力形成与发展》，北京大学出版社 1999 年版，第 6—8 页。
③ 马戎编：《民族社会学——社会学的族群关系研究》，北京大学出版社 2004 年版，第 23—24 页。

（3）马戎的影响和衡量族群关系的因素和变量指标。马戎在结合中西方族群关系理论的基础上提出了影响族群关系的 15 个因素和对族群关系进行实地调查时可操作的 8 个变量指标。这 15 个因素是体质因素、人口因素、社会制度因素、经济结构因素、族群分层因素、文化因素、宗教因素、心理因素、人文生态环境因素、历史因素、偶发因素、政策因素、媒体因素、外部因素、社会宽容度。8 个变量指标是语言使用、宗教和生活习俗的差异、人口迁移、居住格局、交友情况、族群分层、族际通婚、族群意识。① 马戎提出的这一系列因素和指标具有较强的操作性。

（二）湘西族群关系史研究

1. 古代学者和官员对湘西族群关系史的记述

唐宋以来，历代官员和学者就开始关注湘西地区族群间频繁的文化互动与复杂的族际关系。如《蛮书》、《万历野获编》、《天下郡国利病书》、《苗俗纪闻》、《平苗纪略》、《钦定平苗记》、《苗防备览》、《圣武记》、《苗疆屯防实录》、《苗防屯政考》等。历代正史和湘西区域地方志中也都对各时期本区域的族群分布、族群间的交往互动有大量的记述，保存了相当珍贵的古代湘西族群历史、文化资料。

2. 近现代学者民族志中的回溯

民国时期，凌纯声、芮逸夫的《湘西苗族调查报告》以及石启贵的《湘西苗族实地调查报告》开启了运用人类学、民族学理论与方法对湘西族群展开调查研究的先河。虽然上述两书都是关于湘西苗族的民族志撰述，但对湘西族群关系史也进行了回溯，如前者在苗族的起源、名称变化、分类、地理分布和迁徙，政治组织、屯田等方面的研究中，都涉及了湘西苗族、汉族和土家族之间的族群关系史。② 后者也在"历史记略"、"政治司法"等章中追述了族群关系史中的重大事件。③

3. 当代学者对湘西族群关系史的构建

新中国成立后，学术界开始从多民族统一国家的宏观视野来构建湘

① 马戎：《民族社会学——社会学的族群关系研究》，北京大学出版社 2004 年版。
② 凌纯声、芮逸夫：《湘西苗族调查报告》，民族出版社 2003 年版。
③ 石启贵：《湘西苗族实地调查报告》，湖南人民出版社 1986 年版。

西族群关系史。吴永章的《中南民族关系史》、伍新福的《湖南民族关系史》（上）、翁独健的《中国民族关系史纲要》等都是这种视野下的经典之作。这些研究通过对历史文献的深入细致挖掘和梳理，基本勾勒出各个历史时期湘西族群关系的整体格局。其中尤其重视各朝各代湘西各族群集团及其领袖人物的兴亡事迹和各族群集团之间具体征战、贸易、文化交流。同时，《中国少数民族简史丛书》中的《土家族简史》、《苗族简史》作为官方编订的民族史，也运用马克思主义民族理论的观点和方法对湘西族群关系史进行了全新的总结。

其中也有对具体族群间关系的研究。如彭武一认为，明清时期的湘西"土家、苗家作为民族来说，两者相邻而居，并无根本矛盾。自古迄今，双方的关系是融洽的，是友好的。如果在某些历史事件上存在问题，土司应承担责任，而更大的责任应由明清王朝这一驱使者来担负"。① 刘莉、谢心宁探讨了改土归流后的湘西经济与民族关系，认为湘西各民族在交往过程中的劳动联系、相互学习过程中的联系以及"苗汉通婚"等生活联系，是随着改土归流以后社会经济的发展而发展的。友好关系，即相互吸收、相互依存、相互交往已成为民族关系的主流。②

20 世纪末 21 世纪初，学界开始系统运用民族学、人类学理论从文化的角度来观察湘西的族群关系史。如段超从文化互动的角度关注这一区域的族群关系史，认为土家族、苗族共处于一个文化区内，土家文化与苗族文化相互认同，在认同过程中，双方文化产生相互吸收，土家文化吸取了不少苗族文化的因素。历史上，土家族与苗族虽有冲突，但人民之间的友好关系、友好往来仍然存在。③ 田敏在对土家族土司兴亡的总结中，也深入论述了明清时期的湘西族群关系，如对中央政府借土司"防苗"、"镇苗"等多有涉及。④ 孙秋云运用人类学理论对乾嘉苗民起义做了重新诠释，并借此对赫克托的"内部殖民主义"族群关系理论

---

① 彭武一：《明清年间湘西的土家与苗家——兼论土家族苗族历史上的和睦友好关系》，《吉首大学学报》1987 年第 1 期。

② 刘莉、谢心宁：《改土归流后的湘西经济与民族关系》，《吉首大学学报》1991 年第 4 期。

③ 段超：《土家族文化史》，民族出版社 2000 年版。

④ 田敏：《土家族土司兴亡史》，民族出版社 2000 年版。

进行了探讨。① 谭必友也从民族社会学的视角对这一多民族社区的族群关系史，尤其是1796年至1911年这一历史时段的族群关系进行了重构。②

（三）当代湘西族群关系研究

1. 当代湘西宏观族群关系研究

新中国成立60多年来，湘西的族群格局以及族群关系发生了深刻的变化。一些学者开始对这一时段的湘西族群关系进行总结、概括。其中，湖南省民族研究所组编的《湖南民族关系史》（下卷）堪称集大成者。该书整理了20世纪50年代以来湖南民族关系和民族工作的重要史料，采用通史的写法，依照"新型民族关系的初步建立—民族关系在曲折中前进—新型民族关系的发展—共同繁荣进步"的思路，对新中国成立以来至西部大开发时期的湖南50余年的整体民族关系进行了论述。该书提出各民族在共同的活动中融合是民族关系发展的重要途径，认为湖南民族关系发展的主要特点为系统的制度规范、各民族的自觉调整、各民族的自发调整、具有明显的时代特征。湘西是湖南的主要少数民族地区，所以作者将湘西土家族、苗族置于这一整体民族互动和民族关系的大格局中呈现。特别注意到新中国成立以来民主建政、清剿土匪、土地改革、社会主义改造、"反右"扩大化、"文化大革命"、改革开放、市场经济体制的建立、西部大开发等重大政治事件对湘西民族关系的影响，也注意到中央政府少数民族访问团的访问、少数民族社会历史调查，少数民族识别、民族区域自治、民族工作机构成立、民族政策法规的制定与完善、少数民族干部的培养选拔，民族语言调查和民族文字的创制等对民族关系的促进作用。

刘思纯的《湘西土家族苗族自治州的民族关系及其发展》③ 也是一篇宏观论述湘西民族关系史的文章。作者采取通史体例，以苗族、土家族内部社会形态的发展嬗变为主线，系统地阐述湘西土家族、苗族自治州的民族关系史。文章认为当代湘西民族关系发展的基本特点是共同反

① 孙秋云：《核心与边缘：18世纪汉苗文明的传播与碰撞》，人民出版社2007年版。
② 谭必友：《清代湘西苗疆多民族社区的近代重构》，民族出版社2007年版。
③ 刘思纯：《湘西土家族苗族自治州的民族关系及其发展》，硕士学位论文，中央民族大学，2004年。

帝反封建统治、共同发展经济文化；存在的主要问题是经济发展落后、发展差距拉大阻碍湘西民族关系的进一步发展，民族狭隘心理影响民族交往关系的发展。文章提出要加快经济社会发展，继续开展民族团结进步宣传教育活动，加强法制建设，以法律维护民族关系的发展。作为一篇民族理论与民族政策专业的学位论文，该文同样是长于构建宏观民族关系格局，关注的重点在于阐述历代政府政策对民族关系的影响，而忽略了对具体民族间关系发展变化和文化互动的厘清与剖析。

王平、龚志祥认为，近年来武陵地区各民族平等、团结、互助的社会主义新型民族关系是该地区民族关系发展的主流，并对存在一些影响民族关系的急需解决的问题及其历史、现实原因进行了有益的思索。[1]杨成胜认为，西部大开发有利于民族关系的巩固和发展，同时也出现了一些需要注意的问题，并提出促进民族关系的进一步健康发展的具体对策。[2]

王平还从族际通婚曲线发展的历史轨迹，分析了该地区民族关系曲折发展的历史过程，以及族际通婚范围逐渐扩大、对象逐渐增多的发展规律，揭示了该地区民族关系由恶性循环逐渐向良性循环发展演变的客观规律。[3] 姚金泉的《婚俗中的人伦：湘西各族婚俗的透视》在回溯了改土归流后民苗通婚的禁与放，国民政府的民族政策对族际通婚的影响的基础上，总结了新中国成立以来不合理的婚姻制度的废除和新风尚的出现，特别是族际通婚的扩大和三次高潮，[4] 也通过族际通婚反映了本区域的族群关系变迁史。

2. 对湘西土家族、苗族、汉族三个族群间文化互动的专题研究

湘西的土家族、苗族、汉族错居杂处，他们的文化既各自传承，又相互交流。运用人类学、民族学理论方法，从文化的视角对湘西具体族群间文化互动与族际关系研究的有如下成果：段超教授对元代至清初汉族与土家族的文化互动进行了系统的探讨，认为元至清初是汉族与土家

---

[1] 王平：《武陵地区民族关系的现状及分析》，《黑龙江民族丛刊》2005 年第 2 期。

[2] 杨成胜：《西部大开发与湖南民族关系》，《求索》2003 年第 5 期。

[3] 王平：《从族际通婚看武陵地区民族关系的演变》，《湖北民族学院学报》2007 年第 5 期；王平：《武陵地区民族关系的现状及分析》，《黑龙江民族丛刊》2005 年第 2 期。

[4] 姚金泉：《婚俗中的人伦：湘西各族婚俗的透视》，贵州民族出版社 2000 年版，第 282—349 页。

族文化互动剧烈时期，土家族文化与汉族文化以多种方式接触和碰撞，这种频繁的文化互动强化了两族间的文化认同，密切了两族关系，有力地推动了土家族经济、文化的发展，促进了土家族的进步。文化互动使土家族地区与汉族地区的联系得以加强，使统一的多民族国家进一步巩固。汉族与土家族文化认同的增强，对于清初土家族地区改土归流产生了重要影响，在很大程度上决定了改土归流的时间、方式和特点。[①] 他还对改土归流后汉文化在土家族地区的传播和影响进行了总结。[②] 董珞认为要通过"三元互动"的研究来正确认识湘西北的民族文化格局。她按相互依存、相互渗透、相互转化三个层次解析了湘西北的民族文化格局，认为三大民族之间文化联系的四个模式为：传播、取代、变通、交融。[③] 她特别关注到了武水流域几个村落的土家族、苗族、汉族互相转化的情形。[④] 蒋小进描述了湘西永顺县苗寨、双凤、儒家三个村的民族风俗，分析了民族文化变迁与转化的情况。[⑤] 该文可以看作是对董珞"三元互动"的一个个案研究。陈心林博士的学位论文[⑥]虽是一篇专论土家族族群性的文章，但作者将土家族的认同与区分置于三族间的文化互动和族群关系的动态变迁中探讨，对土家族、汉族、苗族之间族群关系的历史演变做了梳理，同时也对当代族群关系做了描述。明跃玲以瓦乡文化与周边各民族保持频繁互动关系中长期稳态延续的文化事实为基点，探讨了当代多民族社区构建和谐社会的可操作性方略。[⑦] 郑英杰提出湘西宽松的人文社会环境，促进了湘西多元文化的互动互渗。[⑧]《土家族简史简志合编》中也认识到"土家族与苗族人民间，有频繁和长

①　段超：《元至清初汉族与土家族文化互动探析》，《民族研究》2004 年第 6 期。

②　段超：《改土归流后汉文化在土家族地区的传播及其影响》，《中南民族大学学报》2004 年第 6 期。

③　董珞：《湘西北各民族文化互动试探》，《民族研究》2001 年第 5 期。

④　董珞：《巴风土韵——土家文化源流解析》，武汉大学出版社 1999 年版。

⑤　蒋小进：《民族文化的多元互动——永顺县苗寨、双凤、儒家三村民俗调查所见所思》，《中南民族学院学报》2001 年第 4 期。

⑥　陈心林：《南部方言土家族族群性研究——以武水流域一个土家族社区为例》，博士学位论文，中央民族大学，2006 年。

⑦　明跃玲：《民族文化多样性与和谐社会的建构——以瓦乡文化变迁为例》，《黑龙江民族丛刊》2007 年第 2 期。

⑧　郑英杰：《湘西文化生态及其影响》，《吉首大学学报》2001 年第 2 期。

期的文化交流，互相学习，丰富了彼此的文化生活"。"由于土家族与汉族、苗族人民长时期的共同斗争和文化交流，使彼此的文化都得到了共同的提高"，"土家族和苗族人民在长期的文化交流中，互相学习，相互影响，彼此也都有一定程度的同化。"①

宗教信仰领域的文化互动也受到较多关注，如汪明瑀②、潘光旦③、向柏松④、王爱英⑤、谭必友⑥、吕养正⑦、明跃玲⑧等人对白帝天王信仰的研究，认为白帝天王信仰融合了土家族、汉族、苗族多种文化要素。

3. 存在的不足

第一，重历时性研究，轻共时性研究。对湘西族群关系的研究，即我们习称的"民族关系"研究，相当一部分成果实际上是对湘西民族关系史的研究，重在构建宏观的民族关系格局和展现各民族的发展历程（从宏观角度来分析族群关系发展趋势）；而共时性的分析不够深入，多从政治、经济角度切入，具体介绍民族之间的友好交往、团结协助，即具象的描述较多，重在阐述民族工作和民族政策对民族交流和民族关系的促进与阻滞，抽象的分析和深入的理论探索则有待进一步提升。

第二，长于对该区域整体族群关系的概括和宏观把握，而对具体族群关系展开不够。具体的族群关系的研究：一是多谈团结协作、和谐友好，而对冲突和竞争，大多回避不谈；二是对土家族与汉族、苗族与汉族间的文化互动与族际关系研究较多，而对于湘西两个主要世居少数民族的文化互动与族际关系的研究则显得较为薄弱。

---

① 中国科学院民族研究所湖南少数民族社会历史调查组：《土家族简史简志合编》，中国科学院民族研究所 1963 年油印本，第 31—38 页。

② 汪明瑀：《湘西"土家"概况》，载《中国少数民族社会历史调查资料丛刊》修订编辑委员会编《土家族社会历史调查》，民族出版社 2009 年版，第 11—15 页。

③ 潘光旦：《湘西北的"土家"与古代的巴人》，载《中国少数民族社会历史调查资料丛刊》修订编辑委员会编《土家族社会历史调查》，民族出版社 2009 年版，第 65—76 页。

④ 向柏松：《土家族白帝天王传说的多元性与多元文化的融合》，《民族文学》2007 年第 3 期。

⑤ 王爱英：《变迁之神：白帝天王信仰流变与湘西社会》，《中南民族大学学报》2007 年第 5 期。

⑥ 谭必友：《清代湘西苗疆多民族社区的近代重构》，民族出版社 2007 年版。

⑦ 吕养正：《湘鄂西苗族崇拜"白帝天王"考辨》，《中央民族大学学报》2002 年第 5 期。

⑧ 明跃玲：《湘西苗疆边墙与白帝天王崇拜文化》，《怀化学院学报》2008 年第 3 期。

第三，文化互动和族际关系的研究大多采用政治、经济的视角，大多以民族政策和民族工作为切入点论述族际关系，而很少采用人类学、民族学的理论和方法从文化互动和交流的角度看族际关系。

三　主旨、内容及创新

（一）主旨

本书旨在以马克思主义民族理论为指导，运用族群理论和族群关系理论对当代湘西土家族、苗族的文化互动的背景、形式、内容、过程、动因、途径、模式进行描述和归纳，探讨土家族、苗族族际间的文化互动与族群关系是如何相互影响的，发现问题，为构建湘西和谐民族文化、和谐民族关系、和谐社会提供对策和建议。

（二）主要内容

1. 当代湘西土家族、苗族文化互动与族际关系演变、形成的背景

本书将湘西土家族、苗族文化互动与族际关系置于湘西州（或具体村落、集镇）的小环境、武陵山区这个中环境、汉文化的大环境中进行考量，并将其放入土司时期以来长时段的土家族、苗族民族关系的历史变迁中审视。本书将分析湘西自然生态环境和人文生态环境是如何规约土家族、苗族的文化互动和影响他们的族群关系，也将探寻五味杂陈的历史记忆在当代湘西土家族、苗族文化交流和族际关系之中是如何沉淀、发酵，并关注这些"历史记忆"在新的历史条件下又是如何被重新诠释和解读。

湘西的自然生境、民族人口分布格局、生计方式和社会变迁是湘西土家族、苗族的文化互动与族际关系的横坐标。自然生境和社会环境既形成了土家族、苗族各自的文化特点，又使得多元的文化格局得以维持；民族格局的演变和社会变迁规约了文化互动的内容、形式。

历史时期，特别是明清时期的土家族、苗族族际关系的历史变迁是当代湘西土家族、苗族文化互动与族群关系的纵坐标。明清时期，中央政府通过防范、化导、开发、重构并举的政策来治理湘西。军事上实行"以夷制夷"的策略，实行土司防苗族、卫所防土司的策略。改土归流

后，清政府在土司地区设府设县；在"生苗"地区进行"开辟"，广设营汛，驻扎重兵，设乾州、凤凰、永绥、古丈坪4厅，防苗意图依然明显。在文化上加强"化导"，对土家族地区普遍建立府学、县学和义学，新修重修书院，推行特殊科举制度，向土家族、苗族地区传播汉文化；在风俗习惯上，强制"移风易俗"，导致了土家族、苗族民族习性的变迁。在经济上，废除土贡，定赋起科，注意经济开发、生产的恢复和发展。在政治上，对湘西的政治结构进行重构，如土司地区废除土司，设立流官；苗族地区设厅，纳入全国州县体系。在基层推行保甲制度，消解土家族、苗族传统社会组织，重构湘西统治秩序。

封建中央政府的政策对湘西土家族、苗族的关系产生了重大影响，既导致了土司镇苗、乾嘉苗民起义等土家族、苗族民族关系史上的重大事件，还为当代留下了边墙、堡哨等历史遗迹。封建中央政府"以夷治夷"的指导方针，形成了历史上土家族、苗族不平等的民族关系，加深了历史上苗族对土家族的积怨。历史留给土家族、苗族太多的苦涩，但他们之间不仅有斩不断的通婚血缘纽带，也有禁绝不了的墟场贸易往来，关于这一点从清政府的民族间通婚政策、民族间贸易政策便可看出端倪。

土司镇苗、乾嘉苗民起义等一系列重大历史事件是土家族、苗族人民心灵中驱之不去的梦魇。特别是乾嘉苗民起义，它是苗疆开辟60年后各种矛盾的大爆发，也是苗民反对中央王朝的政治同化和文化整合，又是维护苗族原生文明和苗文明体利益的武装暴动。① 起义的结果：一是苗民被大量屠杀，财产损毁严重，给苗族人民心理带来严重伤害。苗族"逐客民，复故地"对汉族，包括部分土家族，也造成了巨大的伤害，使得民族间的裂痕更深。二是清政府改变了对苗族的统治策略，在基层改"以汉制苗"为"以苗治苗"；在军事上实行"虚内守外"，加强对苗疆的"稽查弹压"；经济上清厘"民苗界址"，嘉庆以后又实行"苗防"和"屯政"，进一步使汉、土、苗相互隔绝。

明、清王朝还在湘西"苗疆"广筑堡哨、兴修"边墙"，对"生苗"进行封锁、隔离，形成了"苗防"体制。一方面是"防"苗，不允许"生苗"自由进入汉族地区；另一方面也防止内地汉人（即"客

---

① 孙秋云：《核心与边缘：18世纪汉苗文明的传播与碰撞》，人民出版社2007年版。

民"，也包括土家族）随意进入"苗疆"，以避免引发事端。这些固化、物化的民族疆界使得苗族与土家族、汉族的族群边界日益固定下来。

2. 当代土家族苗族文化互动的形式、内容、过程、结果

本书通过深入的田野调查和文献分析，总结当代土家族、苗族文化互动的各种形式，并分析文化互动过程中各族群对"我群"文化和"他群"文化的认同程度，又是如何采借他者的文化，对自身文化进行改造的。在认同与借用的同时，文化互动过程中又会产生哪些偏见和歧视，这些偏见和歧视是如何影响双方的文化交流的。

（1）当代土家族、苗族文化互动的形式。第一，表现为在国家的主导下，各级政府及相关部门采取了各种政策、措施，推动土家族、苗族对对方文化的认知。新中国成立以来，中央政府和自治州政府先后采取多种措施推进土家族、苗族的文化互动，如民族知识（土家族、苗族）的推介、民族政策的宣传、民族团结工作、土家族和苗族传统文化的保护与弘扬、民族干部的交流等。第二，婚姻同化，随着当代民族隔阂逐渐消除，湘西地区已不再是"苗不粘客，铜不粘铁"。土家族、苗族民族通婚也是文化互动的重要途径和形式。第三，组织结构的同化。新中国成立以来，湘西各级政府的成立、行政区划的调整，特别是基层组织的建立，打破了土家族、苗族的传统社会结构，土家族、苗族相互进入彼此的基层组织。第四，随着市场经济体制的建立和区域经济一体化的发展，土家族、苗族经济联系更加紧密，经济往来更加频繁、深入。如墟场的商品交换，使旅游业发展中土家族、苗族传统文化价值得以彰显。第五，土家族、苗族文化互动的另一种重要形式是汉文化的传播与两族对汉文化的借用。强势的汉文化对土家族、苗族文化的渗透以及两族对汉文化的采借导致了两族文化的趋同，缩小了土家族、苗族文化的显性差异，促进了相互的认同。

（2）湘西土家族、苗族文化互动中的认同与借用。文化的相互认同分三个层次，首先看对彼此文化、知识的了解与认同程度如何；其次是看对他者文化的赞扬和借用；最后是超越狭隘的民族意识，反思自身文化的不足。认同与借用的结果就是土家族、苗族文化趋同。首先是服饰、饮食、建筑、物质生产等显性文化的趋同。一些宗教信仰之间也出现相互渗透，如在多民族杂居地区，白帝庙与土王庙共存，土老司、苗

老司共同做法，仪式趋同，语言的一致化趋向，苗语、土家语逐渐式微，汉语成为通用语言。同时，乡、镇、村委会等基层政权及现代科层制度的建立导致了土苗传统社会组织的终结，而且还出现大量的民族身份的转化（苗族土家化、土家族苗化）现象。

（3）文化互动过程中的偏见。本书探寻和归纳苗族、土家族文化互动中文化偏见的表现形式及特点。双方的文化偏见集中表现在对优质文化事象的族属性争夺、对对方优势文化的否认、对对方（优劣）文化的误读等方面。

3. 土家族、苗族文化互动的动因、阻力、途径

本书认为，文化生态的共生性是土家族、苗族的文化互动的内在动力，是土家族、苗族在文化互动中认同与借用的逻辑前提。市场经济体制的建立和区域经济一体化的形成是土家族、苗族文化互动的现实要求。但经济发展水平差距、历史留下的民族隔阂、政治资源占有不均衡、教育水平差异又成为文化互动的阻力。关于文化互动的途径主要从精英、民众对异文化的态度、精英对民众的影响两个角度来分析。

4. 土家族、苗族文化互动对族群关系的影响

本书将研究土家族、苗族间的文化互动导致双方族群认同和族群边界的变化。族群认同和族群边界有助于组织和结构之间的互动。所以我们也可以考察文化是如何调适族群关系的。本书从语言、风俗、信仰几个方面看族群边界是如何维持的。所以我们能够通过边界变化（缩小）窥探其折射出的族群关系，深刻认识湘西地区的族群关系格局，了解族群之间的文化互动、族群边界与族群文化特征的关系，以及地方或地区性观念及其文化对族群认同的影响。随着国家民族政策的实施和民族通婚的扩大，土家族、苗族出现家庭民族成分从一元到多元，法律民族身份与文化民族身份的错位，多民族家庭子女民族成分选择的多样性等现象。

5. 如何构建湘西和谐民族文化、和谐族群关系、和谐湘西多民族社区

"平等、团结、互助、和谐"是我们对族群关系的一种理想诉求，但湘西土家族、苗族文化互动和族际关系中仍然存在种种问题和不和谐因素。本书拟提出文化互动方式多样化、民族团结教育的深入开展、经

济文化和谐发展政策的完善与实施以及族群精英人物作用的发挥来增进双方形成良性文化互动，构建和谐文化、和谐族群关系，推动湘西社会经济协调可持续发展。

（三）本书主要创新

1. 研究领域的拓展

当代湘西土家族、苗族的文化互动与族际关系的研究是对湘西土家族、苗族研究的一个拓展。关于湘西土家族、苗族的研究大多集中在各自历史、文化等方面。族群间的文化互动研究大多集中在汉族与土家族、苗族之间；时段上，也大多集中在明清时期。而对当代土家族、苗族的文化互动缺乏深入研究，又因土家族、苗族族际关系的敏感性，学术界对此大多避而不谈。所以，急需对此问题展开研究。本书的研究重点放在多族群社会中的族群关系现状及变化规律的归纳及其影响因素的分析上。

2. 研究视角的创新

本书从文化的角度来审视当代湘西土家族、苗族的族际关系。目前学术界对湘西族群关系研究大多从民族政策、民族工作的角度展开，重点在于对民族关系现状作宏观描述。本书从文化的角度，对两个具体的民族间的文化互动展开实证研究，重点研究文化在土家族、苗族之间竞争与合作关系中的调适作用。同时，本课题在湘西土家族、苗族文化互动和族际关系的研究中，将汉文化、汉族视为第三方，探讨其在土家族、苗族间互动的中介、制衡作用。

3. 力求完善族群理论

20世纪80年代以来，族群概念的引入和使用，极大地拓展了中国民族学、人类学研究的空间。鉴于学术界对族群和民族理论的热烈争辩以及中国族群状况的独特性，本书试图用具体的实证研究做出回应，进一步完善族群理论，也将会进一步帮助人们去应用族群理论。

本书将对中西族群关系理论进行整合。西方族群研究的对象一般是"那些在人口和国家政治上居绝对劣势的非主体民族"，与主体民族一般有较大的经济、文化甚至种族差异，其研究也重在关注族群间的竞争与冲突，而对族群间可能存在的共生合作不够。所以西方族群关系理论带有强烈的"中心—边缘"、"权力—冲突"色彩。而我国的族群关系研究则多强调"共生—和谐"。因此用西方的族群及族群关系理论研究世居湘西的两个"法律上平等"、文化上势力相当的自治民族间的族群关系，对中西族群关系理论研究都是一个促进和补充，可以促进中西族群关系理论的整合。

（四）研究方法

1. 田野调查

田野调查是本书获取研究资料的最基本途径。在田野调查中坚持主位与客位的观察立场、宏观与微观相结合、社区与个案相结合的方法。在具体调查过程中，采取参与观察与深度访谈相结合，力求使资料真实可信。

作为一项区域研究，本书采用"多点"式田野调查。全球化时代，人类学多主张多点调查。早在 20 世纪，鸟居龙藏、洛克等外国学者都不约而同地采用了"多点"式田野调查。如鸟居龙藏 20 世纪初在贵州作的《苗族调查报告》，就是采用的"文献分析入手，多点式调查"的研究方法，基本合乎中国国情且对中国民族学产生了显见的影响。[①] 鸟居龙藏之所以没有采用后来被费孝通等人沿用的马林诺斯基经典方式——单一村落（田野点）的参与式观察，部分原因恐怕就在于中国是个民族分支众多而且历史悠久的农业文明大国，与太平洋岛民部落差别很大。在中国民族识别过程中，对许多民族的识别也都是采用多点式田野作业，如潘光旦等对土家族的识别就是一个典型。20 世纪八九十年代，西方学者杜磊（Dru Gladney）的《中国的穆斯林》、路易莎（Louisa Schein）的《少数民族的准则》对中国回族、苗族等少数民族的调查也均采用多点式，而且取得了较好的研究效果。因此本书根据文章主旨及湘西族群杂居的不同类型也选择了"多点"式田野调查，同时也具有比较的意味。

---

① 胡鸿保、张丽梅：《20 世纪早期外国民族学家在华调查对中国民族学建设的影响》，《探讨》2008 年第 8 期。

笔者从 2006 年寒假开始，先后利用五次寒暑假，对湘西多个多民族杂居村落、镇进行了调查，并拜访了州、县民委、文化局以及吉首大学、湘西州民族研究所等相关部门，收集了大量的资料。田野调查共分五个阶段：第一阶段为熟悉情况、搜集资料阶段，2006 年寒假，笔者主要到湘西州民委、州志办、各县民委等机关部门收集相关资料，并初次进入吉首德夯，永顺王村，凤凰阿拉、廖家桥、竿子坪、泸溪潭溪、洗溪，感受苗族、土家族文化；第二阶段为选点阶段，2007 年 7、8 月份，笔者在查阅文献和湘西民委等部门的帮助下，先后到古丈县双溪乡、墨戎镇，凤凰县吉信镇、保靖县涂乍乡、清水坪镇、中心乡，花垣县麻栗场镇、茶洞镇（边城）、吉卫镇、排碧镇、团结镇，泸溪县潭溪镇等地做了初步调查；第三阶段为蹲点调查阶段，2008 年暑期，笔者对凤凰县吉信镇、古丈县双溪乡、保靖县涂乍乡进行了为期两个月的蹲点调查；第四阶段为补充调查阶段，2008 年寒假，笔者在完成调查报告的基础上，又赴湘西，进行了为期半个月的补充调查。最后，2009年，本研究获得国家社科基金资助，笔者又在 2009 年寒暑期进行了为期两个半月的补充调查。2010 年暑期，课题组虽已提交结题报告，但笔者申报的《内地多民族联合自治地方民族团结进步创建活动的调查与思考——以湘西土家族苗族自治州为例》民族工作调研获得中南民族大学资助。笔者将此次民族工作的调查与本课题结合起来，又赴湘西凤凰县腊尔山镇、山江镇、落潮井乡，古丈县默戎镇、吉首市马颈坳镇，龙山县桂塘镇、永顺县沙坝镇作了为期 20 天的田野调查。

　　2. 问卷调查法

本书尝试运用社会学的问卷资料统计方法，将定性分析与定量分析互为补充，力求对某些指标进行量化，以阐释有关问题。本书中的问卷调查不同于社会学意义上的问卷调查，目的仅在于把握整体状况，以便更清楚地反映情况。调查问卷发放采取主观抽样法，笔者在选取样本时综合考虑了族群、地域、性别、职业等因素，力求使样本具有代表性，总计选择样本 200 份，共获取有效问卷 185 份，其中土家族 75 份、苗族 75 份、汉族 35 份。

　　3. 文献法

本书查阅相关文献资料，具体包括族群理论、族群关系理论相关论文论著，湘西州州志、各县地方志、民族志、政府各部门相关民族政策文件和档案。各种节日庆典活动的策划书、总结，相关的新闻报道也是笔者收集的对象。

（五）有关问题说明

1. 时空说明

（1）研究时段。本书中，"当代"是指新中国成立至今这一时段，包含了湘西解放、土地改革、"文革"、改革开放、西部大开发等一系列重大事件。当然，出于研究背景的展开和历史延续性的考虑，本课题还将上溯至土司时期的湘西族群关系史。

（2）研究地域。关于湘西，无论作为一个文化区域或一个行政区域，其疆界一直变动不居。在清代，其范围包括湖南四道之一的辰沅永靖道全境及岳常澧道中澧州的永定和慈利二县。具体为辰州府（治沅陵，含沅陵、辰溪、泸溪、溆浦四县）、沅州府（治芷江，含芷江、黔阳、麻阳三县）、永顺府（治永顺，含永顺、龙山、保靖、桑植四县和古丈坪厅）、靖州直隶厅（治靖州，含靖州和会同、通道、绥宁三县）、乾州（今吉首）、凤凰、永绥和晃州四厅及永定、慈利二县。当代湘西，指前湘西土家族苗族自治州，辖吉首市和龙山、永顺、保靖、花垣、古丈、凤凰、泸溪、大庸、桑植9县。改革开放以来又有"大湘西"之说，包括现在的湘西土家族苗族自治州（以下简称湘西州）、怀化市和张家界市，辖24个县（市、区）、629个乡镇，总面积56546平方公里，总人口905.32万人。在本书中，今湘西土家族苗族自治州是本课题的主要研究地域。

2. 调查点概貌

由于多族群混杂居住的社区有利于调查分析族群之间的互动过程与后果，笔者选择多个多族群混居的聚落——族群互动频繁的地点进行田野调查，以考察多族群文化互动中的族群认同、族群边界的变化以及对族群关系的影响。在前期调研和文献查阅的基础上，本书主要选择了凤凰县吉信镇、古丈县双溪乡、保靖县涂乍乡作为田野调查点。三个调查点各有特色，吉信镇地处凤凰县苗区，是苗区中的土家族苗族杂居地；古丈县双溪乡、保靖县涂乍乡处于湘西传统的土家族、苗族聚居区南北分界线，并且都是土家族、苗族村落相邻。调查中各有侧重，吉信镇以集镇为重点，双溪和涂乍以村落为重点。

（1）调查点一：凤凰吉信镇概貌。吉信镇地处凤凰县境东北部，南距县城 21.5 公里，北距吉首市 31 公里，东邻泸溪县解放岩乡、本县木江坪镇，南连沱江镇，西接木里乡，北与竿子坪乡、三拱桥乡接壤，地势西高东低，平均海拔在 310—430 米之间，属中亚热带季风湿润性气候，全镇属于较暖地区与高寒山区。全镇总面积 116.51 平方公里，下辖 21 个行政村，1 个居委会，分别为大桥、万溶江、三角坪、首云、油菜、黎明、岩口、塘寨、追仁、火炉坪、茶山、高山、吉信、联欢、锡坪、龙滚、都吾、新田、大塘、满家、两头羊和吉信居委会。其中，原火炉坪乡和两头羊乡于 2005 年行政区划调整并到吉信镇。全镇共 4638 户，21800 人，是一个土家、苗、汉、回多民族聚居地区。火炉坪片和两头羊片为纯苗区，吉信片则是多民族杂居区，吉信片的万溶江村、首云村、三角坪村亦为纯苗族村。

吉信镇交通方便，209 国道贯穿南北，是湘西州连接怀化市、贵州省铜仁地区的主要通道。生姜、柑橘和劳务输出是该镇的三大支柱产业，烟叶、脐橙、板栗、猕猴桃、无公害蔬菜也是该镇着力发展的产业。2005 年全镇生姜面积达 4800 余亩，年产量达 4950 余吨，年产值达 2000 余万元；柑橘面积达 2000 余亩，年产量达 2300 余吨，年产值达 230 余万元；对外劳务输出 2300 余名，劳务经济收入 600 余万元。

笔者重点调查了吉信镇镇区。吉信镇坐落在万溶江之畔，历史上曾经是清朝的屯兵之地，称为"得胜营"，乃镇竿总兵右营游击署驻地，民国时期又改为"蔚文乡"，著名的三潭书院就位于该镇。吉信镇是吉信片的政治、经济、文化中心，也是镇政府、工商、税务、派出所、吉信镇中心小学、凤凰县四中等单位的所在地，也是周边最大的几个墟场之一。镇区由两个行政村和一个居委会组成：吉信村、联欢村和吉信居委会，镇区是一个典型的多民族聚居区。吉信村以苗族为主，联欢村土家族、苗族、汉族杂居，居委会以汉族为主。吉信村一组在万溶江西岸，居民大多打工、赶场摆摊。二组居住在市场（水门河），一部分从事农业，一部分经商谋生。三组（棱子河）以农业为主，部分经商。四组以经商为主。五组以加工业为主，打砂、制砖。六组以蔬菜、种田为主。七组以传统种植业为主。八组以粮食为主，柑橘、生姜、鱼腥草、凉薯等特色产业也发展较快。

吉信镇基本情况如表0—1所示。

表0—1　　　　　　　　吉信镇基本情况

村名	组数	户数	人口	耕地（亩）		人均收入（元）	外出务工
				稻田	旱地		
合计	98	4826	22341	16945	7835.4	826	4520
黎明村	3	236	1273	1023.4	341	864	278
油菜村	4	197	828	897.08	315	870	209
大桥村	8	374	1638	1238.3	634	912	312
都吾村	5	322	1801	802.7	439	923	376
新田村	7	261	1288	891.02	502	874	309
吉信村	8	348	1489	1173.08	464	879	355
联欢村	4	287	1120	703.75	381	841	278
锡坪村	3	172	734	552.04	331	877	183
龙滚村	6	279	1283	758.92	385	859	240
满家村	8	243	1117	884.71	389	846	175
居委会		541	1579			890	84
两头羊村	5	148	716	689	390.7	671	120
茶山村	3	132	478	554	471	595	230
大塘村	4	121	606	623	497	645	150
高山村	3	118	530	633	426.7	670	115
追仁村	3	132	766	747	257	930	130
火炉坪	4	131	646	611	249	970	125
岩口村	4	109	476	588	338	875	110
塘寨村	3	115	481	664	340	890	105
首云村	2	113	432	888	260	760	132
万溶江村	6	266	2160	1180	315	810	184
三角坪村	5	181	900	843	110	740	320

昔日得胜营（今吉信镇）全貌　　　　　今日吉信镇

（2）调查点二：古丈县双溪乡。古丈县双溪乡位于古丈县西北部，汉为酉阳县属地，隋为大乡县属地，元为保靖州属地，明置田家洞长官司，清初为永顺县属地，民国二年为古丈管辖地，1949年属永顺专区，1957年后属古丈县。双溪乡总面积78.92平方公里，乡政府所在地官坝村距县城9.6公里，距省道1828线5公里，北接断龙乡、红石林镇、罗依溪镇，南接默戎镇，东临古阳镇，西与保靖县葫芦、仙仁等镇接壤。全乡有大小河流4条。全年气候适宜，平均温度16摄氏度，年降水量1400mm，无霜期长，属中亚热带季风湿润气候。森林覆盖率达76%。现辖8个建制村：排若、夯水、宋家、溪流墨、官坝、梳头溪、蔡家、茅坡，1个居委会，共74个村民小组，1879户，总人口7976人，其中农业人口1782户、7898人，是一个土家族、苗族、汉族、侗族杂居的贫困乡。现有耕地6565亩，其中水田4997亩。主要农产品为水稻、玉米、豆类、薯类、花生、油菜、晒土烟、西瓜等。双溪盛产茶叶，茶叶是全乡的一大支柱产业，目前建有4个茶叶专业村、6个茶叶私人加工厂、1个乌龙茶加工厂，拥有茶园4300多亩，蔡家、梳头溪村茶叶名气较大，是国家十大名茶之一"古丈毛尖"的重要产地。境内排若、茅坡、溪流墨地带磷、锰、硫铁、钒等多种矿产资源丰富。近年来，畜牧业发展迅速，引进的吉首大学群博公司是该乡一个畜牧产业+科研基地，带动了全乡的畜牧业发展，种草养畜已逐步成为新兴的支柱性产业。双溪乡民族传统文化保存较好，1983年11月，双溪乡梳头溪村代表队参加全州在保靖举行的打溜子比赛，曾获得三等奖。

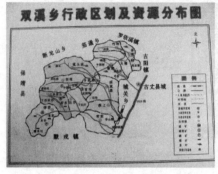

双溪乡行政区划及资源分布图　　　　官坝村苗族妇女和小孩

双溪乡的调查重点在梳头溪、官坝村和溪流墨村。梳头溪和溪流墨村（除 2005 年合并进来的洞上村外）是典型的土家族聚居村，分别位于双溪河的上下游；官坝是一个典型的苗族聚居村，由原官坝村和西岐村合并而成。

梳头溪村　　　　　　　　　　官坝寨

（3）调查点三：保靖县涂乍乡。保靖县涂乍乡地处云贵高原东侧，武陵山脉中段，属吕洞山区，距保靖县城 30 公里，东与原仙仁乡相连，南和葫芦镇、原中心乡毗邻，西北与阳朝、水银二乡以长潭河隔水相望。总面积 55 平方公里，耕地面积为 600 公顷，是土家族、苗族聚居的地方，共有涂乍、下涂、卡道、白岩、马路、乜乍、绿绿、鱼塘、卡坝、择坝、小寨、涂坝、尧洞、让乐 14 个村委会，23 个自然寨，共8238 人。

境内群山起伏，高差悬殊，河谷深切，地形上具有多层次和阶梯状的特点，有原始次森林的小寨沟秀色风光和营盘碉卡等旅游资源。由于地形起伏大，三面环水，交通条件不太便利，目前尚有两个村没有修建通村公路。全乡经济以农业生产为主，近几年在劳务输出、产业开发等方面取得较好的成效，一定程度上改变了该乡经济落后的现状。本书调查重点是该乡的绿绿河村及相邻的水田河乡丰宏村。绿绿河村为土家族、苗族杂居村落，丰宏村为土家族聚居村落。

　　　　　绿绿河苗寨　　　　　　　　　　丰宏坡土家族村落

　　三个调查点的民族构成如表0—2所示。

表0—2　　　　　　　　　　调查点民族构成情况　　　　　　　　单位：人

镇名	村名	苗族	土家族	汉族	回族	壮族	白族	黎族	合计
凤凰县吉信镇	居委会	578	551	381	40		2		1552
	吉信村	1324	208	259	3		1		1795
	联欢村	438	298	514	24			2	1276
保靖县涂乍乡	丰宏村	93	2056	6					2155
	绿绿河村	138	448						586
古丈县双溪乡	官坝村	1091	177	7		1			1276
	溪流墨村	385	903	9					1297
	梳头溪村	25	907	19		1			952

　　3. 族群与民族

　　自大陆学界将族群理论引入民族研究以来，关于"民族"与"族群”的关系一直争论不休。国家民委官员王东明曾在《关于“民族”与“族群”概念之争的综述》①中做了详细表述，笔者在此不再纠结二者的概念之辩。在本书中，笔者认同这样一种观点：族群作为一个学术词语，在国内民族研究中，具有较大伸缩性，涵盖了“民族”、“族体”、“民系”等，既是文化群体，又是社会群体。因此，本书将土家族、苗族、汉族视为族群，民族与族群并用。

关于湘西土家族、苗族、汉族（客家）的指称与区分，苗族一般没有争议，但是土家族和汉族（客家）存在差异。特别需要指出的是，由于土家族在1957年才得到国家确认为单一少数民族，且在历史上大量接受汉族文化，因而一部分资料中所讲的汉族（客家）也包括大量的土家族人，在民间至今仍有大量土家族人自视为客家，或苗族将土家族和汉族混同，一起称为客家。

4. 文化

文化最经典的定义莫过于泰勒的定义：“文化，就其在民族志中的广义而言，是一个复合的整体，它包含知识、信仰、艺术、道德、法律、习俗和个人作为社会成员所必需的其他能力及习惯。”在本书中，笔者认为，文化乃是人类与自然环境和社会环境相调适，从而发展出来的一系列生存策略和手段。当然，文化还可细分为物态文化层、制度文化层、行为文化层和心态文化层。

---

① 王东明：《关于“民族”与“族群”概念之争的综述》，《广西民族学院学报》2005年第2期。

第一章

湘西概貌

第一节 自然生境

生境（habitat），又译"栖息地"，是生物生活的空间和其中全部生态因素的综合体，可概括为某一类群的生物经常生活的区域类型，也用于具体指某一个体的生活场所，强调现实生态环境。[①] 地理环境和物产资源是自然生境的重要组成部分，湘西各民族的文化就是对这些自然生境调适的产物。

湘西土家族苗族自治州位于湖南省西北部，中国东西接合部，地理坐标为东经 109°10′—110°22.5′，北纬 27°44.5′—29°38′。境内武陵山脉自西向东蜿蜒境内，西起云贵高原，北邻鄂西山地，东南以雪峰山为屏。东北部的龙山、永顺两县与湖南张家界市交界；东南的古丈、泸溪、凤凰 3 县与湖南怀化市的沅陵、辰溪、麻阳苗族自治县相连，西南边的花垣县与贵州省松桃苗族自治县接壤；西北部的保靖、龙山两县与重庆秀山土家族苗族自治县和湖北恩施土家族苗族自治州来凤县、宣恩县相邻，地处湘、鄂、渝、黔边区，是西南交通要道。

湘西州境域，新中国成立后屡经调整。1952 年成立的湘西苗族自治区，辖泸溪、凤凰、吉首、花垣、保靖、古丈 6 县，并代管永顺、龙山、桑植、大庸 4 县，同年 12 月正式接管这 4 县。整个地域南北长约 240 公里，东西宽约 170 公里，总面积 2.1356 万平方公里，占湖南省总面积的 10%。1989 年 1 月 1 日，原所属桑植、大庸 2 县被划入张家

---

① 杨伟兵：《由糯到籼：对黔东南粮食作物种植与民族生境适应问题的历史考察》，《中国农史》2004 年第 4 期。

界市，全州土地总面积缩减为 15569 平方公里。其中，山地占 81.5%，丘陵占 10.3%，岗地占 2.5%，平原占 4.1%，水面占 1.6%。

2007 年湘西土家族苗族自治州各县的土地面积如表 1—1 所示。

表 1—1 　　　　　　　　土地面积分县统计表（2007）

县名	总面积（平方公里）
吉首市	1062.5
泸溪县	1656.5
凤凰县	1759
花垣县	1108
保靖县	1745
古丈县	1297
永顺县	3810
龙山县	3131
合计	15569

资料来源：《湘西土家族苗族自治州概况》修订本编写组：《湘西土家族苗族自治州概况》（修订本），民族出版社 2007 年版。

湘西山高水险，耕地面积较少。新中国成立以来，除 1949 年至 1967 年呈上升趋势外，基本上呈减少趋势。1949 年全州总耕地面积 1762.53 万公顷，占土地总面积的 8.25%，其中水田 97.41 万亩，旱地 66.97 万亩。1967 年为 319.23 万亩，占土地总面积的 9.97%，其中水田 13.61 万公顷，旱地 7.67 万公顷。1968 年至 1988 年呈下降趋势，1988 年为 19.51 万公顷，占土地总面积的 9.14%。1989 年至 1995 年，由于区划变动，耕地面积相应减少，7 县 1 市耕地总面积为 14.44 万公顷。2005 年底耕地面积为 13.24 万公顷，2009 年全州有耕地 14.04 万公顷。

湘西森林面积较大。1949 年为 63.01 万公顷，占全州土地总面积的 29.50%，至 1980 年下降为 42.53 万公顷，占全州总面积的 21.79%。1988 年为 754940 公顷。1995 年末发展到 104.157 万公顷，森林覆盖率达 58.8%。[①] 2005 年底森林覆盖率为 61.5%。[②]

　　湘西地区地貌奇特，山川险峻。湘西州域地处云贵高原余脉，地势由西北向东南倾斜，武陵山脉贯穿全境，北部多山，有大小山峰 130 多座，八面山、大青山、白云山、太阳山、莲花山、腊尔山、高望界、黑桃界、摩天岭等雄踞州内。龙山县的大灵山海拔 1736.5 米，为州内最高点；最低点为泸溪县上堡乡大龙溪出口河床，海拔 97.1 米。受酉水、猛洞河、武水、沅水、辰水等河流的影响，境内地面被切割成众多盆地、台地和高峰、沟谷及陡坡，相互交错，层峦叠嶂，千姿百态。境域碳酸岩广布，岩溶地貌发育充分，多溶洞、伏流。湘西地貌大致分为三大区域：西北中山山原地貌区，占州域总面积的 22%，海拔 800—1736 米，地形切割较深，顶部岩溶发育，干旱少雨，光热偏低，土壤自然肥力较好，适宜发展林、粮、牧业生产；中部中低山山原地貌区主要分布在武陵山地区，由凤凰、吉首、花垣、古丈、永顺等县的部分地区组成，约占州域总面积的 59%，丘陵起伏，矿产资源丰富，适宜发展粮、林、牧、经济作物和矿业生产，主要位于龙山县，次为永顺县及古丈县北东及保靖县中部地区；中部及东南部低山丘岗平原地貌区主要分布在东南沅麻盆地，次为中部花垣至永顺盆地、龙山里耶盆地、龙山城郊盆地，约占州域总面积的 18.98%，地势比较平坦开阔，为湘西发展农、林、牧、副、渔业的最佳区域。

　　湘西属中亚热带季风湿润气候，具有明显的大陆性气候特征：冬暖夏凉，四季分明，冬夏长春秋短；降水充沛，光热总量偏少；光热水基本同季；气候类型多样，立体特征明显。年平均气温 15—16.9 摄氏度，最高气温 40 摄氏度，最低气温-5.5 摄氏度。年降雨量 1250—1500mm；多年平均日照时数 1291—1406 小时。雨量集中于春、夏，多见秋旱。由于海拔的悬殊和地形、坡向等的不同，湘西各地气候类型差异较大，气温、降水、日照、无霜期等均有显著差别。

　　湘西州大部分区域水资源丰富。境内有大小河流 1000 余条，干流

---

　　① 中共湘西自治州委员会：中国湘西网·湘西州志（http：//www. xxz. gov. cn/goxx/showdiary. php？id=37）。

　　②《湘西土家族苗族自治州概况》修订本编写组：《湘西土家族苗族自治州概况》（修订本），民族出版社 2007 年版，第 5 页。

长大于 5 公里、流域面积在 10 平方公里以上的河流共 444 条，主要河流有沅江、酉水、武水、猛洞河、花垣河等。州内沟壑纵横，落差大，有利于布局骨干水电站和梯级开发，水能理论蕴藏量为 179 万千瓦，可开发总装机容量达 137.2 万千瓦，同时也有利于防洪、灌溉、养殖、旅游及改善环境。

湘西州富集各类生物资源，堪称野生动植物资源天然宝库和基因库。野生植物繁多，共有蕨类植物、裸子植物和被子植物等维管植物217 科、1039 属、3807 种。境内保存着大量古老珍稀植物种属，是国家保护植物高密度分布区，有世界闻名的孑遗植物水杉、珙桐、鹅掌楸、青檀等。境内资源植物丰富，药用植物、油脂植物、纤维植物、鞣料植物、淀粉和糖类植物、观赏植物、维生素植物和色素植物等种类繁多。野生动物资源丰富，州境现有陆生脊椎动物 237 种，昆虫 4175 种。湘西州境珍稀野生动物种类丰富，属国家 Ⅰ 级保护动物 5 种，国家 Ⅱ 级保护动物 50 种，地方重点保护动物 89 种。这些野生动物中，有 14 种属被列为世界濒危野生动物。但随着人口增加、生产活动频繁、森林减少，野生动物种类呈下降趋势。

湘西州境矿产资源丰富，主要矿种储量大。全州已发现矿产地 85处，其中黑色金属矿产 41 处，有色金属矿产 160 处，贵金属矿产 10处，能源矿产 68 处，非金属矿产 199 处，地热矿泉水 6 处；已发现的矿产地中，大型矿床 12 处、中型矿床 26 处、小型矿床 73 处、矿点 374处。全州已发现矿种 63 个（待查），其中 35 个矿种探明一定储量，锰、汞、铝、紫砂陶土矿居湖南省之首。锰多分布于花垣县境内，探明储量3106.57 万吨，远景储量 575.5 万吨，居全国第二位。① 花垣民乐锰矿区为中国南方最大的锰矿床，号称"东方锰都"。

湘西绚丽多彩的自然景观、底蕴深厚的人文景观、闻名遐迩的名胜古迹以及浓郁古朴的民族风情构成了丰富的旅游资源。全州有 5 个省级风景名胜区：被誉为"天下第一漂"的永顺猛洞河、中国两个最美的城市之一的凤凰古城、吉首德夯风景区、龙山的皮渡河、古丈的栖凤湖；

---

① 中共湘西自治州委员会：中国湘西网·湘西州志（http：//www.xxz.gov.cn/goxx/showdiary.php? id=37）。

有3个省级自然保护区：永顺县小溪原始次森林保护区、凤凰县南华山、永顺县不二门国家森林公园；有国家级重点保护文物永顺县后晋天福年间的溪州铜柱，还有省级重点保护文物唐代垂拱年间兴建的凤凰"黄丝桥古城堡"，有中华民国第一任内阁总理熊希龄、现代文学巨匠沈从文和当代著名画家黄永玉的旧居等。湘西自治州民族文化保存较好，氛围浓厚，土家族、苗族的饮食、服装、民居、岁时节日、礼仪庆典、民风民俗、民族民间文艺深受州内外人们喜爱。

第二节 生计方式

生计方式或生计类型，是指居住在相似的生态环境之下，并持相同或相似生计方式的各民族在历史上形成的具有共同经济和文化特点的综合体。[①] 它主要关注前工业社会的诸种生计类型，如采集—渔猎经济、畜牧经济和农业经济等，其中获取食物的方式（加工、生产、饮食、结构和食物禁忌等）、经济体系（资源问题、分配与劳动分工等）以及与之相适应的技术变化等均包括在内。[②] 人类社会自古至今共发展出了五种生计方式：狩猎和采集、初级农业、畜牧业、精耕农业、工业化谋食方式。由于生计方式的不同，不同的经济文化类型会呈现出不同的社会物质面貌和文化模式。笔者认为，当前湘西各族人民的生计方式表现为农耕生计方式、工业化生计方式和后工业生计方式的多元并存局面。

一 农耕生计方式

农耕是当前湘西最主要的生计类型。据2000年人口普查，全州居住在乡村的人口为197.53万人，占80.23%；农业人口为205.70万人，占总人口的83.84%；非农业人口为39.64万人，占16.16%。居住在城镇的人口为48.67万人，占总人口的19.77%。到2006年全州城镇人口82.26万人，市区人口15.86万人，城镇化水平仅为30.50%。[③] 上

---

① 林耀华编：《民族学通论》（修订本），中央民族大学出版社1997年版，第86页。

② ［美］C. 恩伯、M. 恩伯：《文化的变异——现代文化人类学通论》，杜杉杉译，辽宁人民出版社1988年版。

③ 中国民族年鉴社：《中国民族年鉴2007》，民族出版社2008年版。

述数据表明，湘西正处于传统农业社会向现代工业社会的转型期，农耕仍然是当代湘西各族群的生计方式。

（一）传统山地农耕

1. 传统山地种植业

湘西多山地的环境决定了山地农耕在湘西农业中的重要地位。历史上，湘西地区的农业以旱粮作物为主。其特点为：一是以旱粮作物为主；二是农业经济结构中，养殖业占有一定比例。从耕地类型上看，旱地占很大比重。据 1994 年完成的土地调查，湘西 8 县市耕地总面积 201.037 千公顷，其中稻田 117.807 千公顷，占 58.6%。灌溉水田 65.817 千公顷，占稻田的 55.9%；望天田（山旱田）51.989 千公顷，占 44.1%；旱土面积 83.231 千公顷，占 41.4%，其中蔬菜地 2.213 千公顷（见表 1—2）。据 2007 年统计，湘西实有耕地面积 139.87 千公顷，其中水田 96.55 千公顷，占 69.03%；旱地面积 43.32 千公顷，占 30.97%。此外，从农作物播种面积来看，旱地农作物也占有相当大的比例（详见表 1—2）。

表 1—2　　　　　　　　湘西州 1994 年耕地表①　　　　　单位：千公顷

县市	合计		稻田				旱土		
	面积	占国土（%）	面积	占耕地（%）	其中		面积	占耕地（%）	其中菜地
					灌溉水田	望天田			
合计	201.037	13	117.806	58.6	65.817	51.989	83.231	41.4	2.213
吉首	12.528	11.8	7.608	60.7	4.990	2.617	4.920	39.3	0.530
泸溪	17.853	11.4	13.163	73.7	9.763	3.400	4.690	26.3	0.514
凤凰	45.418	25.9	24.053	53.0	8.622	15.431	21.366	47.0	0.810
花垣	24.775	22.2	11.846	47.8	6.287	5.559	12.929	52.5	0.111
保靖	19.968	11.4	10.315	51.7	5.714	4.601	9.653	48.3	0.091
古丈	9.353	7.3	7.361	78.7	5.149	2.212	1.992	21.3	0.027
永顺	37.709	9.9	25.395	67.3	12.509	12.886	12.314	32.7	0.042
龙山	33.433	10.7	18.066	54.0	12.783	5.283	15.367	46.0	0.088

---

① 中共湘西自治州委员会：中国湘西网·湘西州志（http://www.xxz.gov.cn/goxx/showdiary.php? id=4）。

表1—3　　　　　　　　　湘西州2007年耕地表①　　　　　单位：千公顷

	实有耕地面积	常用耕地面积		
		合计	水田	旱地
合计	139.78	135.96	96.55	43.32
吉首	13.91	13.12	8.35	5.56
泸溪	12.67	12.57	10.16	2.51
凤凰	22.19	22.13	17.14	5.05
花垣	15.08	14.91	10.08	5
保靖	15.16	12.93	9.08	6.08
古丈	7.86	7.66	5.63	2.23
永顺	28.13	28.13	20.88	7.25
龙山	24.78	24.51	15.23	9.64

　　旱作物品种有玉米、薯类、麦类、豆类以及高粱、粟、荞麦等。玉米种植最为普遍。1988年全州推广杂交玉米良种和早播育苗移栽，单产大幅度提高。湘西人民还培育出湘水单一号、二号，湘凤单一号等主栽品种。2007年，全州玉米播种面积30.52千公顷。薯类主要是红薯和马铃薯。红薯主要品种为胜利白号、湘农红皮、南薯88、广东白皮等。2007年红薯种植面积23.07千公顷。马铃薯以马儿科品种种植面积最广，2007年马铃薯种植面积21.04千公顷。麦类主要有小麦、大麦、燕麦等，豆类以大豆、绿豆、蚕豆、豌豆、红豆为主。麦类、豆类年产量3.5万吨。②

表1—4　　　湘西州主要农产品播种面积情况（2007）③　　　单位：千公顷

	全州	吉首	泸溪	凤凰	花垣	保靖	古丈	永顺	龙山
总面积	341.41	25.92	32.31	54.35	26.75	35.03	17.49	80.38	68.88
一、粮食作物	191.53	9.94	14.21	26.92	17.68	21.38	9.92	49.97	41.51

　　①　湘西自治州统计局编：《湘西统计年鉴（2007）》，怀化市国瑞印刷厂2008年版，第222页。
　　②　《湘西土家族苗族自治州概况》修订本编写组编：《湘西土家族苗族自治州概况》（修订本），民族出版社2007年版。
　　③　同上书，第224—227页。

续表

	全州	吉首	泸溪	凤凰	花垣	保靖	古丈	永顺	龙山
1. 谷物	126.22	7.08	11.47	20.74	13.53	13.48	7.76	29.54	22.26
稻谷	91.2	5.6	10.16	16.66	9.83	8.85	5.55	19.76	14.79
小麦	2.66		0.13	0.32	0.41	0.03	0.07	1.37	0.33
玉米	30.52	1.37	0.98	3.67	3.29	4.65	1.91	7.51	7.14
高粱	0.29		0.08	0.01		0.03	0.01	0.16	
其他谷物	1.55	0.11	0.12	0.08		0.28	0.22	0.74	
2. 豆类	21.2	1.51	1.53	2.46	2.18	3.66	1.18	5.58	3.1
3. 薯类	44.11	1.35	1.21	3.72	1.97	3.88	0.98	14.85	16.15
二、油料	56.23	5.4	7.52	9.3	3.13	6.56	2.75	14.53	7.04
三、棉花	0.29	0.06	0.12	0.03		0.03	0.03	0.02	
四、麻类	0.27	0.05	0.1	0.1				0.02	
五、甘蔗	0.1		0.03					0.03	0.04
六、烟叶	12.03	0.2	0.39	1.49	1.04	0.56	0.41	3.09	4.85
七、药材	5.51	0.89	0.12	0.04	0.52	0.14	0.07	0.26	3.47
八、蔬菜	50.84	6.44	5.99	9.69	3.1	4.12	2.37	9.54	9.59
九、瓜果	5.74	1.17	0.92	0.85	0.31	1.18	0.11	0.7	0.5
十、其他	18.57	1.77	2.91	5.93	0.97	1.06	1.83	2.22	1.88

湘西旱地经济作物资源丰富，栽培历史悠久。从唐宋到明清时期，茶叶、黄连、五倍子、犀角、丹砂、麻丝织品、土靛、水果、中药材、晒烟等名特物产成为官贡之品。当代湘西种植和栽培的经济作物更多，其中油料作物、茶叶、烟叶、水果、纤维作物五大类产量最大。

油料作物主要有油桐、油茶、油菜、花生、芝麻以及向日葵、苏麻子。湘西曾称"桐油之乡"，高峰时的1958年，桐林面积144万亩，桐油产量16.8万担。茶油是食用油中的上品，湘西人用茶油熬枞菌，制成菌油作为送客的上等礼品。油菜的种植历史悠久，2007年种植面积44.09千公顷，仅次于水稻，总产菜籽6.86万吨。

湘西的茶叶生产历史悠久，特别是古丈茶，在唐朝时就是贡品，古丈毛尖1982年被评为省优、国优名茶，1998年获全国首届食品博览会金奖。"七叶参茶" 1991 年获第二届北京国际博览会金奖。保靖岚针茶、黄金茶、永顺龙泽茶，也曾被评为省优、部优产品。

烟叶生产是湘西重要的支柱产业。湘西烟叶分晒烟、烤烟、香料烟三种。晒烟是本土种植烟种，以小花青品质最好。湘西红晒烟是全国十大名晒烟之一，畅销全国，出口英美及东南亚各国。1958 年引进种植烤烟，先后有 20 多个品种。1985 年引种香料烟。2007 年湘西烟叶种植面积 12.03 千公顷，总产量 2.18 万吨。

湘西盛产水果，主要有柑橘、落叶果、果用瓜等类。柑橘本土品种较好的有 25 个，先后引进品种 42 个。其中武陵椪柑最为上乘。2005 年，全州椪柑种植面积 55 万亩，产量 35 万吨，产值 4 亿元。落叶果有桃、梨、李、杏、柿、枣、石榴、葡萄、

梳头溪的茶山

猕猴桃等。果用瓜主要有西瓜、甜瓜（香瓜）、菜瓜等。

2. 山地林业

湘西地处云贵高原的武陵山区，气候温和，土地肥沃，适宜于多种林木和药材的生长，森林资源丰富。这里的人民素有"靠山吃山，吃山养山"的传统。湘西林木种类繁多，用材林主要有松、杉、柏、椿等。据 2003—2004 年第五次调查：全州有林地面积 64.489 万公顷，森林覆盖率 60.97%，活立木总蓄积量 2427.83 万立方米。经济林在湘西林业中占有重要地位，传统经济林主要有油桐、油茶、乌桕、漆树、五倍子、板栗、柿树、枣子等。湘西山地药用植物品种资源丰富，有杜仲、血藤、黄连、党参、木瓜、黄荆、天麻、金银花等 170 多种。其中黄柏、杜仲、厚朴 3 种简称"三木药材"，具有较高的经济价值。20 世纪 50 年代后期，国营林场开始少量种植药材。1995 年，全州有黄柏 3951

公顷，杜仲 981.4 公顷，厚朴 98.6 公顷，年产值 500 多万元。①

3. 山地农耕的补充

湘西气候温和、湿润，牧草、饲料、水域资源丰富，畜牧历史悠久。全州有草山草坡 1050 万亩，万亩连片的草场 37 处，面积 960 万亩。家户普遍蓄养牛、马、猪、羊、猫、犬、鸡、鸭等家畜家禽。其中猪、牛最为普遍。生猪养殖最为常见，猪供食用，猪粪作为肥料。湘西人长期选优，培育出花垣黑猪、浦市铁骨黑猪等地方良种猪。新中国成立后，各种良种猪替代了本地猪种。耕牛既是广大农村生产劳作的畜力资源，也是一种肉食品。山区多养黄牛，平原地区多养水牛。其名优品种为湘西黄牛。羊是湘西山区养殖最广泛的草食牲畜。家禽类普遍喜喂鸡、鸭、鹅，是农户重要的家庭副业收入。本地麻鸭最为有名，传统地方品种个体小、产蛋少。1958 年开始引进优良品种，逐步占有全州绝大多数市场。

梳头溪引进的波尔山羊场

20 世纪 80 年代起，农村畜牧业生产逐步向商品化养殖转变。1995 年，全州耕牛饲养量 44.79 万头，生猪 214.1 万头，山羊 58.87 万只，家禽 720.15 万羽。1996 年后，全州在大力发展猪禽奶生产的同时，突出牛羊支柱产业开发。2001 年西部大开发以后，全州畜牧业生产登上新的台阶。2005 年，生猪饲养量 240 万头，出栏 129.69 万头；牛饲养量 52.73 万头，出栏 7.81 万头；山羊饲养量100.9 万只，出栏 46.86 万只；家禽饲养量达 926.37 万羽，出笼 544.44万羽；肉类总产量 10.87 万吨，蛋品 9191 吨，牛奶 874 吨，养殖业总产

---

① 《湘西土家族苗族自治州概况》修订本编写组：《湘西土家族苗族自治州概况》（修订本），民族出版社 2007 年版，第 136—139 页。

值 13.72 亿元（含渔业 1.25 亿元），占农业总产值的 30.9%。[①]

（二）传统农耕生计的转型

1. 山地耕猎的转型

传统采集、狩猎和刀耕火种在湘西历史上有着十分重要的意义。湘西土家族、苗族多以锄类农具垦殖山田，栽培水稻、玉米、小麦和红薯、豆类等粮食作物。新中国成立后，特别是现代技术的推广和农产品品种改良加剧了传统山地耕猎的衰退与转型。山地农耕的品种由粮食作物转向经济作物的种植与栽培。到 2007 年末，湘西全州累计山地开发面积达到 10.93 千公顷。以椪柑业为主的林果业、以烤烟为主的经济作物种植业，年产值均过亿元。柑橘面积 35 万亩，产量 11.8 万吨，其中椪柑产量 10 万吨。建成优质烤烟基地 30 万亩，2007 年总产量 2.18 万吨。全州果药、茶桑累计 5000 亩以上的乡镇达 80 个，其中万亩以上的乡镇 17 个；千亩以上的村 115 个，100 亩以上的大户 210 户，形成了酉水、武水、凤滩库区 30 万亩椪柑产业带，古丈县的 4 万亩优质茶叶开发带。新兴的百合、猕猴桃反季节蔬菜产业迅速崛起，百合发展到 5 万亩，反季节蔬菜 3 万亩。传统的茶叶向产业化方向发展，百合、猕猴桃、高山反季节蔬菜产业成为县域经济的重要支柱。

2. 节约型农耕

湘西的传统山地耕猎正在不断向节约型农耕转变。一个族群的生计方式不是固定不变的，它们总是与一定的生态环境、社会结构和族群文化相适应。稻作农业在本地区有着悠久的历史。长期以来，中原地区汉族的灌溉农业，对土家族、苗族产生了巨大的影响。随着生态环境建设持续推进，湘西的山地耕猎不断地向节约农耕转变。改革开放后，湘西全面建设生态州，完成退耕还林 388.79 万亩，封山育林 1200 万亩，森林覆盖率达 63.1%。"刀耕火种"基本消失，山地旱作物种植面积逐渐减少。一些"雷公田"也逐渐让位于"退耕还林"工程。在农业结构调整上，初步实现了粮食、经济作物二元结构向粮食作物、经济作物和饲料作物三元结构的发展。其中，种植业结构也开始调整，区域化布局、专

---

① 《湘西土家族苗族自治州概况》修订本编写组：《湘西土家族苗族自治州概况》（修订本），民族出版社 2007 年版，第 144 页。

业化生产、集约化经营、规模化经营推进的农业产业调整态势初步形成。

2007 年，全州粮食作物播种面积 325.05 万亩，经济作物播种面积 334.81 万亩（含其他作物），经济作物播种面积超过粮食作物播种面积。至 2005 年全州以椪柑、猕猴桃为主的果业，以烤烟为主的特种经济作物等支柱产业得到迅速发展壮大，产业基地不断扩张，其中椪柑面积达 55 万亩，产量 35 万吨，产值 4 亿元；烤烟播种面积 22.29 万亩，总产量 2.4 万吨；猕猴桃面积 7.5 万余亩。以瓜菜为主的特色高效经济作物蔬菜面积达 74.73 万亩，其中在中高海拔地区发展的反季节无公害蔬菜生产成为新型产业，永顺的延季辣椒，花垣、保靖、凤凰的旱杂粮，泸溪的黄姜，吉首的花卉和大棚蔬菜，龙山的百合及古丈的蔬菜和茶叶等特色农业初具规模。龙山县的百合发展到 5.3 万亩。保靖县堂朗乡黄金村的 600 亩茶叶面积，有 50 多户农户发展为"换金茶"共 300 多亩，成立了"换金茶"生产联合体，该村茶叶收入 100 多万元，占全村总收入的 85%。

灌溉农业，尤其是水稻种植成为湘西的主要农业产业。水稻的播种面积和产量居各类粮食作物之首。新中国成立后，逐步以矮秆水稻淘汰高秆水稻，1975 年矮秆水稻覆盖率达到 90% 以上，1976 年开始推广三系杂交水稻，1995 年试种两系杂交水稻。2007 年全州水稻播种面积 138.81 万亩，其中优质稻 102.78 万亩。

（三）传统渔猎的遗留与现代渔业养殖

湘西溪河纵横，水产资源丰富，鱼类品种繁多，人工养殖主要有鲩鱼、鲢鱼、鲤鱼、鲫鱼、鳅鱼、青鱼、草鱼、鳙鱼等传统鱼类。近年来，养殖方法和种类不断引进选优，一些优良品种在境内发展，如鳊鱼、叉尾肥、柴鱼等，还出现了虾、鳝、鳅、乌龟等特种养殖。

湘西渔具、渔法种类繁多，历史悠久。据调查，渔具、渔法有 25 种之多。其中网具有撒网、扳罾、系网、盖网、笼网、抬网、赶网、刺网、拦网、张网；钓具类有垂钓、挂钓、砣钓、卡钓。古老渔法有捶击、装篙、赶白、踩火塘、装渔梁、霖鱼、鱼晒、鸬鹚、水獭、狗捉团鱼等。20 世纪 70 年代末，引进"赶、拦、刺、张"联合渔法，解决了深水捕捞难题。尼龙、化纤的发展，取代了历史上沉重的麻质网具，使州境内的渔具、渔法大有改进。

新中国成立后，州县设置渔业管理机构，兴建鱼苗繁育基地，恢复发展稻田养鱼，主攻小水面并积极开发大水面养鱼。20世纪80年代后，市场经济、科技兴渔激发了农户养鱼的积极性，网箱养鱼、流水养鱼、模式化稻田养鱼、名特优水产养殖等在湘西得

稻田养鱼

到推广，渔业生产进入专业化、工业化、产业化时期。2005年，全州放养水面9.75万亩，大水面开发1.261万亩，网箱养鱼6500口、面积20.39万平方米，稻田养鱼55.11万亩，推广名特优水产养殖面积910亩，水产品产量1.85万吨，渔业产值达1.84亿元。[①] 2007年，水产品总量17.579万吨，淡水养殖面积6.88千公顷，其中池塘养殖1.49千公顷，河沟养殖0.52千公顷，水库养殖4.7千公顷，稻田养殖13.56千公顷。[②]

二 工业化生计方式

（一）湘西州的工业发展

新中国成立以来，湘西开始从传统农业社会向现代工业社会转型。湘西自治州工业从无到有，从小到大，从手工作坊到机器化大生产，从单一门类到门类齐全，逐步建立起现代民族工业体系。改革开放以后，湘西州的民族工业开始腾飞，到1997年底，湘西州乡及乡以上大工业企业发展到802个，其中大型企业16个，拥有固定资产36.78亿元，

---

① 《湘西土家族苗族自治州概况》修订本编写组：《湘西土家族苗族自治州概况》（修订本），民族出版社2007年版，第156页。

② 湘西自治州统计局：《湘西统计年鉴（2007）》，怀化市国瑞印刷厂2008年版，第233页。

初步形成了卷烟、食品、冶金、化工、建材、纺织、机械、电子、煤炭等 30 多个行业的地方工业体系。西部大开发以来，随着乡镇企业以及民营经济的发展，湘西涌现出一大批大型企业。湘西州依托优势资源，依靠先进技术，开展经济技术合作，发展具有民族特色、地方特色、时代特色的绿色食品、生物制药、矿产品加工工业，走出一条湘西民族地区工业化的道路。工业化的发展需要大量劳动力。2007 年，湘西第一产业从业人口 93.10 万人，第二产业从业人口 24.50 万人，第三产业从业人口 47.85 万人。三次产业人口构成比例分别为：56.27%、14.81%、28.92%。[①] 上班务工成为一部分湘西人的生计方式。

（二）中国特色的工业化谋生方式：打工

改革开放后，外出务工成为各族人民新的谋生手段。湘西州农村的劳务输出早在 20 世纪 80 年代就已有了相当的规模，90 年代初，州委、州政府鼓励农村富余劳动力外出务工，劳务经济开始进入高潮。这一时期，湘西有一万多名农村青壮劳力到海南、深圳、厦门等经济特区打工。龙山县农民向德辉到深圳特区当上了"垃圾王"，他与一群拾荒的湘西人组成了特区最具特色的"湘西村"，受到特区政府的表彰。古丈县高峰乡农民向明艳只身到海南省琼海县承包了上千亩的橡胶园，从湘西农民变身为特区橡胶园主。

但是，更多的湘西人却是作为"打工仔"走出湘西谋生的。近年来，湘西州采取"政府部门+劳务输出公司+培训基地+用人单位+人事代理+社会保障+跟踪服务"的方式，对贫困农民进行免费劳动技能培训，逐步把贫困农民转移到城镇就业，增加农民收入。目前，湘西州共建立各类培训基地 31 个，其中国家级培训基地 1 个、省级培训基地 4 个。2005 年投资 900 万元，培训转移农村劳动力 8000 多人。2006 年，计划投资 1240 万元，培训转移农村劳动力 12400 人。[②] 2003 年《湘西统计年鉴》显示，当年全州农村外出务工人员已达 30 万人，务工收入 3.3 亿元，人均 1100 元；农村居民人均 1915 元收入中，外出从业收入为 167 元，占 9%。2007 年的统计表明，全州外出打工人员更是高达 40 万

---

① 湘西自治州统计局：《湘西统计年鉴（2007）》，怀化市国瑞印刷厂 2008 年版。
② 湘西州劳动保障局：《湘西州加大劳务输出培训力度》（http://eservice.xxz.gov.cn/1269.html）。

人，劳务收入 20 亿元。如永顺县，外出务工人口 97160 人，年总收入 49249 万元，人均纯收入 5068 元。塔卧镇全镇外出务工人员 9326 人，总收入 4663 万元，人均纯收入 5000 元。其中塔卧镇广荣村 2 组，该组共有农户 47 户，总人口 151 人，劳动力 91 人，稻田面积 84.8 亩，旱地 52 亩，人多田少，自然条件恶劣。该组外出务工人员 22 户、53 人，其中省外打工 35 人，手艺人 18 人，省外打工人员人均年收入按 5000 元、手艺人年收入按 10000 元计，收入可达 35.5 万元，人均纯收入 6698 元。[①]

目前，湘西州进入西部大开发的范围，并被确定为国家重点退耕还林示范地区，退耕还林面积进一步扩大，可供人们使用的耕地已迅速减少。同时，随着科技成果在农业领域的大力推广与应用，劳动生产率大幅提高，再加上每年都有成千上万的高、初中和大中专毕业生以及众多的下岗失业职工需要就业等，这些因素都会导致湘西州城乡富余劳动力的比率和绝对数迅速增加。此外，湘西的工业化、城市化的发展步伐迅猛，打工将成为农村青壮年谋生的主要手段。

三　后工业化生计方式：民族旅游业

湘西社会虽然从整体上处于从传统农业社会向工业社会转型的阶段，但是自 20 世纪 80 年代以来，在湘西兴起了旅游业与民族传统文化的嫁接——民族旅游业，这非常符合生态理念的后工业社会特色。经营民族文化，开发秀丽山水，投身旅游业也成为当前湘西各族人民的又一生计方式。在此，我们称之为"后工业化生计方式"。湘西州旅游资源十分丰富。州内山川秀丽，风光旖旎，历史文化积淀深厚，民族风情浓郁。经过多年的经营与开发，已成为集山水风光与民族风情为一体的旅游胜地。旅游产业已成为名副其实的支柱产业，全州旅游接待总人次和旅游总收入连续 5 年保持 20% 以上的增长。2007 年共接待游客 793.5 万人次，实现旅游收入 31.3 亿元，分别比上年增长 21% 和 27.3%；旅游总收入相当于全州 GDP 的 16.8%。2009 年共接待游客 1060.31 万人次，实现旅游收入 50.66 亿元，分别增长 24.4% 和 31.8%。旅游产业带

---

① 《湘西州：劳务输出百万湘西劳力大转移》，湖南农业信息网（http://www.hnagri.gov.cn/index.html）。

动了工农业、商贸业等产业的快速发展，凤凰姜糖发展成上亿元的大产业，老爹猕猴桃产品、古丈茶叶、苗族银饰、土家织锦等特色旅游商品的规模和产值高速增长，成为群众致富的有效途径。旅游直接和间接从业人员接近 20 万人。全州共有骨干旅游公司 9 家；星级宾馆 48 家；旅行社 27 家；旅游专业运输车队 4 家，旅游运输车辆 200 多台；规模化、专业化的旅游商品购物点 5 家。年经营收入过千万元的骨干旅游企业 15 家，凤凰古城旅游公司年门票收入接近 1 亿元，目前正在开展上市的前期工作。其他从事旅游餐饮、住宿、娱乐、旅游商品生产销售、农家乐等私营企业和个体工商户 2000 多家。[1]

到 2007 年底，湘西州直接或间接从事民族旅游商品生产的企业近 400 余家，从业人员 1.3 万人。近年来，湘西州涌现了近 20 家年销售收入在 500 万元以上的规模企业。在传统工艺品生产销售方面，龙山县 60 余家绣花工艺鞋垫厂每年生产绣花鞋垫 2743 万双，产值 3936 万元，从业人数 1400 余人，是目前全国最大的绣花鞋垫生产基地之一。花垣县民族民间工艺美术厂是国家民族用品定点生产企业，员工 400 余人，下设 4 个加工厂，主要生产"五溪"牌土家织锦、苗族刺绣等系列产品，30 余种产品曾先后多次被评为部优、省优产品。吉首市民族五金厂生产的苗族银饰品、餐具，年销售收入 600 余万元，特别是永顺湘西土家村姑绣坊生产的绣花鞋垫产品突破了传统工艺品的生产经营模式，建立了现代企业营销网络，创办了产品开发设计中心，形成了产品质量控制体系。[2]

近年来，湘西旅游业又有新发展。目前，全州持证导游达 700 多人。全州有星级饭店 48 家，其中四星级饭店 2 家，三星级饭店 4 家。旅行社 29 家，其中国际旅行社 2 家。旅游专业运输车队 4 家，旅游运输车辆 300 多台。年经营收入过千万元的骨干旅游企业 20 家。凤凰古城旅游公司年门票收入接近 1 亿元，目前正在开展上市工作。旅游商品开发来势喜人，银器、竹器、蜡染、扎染、织锦、绣花鞋垫、凿花、山

---

① 湖南省湘西土家族苗族自治州旅游局：《湘西自治州旅游产业发展情况介绍》，打印稿。

② 湘西自治州旅游局：《湘西州民族旅游产品暨传统工艺品、特色食品发展情况调查报告》，打印稿。

野菜、富硒农产品等 300 多个品种在市场上享有盛誉，融研发、生产、销售为一体的加工作坊发展到 2000 多家，规模化、专业化旅游商品购物点 6 家。

第三节　经济社会状貌

新中国成立后，湘西建立起较为健全的工农业生产体系。改革开放 30 多年来，湘西经济社会发生了巨大变化。湘西逐渐从传统的农业社会向现代工业社会过渡。由过去蛮夷之地、贫穷之乡逐渐蜕变成为"中国十佳魅力城市"、"中国最佳旅游去处"，以崭新的姿态出现在世人面前。

一　经济建设实现了历史性跨越

新中国成立以来，湘西不断强化农业基础地位，大力发展工业和商贸旅游等第三产业，不断优化调整经济结构，深化经济体制改革，经济建设迈上了新台阶。2009 年，全州实现生产总值 268.97 亿元，三次产业结构比为 16.5：40.0：43.5。全州人均生产总值达 10724 元，财政总收入达到 26.22 亿元。[①]

（一）农业基础稳固，持续发展，逐步实现产业化

改革开放以来，湘西自治州大力引进、推广农业新技术、新品种，杂交稻、超级稻、杂交玉米、杂交油菜等良种普及率达 90% 以上。2009 年，全州粮食总产量达到 87.31 万吨，农林牧渔业总产值 44.34 亿元。基本形成了以椪柑、猕猴桃为主的水果种植业；以生猪、山羊、黄牛为主的畜牧业；以优质烤烟、油料为主的高效经济农作业；以青蒿、百合为主的中药材产业四大农村支柱产业。到 2009 年底，全州水果产量 74.37 万吨，其中椪柑 85 万亩，成为全国最大的椪柑生产基地；猕猴桃面积已达 10 万亩，为世界最大的有机富硒猕猴桃基地。同时，产业化经营水平不断提升，全州农产品加工企业 497 家。专业合作组织 282 个，成员 4.1 万户。休闲农业企业发展到 96 家，其中星级休闲农业企

---

① 湘西统计信息网：《2009 年湘西土家族苗族自治州国民经济和社会发展统计公报》（http：//222.240.193.197/xxtjww/winopen_1.jsp？XLH＝31003）。

业 6 家，省级农业旅游试点企业 3 家。老爹、亿事达、湘泉制药等一批企业在民族优惠政策的支持下不断发展壮大，带动了 10 万户以上的农户脱贫致富。

（二）工业经济快速发展

新中国成立后，湘西逐步建立起自己的民族工业体系。改革开放以来，湘西州不断强化工业经济的主导核心地位，加快推进新型工业化和结构调整步伐，工业经济得到快速健康发展。2009 年，全州实现工业增加值 91.8 亿元，占 GDP 的比重达到 34.1%，初步形成了矿产品、酒烟食品、化工、医药、能源五大工业支柱产业和锰锌、食品、生物医药三大产业集群。全州规模工业企业达 353 户，销售收入过亿元的有 50 余家。创出了"酒鬼"、"湘泉"、"三立"、"老爹"等一批享誉国内外的著名商标，其中"酒鬼酒"已成为"王烟鬼酒张家界"的"湖南三宝"之一；电解锰、青蒿素生产能力位居世界第一。

（三）旅游业迅猛发展

改革开放以来，旅游业成为湘西新兴产业。1987 年全州仅有旅行社 2 个，全州接待游客仅 48.4 万人次，旅游收入 238 万元；进入 21 世纪以来，湘西州充分发挥丰富的旅游资源优势，实施旅游开发带动战略，旅游业得到了迅猛发展。2000 年，自治州旅游接待人数和收入分别达到了 130 万人次和 1.2 亿元。在此基础上，自治州按照"厚重的历史文化、浓郁的民族风情、神奇的山水风光"定位，着力打造"神秘湘西"品牌，先后荣获 CCTV 2006 年度"中国十佳魅力城市"、"中国最佳旅游去处"等称号，旅游接待人数和年均收入分别以百万人次和亿元的速度呈"井喷"式增长。2009 年，全州共接待游客 1060.31 万人次，实现旅游收入 50.66 亿元，接待游客人次和旅游总收入分别是 2000 年的 8.2 倍、42.2 倍。"魅力湘西"旅游综合排名目前已继长沙、张家界之后而为湖南省"探花"。[1]

二　基础设施明显改善

新中国成立以来，湘西完成了一大批交通、通信、水利、电力、城

────────────

[1]　上述数据来源于《2009 年湘西土家族苗族自治州国民经济和社会发展统计公报》和相关政府工作报告。

镇等基础设施重点项目，极大地改善了城乡基础设施条件。

（一）交通、通信条件改善

2000 年以来，先后建成吉首至张家界高等级公路以及完成 209 国道和 319 国道改造等工程，全州第一条高速公路常德至吉首高速公路 2008 年建成通车，交通闭塞状况得到明显改善。到 2009 年底，全州通车里程 6513 公里，其中国道 477 公里（含高速公路 49 公里），省道 495 公里，县道 1644 公里，乡道 3897 公里，所有的乡镇和 96.8% 的行政村实现了通公路。全州全社会旅客运输量达到 4068 万人次，旅客周转量 24.07 亿人公里，货运量 3229 万吨，货物周转量 58.35 亿吨公里。

湘西州信息化建设飞速发展，建成了高质量、全覆盖的通信系统及种类齐全、网点密布的公用邮政网络。到 2009 年，全年邮电业务总量超亿元。年末本地电话用户 31.78 万户，本地电话普及率为 11.52 户/百人；移动电话用户 98.56 万户，移动电话普及率为 35.73 户/百人。年末互联网宽带接入用户达 9.93 万户。邮政局所 170 处，邮路 3092 公里，农村投递路线总长度 9985 公里，邮电业务总量 27.97 亿元。

（二）水利、电力建设成果丰硕

"十五"期间，全州完成了 206 座病险水库除险加固，治理水土流失面积约 700 平方公里，新增粮食生产能力 1419 万公斤。到 2009 年，全州共有水库 633 座，2009 年末全州有效灌溉面积（农田面积）126.6 万亩，旱涝保收面积 90.4 万亩，节水灌溉面积 12.9 万亩。[①]

湘西自治州先后建成湾塘、下寨河、长潭岗、碗米坡等电站，全州的全年发电量达到 11.6 亿千瓦时。电网建设不断加强，到 2007 年，全州拥有 220kV 变电站 3 座、110kV 变电站 23 座，初步形成了以 6 回 220kV 线路为骨干、29 回 110kV 线路为主干的全州区域性输变电网络。

（三）城镇建设日新月异

改革开放以来，湘西进入城市化的快速发展期，各级政府抓住国家西部大开发和扶贫开发机遇，突出城镇扩容提质和开发区建设，对城镇道路、供水、污水和垃圾处理等实行统一规划、配套建设，基本解决了

---

① 毛光文：《加快转变湘西州农业发展方式问题研究》，见湘西统计信息网（http://222.240.193.197/xxtjww/winopen_1.jsp? XLH=32924）。

全州城镇居民走路难、吃水难、"脏乱差"等问题。全州城镇化水平达35.6%，初步形成由吉首市、7个县城、68个建制镇和一批具有一定规模的乡镇、集镇构成的城镇体系框架。

三　社会结构重组、调整、改革稳步推进

（一）湘西解放和民族区域自治的实施

1. 湘西解放与各级人民政权的建立

1950年3月3日，湘西全境实现解放。湘西各族人民在中国共产党的领导下，走上了新民主主义和社会主义康庄大道，开启了一个崭新的时代。1950年1月湘西行政公署成立，下辖沅陵、会同、永顺三个行政办事处。凤凰、乾城（今吉首）、永绥（今花垣）、泸溪县属沅陵办事处；永顺、保靖、龙山、桑植、大庸（今张家界）、古丈县属永顺办事处。同年2月办事处改为行政专员公署。从1949年10月至1950年3月，州域内各县相继成立县人民政府和中共地方组织。

2. 湘西剿匪胜利保卫了新生的湘西人民政权

新中国成立初期，湘西境内匪患成灾，给新生的人民政权和各族人民生产生活带来了极大的危害。从1950年1月开始，湘西地区开始湘西剿匪斗争。经过春季剿匪、中心区剿匪、边沿区剿匪和肃清残废三个阶段，到1951年元月，基本消灭了湘西的股匪。到1952年底，除个别匪首外，肃清了大小股匪，根除了匪患。① 剿匪斗争的胜利，使新生的人民政权得到巩固，各族人民赢得了和平安宁的生产生活环境。同时，在剿匪斗争中，党的方针政策在民族地区得到宣传贯彻；汉族干部融入到各族群众中去，各族群众抛弃前嫌，增进了解和友谊，呈现出从未有过的民族团结和睦新局面，为进行各项社会改革和建设民主、繁荣、幸福的新湘西奠定了稳固的基础。

3. 民族区域自治的实施，苗族、土家族人民开始当家做主

（1）湘西苗族人民实现自治。新中国成立以后，在少数民族聚居地区实行民族区域自治政策。1952年8月6日，经中央人民政府批准，

---

① 《湘西土家族苗族自治州概况》修订本编写组：《湘西土家族苗族自治州概况》（修订本），民族出版社2007年版，第62—67页。

湘西苗族自治区成立，自治区主席石邦智（苗族）从中南民族事务委员会主任张执一手中接过"湘西苗族自治区人民政府"铜印，第一次在公告上用印，实现了苗族人民千百年来梦寐以求的"掌握印把子"的愿望。区治设乾城县所里镇，隶属湖南省，辖乾城、凤凰、花垣、泸溪、古丈、保靖6县；代管永顺、龙山、桑植、大庸4县。由于这4县与自治区毗连，经济、文化等情况基本相同且民族关系密切，同年12月正式划为自治区管辖。湘西苗族自治区的成立，实现了苗族及其他少数民族当家做主的夙愿，极大地调动了湘西各族人民建设社会主义的积极性。1955年4月28日，根据《宪法》第五十三条的规定，湘西苗族自治区改为湘西苗族自治州。

（2）土家族识别与湘西土家族苗族联合自治。与苗族人民并肩开发繁荣湘西文明的土家族人民，直到新中国成立后的1957年才被确定为单一民族。1950年9月底，自土家族姑娘田心桃在京参加少数民族国庆观礼期间向中央一些领导提出"我是土家"后，到1957年1月3日中共中央统战部代表中央发文，历时六年多，经多次调查研究论证，上下左右才达成共识，被湮没千百年的土家族终于获得新生。据统计，1957年8月，湘西苗族自治州所辖10县总人口174.9910万人，其中土家族38.9301万人，占总人口的22.2%；苗族34.82312万人，占总人口的19.9%。

土家族的民族成分确定下来后，经过一系列的宣传、协商，最终确定为土家族苗族联合自治。1957年9月湘西土家族苗族自治州宣告成立。湘西土家族苗族自治州的建立，体现了湘西土家族、苗族及其他少数民族的根本意愿。土家族和苗族人民一道，享有充分的当家做主的民族自治权。

（二）土地改革和社会主义改造

1. 土地改革

为改变湘西土地高度集中、生产资料占有不均衡的状况，解放生产力，湘西解放后陆续在各县开展土改工作。湘西土改工作分三批进行：第一批1950年冬至1951年4月，第二批1951年6月至9月，第三批1951年10月至1952年4月。1952年冬至1953年春土改后续工作和土改复查基本结束。

经过土改，湘西农村的社会、经济和人民生活发生了重大变化。首先，实现了生产资料的重新分配，广大农民实现了梦寐以求的"耕者有其田"的愿望，分得土改果实的农民约占农村总人口的65%。湘西10县①统计，23万户无地、少地的农民平均每人分得田地1.5亩。② 其次，解放了生产力，农民生产积极性空前高涨，生活水平明显提高。据不完全统计，1952年7月至1953年3月，国营贸易部门销售棉布2.2381万米，比前一年同期增长112%。再次，密切了党和政府与少数民族群众之间的关系。各族人民更加团结，初步实现了经济生活中的平等。最后，培养出一大批基层干部。农会、青年团、妇代会和民兵组织建立健全。农村人民政权经土改后更加巩固。少数民族干部更是得到提拔和培养、锻炼，仅永绥（今花垣）、凤凰、乾城、古丈等县，就培养少数民族干部近500人。③

2. 社会主义改造

湘西的社会主义三大改造运动始于1951年，至1957年结束，历时6年多。

（1）农业社会主义改造。湘西农业社会主义改造经历了从农业互助组（临时互助组、常年互助组）、初级农业生产合作社到高级农业生产合作社这样一个由低级到高级的发展过程。对农业的社会主义改造，将以生产资料私有制为基础的小农个体经济，改造成为社会主义集体所有制经济，是生产关系的大变革，促进了生产力的大发展。但是由于发展过快，盲目冒进，出现了管理跟不上、分配平均化等问题，曾一度出现"退社风"，虽通过调整得以巩固，仍留下了不少后遗症。

（2）手工业社会主义改造。新中国成立初期，湘西手工业资金不足，技术落后，从业人员少，分布不均，个体经营，管理无序，成本高，产值低。1953年开始，湘西通过生产小组、供销生产社和生产合作社三种形式，将手工业按行业组织起来。至1955年，湘西苗族自治州共组织手工业生产合作社（组）和手工业供销合作小组97个，从业

---

① 湘西10县是指湘西苗族自治区管辖的乾城（今吉首）、泸溪、凤凰、古丈、花垣、保靖六县和代管的永顺、龙山、大庸、桑植四县。

② 伍新福：《湖南民族关系史》（上），民族出版社2006年版，第24页。

③ 同上书，第25页。

人员 1547 人，总产值 152.97 万元。1956 年达到 236 个，从业人员 8991 人，占手工业总数的 91.4%，年产值 950.53 万元。1957 年手工业合作组织大发展，其行业扩大到发电、采矿、纺织、印染、食品等 27 大类，基本上完成了对手工业的社会主义改造，初步建成了包括煤炭、冶金、机械、化工、建材、酿酒、纺织、造纸、粮油、食品加工等 13 个行业，63 户企业，能生产近 100 种产品的工业体系，工业总产值 2835 万元，比 1952 年增加 169.8%。[①]

（3）私营工商业社会主义改造。新中国成立初期，州境内私营工商业非常落后。私营商业大多数是个体商户和流动小贩，只有少数批发商。1954 年过渡时期总路线公布以后，开始对私营工业改造，整顿巩固现有公私合营，有重点地发展公司合营，扩大加工订货，收购包销。1955 年全州农村私营商业 3608 户，4388 人。当年通过各种形式进行改造的有 488 户，占 13.5%。改造人数 593 人，占 13.5%。1955 年底私营批发商业全部被国营合作商业代替。1956 年，对资本主义工商业改造进入高潮。通过采取合并、改行、转业、调配、吸收等办法，对资本主义工商户实行赎买、建立公私合营企业；组织小商小贩成合作商店（组），走集体经济的道路。年底，所有资本主义工商业全部改造成社会主义工商业，共建成公私合营企业 1076 户，合作商店和合作小组 613 个，合作经济小组 133 个；纳入公私合营工商业这 5728 户、7152 人。[②]

农业、手工业、资本主义工商业三大改造的顺利完成，使生产资料的私人所有逐步变为集体、全民所有，生产关系发生了变化。三大改造对促进工农业生产，繁荣民族经济，改善各族人民生活，改变湘西长期以来的贫困落后面貌起到了重要作用。三大改造也是对湘西原有社会结构的一次大调整。湘西各族群内部的阶级、阶层结构发生了重大变化。但 1958 年以后采取行政手段搞人民公社化，超越了群众觉悟和生产力发展水平，改造面过宽，步子过急，遗留下了诸多问题。

3. 大跃进和公社化

1958 年，湘西根据中共中央关于在农村建立人民公社的要求，于 8

---

① 《湘西土家族苗族自治州概况》修订本编写组：《湘西土家族苗族自治州概况》（修订本），民族出版社 2007 年版，第 74—75 页。

② 同上。

月底至 9 月初在保靖、泸溪、古丈、吉首试办 4 个公社试点社。9 月中下旬，全州各地一哄而上，将原来的 3997 个高级农业生产合作社迅速合并升级为 143 个人民公社，全州实现了人民公社化。①

大跃进、公社化运动对湘西地区生产力起到了破坏作用，对民族政策和民族关系造成了恶劣影响，妨碍了民族政策的贯彻实施，损伤了汉族和少数民族之间逐步建立起来的相互信任关系。但是，运动中，湘西在农田水利建设、工业建设、移风易俗等方面也取得了一些成绩。如 1958 年至 1960 年，全州兴修水库 176 座。1964 年至 1969 年，全州除新修中型水库 7 座外，还兴建小型水库 143 座。除开展"大炼钢铁"运动外，还新建扩建一批机械、电力、煤炭、建材、轻工、纺织等地方国营和集体企业。同时，破除了许多禁忌和不利于生产、生活的陈规陋习。一些传统观念也被冲破，一些新风尚不断涌现。② 如农田水利建设中，自发地冲破了社与社、县与县间的区域界线，共同劳动，团结协作，相互支持、帮助，促进了民族团结，有利于社会主义民族关系。

（三）改革开放与市场经济体制的建立

1978 年中共十一届三中全会后，湘西同全国一道步入了以经济建设为中心的改革开放发展进程。

积极推行联产承包责任制。1978 年，湘西土家、苗、汉族村寨迎来了农村改革的浪潮。各族人民在州委、州政府的领导下，贯彻落实党的农村方针政策，调整农业生产关系。1981 年全州开始推行家庭联产承包责任制。1984 年改革政社合一体制，恢复乡、镇建制。家庭承包经营制度的普遍实行和乡村基层组织的全面建立，使全州农民在生产经营中的地位发生了根本变化，农民群众生产积极性得到极大提高，农村经济获得了全面发展。1982 年是全州实行家庭联产承包经营的第一年，全州粮食产量达到 57.48 万吨，比上年增长 28.94%，是历史上增幅最高的一年。1985 年以后，全州对以家庭联产承包经营为基础，统分结合的双层经营体制进行了完善和改革，重点加强了农业承包合同管理，完善了土地承包办法，巩固了承包经营体制。1998 年，全州开展延长

---

① 李昌俊、彭继宽：《湖南民族关系史》（下），民族出版社 2006 年版，第 91 页。
② 同上书，第 92—97 页。

土地承包期30年和建立土地流转制度工作，采取直接顺延承包期的办法，落实农村土地承包期延长30年不变的政策，鼓励农民发展生产，谁新开田土谁经营受益。2000年全州农户普遍已签订了第二轮承包土地合同，领取了经营权证，种上了"放心田"。目前全州耕地所有权明晰，承包权稳定，管理权严格，使用权灵活。国家的"土地流转制度"的施行，极大地改变了农村生产组织方式。

在农村和农业领域的改革推进的同时，城市和工业相关领域的改革也在不断推进，湘西工业化、信息化、城市化、现代化的步伐不断加大。1981年6月，州政府开始实行工业调整，完善经济责任制，改善企业经营管理。1983年开始实行承包经营，企业兼并开始出现，涌现出一批企业集团。到20世纪80年代末，湘西州城市的生产、流通领域已形成以公有制为主体的多种经济成分，以承包经营为主体的多种经营方式，以按劳分配为主体的多种分配方式，以国有、合作商业为主体的多条流通渠道的经济格局。同时，计划、物价、财政、税收、金融、土地、科技、劳动等配套改革也相继开展，资金市场、技术市场、劳务市场、信息市场、房地产市场等生产要素市场逐渐形成。

1992年中共十四大以后，湘西州积极建立社会主义市场经济体制。1993年，湘西开始对国有企业实行改革改制，核心是对国有企业实行新的资产经营形式，建立现代企业制度。至1995年，全州有工业企业1.742万户，其中国有企业314户，乡镇以上集体企业512户，"三资"企业9户，村办工业223户，农村合作工业50户，私营工业40户，城镇个体工业1246户，农村个体工业15026户。经过所有制结构改革和深化企业改革，国有企业和非国有企业都成为平等的市场竞争主体。此间，湘西州涌现出一批现代化的大型企业。如1997年，湖南湘西酒鬼股份有限公司成为上市公司。此外还有吉首卷烟厂、湘西东锰业集团、湖南三立集团、湖南喜阳食品工业集团、湖南闻得福油脂集团股份有限公司。

20世纪90年代以来，湘西还以商品市场建设为龙头，带动和促进资金、技术、劳务、信息、房地产市场的发育，不断完善市场体系。随着商品经济的发展，湘西逐步建立健全生活资料市场、生产资料市场、金融市场、技术市场、劳动力市场、土地市场、地产市场、矿业权市场。为了与此相适应，湘西还改革了收入分配制度，建立和完善社会保险制度，形成社会保障体系。

（四）西部大开发

世纪之交，湘西被纳入西部大开发战略。此举为湘西加快经济社会发展，缩小与发达地区的差距提供了难得的机遇。实施西部大开发有利于湘西的扶贫开发，有利于加快交通基础设施建设，有利于生态环境建设和环境保护。西部大开发后，国家和湘西州相继出台一系列政策，调整产业结构，加强农业，发展特色产业，推进优势资源的合理开发和深度加工，加快培育旅游资源，努力形成经济优势。这些政策极大地促进了湘西特色农业、矿产品深加工工业、特色旅游业等优势产业的形成和发展。

西部大开发的实施，使湘西的产业结构得到合理调整，拥有了在市场上具有竞争力的产业和产品；交通变得便捷，形成立体化的交通网络和通畅的通信网络；农业的工业化、农村的城镇化进程加快，一大批新兴的城镇不断崛起；各族人民群众的生活水平得到普遍提高，逐步摆脱贫困，步入小康。

四　和谐社会建设初见成效

（一）扶贫攻坚大大改善了农村生产生活条件

自 1984 年国家实施扶贫攻坚政策以来，在国家、省及兄弟市的支持和帮助下，湘西州坚持以特困村为重点，以开发式扶贫为主要手段，着力实施产业扶贫、基础扶贫、科教扶贫和建整扶贫，农村贫困面貌发生了巨大变化。先后有 47 万贫困人口解决了温饱问题，低收入人口由 2000 年的 90 万人下降到 60 万人。2009 年又减少低收入人口 5 万人。2009 年，农民人均纯收入达到 2858 元，比 1978 年增长 20.3 倍；城镇居民人均可支配收入为 10947 元，比 2001 年增长了 1.3 倍；城乡居民储蓄存款余额 198.98 亿元，比 1951 年和 1978 年分别增长 82905 倍和 3106 倍。农村生产生活条件也有了较大改善。2000 年以来，湘西自治州大力实施生态家园富民计划，全州累计投入农村能源建设资金 1.62 亿元，建沼气池 14.4 万个；解决了 10.2 万人口的饮水不安全问题；实现了乡乡通宽带，农村通电、通公路、通电话、通邮的行政村分别达到

100%、92%、97%、91.3%。①

（二）人民生活水平不断提高

随着农村经济稳步发展，特别是 2004 年以来，国家连续出台粮食直补、免征农业税和除烟草以外的农业特产税等惠农政策，农民得到更多的实惠。2009 年，农民人均纯收入达到 2858 元，农村居民人均居住面积 23.7 平方米。在湘西州一批新农村建设示范村，进行村庄建设整体规划，村道硬化，房屋整修，改厨改厕，村容村貌大为改观，居住质量有了新提高。城镇居民收入不断增加。2009 年湘西州城镇居民人均可支配收入为 10947 元，人均居住面积（建筑面积）35.9 平方米。特别是近几年来，全州房地产市场风生水起，兴建了一批功能齐全、环境幽雅的花园式住宅小区。政府通过实施"安居工程"，新建了一批经济适用房和廉租房，解决了一些低收入的城镇住房困难户的安居问题。城乡居民消费水平提高。2009 年，全州城镇居民人均消费性支出 7772 元，城镇居民恩格尔系数为 34.8%；农村居民人均生活消费支出 2379 元，农村居民恩格尔系数为 60.5%。②

第四节　民族人口及分布格局

一　人口规模

湘西州（今 8 县 1 市）人口总数文字记载始自唐代，唐开元二十八年（740）人口约 2.46 万人，至清嘉庆二十一年（1816），人口约 81.27 万人。新中国成立后，人口增长较快。1957 年末，人口 136.37 万人，人口密度为每平方公里 88.2 人；1982 年，人口密度为每平方公里 129 人；1995 年，总人口 247.497 万人，人口密度为每平方公里 160 人；2000 年全国第五次人口普查统计，湘西共 246.36 万人（见表 1—5）；2006 年末，总人口 270 万人，人口密度为每平方公里 174.6 人；2008 年末，全州总人口为 273.93 万人，人口密度为每平方公里 177 人。

---

① 上述数据为综合湖南省统计局发布的《湘西：务实奋进求发展 沧海桑田话辉煌》和湘西土家族苗族自治州《2009 年湘西土家族苗族自治州国民经济和社会发展统计公报》计算所得。

② 同上。

二　民族构成

湘西自古以来就是一个多民族聚居区。在全国第二、三、四、五次人口普查中，湘西分别有 15 个、24 个、30 个和 43 个民族成分，主体少数民族是土家族、苗族。2008 年末，全州总人口 273.93 万人，少数民族人口 206.33 万人，占总人口的 75.32%。在少数民族人口中，土家族 113.81 万人，占总人口的 41.55%，占少数民族人口的 55.16%；苗族 90.97 万人，占总人口的 33.21%，占少数民族人口的 44.09%；其他少数民族 1.55 万人，占总人口的 0.57%，占少数民族人口的 0.75%。[①] 其中，人口过千的少数民族有回族、瑶族、侗族和白族。随着日益频繁的经济文化交流，各民族不断交往融合，特别是新中国成立后民族团结工作的加强，使民族关系得到了根本改善。湘西各民族人民休戚与共，和睦共处，共同开发多民族家园。

表 1—5　　　　全国第二次至第五次人口普查湘西自治州
人口过千的民族人口数　　　　单位：人

族别	1964 年 6 月全国第二次人口普查数	1982 年 7 月全国第三次人口普查数	1990 年 7 月全国第四次人口普查数	2000 年 6 月全国第五次人口普查数
总计	1331683	1997649	2294003	2461472
汉族	619571	811928	765905	626664
土家族	365905	625245	806433	1012997
苗族	344013	555772	711126	808813
回族	1602	3809	5971	7178
侗族	64	374	1415	2044
瑶族	521	1507	1920	1933
白族	7	14	1233	1843

三　分布格局

几个族群在同一个地区的区域分布可分为混杂居住模式和隔离居住

---

①　中国民族年鉴社：《中国民族年鉴（2009）》，中国民族年鉴社 2009 年版，第 414 页。

模式。混杂居住模式是指各个族群的成员比较均布地分布混杂居住在地理区域的各个部分；隔离居住模式是指各族群之间居住相对分离，本族居住相对集中，从而形成了居住地理范围彼此分离、界限清楚的各个族群聚居区。① 从整体上看，湘西各族群为混杂居住模式；但从局部社区看，又有相对隔离居住模式的特点。

（一）宏观分布格局

湘西各族群长期以来处于大杂居、小聚居、交错杂居的状态。土家族主要集中在北半部及中部的永顺、龙山、保靖、古丈、吉首等县市。苗族主要集中在南半部及中部的花垣、凤凰、吉首、泸溪、古丈、保靖等县市（见表1—6）。汉族主要集中在龙山、泸溪。回族主要集中在龙山、凤凰、永顺、吉首。

表1—6　　　　土家族、苗族在8县市的分布情况（2005）②　　　单位：万人

	土家族	苗族
吉首	9.59	11.52
泸溪	5	11.45
凤凰	7.08	20.56
花垣	1.74	20.74
古丈	5.44	6.33
永顺	37.24	4.66
保靖	15.95	6.34
龙山	28.54	7.02

（二）城乡分布格局

新中国成立前，土家族、苗族多居住在比较偏僻的乡村，汉族多分布于交通相对便利的河畔汉口、集镇圩场。民间有"官占城、汉占坪，苗子③住在半天云"的俗谚。新中国成立后，随着湘西城市化进程的发

① 马戎编：《民族社会学——社会学的族群关系研究》，北京大学出版社2004年版，第397页。

② 《湘西土家族苗族自治州概况》修订本编写组：《湘西土家族苗族自治州概况》（修订本），民族出版社2007年版，第15页。

③ 苗子：为湘西地区对苗族带有偏见性称谓。

展以及一些集镇的兴起，2008 年全州总人口中，居住在城镇的人口为
93.97 万人，占总人口的 34.3%，市区人口 15.9 万人。土家族、苗族
城镇人口逐渐增多。

（三）社区内居住格局

　　土家族、苗族在乡村多聚族而居，在城镇则为混居状态。在乡村，
土家族、苗族大多同姓而居，凡是同姓的都承认是同一始祖的后代，同
村同姓的都是以血缘相联系的。同一近祖的人称为一房，同房的人聚居
得更靠近一些。也有好几姓杂居一村的。苗族的村寨大都建在高山上、
深谷中。在清代"改土归流"以前，苗族人民多以氏族聚居，故一寨
同姓，十分普遍。"改土归流"后汉族移民杂居苗地，才出现一村一寨
多个姓氏的变化。当前，土家族、苗族多以单一民族村寨为单位居住。

　　湘西多样的自然生态环境、丰富的资源物产以及厚重的历史文化积
淀为土家族、苗族的生计方式提供了多种选择性，并在此基础上孕育和
形成了各个族群的独特文化模式。新中国成立后的一系列社会文化变革
促进了土家族、苗族传统文化的转型与发展。土家族、苗族在新的政治
经济背景下展开对话。而土家族、苗族交错杂居的共生分布格局以及生
计方式的多样性既为他们的文化互动提供了可能性，也使得这种互动具
有一定的互补性。

第二章

土司时期至民国时期湘西
土家族苗族族群关系概要

当代湘西各族群之间的相互关系是由漫长的历史进程发展演变而来的。无论个人、群体还是族群，对于曾经发生的事件都是有"记忆"的。这些"记忆"在新的历史条件下会以新的方式被诠释和解读。要想深入理解和认识当代湘西族群关系的现状并预测它的未来，就必须从历史发展的脉络中来观察和分析，不能忽略和割裂湘西的社会发展史和族群交往史。

第一节 土司时期湘西土家族苗族族群关系

一 土司时期土家族苗族在族群结构中的地位

（一）湘西土司制度及其延续

土司制度最早始于南宋，元代普遍实施，明代发展完备，清初继承，是封建中央王朝统治西南少数民族的主要制度。

湘西土司设立，始于元代。元朝先后在湘西地区设立了永顺安抚司（治今永顺县）、保靖土州（治今保靖县）、南渭土州（今永顺县西南列夕、柏杨一带）、安定土州（在今张家界市境）、柿溪土州（在今桑植县境）及白崖洞长官司（在今龙山县西北）、会溪施溶长官司（今永顺县境）、驴迟洞长官司、腊惹洞长官司、麦著黄洞长官司（以上三洞均在今永顺地）、五寨长官司（今凤凰县境）、上桑直长官司、下桑直长官司（今桑植县境）等土司。

明朝，土司制度趋于完备。湘西土家族土司政权也进入发展的成熟期，在湘西地区设立宣慰司 2 家、安抚司 1 家、土州 3 家、长官司 12 家，分别隶属湖广都司和九溪卫。① 其中，永顺宣慰司领州三：南渭、施溶、上溪；领长官司六：腊惹洞、麦著黄洞、施溶洞、驴迟洞、白崖洞、田家洞。保靖宣慰司领五寨、竿子坪、两江口、茅冈四长官司。桑植安抚司领上洞、下洞二长官司。

清袭明制，土司设置总的格局变化不大，只是对一些土司的职衔有些调整。对明末升职的各土司，清初采取了不同的处理办法，其中，对升为宣慰司的容美、桑植土司的宣慰司级别给予了承认。

湘西苗族地区大部分属于土司统治，但湘黔交界的腊尔山地区，从明中叶到清代改土归流前，是一片苗族"自主自立"②的区域。这一地区，元代曾先后属思州军民安抚司和新添葛蛮安抚司。明洪武初年，苗族人民"因土司赋役过重，难以应当"，派代表到南京要求改土归流。经明太祖朱元璋同意，于洪武初年在苗族聚居的中心夜郎坪设崇山卫（即今花垣县的吉卫），统管腊尔山周围。洪武三十年（公元 1397 年），又设镇溪军民千户所。后崇山卫废，其辖地分十里，归镇溪军民千户所，编了里甲，设有里长、甲首、寨长，造了户口。其中，上六里即今花垣县，下四里即今吉首市，由苗族首领杨二直接约束。③ 十里之南即今凤凰县，则于洪武初年，设竿子坪长官司，先后以苗族首领廖彪、吴毕朗为长官；其后，又增设五寨长官司。宣德年间，明廷为了加强统治，一度恢复崇山卫，不久又废。明正德年间（公元 1506 年至 1520 年），竿子坪苗族地主龙真，因其"宗强服众"，被任命为竿子坪百夫长。嘉靖三十年（公元 1551 年），明廷在当地的势力受到重创，已无力控制，遂将镇溪十里归永顺宣慰司，竿子坪、五寨司所管各寨归保靖宣慰司，从此逐渐放弃了对腊尔山地区的直接统治，直到清代康熙、雍正年"改土归流"后，才又复设官治理。

（二）湘西土家族苗族之间支配与从属族群地位的形成与确立

支配族群是处于等级制度顶层的群体，他们最大限度地获取社会权

---

① 《土家族简史》编写组：《土家族简史》，湖南人民出版社 1986 年版。
② 《苗族简史》修订本编写组：《苗族简史》（修订本），民族出版社 2008 年版，第 93 页。
③ 光绪《永绥厅志》卷十九《剿抚》。

力资源，尤其是政治权力以及对经济生产方式的支配。① 后晋高祖天福四年（公元 939 年）的溪州之战确立了土家族在湘西的支配族群地位。"溪州之战"后，湘西彭氏与马楚缔结盟约，铸铜柱于溪州会溪，其政治地位和管辖地域得到马楚政权的确认。彭士愁为溪州刺史，继续管辖溪、锦、奖诸州，获得合法地位和领地，为彭氏在湘西统治八百余年的世业奠定了基础。羁縻州刺史在各自管辖的领地内，除拥有任命下属官吏、统治土民的政治权力外，还拥有自己的武装——土兵。其属下的都镇、团和州县、洞等各级首领，都是占有大量山林土地的大小封建领主。此后，土家族成了湘西地区的主体族群，同时也成了支配族群。

土司时期，湘西土家族、苗族之间不平等的族群关系正式形成。土家族处于主体族群的地位，属于湘西地区的支配族群，苗族则属于从属族群。土司时期，湘西地区土司绝大多数由土家族人担任，如永顺宣慰司彭氏、保靖宣慰司彭氏、桑植宣慰司向氏，皆为现今土家族中的大姓。土司的官僚机构中，除经历、儒学、教授、训导等职责由流官充任外，其下"总理"、"旗鼓"、"家政"、"舍把"等大小土官，均由土司自行任命。其中，高级别的土官，如家政、总理、护印舍人等，都是由土司子、侄或族人来担任。

土司不仅拥有私人武装，还自设衙门、监牢，自署"舍巴"、"土目"等掌管各种军政钱粮事务的吏员，还拥有种种特权，且世代相袭。所以土家族占据了大部分社会政治资源。与之相应的是，大部分经济资源也由土家族土司及土官群体支配。土司对其辖区内的土地山林拥有最高的所有权，并且以官田的名义直接占有大量肥沃土地。

苗族土司不仅数量少，而且品级也较低。如湘西筸子坪长官司廖彪、吴毕朗、石各野等。广大苗民一般沦为土司和一般地主的佃耕者和依附者。只有上述少数的"苗首"以及充当土巡检的廖桥胜以及其他苗族小土司，成为拥有不少田土和财富的封建地主。

作为支配族群，土家族处于等级制度的顶层，他们最大限度地获取社会权力资源，尤其是政治权力以及对经济生产方式的支配权力，并使

① ［美］马丁·N.麦格：《族群社会学：美国及全球视角下的种族和族群关系》，祖力亚提·司马义译，华夏出版社 2007 年版，第 41 页。

他们获得最多的社会稀缺资源，从而进一步维持他们在湘西的统治。土司的土地世代继承，官职世代相袭，形成稳固的统治阶层。土司在治内实行愚民政策。读书应试大都是土司子弟，苗民一般不能读书，"虽有学校，人材不得科贡"。① 这些政策阻碍了苗族本来已经很狭窄的社会流动空间。

（三）封建统治者的"以夷制夷"政策加剧了族群间的隔阂、冲突

封建王朝"以夷制夷"的政策加剧了两个族群不平等族群地位的形成。如明政府利用土司防苗族，"明代土司最重，盖借以防苗也"。② 具体分工为"永顺司约束镇苗，保靖司约束竿苗"。③ 将镇溪十里归永顺宣慰司，以篁子坪、五寨司所管各寨归保靖宣慰司，各司分别设立"抚苗舍把头目"。又从凯里、播州招来苗兵，从辰州、沅州、宝庆招来营兵驻守，组成"剿苗打手"④。嘉靖年间苗民大规模的起义后，明朝又于万历四十三年（公元 1615 年）采纳辰沅兵备参政蔡复一的献策，拨"帑金"四万多两，修筑了一条从铜仁亭子关到镇溪所长三百多里的"边墙"，进行军事封锁，后来又从镇溪所到保靖喜鹊营，添筑了六十多里，合共三百八十余里，号称"苗疆万里长城"（今"南方长城"）。在以后相当长的时间内，"边墙"实际上成了划分"熟苗"与"生苗"、苗民与汉人、土家的一条界线。严如熤认为："边墙以外者为生苗，边墙内间有与民村相错居住……则熟苗也。"⑤ 当然，明朝中央政权利用土司防苗族的同时，又利用卫所防范土司。对此，顾炎武曾说："盖为永、保与沅、卢接壤，而表里营哨，受辰州府节制所从来矣。先年大征诸苗，直指奏闻，以各该苗寨分责各土司承管，遣卫官坐镇，相兼治理。"⑥

明代设置了一些堡哨对湘黔边"苗疆"和"生苗"组成一道圈围

---

① 嘉靖《司南府志》卷七《补遗》。
② 同治《保靖县志》卷十二《杂识》。
③ 乾隆《永顺府志》卷十二《杂记》。
④ 光绪《永绥厅志》卷十九《剿抚》。
⑤ （清）严如熤：《苗防备览》，《关隘说》，清道光 23 年（1843）重刻本。
⑥ 顾炎武：《天下郡国利病书》第二十五册《湖广·下·永保总说》，民国 25 年（1936）影印本。

防线和椭圆形封锁线。① 在这些哨所中，"每哨以土兵仡蛮及募打手等数百人戍之"。② 苗疆边墙和堡哨是对"苗疆"和"生苗"进行武力统治和镇压的特殊军事设施，主要功能是对苗疆和腊尔山生苗圈围、封锁和隔离。这种在居住区域上按族群区划界址，在事实上形成了对弱势族群的族群歧视、族群隔离和族群压迫，无疑阻碍了苗族地区与汉族和土家族地区，苗民与汉族、土家族之间正常的经济文化联系、交往和交流。

明清中央政府多次征调土司参加镇压苗族起义。如嘉靖年间，"镇竿红苗"起事，保靖宣慰使彭荩臣于嘉靖十九年（公元1540年）奉调"征镇竿"，而"其子守忠亦报家丁土兵五百名从征"。嘉靖二十五年（公元1546年）"再征镇竿"。③ 土家族土司土兵也参与了清朝开辟"苗疆"活动。康熙年间，清王朝曾以"镇竿红苗"、"出劫"和"反叛"为由，发动对腊尔山苗族地区的征剿，汉土官兵分路进攻。康熙四十二年保靖县宣慰司彭泽虹、康熙四十七年永顺土兵等都"从征"，一度进入腊尔山苗区的腹地，并分其地为东西南北四汛，驻兵"分防"。④

作为从属族群的苗族也受到了支配族群的土家族土司的压迫。土司对其治下的各族群居民"刑杀任意，或抄没其家资，或缚而鬻之境外的奴婢。俗言'土司杀人不请旨，亲死不丁忧'"。⑤ "郡属（永顺府）土民苗民，受制于土司，用威力相劫缚，无礼仪法度。"⑥ "苗民受土司荼毒，更极可怜，无官民之礼，而有万世奴仆之势。"⑦ "古丈坪之苗人，凤隶于土弁，威足钳制，遇有征调，辄抽苗丁口，督令先驱，无敢违者。"⑧ 龙山"原系土司之地，土势盛而苗势微也"。⑨ 龙山苗民"最少，盖曩时土司所招以为佃及道逃于斯者"。⑩ 土司辖区内，土司土官

① 伍新福：《湖南民族关系史》（上），民族出版社2006年版，第210页。
② （清）严如熤：《苗防备览》，《关隘说》，清道光23年（1843）重刻本。
③ 谢华：《湘西土司辑略》，中华书局1958年版。
④ 刘应中：《平苗记》，载乾隆《湖南通志》《理苗二》。
⑤ 乾隆《永顺府志》卷四《风俗》。
⑥ 同治《桑植县志》卷八。
⑦ （清）蓝鼎元：《论边省苗蛮事宜书》，载（清）贺长龄辑《皇朝经世文编》卷八十六《兵政》。
⑧ 光绪《古丈坪厅志》卷六《建置三》。
⑨ 嘉庆《龙山县志》卷十六《艺文下》。
⑩ 嘉庆《龙山县志》卷七《风俗》。

无法无天。此外，还有种种陋规。土官下乡要由"民妇侑觞"；"土民苗民"每年都得向土司舍巴敬奉礼物；"只能买马，不许盖瓦"，只能耕种"峰尖岭畔"，"土司之法所以守险而戒敌也"。① 对于沦为佃农的苗民，自然要遭受各种陋规的盘剥，"土司旧例，外来穷民来至土司地方挖山种地，该管舍把每年勒送盐米，并四时节礼，方许耕种"。② "土司旧例，每逢年节，凡商贾客人，俱须馈土官、家政、舍把、总理等礼物，名曰节礼。"③ 湘西最先被停袭、裁革的土司五寨长官司就是因为"土司田宏天等肆行不法，贪暴虐苗，苗民赴愬不已"。④ 这自然是清政府的一个借口，但是土司欺压苗民的事情应确实存在。新中国成立后参加土家族民族识别的一些学者也认为，元明清土司制度下，"大抵'土司'是地主，是军官，而苗民是佃户，是兵丁，前者是统治者，后者是被统治者。2000 多年来，表面上生活在一起，实际蕴藏着不少矛盾。"⑤

当然，对于土家族与苗族的这种矛盾，从阶级的角度来分析，它实际上反映了土家族统治阶层对治下的苗族、土家族乃至汉族人民的压迫和剥削，而在土家族和苗族人民之间，则基本上是友好相处的。然而，所谓旁观者清，当局者迷，在"不甚理解阶级矛盾的道理的前代，总像矛盾存在于'土家'与苗族之间，就把阶级矛盾完全看作民族矛盾。这种看法虽然错误，却是一个客观的存在"。⑥

二 土司时期湘西土家族苗族的交往互动

（一）反压迫斗争中的联合与互助

在元朝统治的数十年间，土家族、苗族人民多次联合共同反抗暴政和压迫，"大者众数万"，"小者不下数千"。至元二十年到二十二年（公元 1283 年至 1285 年），在今川、黔、湘、鄂四省边区"九溪十八

---

① 同治《保靖县志》卷十二《杂识》。
② 乾隆《永顺府志》卷十一《檄示·详革土司积弊略》。
③ 同上。
④ （清）严如熤：《苗防备览》卷二《杂识》，清道光二十三年（1843）重刻本。
⑤ 向达、潘光旦：《湘西北、鄂西南、川东南的一个兄弟民族》，载《中国少数民族社会历史调查资料丛刊》修订编辑委员会《土家族社会历史调查》（修订本），民族出版社 2009 年版，第 132 页。
⑥ 同上。

洞"的苗族及土家族人民，共举义旗，反抗元朝统治。"思、播以南，施、黔、鼎、澧、辰、沅之界，蛮僚叛服不常"，元军，"分兵进取五溪洞蛮"。[①] 但他们凭借山区地形陡险、谷深林密、溪流纵横等有利的地理条件，设伏险要，以"竹弩木矢"和敌人对抗，多次打败元军。

明嘉靖年间，"土官田新爵者，以罪系辰州狱，诸苗贿脱之"。[②] 乾州苗民龙许保、吴黑苗反抗封建统治者，得到酉阳土司冉元的支持。苗民于是"再次起事，攻印江城"。

其实，即使是在封建政府"以夷制夷"的政策下，土司也往往与治下的或"担承"的苗族结合起来，互为掩护。此即土司"以窝苗为利薮"，甚至有的"窝苗诱叛"[③]，同苗民里应外合。

（二）共同征战，抵御外侮

湘西地区的土司，大都属于武职，并有自己的武装。这种武装称为"土兵"。由于土司领地内苗族众多，且苗族人民勇悍、敏捷，因而在土兵中也有大量苗兵。酉阳、永顺、保靖、镇溪（今吉首市）的土兵中，苗族也很多，自明正德以来，这一带土司奉调到各处征战平乱，包括嘉靖年间平定倭寇之乱在内，其兵多以苗族充数，作战时苗兵冲锋在前，披坚执锐，因而"能克敌称强"。

明世宗嘉靖年间，倭寇入侵我国北至辽东，南至福建、广东的沿海各省，各族人民的生命财产受到倭寇的严重威胁和极大损害。在战局不利的情况下，总督东南各省军务的张经奏请征调广西僮兵和湖广土兵前往抗倭。永顺、保靖、桑植、容美、酉阳等司与九溪卫所属土官土兵，为了抗击倭寇侵略，保卫祖国东南沿海地区的安全，积极应征。由土家族、苗族人民组成的土兵，踊跃赴调，往往数倍于在官之数。如"调兵三千辄以六千至，调兵六千辄以万人"[④]，充分表现出土家族、苗族人民的爱国热情。

清道光鸦片战争期间，镇竿总兵祥福率土家族、苗族土兵 600 余人前往广州的乌涌镇守，与英国侵略者展开激烈斗争。

---

① 《元史》卷一六二，中华书局 1976 年版。
② 查继佐：《罪惟录》卷三十四《镇溪龙许保传》。
③ 光绪《古丈坪厅志》卷十六《艺文下》。
④ 魏源：《圣武记》卷十四《武事余记》。

土家族、苗族也有在其他战争中的共同作战经历。如清顺治十一年（公元 1653 年）九月，李自成余部高必正、李赤心攻保靖，相持两月，保靖宣慰司彭朝柱之子彭鼎"调苗兵万余，从菁林开路，攻杀数千人"。① 吴三桂反清之时，永顺宣慰使彭廷春率领"苗土精兵三千，自裹糇粮，驻王村，据贼上游"。②

三　土司时期土家族苗族族群边界的变化

（一）前土司时期土家族苗族族群边界变化

从官方记录和汉人的文献记载中，分析土家族、苗族先民族称的演变有助于厘清他们之间族群边界的变化。先秦之时，土家族先民被称为"廪君蛮"、"板楯蛮"或"賨人"。苗族的先民被称为"三苗"、"荆蛮"。但秦汉之时，这些称谓不再见于史籍。土家族和苗族一起被冠以各种"蛮"相称，并且多冠以行政建制的名称。如生活在武陵郡的被称为"武陵蛮"，或更具体地被称为"澧中蛮"、"溇中蛮"、"零阳蛮"、"酉阳蛮"、"五溪蛮"等。秦汉以后，湘西一带的土家族、苗族先民先后被称为"武陵蛮"、"五溪蛮"、"盘瓠蛮"等。唐宋时期，土家族、苗族先民族称又与羁縻州相联系，如"溪州蛮"、"天赐州蛮"、"奖州蛮"、"辰州蛮"。上述各种蛮之中不仅有土家族、苗族，还有侗族、瑶族在内。先秦至秦汉时期，土家族、苗族先民由区别显著的单独族称演变为合称为各种蛮的历史过程，说明这一时期湘西区域的土家族、苗族先民之间的文化差异变小，或者族群意识减弱，可能族群相互融合，族群边界出现弱化。

隋唐以后，土家族、苗族族群文化差异重新开始显现，文化（族群）边界开始形成。这一时期，湘西地区的少数民族被称为彭水蛮、溪州蛮。上述各"蛮"既包括土家族先民廪君种，也包括苗瑶先民盘瓠种。"土家族、苗族先民虽被统称为'蛮'，但当时的汉族文人和学者已经注意到了他们的文化差异。"③

特别是唐代，苗族的族群特征更加鲜明。人们逐渐开始用"苗"来

---

① 同治《保靖县志》卷一二《杂识》。
② 乾隆《永顺县志》卷四《人物志》。
③ 段超：《土家族文化史》，民族出版社 2000 年版，第 37 页。

指称，盘瓠崇拜就是该族群的显著特征。唐代樊绰《蛮书》卷十记载"黔、径、巴、夏四邑苗众，……祖乃盘瓠也"，"咸通五年六月，左受夔州都督府长史问蛮夷巴夏四苗根源，悉以录之，……盘瓠皮骨今见在黔中田、雷等家，时祀之"。虽然，"苗众"一称非专指苗族，但史书中再次用"苗"指称这一带的族群集团，说明唐宋时期苗人的族群特征日益鲜明。

两宋时期，随着五溪地区的苗族实力进一步增强和反抗的激烈，"苗"开始作为一个专门的族称，从而在汉文史籍中同其他族群区别开来。如南宋朱熹在《记三苗》中云："近年，……边患多出于苗。"宋代朱辅的《溪蛮丛笑》也说，"五溪之蛮……今有五：曰苗，曰徭，曰僚，曰仡伶，曰仡佬"。可见，到两宋时期，苗族已经与本地区其他族群形成了较为清晰的族群边界。

至于土家族，则在唐宋之时就开始从"蛮"、"苗众"等族群集团的合称中分离出来。唐宋时期，土家族先民仍被称为"蛮"、"诸蛮"，或根据地域更具体地称之为"武陵蛮"、"五溪蛮"、"溪州蛮"等。虽然这些"诸蛮"仍包含了土家、苗、瑶等族群，但是，宋代史书在述及本地区时，开始出现了区别于其他族群的"土兵"、"土丁"、"土人"等冠以"土"的专称。学界普遍认为，这应是专指土家族先民。如《宋史·兵志》记载："施、黔、思三州义军土丁，总隶都巡检司。"[1]"徽宗崇宁元年（公元1102年），湖北都辖铃舒察奉旨相度招募施、黔州土丁，致讨辰、沅山瑶。"[2] 绍兴四年（公元1134年），"诏荆湖南、北路溪峒头首土人及主管年满人合给恩赐，俾各路帅司会计覆实以闻"。[3]

此后，在封建文人所撰的地方志中，土人、苗人、僚人等开始分章、分类叙述。这表明自宋代开始，土家族也从自古泛称的"蛮"的族群集团中分离出来，成为有自己独特特征的较为稳固的族群。

（二）土司时期土家族苗族族群文化边界逐渐稳固

土司制度的推行使得湘西地区各族群的族群认同、族群意识得到进

---

① 《宋史》卷一百九十一志第一百四十四《兵五》，中华书局1977年版。
② 同上。
③ 《宋史》卷一百九十四列传第二百五十二《蛮夷二》，中华书局1977年版。

一步的发展与强化，湘西各族群内部的凝聚力和外部边界也日益强化，土家族、苗族的族群边界逐渐稳固。

1. 文化特征差异变大

首先，苗族和土家族族群特征日益明显。元代，苗族史籍中多处记作"猫"，"苗"、"猫"互见，[①] 并开始出现"生猫"一词。明清时期，关于苗的记载更多，并在《大明一统志》一百一十卷正式出现"苗族"一词。但仍有以"苗"代"蛮"的含混称谓。随着相互交流的增多，对苗族的认识逐渐深入，开始按自称，或按服饰、地区、居住条件，或按受土司管辖的情况，分别被称为"红苗"、"花苗"、"青苗"、"黑苗"、"白苗"、"长裙苗"、"短裙苗"、"雅雀苗"、"镇苗"、"竿苗"等。湘西地区的苗族被称为"红苗"，万历年间户部侍郎杨嗣昌奏称，"今川、湖、贵三省除土司外，别有无主生苗，如所称红苗"。[②] 清初辰州知府刘应忠《平苗记》也说："楚、黔、蜀万山之交，皆苗也。种类不一，曰红苗，以其衣带尚红也，曰生苗，以其强悍不通声教，且别于熟苗也。"

在苗族内部，依据文化差异以及与汉族、国家政权或土司的关系而被分为"生苗"与"熟苗"。与此相对应的是，在湘西出现一片相对稳定的"生苗"区，被称为"苗疆"[③]——武陵五溪地区，即今天湘西及湘、黔、渝三省市交界的红苗区。这一带以腊尔山脉为中心，故又称"腊尔山苗"，因明初置镇溪千户所和竿子坪长官司，又称"镇竿苗"。

封建王朝屡次大规模的军事征剿和屠杀，以及利用卫所、土司、边墙实行封锁、防范和隔离的政策，使得苗族不仅与汉族地区经济文化差距日益扩大，在某些方面也比土司地区显得更落后一些。这是土司时期湘西苗族，特别是苗族聚居的中心地区与土家族地区之间文化差异扩大的重要原因。

2. 族群集团内部的社会结构出现差异

土家族地区的土司制度是一种军政合一的组织。宣慰使、宣抚使、安抚使既是各自辖区的最高行政长官，又是本地区的最高军事首领。受

---

① 《元史》《世纪本纪》，中华书局 1976 年版。
② 《明神宗万历实录》卷五三。
③ 伍新福：《湖南民族关系史》（上），民族出版社 2006 年版，第 206—207 页。

中央王朝任命的土司、土官，实行封建世袭制，"所设宣慰，知州、长官，不问贤愚，总属世职"①，父死子继或兄终弟继。各司土官均拥有土兵，其下编为营和旗。营是正规军事编制。旗是寓兵于农的军政合一组织，境内居民均编入旗内。旗设旗长，又称旗头。战时率旗内壮丁，平时则管辖旗内民户，负责收取税收、差发徭役等事务。与这种政治结构相应的是，土司治下的经济结构是一种封建领主经济和地主经济的混合体。土司治下的土民既向土司交租纳赋，也向封建国家缴纳赋税，"出租赋如汉民"②，几同编户。

湘西苗族社会在政治上，仍然是用村舍合榔、合款等方式进行治理。村舍合榔、合款制度使社会权力分散在已经逐步变质了的大大小小的榔头款首手中。地方上有事，则由大首领和小首领会同商办。榔款规约，主要是保护私有制，维护社会秩序。调解纠纷的仍然是理老。由于阶级的形成，议榔形式已渐为剥削阶级所利用。谁为首领，主要看有无势力，湘西苗族社会，"各有寨长，寨中有父子兄弟数人、数十人，强梁健斗，……则寨中畏之，共推为长。如寨中再有一户一人则又各自为党。故一寨一长或一寨数长，皆以盛衰强弱递变更易"③。苗族人民在清代设官治理以后，仍然喜用"苗例"、"苗规"。由于阶级分化日益显著，在社会上就不断发生借势勒索钱财、捉人贩卖之事，也出现为争夺田地、财产而"打冤家"的械斗事件，经调解后，人命的赔偿依当事人财产状况而定。湘西在清初是富者赔银五十五两至三百三十两，贫者赔银二十二两至四十四两。④

腊尔山区等地的"生苗"，在"改土归流"前的社会结构，据明代嘉靖时期田汝成的《炎徼纪闻》、万历年间郭子章的《黔记》和清魏源的《圣武记》的记载，他们在政治上处于"有族属"，"无君长"，"不相统属"的状态。这些地区的社会发展水平，较土司统治区还要落后一些，故被封建王朝和政府官员称为"生界"或"生苗"。

---

①　乾隆《永顺县志》卷三《风土志》。
②　《宋史》卷四九三列传第二百五十一《蛮夷一》，中华书局1977年版。
③　徐宏祖：《黔游日记》（上），载任可澄编《黔南丛书第2集》。
④　乾隆《辰州府志》卷十三《平苗》。

第二节　改土归流至民国时期湘西
土家族苗族族群关系

一　改土归流至民国时期湘西土家族苗族在族群结构中的地位演变

（一）土家族支配族群地位丧失，与苗族同为国家的"编户齐民"

湘西地区的改土归流，在康熙中叶就陆续开始了，康熙四十六年（公元 1707 年）五寨长官司和竿子坪长官司相继被停袭、裁革。① 湘西大规模的改土归流则始于雍正五年（公元 1727 年）。是年，永顺宣慰使彭肇槐率先"献土投诚，并请归江西祖籍"开始，废永顺司，设永顺府，下设永顺、龙山县；雍正七年（公元 1729 年）废保靖司改为保靖县。至雍正十三年（公元 1735 年），湘西的改土归流全部完成。土司分别被就地或异地安置，如永顺宣慰使彭肇槐迁回江西、保靖宣慰使彭御宾安置辽阳。

改土归流后，湘西地区在政治上普遍建立了府、厅、州、县的行政管理体制，清政府直接委派大批流官充当州县官吏，代替世袭土官，土司的政治经济特权被取消；解散土司、土官拥有的武装力量，设立与全国各地一致的府、县地方政权机构。在湘西设立永顺府，辖永顺、保靖、龙山、桑植四县。在土家族地区，府、县之下，设立保（或称都、里）、甲以代替营旗制，十牌为一甲，立一甲长；十甲为一保，立一保正，以加强对基层政权的控治。

康熙中叶，清政府也对湘西"苗疆"和"生苗"开辟，将这些地方纳入版籍，设置府县（厅），在苗族地区先后设立凤凰、乾州、永绥、古丈四厅，建立起全国统一的行政管理机构。苗疆内的苗民也成为清王朝的"编户"，并开始"纳粮"。与清朝一般的经制州县不同的是，清朝政府还在各厅广建营汛，驻扎重兵依靠军事镇压和武力威慑手段维系对苗疆的统治。乾嘉苗民起义后，清政府对湘西苗族地区的行政管理进行了一系列的调整，将苗疆四厅升为直隶厅，在基层改"以汉治苗"为"以苗治苗"。在经济政策上，清厘"民苗界址"，"民归民地"，

---

① 乾隆《凤凰厅志》卷三《沿革》。

"苗归苗地"缓和苗疆矛盾。嘉庆四年（公元 1799 年）后，清朝统治者放弃"苗归苗地"的政策，实行"屯政"，在湘西苗族地区建立一套所谓"防苗"、"治苗"的"苗防屯政"体制。其主要内容包括建碉"修边"、"均田屯丁"以及文教"化导"等。①

经过改土归流和苗疆开辟后一系列政治、经济、文化政策调整，湘西土家族失去了支配族群地位，和苗族一样成为国家的编户齐民，如龙山县"旧寨三十二，苗土杂居，今同编户"。②

（二）民国时期，湘西土家族苗族成为国家"国民"

中华民国成立后，中国便进入现代民族国家构建时期。民国时期国家对湘西地区的族群关系起主导作用。特别是民国的民族政策、一体化的行政管理体制以及国家的文化教育体制，从形式上基本维持了改土归流后土家族、苗族在族群结构中较为平等的政治地位。土家族不再被中央政府视为少数族群，苗族先后被国民政府称为"边民"、"特种民族"、"土著民族"。中华民国为使"所有地方秩序之稳定"，使"苗夷民族"均能效忠党国，从而致力于使土家族、苗族成为"国民"。

民国时期奉行的民族政策是孙中山先生提倡的汉、满、蒙、回、藏"五族共和"，其他非五族之列的少数族群人士，尽管承认他们有不同的方面，但并不给予其"族"的地位和待遇。如土家族，历史上，"土家"或被概于"蛮"类，与其他少数民族混称；或以"土人"专指，从"蛮"中分离出来，以区别于相邻而居的他族；民间则以"土蛮子"连"土"带"蛮"贬称，同当地汉人、苗人严格划分，但都没有将之作为一个单一民族而形成统一的特有称谓。这种情况一直延续到新中国成立后很长一段时间。

民国时期，历史上遗留下来的土家族、苗族间的不平等关系也继续存在，甚至有所加强。土家族和苗族之间隔阂较深。在新中国成立初期学者的调查报告中，土家族与苗族的这种隔阂仍有所反映：如"土家对汉人和苗人的关系都有些隔阂。一般说来，土家与苗人的隔阂，要比对汉人深

① 伍新福：《湖南民族关系史》（上），民族出版社 2006 年版，第 300 页。
② 光绪《湖南通志》卷八十一《武备志·苗防一》。

些"。"赶场时，土家和汉人发生冲突，苗人总是帮汉人反对土家的。"①

（三）湘西土家族苗族族群社会结构趋同

改土归流后，随着保甲制的长期推行，土家族、苗族传统社会组织逐渐衰微，族群社会结构开始趋同。

改土归流后，湘西在府、厅、县以下，利用一些小的土司土目和各民族的统治者做助手，进行统治。在湘西和贵州松桃，设百户、寨长、外委等土官。仅永绥、凤凰、乾州三厅，就共设百户三十六名，寨长数百人，负责征收赋税，维持治安。百户多是汉族担任，苗族上层仅个别人当了副百户，大部分只当寨长。此后由于地方官吏贪图贿赂，乱加委派，百户寨长就"渐烂渐多"了。②

在基层政权中，普遍地编户口，设保甲。如在土家族地区将旗改为都，各都设乡耆一人；都下设保，其长为保正；保下设甲，甲有甲长；甲下设牌，牌有牌头。每十户立一牌头，十牌立一甲长，十甲立一保正，如一自然村寨中人户同族者较多，则还设立族正，有的地方是十户立一头人，十头人立一寨长，实行"联保联坐"，"逐村经理，逐户稽查"，"一家被盗，全村干连，保甲长不能查觉，左邻右舍不能救护，各皆酌罚，无所逃罪"。保甲制度的建立，从根本上破坏了苗族原有的合款、合榔组织，使之演变成一般乡规民约，其组织基础和权威遭到消解，也不再起到对整个社会的控制作用。此外，民国政府也有意识地吸收"土著民族"代表人物参与县以下的党政管理。

中华民国成立以后，湘西的政治体制适应民国政体的要求，继续向国家和区域一体化的方向发展。湘西地区的行政建制和基层组织也有相应的调整，最重要的是由省、县到区、乡、保、甲体制的建立和基本维持。1935年，在于范传任屯边使时，湘西地区就实行了保甲制度。1939年，又实行所谓"新县制"，进一步强化保甲制度。各族群居民均以户为单位，户设户主；十户为甲，甲设甲长；十里为保，保设保长。这些措施进一步取代了原来的"旗"、"都"、"团"、"约"、

---

① 汪明瑀：《湘西土家概况》，载中央民族学院研究部《中国民族问题研究集刊第四辑》，中央民族学院研究部1955年版，第196页。

② （清）佚名氏：《苗疆屯防实录》卷四。

"寨"等组织，对本地区的地域和族群的社会结构产生了重大的影响。据陈心林在土家族地区的调查，"大凡解放前已成年的人在描述地方村落关系时，最常用的标准有二：一看是否同姓；二看是否同一个保，反映了宗族和基层政权对地方性社会结构的重要影响和制约作用。"①

二　改土归流至民国时期湘西土家族苗族文化边界的变化

（一）土家族苗族文化特征辨然有别

在清代的文献和方志中，湘西境内的土家族已被明确专称为"土人"、"土民"、"土蛮"，基本上再没有被混称为"蛮"或"苗蛮"。"改土归流"以后，汉人大量迁入，因此，出现了"土民"、"客民"、"土籍"、"客籍"之分，称毗邻的苗族为"苗家"。方志中出现了大量的土、苗、客（汉）并举的记载，族群边界清晰。如"客民附据苗寨，如果相安，亦可渐次开化，……嗣后无论汉苗土客，由各属按季清查，切实详报，归入户口表册，一并咨部"。②"土蛮与苗种类各别。"③"在前朝入版籍者为土，在本朝入籍者为客。"④"客户多辰、沅人，江右、闽、广人亦贸易于此，衣冠华饰与土苗异，亦安分自守。土人能官话，苗人亦间有学官话者。客户则杂，各从其乡谈土音也。"⑤乾隆时，湘西永顺、保靖、龙山三县岁科两考，童生"俱已遵照填明土、客、苗三籍"。⑥光绪《古丈坪厅志》在记述古丈民族状况时，专门分为土族、客族、苗族。⑦在政府户籍中，土、苗、客（汉）三大族群并立。以乾隆二十五年永顺府下属三县永顺、龙山、保靖为例，其编户总数为65201户，其中土家户38280户，占58.7%；苗户9277户，占14.2%；客户17644户，占27.1%。三县总人口为332573人，其中土家198817

---

① 陈心林：《南部方言土家族族群性研究——以武水流域一个土家族社区为例》，博士学位论文，中央民族大学，2006年。
② 刘锦藻：《清朝续文献通考》卷二十五《户口一》。
③ （清）严如熤《苗防备览》卷十七《要略》。
④ 乾隆《永顺府志》卷五《学校》。
⑤ 乾隆《永顺府志》卷十《风俗》。
⑥ 乾隆《永顺府志》卷十一《檄示·桑植县客童应考详》。
⑦ 光绪《古丈坪厅志》卷九《民族上》。

人，占59.8%；苗民44674人，占13.4%；客民89082人，占26.8%。[①]

土家族、苗族的社会结构仍然存在一些差异。如土家与苗家“其中大有异者，土蛮每洞各服一酋，酋长一言，不敢逆命，井然有冠履上下之分……驯良如内地，且更淳于内地者，如永顺府属四县之土民”。[②]至道光初年，孙均铨作《苗蛮辨》，再一次指出了苗族与土家族的差异，“蛮犹有上下之分，而苗则无所统纪；蛮犹知贡覲之义，而苗则习于恼顽。苗之非蛮，固有较然异类者。凤凰厅为古渭阳地，系苗疆咽喉，而今欲以历代之蛮，即指为今日之苗，且欲以各峒之蛮，定之为三厅之苗，亦已谬矣！又况我朝受命以来，万国输诚，四夷归化，雍正五年，各土司俱皆纳土，永息蛮氛……”[③]这种社会结构的区别就是：居住在苗疆腹地的苗族“无所统纪”；居住在原土司辖地的土民（土家族）“上下有分”。

（二）汉文化的推广与土家族苗族文化边界的变化

在土家族、苗族文化差异彰显的同时，值得注意的是，随着汉文化的影响，土家族、苗族文化受汉文化涵化，趋同与趋异并存。改土归流后到民国年间，受汉文化的涵化，土家族、苗族不同程度地吸收了大量的汉文化因素，如语言、服饰、婚俗、节庆等风俗被强迫改变。改土归流后，中央政府在土家族地区设立学校，推行汉文化。如“雍正七年奉部咨，查永顺新辟苗疆，应先设立义学，择本省贡生、生员，令其实心教诲，量予廪饩。乾隆五年详准，永顺府属之永顺县设义学三处，保靖县设义学四处，龙山县设义学二处，桑植县设义学三处”。[④]这种制度化地推行汉文化，加速了汉族对土家族、苗族的文化同化。如永顺地区“乡村四时，诵声不绝”。[⑤]龙山“土籍子弟，气质移易。衣冠语言，灿于观听。力学能文，院试列库序者，常居其半”。[⑥]

---

① 陈心林：《南部方言土家族族群性研究——以武水流域一个土家族社区为例》，博士学位论文，中央民族大学，2006年。

② 乾隆《凤凰厅志》卷三《沿革》。

③ 道光《凤凰厅志》卷十一《苗防一》。

④ 乾隆《永顺府志》卷五《学校》。

⑤ 乾隆《永顺府志》卷十一《檄示》。

⑥ 同治《龙山县志》卷十一《风俗》。

与此同时，改土归流以后，流官政府采取了一系列强制措施来革除土家族、苗族地区所谓的"积弊"、"陋俗"，极大地加速了土家族、苗族传统文化的消亡。在土家族地区，保靖知县王钦命认为"保邑代隶土司，是以居民多有不知礼节，惟服色一项，更属鄙陋，不拘男妇，概系短衣赤足，恬不为羞"。专门颁布《示禁短衣赤足》的檄示，要求居民衣着"照汉人服色"，同时还颁布了《示禁白布包头》、《示禁婚嫁襁负》、《示禁火床同居》等禁令。① 永顺知县王伯麟亦颁布《禁陋习四条》，力求移易土民之风习。②

在苗族地区，清政府的流官们也推行"薙发去环"等强迫苗民改服移俗的同化政策措施，③ 并开始注重"教化"、"化导"和"潜移其俗"，在苗族地区大力兴教办学。在凤凰厅、永绥厅、乾州厅分别建立了厅学、义学、书院等各种形式的学校。如同治十三年（公元1874年），苗族人吴自发捐资在家乡得胜营（今吉信镇）创建三潭书院。在苗族地区兴办学校教育的同时，清王朝允许苗生以"民籍"应试，后又特设"苗籍"，使苗族子弟参加科举考试。这些措施极大地促进了汉文化在苗族地区的传播。乾嘉苗民起义后，清政府加大了对汉文化在苗族地区的传播，以化"生"为"熟"、化"熟"为"民"在湘西苗族地区实施"屯政"过程中，清政府在各厅县增设书院，大办"屯义学"和"苗义学"。④ 同时，在科举考试中继续实行对苗族进行适当照顾。上述措施无疑促进了苗族聚居区汉文化教育的发展，也为湘西苗族培养出大批精通汉文化的知识分子阶层。

在汉文化的强大涵化压力下，土家族与苗族文化自然有趋同的趋势。如同治年间龙山县的苗族"俱系薙发熟苗，久也编入土民甲保内"，⑤ 乾州厅的苗族"近日渐习民俗，男皆薙发，不带耳环，女亦著衰衣、裹脚，昔年异亦"。⑥

民国政府延续甚至强化了同化政策，不仅对土家族、苗族传统文化

---

① 同治《保靖县志》卷十一《祥异志》。
② 乾隆《永顺县志》卷四《风土志》。
③ （清）但湘良：《湖南苗防屯政考》卷三《征服上》。
④ 伍新福：《湖南民族关系史》（上），民族出版社2006年版，第349—350页。
⑤ 光绪《龙山县志》卷七《兵防》。
⑥ 同治《乾州厅志》卷七《苗防志》。

充满偏见和歧视，同时，还大力实施国民教育，实行"边教"政策，创设"边民"学校，消解土家族、苗族族群文化，消弭文化差异，增强土家族、苗族国家认同。在教育体制方面，传统的私塾教育基本停止，代之以国民教育，由省或中央统一制定教学内容，选派受过新式教育的教学人员任教。在文化习俗上也强迫施行移风易俗政策。这些措施进一步加速了汉文化和现代文化在湘西的传播，使土家族、苗族的同质性文化要素增多。

民国时期，苗族地区实行的屯政一直延续下来。20 世纪 30 年代后期湘西苗民发动了大规模的"革屯"起义，民国政府不得不"废屯升科"，废除"屯田"和"屯租"政策。这样，土家族、苗族地区的社会管理模式之间的差异进一步缩小。

另一方面，土家族较之苗族，更多地接受汉文化，又增加了土家族与苗族文化的差异。人们开始以汉文化为参照来区分土苗。土司时期，土家族就已成为土家族聚居区的主体民族，改土归流以后，这种优势地位依然存在。如由于土家族学习汉文化较快，"男女衣服……土民渐与客民同"。① 而"苗民不知文字，……有所控告者必倩土人代书"。② "归化既久，苗犹知畏土也。"③ "土蛮，边檄有事，颇得其力，征苗时诱擒石三保等俱土蛮潜报。"④ "土俗勤劳习俭，劲勇善斗。沿边苗寨，虽犷悍，于土官，决不敢轻犯。"⑤ 清乾隆《永顺府志·风俗》中这样概括土、苗习性："土民散处山谷间，……耕织外，不事商贾，无奢华之习。今且诗书弦诵，野游秀民矣。""苗民性悍，心野，贪而多疑，……少不合，即劫杀，血誓为信。"这里面固然有汉族流官的偏见，但由此可见，土、苗之间确实存在较大的文化差异。而且到民国时期，一些土、客差别已经很小，以至于新中国成立后苗族无可争辩地得到确认，土家族的确认则经历了曲折的历程。至今，民间很多人仍将土家族、汉族统称为客人。

---

① 同治《龙山县志略》卷七《风俗》。
② （清）严如熤《苗防备览》卷八《风俗上》。
③ （清）严如熤《苗防备览》卷二《村寨上》。
④ （清）严如熤《苗防备览》卷九《风俗下》。
⑤ 同治《保靖县志》卷十二《杂识》。

三　改土归流至民国时期湘西土家族苗族的文化互动

（一）相互协作：婚姻相通、贸易不绝

改土归流后，土家族、苗族居住格局出现混杂，《永顺县志》记载，"永顺隶楚极边，土人、汉人、苗民杂处"。又云："永顺苗土杂处……汉土隔绝。"①

由于交错杂居或比邻而居，所以湘西土家族、苗族自古以来就存在着互为姻亲的亲密关系，这是维系他们之间密切关系的纽带之一。到了康熙年间，随着土地兼并的日趋严重，苗族人民的反抗斗争愈演愈烈。清王朝出于对土家族、苗族、汉族人民反抗斗争的害怕，于雍正五年（公元1727年）首次提出禁止苗汉通婚，由于禁令难行，雍正八年（公元1730年）下旨弛禁，这在客观上起到了有利于民族交往的作用。如永绥厅（今花垣县）"几乎村皆有苗妇，其父母兄弟往来探视，与内地姻娅无异"②。

土家族与苗族之间也存在贸易往来。苗族人民在交易中已经很熟悉市场交易规则。"红苗亦入市与民交易，负土物如杂粮布娟之类，粮以四碗为一升，布以两手为一度为四尺"，"届期必至，易盐、易蚕种、易器具，以通有无。初犹质直，今则操权衡，较锱铢，黠过编氓矣"。③

"乾嘉苗民起义"后，清政府于嘉庆二年（公元1797年）起，竭力推行"均田屯勇"政策，强行迁移部分杂居人口，"民地归民"，"苗地归苗"，以防止各族人民互相往来；修碉筑卡，对苗族进行圈围；对集市贸易严加看管，防止各族在"沿边市场"亲密交往。这些措施对苗族与其他民族的联姻起着直接或间接的阻碍作用。苗族与土家族、汉族的联姻仍然大量存在，至道光十八年（公元1836年）鸦片战争前夕，苗汉通婚已一如既往，村村皆有之，甚至连屯丁练勇也置禁令于不顾，"多与苗人联姻，……大干禁例"。此后，各族联姻已成常事，贸易也趋于常态化，血缘纽带和贸易纽带更加深了境内各族的相互认同。

---

① 乾隆《永顺县志》卷四《风土志》。
② 宣统《永绥厅志》卷十三《丛谈》。
③ 乾隆《凤凰厅志》卷十四《风俗》。

如"盖土蛮与苗，其习俗嗜欲不甚相远，故婚姻相通，情伪习知"①。

（二）改土归流后至民国时期湘西土家族苗族的竞争与冲突

改土归流后，汉族移民的大量迁入，参与土家族、苗族资源分配，苗族和土家族、客族竞争与冲突扩大。

首先，清政府的隔离政策加剧了土家族与苗族的隔阂。为防止民苗联系过密，互为声势，流官政府还制定了一系列禁令。如康熙四十六年（公元 1707 年），湖广总督郭世隆"请沿边安设塘汛，禁内地民与苗往来，并勿与婚姻"。② 雍正五年（公元 1727 年），湖广总督傅敏上奏"请禁民苗结亲"。③ 乾隆二十四年（公元 1754 年），永顺巡抚冯钤颁布《抚苗条款》，"禁民苗私相结纳，……有苗各厅、州、县务须严禁，不许与苗私相交结，并令峒寨各总长晓谕各苗瑶，不得与民人往来，违者究处"。④ 而政府利用土家族镇压苗族的政策依然在延续。道光年间魏源《乙丙湖广征苗记》载：永绥、凤凰、乾州三厅"苗叛时，惟沿边土蛮不从乱。土蛮者，故土司遗民也，聚众自保，苗甚惮……永顺、保靖无虞得其力。刘君辅花园之战，亦以土蛮三百陷阵"。⑤

其次，汉族的大量迁入，参与资源分配，对生存资源的占有和扩张导致了相关族群的紧张关系，影响了苗族、土家族的友好关系。正所谓"旧少盗贼，改设后，五方杂处，奸伪日出，颂犊繁兴。田价既昂，荒山亦贵，争产拘讼，彼此皆无确据"。⑥ 乾隆十二年（公元 1742 年），永顺府知府骆为香颁布《禁汉人买地土详》檄示，认为"以一隅有限之田土，难容四处无数之业主，……各流民向以土司改流同于内地，故相率来永置产，分住城乡村市，……若再任谋买田土，则土、苗生齿日繁，将来势必难以资生，深为可虑"。⑦

苗疆开辟 60 年后，这种矛盾终于集中爆发。清乾隆六十年至嘉庆

① 乾隆《凤凰厅志》卷三《沿革》。
② 《清史稿》卷二百七十五列传六十二《郭世隆》，中华书局 1977 年版；同治《保靖县志》卷十二《杂识》。
③ 光绪《古丈坪厅志》卷七《建置四》。
④ 乾隆《永顺府志》卷十一《檄示》。
⑤ 贺长龄辑：《皇朝经世文编》卷八八。
⑥ 王承尧、罗午、彭荣德：《土家族土司史录》，岳麓书社 1991 年版，第 160 页。
⑦ 乾隆《永顺府志》卷十一《檄示》。

二年（公元 1795—1797 年）湘黔边以原腊尔山"生苗"区为中心的苗族地区，发生了由石柳邓、石三保、吴八月等人领导的以"逐客民、复故地"为口号的大规模族群冲突——乾嘉苗民起义。虽然起义的矛头直指"客民"，但实际上也包括部分土著的土家族。①

（三）湘西土家族苗族文化互动增多

土家族与苗族共处在湘西同一个文化区内，不断进行文化交流，相互认同，在认同过程中，双方文化相互吸收对方文化的因素。第一，土家族、苗族相互学习生产技术。土家与苗家各有其独特的生产技术，在长期的生产生活中，两族人民相互学习，生产技术有许多相同之处。如"群苗衣服，多用蓝靛染黑，犹永保土蛮"。② 第二，土家族、苗族服饰趋同。土家族与苗族本来服饰不一，由于彼此相习，在一些地方土家族、苗族服饰趋同。"服饰宜分男女也，查土司地处万山之中，界连诸苗，男女服饰均一式，头裹刺花巾帕，衣裙尽刺花边，与诸苗无异。"③ 第三，土家族接受了苗族的一些宗教信仰。如祀青草鬼。苗族人祀青草鬼。"苗民性悍，……祀青草鬼，忌带青草入室。"土家族在与苗族相处中也逐渐信仰青草鬼。《苗疆风俗考》载，"其好祀青草鬼，忌带青草入室，剖竹为契，血誓为信，则苗蛮故无区别也"。

另外一些苗族因为长期与土家族相处，也有较为浓厚的土家族特征。如永顺土家族边缘地带的部分苗族文化逐渐开始趋同于土家族文化，而与永绥等地的苗族差异甚大。"永顺各乡惟功全、冲正、西英、田家、罗衣等保系苗人，余俱土人。各保沿边一带，苗人杂处，乃土司招徕安插，使之捍御，以备藩篱者，俱畏法敬官，安静淳良，非连界之镇竿、永绥各处红苗桀骜难驯者所可同日语也。"④ 更有甚者，一些苗族转化为土家族。《苗疆风俗考》载："永保苗人与永绥乾州毗邻，各寨去县治绝远者系生苗，其去保靖县与古丈坪稍近，如哄哄寨之属，虽系苗种落，沾化日久，别号土蛮。"⑤《古丈坪厅志》也转引《苗防备

---

① 谭必友：《湘西苗疆多民族社区的近代重构》，民族出版社 2007 年版，第 115 页。
② （清）严如熤：《苗防备览》卷八《风俗下》。
③ 乾隆《永顺府志》卷十一《檄示》。
④ 乾隆《永顺县志》卷四《风土志》。
⑤ 段超：《土家族文化史》，民族出版社 2000 年版，第 43 页。

览》说，"是古厅确有一种土蛮，为苗人归化在先者，今厅有土蛮坡汛，以土蛮所聚为名"①，也注意到了这种族群之间的转化。

（四）土家、苗家继续在反抗剥削、压迫中相互支援

改土归流后，土家族、苗族继续在反抗剥削、压迫中相互支援。乾嘉苗民起义中，大量土家族、汉族人民参加起义斗争，被当时的统治者污为"汉奸"、"土奸"等，因"通苗"而遭受大批屠杀，乃至被血洗村寨。光绪二十三年（公元1897年），古丈拔贡许炳元建议抚民同知汪明善向老百姓加征税款，连卖鸡蛋、草鞋均要税，苗民怨声载道。苗牟梁再拔率苗民百余杀进古丈城，砍断文庙坡上的拔贡桅杆。土家人向长寿也带领土家人前来支援，一起投入了抗捐抗税的斗争。②

辛亥革命爆发后，湘西土家族、苗族、汉族等各族人民在凤凰县同盟会会员田应全的领导下，迅速组织武装力量，经过艰苦斗争，迫使清朝地方政府交出政权，结束了清王朝在湘西的统治。在1935—1937年间的湘西革屯抗日运动中，苗族、土家族、汉族等人民组成"湘西革屯抗日救国军"与国民党地方政府展开斗争，迫使国民党省政府"废屯升科"，结束了将近一个半世纪的屯政制度。

新民主主义革命时期，1926—1933年间，贺龙、周逸群等人领导创建了湘鄂西革命根据地；1934—1935年间，贺龙、任弼时、肖克、王震领导的中国工农红军二、六军团建立了湘鄂川黔革命委员会。湘西部分土家族、苗族人民也积极投身于中国共产党领导和发动的革命运动中，同湘西北各族人民共同战斗。1935年8月，红二、六军团主动战略转移，北上抗日，很多土家族、苗族人民随军北上，共同战斗在抗日前线和解放战争的前沿，这些革命志士逐渐成长为中央和地方上的领导干部，也为新中国成立后各自族群培养出第一批政治精英。他们对当代湘西族群关系的形成和发展产生了重要的影响。

土司时期以来，湘西土家族、苗族文化特征逐渐彰显，族群之间的竞争与冲突，以及历代政府错误的民族政策，使得他们各自族群内部的凝聚力逐渐增强，出于生存与发展的压力，社会经济发展的不平衡性以

---

① 光绪《古丈坪厅志》卷九《民族上》。
② 古丈县民族事务委员会编：《古丈县民族志》，湖南省保靖印刷厂1992年版，第14页。

及对生存资源和空间的竞争中应对偏见、隔离与歧视等的策略手段，这些文化边界演变为族群边界。这一时期土家族与苗族的矛盾和冲突虽然从本质上看是一种阶级矛盾，但土家族、苗族之间的隔阂和纠葛确实真实地存在于当时的历史时空中。然而我们也不能忽视，从土司时期到民国时期，湘西土家族、苗族在族群结构中的地位逐渐从支配与从属走向平等。由于国家的介入和汉文化的涵化以及他们之间的相互采借，土家族、苗族文化同质性开始增强，他们之间也有并肩作战、相互通婚、贸易往来的美好记忆。历史的恩怨已成为昨天的记忆。当代湘西土家族、苗族人民交往互动则是对历史的延续与调整。

第三章

当代湘西土家族苗族文化互动

族群是比较的产物，它存在于与其他族群的互动关系之中，没有"他族"，也就没有"我族"。湘西自古至今就是一个文化混杂区，土家族与苗族是这一区域内的两个主要族群，苗族文化与土家族文化碰撞交融，互相影响、互相渗透，你中有我、我中有你，发生了频繁的文化互动。

第一节　两族通婚

婚姻是两个异性组成家庭的结合，家庭是人类社会的基本组成单元。在不同族群成员之间缔结婚姻以及婚姻的延续演变过程中，反映出许许多多与族群关系密切相关的各类社会、经济、文化、政治、人口因素的交互影响。所以血缘融合是族群融合的最重要也是最可靠的途径，而族际通婚的比率通常也是测度一个国家、地区族群关系的重要尺度。

族际通婚所涉及的不仅仅是两个异性的关系，而且隐含着两个人所代表的族群的文化和社会背景。在多族群社会，族群性对于塑造在小的、熟络的社会环境——比如家庭和同龄群体——中形成的初级关系是非常重要的。"初级社会关系包括了个体如何选择亲密的朋友、结婚伴侣和居住地等等。"[①] 族际通婚是族群文化互动的结果，也是文化互动得以持续的前提。通婚圈的变化使得土家族、苗族族群走出各自封闭的文化圈。土家族、苗族的族际通婚不仅是相关族群人员的交流，还带来

---

① ［美］马丁·N. 麦格：《族群社会学：美国及全球视角下的种族和族群关系》，祖力亚提·司马义译，华夏出版社 2007 年版，第 14 页。

一系列文化要素在族群间流动。

一　通婚的基本情况

当代湘西，随着民族间平等政治地位的建立和国家民族政策的执行，各民族之间的交流逐渐增多。民族的地域流动和迁徙规模都大大超过了历史上的任何时期，这无疑促进了民族之间的交往和居住上的混杂；随着生产和生活方式、语言文化等方面的趋同化，族群通婚在这样一个大的历史和社会发展背景下也逐渐增多。民间有诸多谚语描述这种族群间的通婚状态。如"廖家桥，新事多，客家老公娶苗婆，男的说冲碓，女人说了脚（'了脚'汉译即冲碓）"。① 在凤凰，由于土家族长期以来大量吸收汉文化，民族特点和汉族类似，苗族人常常把土家和汉族一起称为客家。所以上述情况也可视为土家族和苗族之间大量通婚的写照。

为了对土家族、苗族之间的通婚情况有一个清楚的认识，笔者选择了集镇和村落两种不同类型的社区对土家族、苗族的通婚情况做了考察。

（一）吉信镇通婚情况

吉信镇镇区族群通婚情况如表3—1所示。

表3—1　　　　吉信镇镇区族群通婚情况统计表②　　　　单位：对

		联欢村		吉信村		居委会		合计	
	合计	263	263	370	370	127	127	857	857
汉族、汉族	汉族、汉族	59	59	24	24	17	17	100	100
苗族、苗族	苗族、苗族	36	36	224	224	19	19	379	379
土家族、土家族	土家族、土家族	16	16	5	5	25	25	46	46
回族、回族	回族、回族	1	1	2	2			3	3
苗族、汉族	汉族、苗族	40	60	20	45	7	20	67	125
	苗族、汉族	20		25		13		58	

---

① 《凤凰县民族志》编写组：《凤凰县民族志》，中国城市出版社1997年版，第245页。

② 此数据来源于吉信镇派出所户籍资料，主要是吉信镇两个行政村和居委会的通婚情况，政府及事业机关不在统计范围之内。

续表

		联欢村		吉信村		居委会		合计	
土家族、汉族	汉族、土家族	30	50	18	29	18	25	66	104
	土家族、汉族	20		11		7		38	
土家族、苗族	土家族、苗族	18	32	16	32	13	16	47	80
	苗族、土家族	14		16		3		33	
汉族、回族	汉族、回族	4	4	0	4	0	0	8	8
回族、土家族	回族、土家族	2	2	0	2	0	0	4	4
回族、苗族	回族、苗族	3	3	0	3	1	1	4	4
回族、汉族	回族、汉族	0	0	0	0	2	2	2	2
土家族、回族	土家族、回族	0	0	0	0	2	2	2	2

注：在族群通婚类别中，前面一个族群表示男，后面一个族群表示女，如"土家族、苗族"表示土家族男性娶苗族女性。

（二）双溪乡官坝村、梳头溪、溪流墨村落的通婚情况

双溪乡的这三个村子基本上都是以单一民族为主的村落，溪流墨304户，梳头溪211户，官坝282户。在这个苗族、土家族杂居的村落群里，新中国成立前苗族就和土家族开亲了。如在讨论苗族与土家族是联合自治还是单独自治时，革新社（梳头溪）生产队长XGM说：

> "我是土家，爱人是苗家，如何分，靠哪边呢？再说，革新（土家族聚居区）和官坝（苗族聚居区）田土相邻，在土改时，一起斗垮了恶霸地主，革新分给官坝250余亩田地，谷子2万多斤，我们之间有深厚的阶级感情，加上互相开亲的多，只有和睦相处，决不能分开。"[①]

通过口头访问和统计，梳头溪村土家族、苗族开亲的共有25对夫妇，官坝村苗族、土家族开亲的有53对夫妇，溪流墨村土家族、苗族开亲的大约有35对夫妇。

---

① 古丈县档案局提供：档案材料。

（三）绿绿河村落的通婚情况

在绿绿河这个土家族、苗族杂居的村落，由于两个土家族寨子和苗族寨子都以龙姓为主，而且据传都是从丰宏坡上搬迁下来的，至今仍能同得上班辈，所以他们之间没有发生通婚现象，在棉花旗的梁家也只有很少几家和苗族通婚。

二　族际通婚的基本分析

（一）族群选择

新中国成立后，湘西各民族通婚自由。在城镇、乡村等民族杂居地区及毗邻地区，青年人恋爱、父母请媒说亲，族别因素逐渐淡化，并不是恋爱婚姻的必选条件。从通婚情况来看，土家族、苗族与汉族等各种族别的族际婚姻形态都可以发现。在吉信镇 751 对夫妇中，汉族与汉族通婚的 100 对，占 13.3%；苗族与苗族通婚的 379 对，占 50.5%；土家族与土家族通婚的 46 对，占 6.1%；汉族与土家族通婚的 104 对，占 13.8%；苗族与汉族通婚的 125 对，占 16.6%；土家族与苗族通婚的 80 对，占 10.7%。同样在双溪的溪流墨、梳头溪、官坝村落也能发现各种通婚形态。

从通婚的族群选择来看，土家族、苗族都大部分倾向于本民族通婚，特别是历史遗留下来的"苗不粘客，铜不粘铁"的族群隔阂，以及彼此间的文化差异，族际通婚仍受到一定的影响。从吉信镇、双溪的官坝、梳头溪、溪流墨这些土苗杂居的村镇来看，本族群内通婚仍占绝大多数。但是，从古至今，土家族和苗族之间的通婚从未阻断，现在，随着交往的频繁，土家族、苗族间的族际通婚逐渐开始增多。通过对在居住相对隔离的官坝和梳头溪的调查分析，土家族、苗族开亲的有 111 对，占 13.9%；在吉信镇土家族与苗族开亲的共有 80 对，占 10.7%，可见土家族、苗族开亲的对数都超过了夫妇总数的 10%。

表面上看，他们的通婚并没有明显的族群选择，但经过仔细分析，可以发现，梳头溪有 9 位女子嫁往苗族为妻，而在梳头溪则有 12 位女子来自官坝村。官坝村是一个行政村，2006 年由原官坝村和西岐村合并而成。官坝村原由官坝、大寨、唐上、龙颈坳四个自然寨组成；西岐由石堤、大西岐、中西岐、夯巴拐、唐西岐等自然寨组成。在当地人眼中，官坝人讲苗话才是"正宗"的苗族、"纯苗族"，而西岐村从石堤往上，人们早就不讲苗话了，半苗半客。如果按当地人的这种区分，梳头溪嫁往苗族的9位女子中全部嫁到"半苗半客"的西岐村去了。而在"纯苗"官坝大寨多年来没有一位周围土家族村寨的女子嫁过来，直到去年村中龙家才娶了一位宋家村的土家族姑娘。

此外，溪流墨的土苗开亲之所以较多也是同样的原因，溪流墨由溪流墨和洞上两个村组成，其中溪流墨是一个纯土家族寨，而洞上则是一个土家族、苗族杂居村寨，且长期和土家族开亲，现在已经完全不会讲苗话了，其风俗习惯和溪流墨并无二致。处于双溪河的下游洞上村苗族似乎更愿意与周围的土家族开亲。对此，据一位从洞上嫁到梳头溪的女子说：

> 我们姓张，姓向的是土家族。洞上又有土家族又有苗族，就这两个族。家先安在堂屋里。连苗话都不会讲了。家里反对啊，一般我们下河的人和上河的婚姻关系不是那么密切。一般往河下嫁。一般是到我们村的周围。你像他们那一班辈，只兴女方嫁到我们这边汉族（土家族）。（报道人：古丈县双溪乡梳头溪人，女，苗族，ZHF，农民，35岁）

而且他们对自己的苗族身份也不再认同：

> 我只晓得我们姓张的过年过到二十八，过到三十，然后是初一到初三这三天吃东西吃得最丰富、最闹热。姓向的过二十五还是二十几，我不晓得他们的。我们没办秋（赶秋）。龙鼻那边办秋，他们是苗子嘛，苗族。人家办秋我们去看嘛。苗歌我们都不会唱，官坝人会唱。（报道人：古丈县双溪乡梳头溪人，女，苗族，ZHF，农民，35岁）

通过比较可以发现，苗族嫁往土家族的要多于土家族嫁给苗族的。在吉信镇土家族、苗族开亲的80对夫妇中，苗族嫁给土家族的有47对，土家族嫁给苗族的有33对。在双溪乡梳头溪、溪流墨和官坝村也存在着苗族姑娘要比土家族外嫁他族的多。在梳头溪土家族、苗族开亲的夫妇中，全部为苗族姑娘嫁到土家族地区来；在官坝村的苗土开亲的有 53 对夫妇。其中有 9 位土家族媳妇来自梳头溪、10 位来自溪流墨，其余的全部来自本乡的宋家、城关、断龙、大塘、龙鼻、野竹、河西，保靖的仙仁等地。关于这一点，从上述民谣中"客家老公娶苗婆"也可看出。当地人总结说，土家族嫁到苗族去，那要对方是干部才行，苗族嫁到客家或者土家，那要这个苗族姑娘长得漂亮才行。关于这种现象，一些学者在关于美国种族通婚的研究中总结出一种"上嫁"（marring up）模式，来表示黑人与白人通婚中数量最多的这种类型：社会地位和收入较高的黑人男子娶社会地位较低的女子，通过婚姻而达到自己经济地位的上升，即上嫁。① 在湘西，土家族、苗族经济发展情况存在一定的差异，这种"上嫁"现象主要体现为经济地位的改善。

（二）地区选择

在族际通婚的地区选择上，存在着向城镇和经济条件好的地方流动的倾向。梳头溪土家族所娶的苗族媳妇有 9 位来自官坝，其余来自县内其他地方；而在官坝村，有 9 位土家族媳妇来自梳头溪、10 位来自溪流墨，其余的全部来自本乡的宋家、城关、断龙、大塘、龙鼻、野竹、河西，保靖的仙仁等地。对比他们的族内婚，官坝村娶进的媳妇大多是周围条件较差的苗族乡镇。调查中官坝一位老者介绍说：

> 这个寨子跟梳头溪亲戚也少，溪流墨亲戚也少，就和他们西岐的多，我们寨上也少。我们开亲就到葫芦寨、曹家坪、龙鼻，开蛮远，近处的没蛮有。一般不和梳头溪、溪流墨开亲。我们到保靖县那边，到龙鼻那边，曹家坪那边，平坝那边，开亲要开远，近了肯吵架。（报道人：古丈县双溪乡官坝村人，苗族，LQZH，苗医，82 岁）

（三）人口规模

马戎认为，"如果一个村落或社区中某个族群的人口比较少，加上性别、年龄因素的限制，寻找配偶时在本族的范围内可供选择的对象很少，有时不得不到其他社区去寻找配偶。在这种情况下，小族群就会

---

① Glick, P. C., "A Demographic Picture of Black Families", in Harriete Pipes McAdoo (ed.), *Black Families*, Beverly Hills: Sage Publications, 1981, p. 119.

出现较高的通婚率，与此同时，在大族群中相应会出现较低的族际通婚率"。[①] 那么在多族群人口相当的社区，族际通婚应该维持较高的比例。吉信镇共 4623 人，其中苗族 2340 人、土家族 1057 人、汉族 1154 人、回族 67 人、白族 3 人、黎族 2 人。在梳头溪、官坝、溪流墨村落，共 3527 人，其中苗族 1501 人、土家族 1987 人、汉族 35 人。在这两个社区中土家族、苗族的人口规模大致相当。但是由于文化差异的原因，土家族梳头溪共有 211 户，1010 人，其中土苗开亲的 25 户，占总户数的 11.8%；官坝村 282 户，1190 人，土苗开亲的 53 户，占总户数的 18.8%。两个村合起来族际通婚率为 15.8%。一般来说，如果两个族群集团间的通婚率达到 10% 以上，可以说他们之间的族群关系是比较好的。可见在湘西土家族、苗族杂居的社区中，他们的关系是较为融洽的。

三 政府政策

政府的一些政策对于婚姻对象的选择也会产生直接或间接的影响。在湘西历史上，苗族与汉族或土家族间的通婚曾经是不自由的。历代封建王朝对土汉之间的联姻无禁令，但对苗汉及苗土之间的联姻却曾有阻挠，特别是在清代，统治者曾一度禁止苗汉（也含土家族）通婚。清政府曾多次发布命令，禁止苗汉通婚，尽管为了同化苗族的需要，也曾允许苗汉通婚，但就总的情况来看，禁止苗汉结亲的舆论和政策还是占着优势，民族歧视一直延续到新中国成立之前。[②] 雍正五年（公元 1727 年），清廷首次提出"请禁民苗结亲"。[③] 但禁令难行，雍正八年弛禁。当"乾嘉苗民起义"被镇压下去后，清廷又于嘉庆十年（公元 1805 年）申明禁例："汉民仍不许擅入苗地，私为婚姻。"[④] 这些措施对苗族与其他民族的联姻起着直接或间接的阻碍作用。

新中国成立后，各民族通婚自由，恋爱自主。历史上先后颁布的干涉民族通婚的禁令烟消云散。无论是 1950 年颁布的《婚姻法》还是最

---

① 马戎编：《民族社会学——社会学的族群关系研究》，北京大学出版社 2004 年版，第 442 页。

② 姚金泉：《试论湘西苗族婚恋自由的相对性》，《西北第二民族学院》2001 年第 4 期。

③ 光绪《湖南通志》卷八十四《武备志·苗防四》。

④ 但湘良：《湖南苗防屯政考》卷五《均屯一》。

新的《婚姻法》都未对民族通婚作任何禁止，只是在附则中规定"民族自治地方的人民代表大会有权结合当地民族婚姻家庭的具体情况，制定变通规定"。对此，《湘西土家族苗族自治州自治条例》并未对民族通婚作任何形式的规定。政府不仅不再干涉民族间通婚，还认为族际通婚是民族平等团结的体现，是少数民族地位提高的标志，而且把民族间通婚作为民族关系改善的一种标志进行宣传推广。由此可见，政府是乐见土家族、苗族通婚的。

四　公众态度

两族成员之间的通婚愿望是得到本族人群体的支持还是反对，在某种意义上被视作体现两族关系总体水平的重要标志之一。[1] 只有当在两个族群彼此之间没有整体性的偏见与歧视行为，具体个人所在家庭与族群社区对族群通婚不持反对态度，甚至采取比较积极的赞成态度，两个族群之间才会发生较大规模的通婚。在湘西，族际通婚曾经受到不小的阻力。由于苗汉（含土家族）间历史上形成的民族隔阂，在新中国成立前苗家欢迎汉族、土家族女子嫁给苗族男子，而禁止苗族女子嫁给汉族、土家族男子，违者重则有"沉塘"、"沉河"之虞，轻则有被驱逐、被歧视之患。反之也一样，如果汉族、土家族女子嫁给苗族男子，她在本族中至少也会被人歧视的。这种情况以及关于这些隔阂一直延续到新中国成立后的 20 世纪六七十年代。据现在一些老人回忆说：

> 过去我们苗族的女孩喜欢汉族的、要嫁到汉族的，父母都要杀掉。他就不喜欢你嫁到汉族，汉族的男儿到苗寨也要打死。苗不粘客。（报道人：吉信镇大麻元人，女，WYH，苗族，农民，46 岁）

但是 20 世纪 80 年代后，这种观点开始慢慢改变：

> 他们没到我们寨上，也是到别的寨上。有时他客族，他土家族

---

① 马戎：《民族社会学——社会学的族群关系研究》，北京大学出版社 2004 年版，第436 页。

喜欢我们苗族还不是，他个人喜欢还不是一样的，我们也不是一样的？谈恋爱个人谈的嘛，管你苗族，什么族啊，讲什么话啊。现在没管了，不管土家族、苗族、什么族好，现在都是老人家做工，年轻人都是到屋里面，有个小孩就守小孩。现在的老人啊，他思想开放一些，年轻人坐在屋里，也没讲了。原来年轻人住在屋里讲啊，现在都不讲了，你看我，个个的行为好像都差不多的。（报道人：古丈县双溪乡官坝村人，女，LMY，苗族，苗鼓队队长，42岁）

通过问卷调查表明，湘西土家族、苗族、汉族对族际通婚大多持赞成态度。

（一）对族际通婚的支持与赞同

1. 民族成分对选择配偶影响不大

调查问卷显示，只有22.2%的人认为需要考虑民族成分，认为不需要和无所谓的占到了77.8%。在"应首先考虑与本民族的人结婚"的问卷调查中，"同意"和"非常同意"的比例总共也只占45.3%（见表3—2）。

表3—2　　　　　　**各族群族际通婚态度表**　　　　单位：%

您认为选择配偶时需要考虑民族成分吗？	需要	不需要	无所谓
土家族	33.3	50.0	16.7
苗族	5.26	73.68	21.06
汉族	50.0	50.0	
综合	22.2	60.0	17.8

应首先考虑与本民族的人结婚	非常同意	同意	无所谓	不同意	非常反对
土家族	16.00	28.00	40.00	8.00	8.00
苗族	7.69	38.47	42.3	7.69	3.85
汉族	50.0		50.0		
综合	13.2	32.1	41.5	7.5	5.7

2. 在民族通婚的家庭，父母对子女选择与其他民族通婚也明显持不干涉态度

在对已经发生族际通婚的调查中，51.9%的父母完全同意，反对的

只占到 17.3%。在另一个问卷"您希望您的子女与哪个民族的人结婚?"中,选择子女应与本民族通婚的比例也很低。土家族和苗族分别只有 29.17% 和 10% 的人选择应与本民族通婚,土家族、苗族有 12.5% 和 10% 的人选择了希望自己的子女与对方通婚(见表 3—3),通过表 3—4 也可以看出族际通婚中的族群选择。这表明恋爱自由、婚姻自主得到了苗族、土家族人的普遍认可。"苗不粘客,铜不粘铁"似乎早已作古:

> 我屋里媳妇也是苗族的,乌梢河的,"苗不粘客,铜不粘铁",那是老话嘛,现在你年轻人自己欢喜,婚姻自由嘛。(报道人:保靖县涂乍乡棉花旗人,男,LZHZH,土家族,村主任,60 岁)

表 3—3 父母对族际通婚态度表 单位:%

您父母对您选择与异民族结婚	完全同意	没有过问	比较反对	坚决反对
土家族	36.0	40.0	20.0	4.0
苗族	68.00	24.00	4.00	4.00
汉族	50.0			50.0
综合	51.9	30.8	11.5	5.8
您希望您的子女与哪个民族的人结婚?	土家族	苗族	汉族	其他
土家族	29.17	12.5	25.00	33.33
苗族	10.00	10.00	20.00	60.00
汉族	33.3		33.4	33.3
综合	21.3	10.6	23.4	44.7

表 3—4 族际通婚中族群选择态度表 单位:%

您觉得哪个民族的成员作为配偶最理想?	土家族	苗族	汉族	其他
土家族	29.17	6.67	25.00	39.16
苗族	14.29	23.81	9.52	52.38
汉族	33.3		33.3	33.4
合计	22.9	18.7	18.8	39.6

（二）族际通婚的阻力

1. 文化差异

现实中仍然存在着影响族际通婚的诸多因素。族际通婚中最大的阻力来自于文化差异，特别是语言差异。在湘西，土家族人已经逐渐放弃了自己的土家话，而苗语则顽强地保留下来，仍是日常生活中的主要交际用语。如一些土家族人之所以不喜欢嫁到苗家去，第一个反对意见就是到那里去，人家都讲苗话，听也听不懂。娶苗族做老婆的土家男子也同样有这种顾虑。如到岳父家去之后，媳妇娘家的亲戚说什么也听不懂；亲戚们来了在一起用苗话交流也听不懂，更不知道是说好话还是坏话，很难相互交流。所以，苗族也更愿意嫁到讲苗话的寨子里去。相反，语言却成为土家族嫁往苗家的一个障碍：

> 我是全村第一个娶客族媳妇的，那时候她在河西住嘛，我在那边开船，过渡的。她家里有点反对，就是语言问题嘛。（报道人：古丈县双溪乡官坝人，男，LMK，苗族，50 岁）

2. 文化偏见

彼此的文化偏见也阻碍了土家族与苗族通婚。如吉信镇一位土家族男子在打工时认识了一位保靖县梅花乡的苗族姑娘。他们的婚姻一开始就遭到了双方家庭的反对，男方家认为苗家女"恋爱自由、容易离婚"而提出反对意见：

> 我外婆第一个不赞成，说他们假苗族无所谓，要是真苗族他们就不赞成。他说凭他们接触出来的那种感觉吧，苗族女孩子跟汉族结婚以后，生活条件好点话呢，就能够跟你长期生活在一起，不好的话就跑掉了，就这样子，他们就说最好不要讨一个苗族女孩子。（报道人：凤凰县吉信镇人，土家族，YXQ，网吧、花圈店老板，35 岁）

有趣的是，女方家认为男方家吉信地处湘西的传统苗区，人"穷、不讲理"，也提出反对意见：

怎么不反对呀！她有个叔父说我们这边是苗区。苗区炒菜的时候，用那个布蘸一点油放锅里擦，然后就炒菜。你不要去那边，那边太落后了。说这里穷，不讲理，这个地方穷，做什么事都不讲理。（报道人：凤凰县吉信镇人，土家族，YXQ，网吧、花圈店老板，35 岁）

人们似乎习惯上对苗族的恋爱、婚姻习俗怀有一种偏见，这种偏见集中表现在认为苗族婚姻不稳固：

一般会说（苗话）的都要落后一点的，街道旁边一般不怎么会说。水田苗族最多了，全部说苗话。要是我们那边差一点，找不到老婆的话，就去那边找，很容易找到，不过很容易找到也很容易跑掉。对呀，看你家人不行呀，就走。有的坐下来可能就没什么能力了，她不跟你拿结婚证，就算你拿着也没什么用。那意识不怎么强烈，结婚证约束不到谁，想跑就跑了，不回来了。你找都找不到。怎么去找？她又去嫁一个地方。[报道人：凤凰县吉信镇人（娘家在保靖县梅花乡），苗族，LXQ，33 岁]

同样，苗族对土家族也心存偏见，如认为土家族姑娘没有苗族姑娘能吃苦耐劳：

有的老人啊，他讨的媳妇是客婆，是土家族，他听不懂，他也不喜欢。他听不懂媳妇的话嘛，原来我们苗族人会讲客族的懒些，土家族人懒些，不做工。我们苗族人呢，又勤快，又做工，什么都做，客族人懒些，不做工，有的也不欢喜，不喜欢客族，客族人懒些，什么都不做的，讲我们的话的什么都做，不喜欢客婆，不喜欢土家族。（报道人：古丈县双溪乡官坝村人，女，LMY，苗族，苗鼓队队长，42 岁）

这种偏见直接影响到土家族、苗族的婚姻质量以及婚后的生活，如在双溪乡土家族、苗族开亲的几家都不是很幸福。

五 族际通婚中的文化互动

马戎认为，在同一个地区居住的两个族群集团，发生一定规模和相当比例的族群通婚的重要条件应当包括：（1）两个族群之间的文化同化已经达到较高的程度，语言上没有障碍，宗教上互不冲突或者至少彼此容忍，而不是绝对相互排斥；（2）在两个族群成员之间有许多社会交往机会，人们有可能相识并相爱；（3）在两个族群彼此之间没有整体性的偏见与歧视行为；（4）两个族群之间不存在显著的"结构性差异"（族群分层）；（5）对于族群通婚，具体个人所在家庭与族群社区不持反对态度，甚至采取比较积极的赞成态度；（6）族际通婚在制度上和法律上没有障碍，即法律不禁止不同种族和族群之间通婚。唯有在这些条件下，两个族群成员之间才能发生较大规模的通婚。①

所以，只有当两个族群的大多数成员在政治、经济、文化、语言、宗教和风俗习惯等各个方面达成一致或者高度和谐，两族之间存在着广泛的社会交往，他们之间才有可能出现较大数量的通婚现象。因此，族际通婚是族群关系融洽和谐的结果。但同时，族际通婚及其婚后双方家庭之间的相互往来，又会增进族群间的交往和友谊，因而成为今后促进族群关系进一步融洽的动因。族群间的通婚情况是测度不同族群相互关系和深层次融合程度的一个非常重要的方面。"通婚是（民族间）社会组织方面融合的不可避免的伴生物。"② 所以，通婚不仅仅是族群间人员的交流，也是族群间文化互动的结果和新的文化互动的开始。两族通婚是文化互动的重要形式。通婚的过程伴随着对对方礼俗的了解与对接，婚后双方亲缘关系的形成与维持也包含着一系列文化元素的相互流动。

（一）礼俗的相互了解与对接：从文化震撼到入乡随俗

在族际通婚的家庭及其亲属乃至社区之间，不仅在恋爱和婚礼中有双方礼俗的相互了解和对接，在其后长期生活中的庆典、礼仪中也会发

---

① 马戎：《民族社会学——社会学的族群关系研究》，北京大学出版社 2004 年版，第 205 页。

② Gordon, Milton M., *Assimilation in American Life*, Oxford：Oxford University Press, 1964, p. 80.

生文化的对接。一位苗族人讲述了自己跟随到伯伯的土家族女婿家去庆贺建房子挂匾的经历：

> 我记得我一个伯伯，他也是到苗家那边去做客，因为他是舅舅，是建房子，建房子最隆重的就是挂匾。我伯伯他女婿建房子，他就是属于资格最老的，他的女儿建房子，他等于是外祖父去，那时候我和他一起在那儿做客嘛。挂匾的时候他就对我说，那里很多人在看啊，我们那里挂匾不像……女婿把他的匾挂上去了，你必须要讲那些风俗话，讲四言八句。那时候，首先你挂的时候，他那个唢呐呀就要奏乐。你客人的唢呐，还有主人家的唢呐就要吹、奏乐。然后你挂匾就必须要说。那时候，我伯伯说，唉，他怕我们没人会说呢。他就说，你说吧，我说我讲不来。最后他们大家都说，你就必须说，不然我们这里就……我才说嘛，就从那个吹唢呐的，那时候从他们说起，说起以后，你挂匾你就是两个人，你把匾，手上码的那个匾的手，你也必须要说，每一个动作，你都必须要说，从你扶着匾的那个手，放鞭炮，一直等你把这个匾挂好，挂上以后，你还要跟他这个风尘（俗）话，挂匾以后，主人家就要给你两个红包。全部都要说，因为他那个梯子呀，每上一个阶梯的时候，你都必须要说。因为他那里，都使用客话说，因为你那时说苗话，有的也不懂，必须用客话说。（报道人：凤凰县吉信镇人，苗族，男，WFD，干部，48岁）

同样的习俗，但却有不同的程序：

> （婚礼中）同样是送钱，但礼节不同，譬如我们这边没讲过下轿礼嘛。糖酒的话每家送就不同，她亲戚屋里就不要派了，不要搞了。我们是整个家族的每一家都要一块肉、一瓶酒。下轿礼比方说女方父母打发一百块钱，接到你男方去，你男方就要接到给，女方屋里给她一千，今天到你屋，没下轿还在外面，在那里等到，你就要出一千。不出就不进屋。以前我们这里就没搞。以前我们这里每个家族有二十户，每户要一斤糖、一瓶酒、一块肉；吃酒有小酒、

有大酒。他们就不要。土家族只送父母生下来的几姊妹。（报道人：古丈县双溪乡人，苗族，男，LML，43岁）

当然，这之中也会有"文化震撼"（culture shork）。如官坝村龙医生家娶了一位宋家的土家族媳妇，在结亲过程中，虽然他事先对土家族的结婚风俗有一定的了解并且做了相应的改变，如按照官坝苗族的旧风俗，娶儿媳妇的时候他是不能去接亲的，但他还是按照对方的要求做出变通，亲自去接亲。可是他仍然感受到了明显的不适应：

> 生活习惯都是一样的，就是放鞭炮不同。他妈妈要我把鞭炮取出来的时候我没干。娶亲的时候，我进去的时候我放爆竹，那个酒呀，肉呀，这是应该的，到那个时辰把她（儿媳妇）接出来，我不放爆竹。放爆竹按我们的习惯啊，就是气人了，你把人家的女孩带走了，你还放鞭炮！我只带了四挂鞭炮，进去就放完了，出来就没有鞭炮了。她妈妈骂我，你鞭炮就没带！我没这个习惯。进来了，我从什么地方开始？从宋家过来到古丈，古丈进我们这条线，我可以从古丈放进来就没问题。到人家里，把女孩接过来了，你还放爆竹，把家里人给一个你，你还放爆竹？不好吧，这是不尊敬人。（报道人：古丈县双溪乡官坝人，男，LMK，苗族，村干部，50岁）

同样，苗族对土家族"喊礼"的习俗也不适应：

> 我到土家族娶亲，跟我大大，我硬是感觉到不好意思。我们是吃酒。吃饭的时候，他们土家族喊嘛，好多好多（多少的意思）酒、好多好多肉、好多好多糖、好多好多烟。我屋里大大的女子嫁到仙仁了，他们送东西，那些东西还没进屋啊，都在那儿要点一下。我想那在苗家啊，不好意思哟。那我讲你们这个习惯太不好了，我就不习惯了。我们苗族没像那么地。苗族送好多就好多，一进屋人家就放爆竹迎接。那你们这个，我讲你们丑人，我觉得不好意思。他们土家族就讲，好儿莫结亲，好女莫踩灯嘛。你那东西没

买好，对不起，你要转（回）去买。那时我讲你们这个丑死八怪的。有的好像一点都少不得。我们这里的人不喊，随你送多少，凭良心，看你的人嘛。（报道人：古丈县双溪乡官坝人，苗族，女，LZF，农民，46 岁）

可是土家族对苗族庞大的送亲队伍也极不适应，一般土家族结婚，娘家的送亲队伍有 4 个或 6 个，最多 8 个；而苗族除亲戚外，寨中朋友也会前来送亲，多的会来上百人。

这些"文化震撼"确实发生在族际通婚的过程中，但这并不可怕，因为这种震惊毕竟不是隔阂。而且经历这种文化震惊后，人们逐渐会习以为常，并相应地做出调整，入乡随俗。例如，一位梳头溪嫁到大西岐的婆婆也说，刚嫁过来的时候，最不习惯的是这里房前屋后的苗语地名，全是打苗话讲的，全是什么什么夯①的，她的丈夫到她家去，梳头溪的人也把他称作苗姑爷。又如，在梳头溪乡政府居住的 L 姓男子，年轻时在古丈县罗依溪开渡船，认识了当地的一个土家族女子，并与她结了婚。他是官坝寨第一个娶土家族媳妇的男子，当时在寨子里很是风光。他认为对土家族、苗族婚俗的这种差异，要互相尊重：

到那边做客就服从他们的了，你叫我拿什么就拿什么，叫我买什么就买什么。在桌子上该坐哪个位置就坐哪儿。随你的便。你不能以自己的风俗。他搞不习惯。我们这里结婚他晚上要唱歌啊。他们结婚你就歇一个晚上，譬如女方送亲到男方，他就歇一个晚上，第二天他跑了。我们这里接新姑娘、结亲啊，歇两天三夜，到你家来做客。他送他女子过来，那边还有很多人，十个二十个都来，三十个都来，来住两天三晚上再回家。他们就不同，歇一个晚上就走了。我们三天都要唱歌。我们苗族不入洞房，汉族就要入洞房。你入洞房，要都回去了，女方的父母亲戚走完了，回门后才入洞房。我们苗族当晚不入洞房，好像害羞。成婚了还不是你的，当晚你搞什么！当着这么多人，你们俩睡在一起？（报道人：古丈县双溪乡，

---

① 夯在苗语中就是沟、峡谷的意思，如湘西吉首有名的景点叫"德夯"。

苗族，男，LML，43 岁）

（二）文化的传播与采借

土家族与苗族通婚后，随着家庭成员构成的变化，首先发生的便是语言的相互学习。一方面，土家族、苗族通婚的家庭在日常生活中都要互相适应，学会彼此的语言，以便交流。嫁到苗家的土家族姑娘天长日久也会懂得苗语的日常用语；苗家娶了土家族的媳妇，老人们也得学会客话，这样婆媳才能更好地和睦相处，也才能在村寨中立足。官坝的西岐村由于长期和土家族、汉族开亲，现在大部分人已经开始讲客话而不讲苗话了：

> 现在官坝村也开客亲了。我们都是开客亲的，苗族很少很少的。我小儿子还不是开客亲，到我们这里来还不是讲客话，变客子！我们现在半苗半客了。开亲了，你讲苗话他听不懂，你不会讲客话他也会讲客话了，那些老人她也要学讲客话嘛。他梳头溪还不是很多和客家开亲讲不来土话了，他们的根子是土（家）族，我们的根子是苗族，结果和客族开亲占多数，讲客话，就没有讲苗话的了。现在官坝苗话基本上也要灭了，年轻人出去也是找的客家。（报道人：古丈县双溪乡石堤人，苗族，男，LXL，苗医，58 岁）

频繁的、长期的通婚也导致了婚俗的改变，原本这里的风俗隔一条河翻一个坡就不同了，但是现在这些风俗慢慢趋同。西岐和官坝同样是苗族，现在只有石堤、中西岐和官坝是一样的了，西岐河上游的大西岐、夯巴拐、唐西岐已经和土家族一样了。苗族的一些婚俗发生了很大的改变，随着观念的更新，古丈苗族甚至出现了"双喜临门"的现象：

> 我们现在已改变好多了，生小孩和结婚做一次。结婚、看月一起来了，叫双喜临门。原来不搞，这种是最丑的。要没经过媒人介绍，你单独玩好了，肚子大了。女方父母要把你骂死，男方也要骂。哪怕你两人愿意的，你也要请媒人去讲。正式地派人送肉送

酒。看个日子就结起来。（报道人：古丈县双溪乡人，苗族，男，LML，43岁）

其次，风俗习惯的相互变通、相互迁就。如在保靖棉花旗，L村长的儿子娶苗族媳妇的过程中，双方事先便就送亲人数的事情进行了协商，苗族女方同意了他们的风俗，但仍保留了送亲住三天再回门的风俗，只是在回门的时间上做了变通。对此，他儿子自己介绍说：

> 结婚肯定是按我们这边的，送亲来多少人，那就是在于我，我待不了那么多的人，按我们的风俗习惯。要是嫁他们苗族的就是按他们苗族的。那不止一二十个呢。事先要跟他们讲一下，就是跟他们讲，拿到我们风俗习惯来讲我们只能待客，没像他们的风俗习惯，你来好多人，今天晚上到我家明天早上到人家去吃，我这儿就我个人吃，餐餐个人吃，到我屋里吃，待不了、待不好嘛，不要来那么多嘛。来七八个或者六七个表示一下就行了。也是住两天三夜，再回门，同房。按我们的风俗，按地区来的，到客族了就按客族的风俗。苗族就是苗族的风俗。
>
> （爱人家）那有什么不习惯！因为她嫁给我们客族嘛，她当然以我们的风俗习惯为主嘛，这些事情肯定要跟她讲穿嘛。那都不要好好商量，因为他们晓得我们这个习惯嘛。我们客家就是这个习惯，她没有商量或者不同意这个事情！不可能有这个事的。因为她嫁给我们客族，按我们的风俗习惯，嫁他们苗族就不同了。她不同房，转娘家去好久才回来。要是苗族嫁苗族，回娘家一个月，那是没有哈数（不确定）的，没有什么时间的。客待完了，她回娘家，她喜欢就回来，不喜欢就在那里住。男方到他那里去接她过来。有的她喜欢住几个月，有的她喜欢住一个月、半个月，也没个时间限制。那时候都是请媒人讲，有的她不大欢喜，住好久。现在他两个人都欢喜，住个十天半个月她就过来了。我们是跟到回来嘛，吃餐饭就跟着回来了。（报道人：保靖县涂乍乡棉花旗人，土家族，男，LZH，28岁）

此外，一些人开始受到苗族宗教文化影响，也信仰苗人原始宗教。如在梳头溪一些开苗亲的人户，家中如果年运不好或者莫名其妙地有"闹鬼"的事情，也会请娘家官坝的苗老司来驱鬼。

最后，生产技术的相互学习。由于联姻，夫妻双方的家族结成了一个利益共同体。在中国，亲戚是一个人、一个家庭最容易得到支持的社会资源、社会网络。一些生产生活技巧、良种种植、致富信息往往最先在亲戚之间传播、推广和应用。如官坝村的杨姓男子，他的妹妹嫁到了盛产茶叶的蔡家，他看到茶叶利润丰厚，也从妹夫那里学会了炒茶技术，成为官坝寨最先学会炒茶的人。

第二节　两族非正式组织的相互进入：
社区中的社会交往

人们通常"同类相聚"，居住社区的形成往往与这种"相聚"和"排他"的趋势相关。这种格局一旦形成，就会为居民与其他族群成员的日常交往创造一个稳定的客观条件。族群混居的社区有助于各族群成员之间的交往，在族群隔离的社区则进一步带来族群之间的疏离，"成见"和"偏见"更容易蔓延与延续，而且使得居住社区之间的"资源之争"带有族群之争的色彩。① 多族群的文化互动，一个非常重要的方面就是，多族群地区的各个族群成员在日常生活中相互交往的客观条件和交往活动。两个族群成员基本上混杂居住，或者在工作学习、娱乐等机构组织中混杂分布，这样他们在日常生活与经济活动中就有了与其他族群成员进行广泛接触、相互了解、进行合作的机会。族群成员在日常生活中的相互交往和接触的场所大致可分为居住情况、同校情况、工作交往、消费格局、娱乐活动中的交往、宗教活动中的交往、个人自发的社会交往 7 个方面。② 这 7 个方面是人们一生日常生活中花费时间最多的三个场所：居住场所、学习场所、工作场所。

---

① 马戎：《民族社会学——社会学的族群关系研究》，北京大学出版社 2004 年版，第223 页。

② 同上书，第400—403 页。

一　居住情况

"远亲不如近邻"，由于传统社区里邻里关系很密切，所以人们十分重视"择邻"。居住格局可以反映一个族群所有成员在居住地点与另一个族群成员相互接触的机会。

（一）模式一：土家族住平地、苗族住高山

据统计，湘西人口分布的平均海拔高度，土家族是457米，苗族是708米，汉族是411米。[①] 对此，凤凰县吉信镇干部有很清楚的认识，并认为是历史原因造成的：

> 最近的（苗族）就是满家、吉信。苗族一般住在很偏僻、很落后的地方。这点，我认为这就是镇压苗民起义，后来南方长城就是为了镇压苗民的，修了很多城堡，都是为了镇压苗民的。这样苗族一般就住在比较高的地方，比较偏的地方，像腊尔山、山江。像我们这边的都是住在山上。（报道人：凤凰县吉信镇人，土家族，男，YMF，政府干部，43岁）

（二）模式二：混杂居住——吉信镇的例子

吉信镇区由两个行政村和一个居委会组成：吉信村、联欢村和吉信居委会。吉信村是一个以苗族户为主的村，全村共有8个小组，由7个苗族小组和1个土家族小组成，土家族集中在高楼哨村。联欢村是土家族和苗族杂居。吉信居委会以汉族和土家族为主（见表3—5）。

表3—5　　　　　　　　　　　吉信镇族群分布表　　　　　　　　单位：人

地名	村名	苗族	土家族	汉族	回族	白族	黎族	合计
凤凰县吉信镇	吉信居委会	578	551	381	40	2		1552
	吉信村	1324	208	259	3	1		1795
	联欢村	438	298	514	24		2	1276

---

① 湘西土家族苗族自治州地方志编纂委员会编：《湘西州志》，湖南人民出版社1999年版，第118页。

这三个村分布格局为：以市场为界，市场外至万溶江岸为吉信村，以苗族为主，除远离镇区的土家族村高楼哨外，全部居住在沿河和市场外侧，居委会和联欢村居住在市场至山坡。这种居住格局经过了多次的演变。此处的传统族群居住格局以万溶江为界，河东为土家族、汉族，河西为苗族。对于这种传统居住格局，当地人认为是万溶江岸莲花庵的观音菩萨制定的，说是苗子和客子打架，观音娘娘就来解救，她讲一个住一边，她划个河，就一个住一边。最初吉信镇称作得胜营，是清代屯兵的一个城堡，也是苗防体系的一个重要节点。城内居住着汉族和土家族，但从民国时期开始，一些苗家人因在万溶江边种地或者给城内人做工，逐渐开始在城外至江边的山坡上搭棚居住，后来由于匪患严重，周围一些苗族大户开始在城内买房居住。现在仍以传统的城墙为界，城外为吉信村，吉信村唯一的土家族村寨高楼哨实际上也处于边墙之内，城内为联欢村。而居委会则是历史上在此地经商的汉族后代。新中国成立后，城墙慢慢被摧毁，土家族、苗族的居住界限开始逐渐打破。

（三）模式三：交错杂居，插花分布——绿绿河和双溪的例子

在上述两个村落中，保靖水银的丰宏村以土家族为主，居住在丰宏坡上的高山台地上。坡下的绿绿河村也是以土家族为主（见表3—6）。绿绿河是一个非常封闭的村落。其中，绿绿河的苗族全部居住在绿绿河一个苗寨之中。绿绿河苗寨位于中心河与葫芦河的交汇之处，沿绿绿河上溯，就是乌梢河、中心乡，全部为苗寨。沿葫芦河上溯，是惹坝腊、棉花旗、马洞等土家族寨子，再往上游可到葫芦乡，则是传统的苗族聚居区。

在双溪乡，梳头溪、溪流墨都是传统上纯土家族村寨，官坝则是纯苗寨。三个村子的分布格局为：梳头溪村分布在梳头溪两岸。梳头溪在官坝村与西岐河交汇处。官坝和西岐合成了一个村，官坝以下，梳头溪与西岐河汇合后叫双溪河，注入古丈县古阳河。溪流墨就在双溪河的下游。溪流墨村由溪流墨和洞上两个村合并而成，洞上一半是土家族、一半是苗族。

这种交错杂居的居住格局，无论是平行分布或是垂直分布，都使得他们的经济生活具有一定互补性，也为他们的相互交往创造了条件。

表3—6	杂居村落族群分布情况				单位：人
镇名	村名	苗族	土家族	汉族	壮族	合计

镇名	村名	苗族	土家族	汉族	壮族	合计
保靖县 水田镇 涂乍乡	丰宏村	93	2056	6		2155
	绿绿河村	138	448			586
	合计	231	2504	6		2741
古丈县 双溪乡	官坝村	1091	177	7	1	1276
	溪流墨村	385	903	9		1297
	梳头溪村	25	907	19	1	952
	合计	1501	1987	35	2	3525

二 同校情况

（一）湘西州学校教育发展概况

各族群学生在学校互为同学对于下一代的族群关系至关重要。新中国成立后，湘西土家族苗族自治州建立起了从幼教、小学、中学到大学，全日制普通教育与中等职业技术教育并举，职工教育和成人扫盲相结合的多层次、多规格、多形式的民族教育体系，为土家族、苗族同学习、同生活创造了良好的条件。20世纪50年代初，各地教育部门依靠群众自力更生，兴办了一批小学，把点布置到乡和村寨，使全州小学由新中国成立前夕的500多所增加到3300多所，适龄儿童入学率提高到80%左右。80年代后，实行州、县办好一批重点小学，1个乡办好1所中心完小，村办初级小学，过于分散的边远村民小组采取办教学点、巡回教学、办简易小学等形式，加强了小学及初等教育，全州初等教育入学率、巩固率、合格率、普及率分别达到97.24%、97.19%、84.20%、96.09%。

中学教育也有迅速发展。自治州的普通中学已由新中国成立前夕的12所增加到了1992年的140所。1983年以后，通过改革中等教育结构，改建和新建职业中学32所。根据自治州具体情况和土家族、苗族等各族人民的意愿，全州创办了9所民族中学，并在8个县市的普通中学里设置了民族高中班27个。

自治州的中等专业教育和民族高等教育也有所发展。实现区域自治后，相继建立了吉首民族师范、永顺民族师范和吉首农业学校及卫生学校。80 年代后，又创办了吉首商业学校和农业机械化学校。1958 年，自治州建立了第一所高等学校——吉首大学，1981 年和 1983 年又先后创办了湘西自治州教师进修学院（现湘西民族教育学院）和湖南广播电视大学湘西自治州分校（现湘西土家族苗族自治州广播电视大学）。

成人教育和幼儿教育也有很大发展。早在 50 年代初期，很多村寨就开办了冬学和农民夜校。工矿企业也办起了文化班和文化夜校，有条件的还办起了幼儿园。改革开放后，成人教育和幼儿教育迅速得到恢复和发展。据 1992 年统计，全州有幼儿园 146 所，在园幼儿 40394 人；小学 2705 所，在校学生 282743 人，其中少数民族学生 221354 人，占78.3%；普通中学 140 所，在校学生 78084 人，其中少数民族学生60857 人，占 77.9%；农村职业中学 26 所，在校学生 9752 人，其中少数民族学生 7458 人，占 76.5%；大专院校 3 所，中等专业学校 7 所，在校学生 8685 人，其中少数民族学生 5915 人，占 68.1%；县教师进修学校 8 所，在校学生 1792 人，职工中专 4 所，在校学生 765 人，还有农民中专 3 所，乡（镇）农民文化技术学校 215 所。[1]

到 2009 年，全州有大学 3 所，在校学生 32435 人。中等职业学校34 所，在校学生 27467 人。普通中学 187 所，在校学生 160545 人，其中普通高中在校学生 41414 人，初中在校学生 119131 人。小学 1130所，在校学生 242200 人。特殊教育学校 3 所，在校残疾学生 568 人。全州小学入学率为 99.4%。全州平均每万人口在校学生数分别为大学73 人、中等职业学校 100 人、普通高中 151 人、初中 435 人、小学884 人。[2]

（二）各族群学生同校情况

随着上述各类各级学校教育的普及，大量的土家族、苗族儿童、少年、青年在同一所学校学习，增进了相互接触和了解。在湘西，小学、中学到大学都存在大量土家族、苗族同校学习的情况。笔者以 1992 年各级各类学校为例，统计了部分学校同校数据。在州直属的高校中，大

---

① 杨昌鑫、杨正存：《湘西土家族苗族自治州学校总览》，四川秀山土家族苗族自治县印刷厂 1993 年版。

② 湖南省统计局：《湘西州 2009 年国民经济和社会发展统计公报》（http://www.hntj.gov.cn/tjgb/szgb/201002/t20100226_74442.htm）。

学 3 所，普通中专 7 所，职工中专 4 所，农民中专 3 所，进修学校 8 所。普通中学 140 所，初中 107 所，高中 33 所，农村职业中学 26 所（其中初中 9 所，高中 17 所），小学 2705 所，另有教学点 143 个。在这些学校中，在高校和中专中全部存在土家族、苗族同校情况。在中小学中，85% 以上的学校存在土家族、苗族共同学习的情况。笔者调查点的几所学校土家族、苗族学生同校情况如下：

如在凤凰吉信镇，20 世纪 90 年代初，设有凤凰县第四中学，共有学生 505 人，其中土家族 124 人、苗族 272 人、汉族 99 人、回族 10 人。小学 9 所：吉信镇中心小学、锡坪小学、油菜小学、大桥小学、黎明小学、龙肱小学、都吾小学、满家小学、新田小学。在 9 所小学中，吉信镇中心小学前身为 1874 年开办的"三潭书院"，后改名为县立四小、得胜营小学、蔚文乡小学、团结小学、吉信中学，现改为吉信中心小学。1993 年时学生 620 人，其中土家族 190 人、苗族 185 人、汉族 235 人。其他小学除满家为纯苗族学生，都吾、新田以土家族为主外，其他几所小学都不同程度地存在苗族、土家族学生同校的情况。2001 年以后，随着部分乡村小学的高年级并入吉信完小，土家族、苗族小学生更集中地在一起学习生活（见表 3—7 和表 3—8）。

表 3—7　　　　　　　　　吉信完小 2006 年秋小学生数

统计人：欧马贵　　　　　　　　　单位：人

中心完小	合计		汉族	苗族	土家族	其他
	906		229	414	247	16
一年级	95		21	47	26	1
1 班		46	8	26	11	1
2 班		49	13	21	15	
二年级	77		17	41	16	3
1 班		39	13	18	6	2
2 班		38	4	23	10	1
三年级	93		30	40	21	2
1 班		46	15	19	11	1

续表

中心完小	合计		汉族	苗族	土家族	其他
2班		47	15	21	10	1
四年级	95		11	59	24	1
1班		50	5	32	12	1
2班		45	6	27	12	
五年级	163		58	72	32	1
1班		56	16	26	13	1
2班		53	17	22	14	
3班		54	25	24	5	
六年级	276					

表3—8　　　　　吉信学区 2006 年秋小学学生数　　　　单位：人

		合计	年级						民族			
			一	二	三	四	五	六	汉	苗	土家	其他
学区总计	类别	1519	257	219	259	238	270	276	432	576	494	17
中心完小	完小	906	95	77	93	95	270	276	229	414	247	16
黎明小学	村小	51	7	14	15	15			13	10	27	1
油菜小学	村小	47	8	14	11	14			13	6	28	
大桥小学	村小	101	32	24	22	23			37	5	59	
新田小学	村小	79	22	17	18	22			29	11	39	
都吾小学	村小	60	15	12	16	17			18	3	39	
满家小学	村小	56	15	14	14	13			56			
龙耿小学	村小	69	13	14	17	20			12	2	55	
万溶江小学	村小	77	20	17	21	19				77		
首云小学	村小	12	12							12		
赤腊小学	私立	36	18		18					36		
三角坪小学	私立	25		15	10				25			

双溪乡有一所九年制学校，另有宋家、夯水、洞上、竹坪、塘夯坨、达沙、西岐、蔡家、梳头溪、排若村、大塘、毛坡村、溪流墨13

所小学。其中双溪乡九年制学校中共有学生 329 人，其中苗族 223 人、土家族 106 人。宋家小学 15 人为土家族。夯水小学 27 人均为苗族。洞上小学 20 人，其中苗族 15 人、土家族 5 人。竹坪小学 15 人，其中土家族 10 人、汉族 5 人。塘夯坨小学 32 人，均为苗族。达沙小学 13 人，均为苗族。西岐小学 27 人，全为苗族。蔡家小学 32 人，全为土家族。梳头溪 72 人，全为土家族。排若小学 73 人，其中苗族 3 人、汉族 65 人、土家族 5 人。大塘 20 人，全为苗族。毛坡村小 32 人，均为土家族。溪流墨 76 人，其中土家族 71 人、苗族 5 人。

创办于 1922 年的保靖县涂乍乡六六（绿绿）河小学，初名为保国民学校，1952 年恢复属完小，1982 年改办实小。在校学生 54 人，其中土家族 39 人、苗族 15 人。学校就设在绿绿河村，绿绿河村是一个苗寨，而棉花旗和绿绿河一组几个寨子的土家族孩子均要到苗寨去上学。

20 世纪 90 年代末至 21 世纪以来，随着农村计划生育的执行和农村人口向城镇流动，湘西对各乡镇的中小学进行了调整，一大批村小被撤销或仅保留幼儿园和小学低年级。如在凤凰县吉信镇，都吾村小已经只剩下一、二、三年级，四年级以上的学生全部到吉信镇中心小学上学了，其他村的小学已大多撤销，而且还是寄宿制学校。双溪乡也一样，梳头溪、溪流墨、西岐等小学也全部撤销，双溪乡九年制学校已经改为双溪乡中心完小，是全乡唯一一所全日制民族寄宿制小学。该校创办于 1956 年，先后办过初小、初级中学、九年制学校，现有教职工 42 人，12 个教学班，在校学生 504 人。2005 年秋，学校承担了县委、县政府决定创办的"农村寄宿制集中办学模式"的试点工作，停办 11 所村小，把全乡一至六年级各族学生全部集中到完小学习、生活。

（三）同校中的族群交往与文化互动

由于居住格局和学校格局的改变，土家族与苗族孩子从小得以在一起学习和游戏，这对于消除他们之间的族群偏见、改善他们之间的关系，无疑是有积极意义的。

学校是中小学生度过白天大部分时间的场所，儿童的自我族群意识和对待其他族群成员的态度，也主要是在学校学习期间形成的。列宁曾提出，"要求本国各民族一律享有完全平等的权利，铲除民族之间的各种隔膜，使各民族的儿童在共同的学校里打成一片"，通过在学校里各族儿童们的相互接触，将有利于使各族民众"抛弃一切野蛮的和愚蠢的民族偏见"。①

在各级学校里的学习过程，也是青少年们形成其基本思想观念的重要"社会化"进程。学校既是孩子们学习知识的主要场所，也是他们认识社会、建立价值观、产生和加强族群意识的重要场所。中小学生在课上和课余时间里，接触最多的是本班同学。在学习和生活的过程中，不同族群的学生结下了纯洁的友谊。这对于消除族群历史上的积怨和隔阂无疑是有积极意义的。吉信镇一名土家族青年就讲述了他和苗族同学之间的友好往来，到苗家同学家去做客，至今对苗族人的好客念念不忘：

> 苗族很好客的，他真的把你当朋友的话，他就很好客，假如他没有把你当朋友的话，他就很避生；要是真的把你当朋友的就对你很友好，很客气。我小时候嘛，经常就是跟那些同学玩得好的话，就老喜欢往别人家里跑，那些父母呀以为我是他们儿子的同学，而且大老远的。我们虽然说是穷，但是还在小镇上，街道旁边是吧，对我们看法也稍微要好一点是吧，城里来的是吧，到小乡里没什么菜呀，买肉买不到就搞那个鸡蛋，田里有那个黄鳝那些就帮你搞，很客气的。（报道人：凤凰县吉信镇人，土家族，男，YXQ，网吧、花圈店老板，35 岁）

同时，学校有意识地宣传推介民族知识，将民族团结纳入学校德育培养体系，也将民族团结的种子播撒在年青一代的心中。一些民族中学还被评为民族团结进步的先进集体，如湘西州民族中学先后被国务院、共青团中央、国家教育部授予"全国民族团结进步先进集体"荣誉称号。

永顺民族师范学校在增进民族团结方面是个典型的代表。湘西土家族苗族自治州成立后，分别在土家族聚居区的永顺和苗族聚居区的吉首

---

① 列宁：《列宁全集》（第 19 卷），人民出版社 1959 年版，第 303—304 页。

建立了两所民族师范学校。作为一所民族师范学校，永顺民族师范学校特别注意自身的民族性以及该地区的历史特点和现实的政治、经济、文化、民族风情状况。在招生分配政策上，从 50 年代的"向工农开门"发展到向少数民族边远山区、少数民族聚居区定向招生、破格录取、定向分配；在教学内容上，注意选取乡土教材，用本地区、本民族的优秀文化遗产激励学生的民族自豪感；在培养目标上，强调为土家苗寨、白族乡村培养合格的师资；在气质情操上，强调树立民族自豪感、注重艰苦奋斗和无私奉献精神的培养；在学校师生员工民族成分方面，特别是中上层领导干部，注意其民族成分的比例。为了培养少数民族自己的合格师资，1981 年专门办了两个民族实验班，招收全州边远山区的少数民族，其中大部分是土家族。学校挑选经验丰富的老教师担任班主任和任课教师，针对少数学生的民族自卑心理，采取宣传民族平等的政策、学习土家族和苗族的光荣历史等方法，帮助学生树立民族自尊、自强的精神；针对一些学生心胸狭窄、性格内向的弱点，做深入细致的思想工作，开展各种班级活动，讲解为人处世的方法，培养他们心胸开阔、爽朗大方的性格；针对部分来自纯土家语、纯苗语地区学生汉语口语水平低的缺陷，采取"开小灶"的办法，加强个别辅导，帮助他们提高说汉语普通话的水平。此外，还正确引导和发展少数民族学生性格直爽、待人热情、刻苦勤奋、热爱劳动、勇敢顽强等方面的优秀品德。学校还对部分教材内容进行了补充，如历史教材补充了土家族、苗族的民族历史；音乐教材补充了土家族的打溜子、摆手舞，苗族的团圆鼓舞及桑植白族的民歌等内容；美术课增加了少数民族的绘画、剪纸、图案、织锦等；体育课增加了土家族、苗族的武术；语文课老师则组织学生利用课余时间和寒暑假搜集整理民族民间文学作品。①

三 工作交往

两个族群的成员在工作时是否为同事，是否混合在同一个部门工作

---

① 陈俊：《永顺民族师范学校——湘西北园丁的摇篮》，载全国政协暨湖南、湖北、四川、贵州、政协文史资料委员会《土家族百年实录》，中国文史出版社 2007 年版，第 807—808 页。

和同一个具体单位，是研究成年人族群交往的重要专题。[1] 湘西各个行政企事业单位员工普遍存在多族群结构特点，这就为各族群在工作场合的接触、交往创造了大量的机会。据 1995 年统计，在湘西全民所有制单位中，中央、省属、州属、县属以及县以上集体单位中都有大量的土家族、苗族干部和工人一起工作、生活（见表 3—9）。按照中国的单位工作体制和生活方式，一个单位就是一个社区，这些干部、工人不仅在一起办公、上班，而且居住大多非常集中，日常生活也有大量的交往接触。

表 3—9　　　　　　　　湘西州少数民族固定职工人数（1995）②　　　　　　单位：人

	合计	在合计中									
		少数民族干部					少数民族工人				
		小计	土家族	苗族	白族	其他少数民族	小计	土家族	苗族	白族	其他少数民族
总计	59786	31840	19403	9786	1475	1176	27946	18456	7715	1032	743
一、全民所有制单位	55148	30520	18588	9409	1410	1123	24320	16482	6489	943	406
中央	3546	1833	1165	572	53	43	1713	1084	531	47	51
省直	3084	1397	891	486	48	62	1687	1013	528	115	31
州属	9265	3681	2343	1127	103	108	5584	3615	1691	172	106
县属	39167	23536	14196	7224	1206	910	15631	10770	3739	609	513
二、县以上集体单位（保留全民身份）	4638	1312	817	377	65	53	3326	1974	1226	89	37

（一）政府机构中干部的工作交往

湘西大力培养少数民族干部，在各级政府机关，大量的土家族、苗

---

① Horowitz, Donald L., *Ethnic Group in Conflict*, Berkely：University of California Press, 1985, p. 669.

② 湘西州统计局内部资料，1995 年。

族干部在一起共事，共同管理本地区各种事务。如在吉信镇政府 56 名干部中，苗族干部 29 名，土家族干部 19 名，汉族干部 8 名。其中在镇领导班子中，党委书记为土家族，镇长为汉族，四位副镇长中土家族、苗族各两位；人大主席、纪检书记、人大副主席、工会主席为苗族，另有一名党委委员为土家族。在镇干部驻村安排中，全镇吉信、黎明、首云、三角坪、满家、高山、茶山、两头羊、大塘、火炉坪、岩口、塘寨、追仁村以苗族为主，锡坪、油菜、都吾、新田、大桥、联欢、龙滚、居委会以土家族为主，在向全镇 22 个行政村的驻村干部小组中 10 个小组由苗族、土家族干部相互搭配。

在双溪乡政府中，土家族干部 7 名，苗族干部 4 名，汉族干部 1 名。在镇直机关中，苗族干部 9 名，土家族干部 7 名，汉族干部 2 名。在领导班子中，乡党委书记、两位副乡长、乡武装部长为土家族；乡长、人大主席、纪委书记以及一名副主任科员为苗族，另有一名工会主席为汉族。领导干部中土家族干部全部来自古丈县的土家族聚居乡镇断龙，苗族干部则来自古丈县苗族聚居乡镇墨戎、岩头寨、古阳、红石林、高峰等乡镇。

在工作交往中，不同族群的干部加深了彼此的了解，一位土家族干部这样评价苗族干部和土家族干部的特点：

> 工作能力，那我觉得差别不多，基本上差不多的。土家族、苗族的工作性格实际上还是有点类似，土家族、苗族和汉族的性格不同，有一个共同点，土家族、苗族的性格有点类似，在同事的交往中性格就直爽一些，比较好听点的话呢，就不爱讲那些话。该是那么的就那么的，比较直。讲话语气呢，比较直爽，直来直去的。古丈的汉族相对来讲比较圆滑一些，会做人一些。土家族、苗族的性格用我们本地的话来讲就是"嘎"，苗族相对来讲比土家族还要"嘎"点些。你和他搞得好呢，他一切所有的都可以交给你，你和他搞不好呢，他就不理你。（报道人：古丈县县政府人，土家族，男，PZK，干部，49 岁）

（二）学校中土家族、苗族教师的交往

土家族、苗族工作中交往的另一个很重要的地点是在学校。在各级学校中，土家族、苗族教师一同教学、一同生活。在湘西，学校中共有少数民族教职工 23807 人，其中大学 1205 人，中等职业学校 839 人，普通中学 9796 人，小学 11967 人（见表 3—10）。土家族、苗族作为湘西的主体少数民族，可以相信在庞大的少数民族教职工群体中有大量的土家族、苗族教师。

表 3—10　　　　　　　**湘西州在校教职工中少数民族情况表**①　　　　　　单位：人

	小学生中少数民族人数	教职工少数民族人数	专任教师中少数民族人数	少数民族所占比例		
				学生（%）	教职工（%）	专任教师（%）
合计	391107	23807	20733	82.9	82.7	84.1
大学	7335	1205	638	26.7	53.2	52.9
中等职业学校	14406	839	48	62.4	62.5	63.1
普通中学	150733	9796	8632	88.4	86.2	83.8
小学	218633	11967	11415	87.5	86.8	82.3

通过对前文几所中小学的考察，我们可以发现土家族、苗族教职工共同工作的具体情况，如设在吉信镇的凤凰县四中教职工 45 人，其中土家族 18 人，苗族 10 人。吉信镇中心完小教职工 35 人，其中土家族 13 人，苗族 16 人。古丈县双溪乡九年制学校教职工 23 人中，其中土家族 18 人，苗族 5 人。在吉信学区 76 名小学教师中，土家族教师 26 人，苗族教师 30 人，汉族教师 17 人，回族教师 3 人。在中心完小 48 名教师中，土家族 20 人，苗族 19 人。

这种格局使许多汉族、土家族、苗族教师同校工作，这对于土家族、苗族教师之间的互相学习和经验交流，无疑是有积极作用的。对于一些分配到苗族地区的教师，低年级的教学要用苗语和汉语双语教学。在纯苗区的几个小学里面，如满家、三角坪、首仁、赤腊坪、万溶江等，小学一年级必须要苗族老师上课，给他们翻译。所以一些分配到苗

---

① 湘西州教育局编：《湘西土家族苗族自治州各级各类学校综合统计》（2008），内部资料，第 19 页。

区的土家族教师不仅可以通过和苗族老师的接触，而且可以通过和苗族学生的接触来加深对苗族文化的理解。

学校是传播知识和文化的场所，土家族、苗族传统文化同样也是教学的内容之一，在湖南省、湘西州乃至一些县编的乡土教材中，都有大量的有关土家族、苗族传统文化的内容。如在吉信的凤凰县四中，在绘画课程中，学校为挖掘土家族、苗族文化，选择苗族、土家族的织布、碾米、打糍粑，土家族摆手舞、服装，土家蜡染；有时候美术老师带出去参观苗寨、苗族服装等，增加自身和学生的民族知识。

（三）土医与苗医的交往

在民间，苗医、土医治病往往就地取材，方便、便宜、见效快，深受人们信赖。土家族和苗族医生之间一直就有互传互学的传统。吉信都吾村的王姓和张姓土家族医生的医术都是从苗医那儿拜师学艺的。其中，王姓医生的医术是父亲从苗晒金塘学来的，张姓医生的医术是从苗乡木里学来的。据张医生介绍，在吉信场上摆草药摊子的大部分是苗族。苗医一般苗族传苗族。但他只要看准了这个人、相信这个人他就传。20世纪50年代后，苗医苗药、土医土药等民族医药受到国家重视，进入农村医疗卫生体系。1958年，农村普遍建立合作医疗保健制度，苗医被起用主持农村医疗保健工作。60年代，农村普遍建立"联合诊所"，继而掀起大采、大种、大用中草药热潮，苗区出现家有药铺、队有药山、社有药场、全民学医的局面。他们也对50年代的土医、苗医互相交流记忆犹新：

　　都是一样的，治外科呀，毒蛇咬伤，这些骨科呀，儿科呀，基本上都是。经常互相学习，原来我们做赤脚医生的时候，经常一起学习，各人说各人的方子。独门绝技呀，那时候互相交流嘛，每个人献一个方子，把你最拿手的方子献出来，现在没有那个交流了。那个时候是毛主席的指示，到农村去，普遍学医，走到哪里，看见这个药，就挂个牌子，这个药叫哪个名字，它的功能，能治哪样病。有时候突然发生急诊啊，肚子痛啊，掐几根药来，自己掐，叫全民学药，现在没搞了，我们基本上是中医、草医、西医我们都不弄。（报道人：凤凰县吉信都吾村人，土家族，

男，WTY，土医，60 岁）

四　消费格局

民族地区消费的最大特点就是集中在墟场。墟场是各种物资和服务的集中地，一般五天或十天一场，一个墟场辐射几个乡镇，各个墟场次第开场，形成插花集，往往一县或数县各族人民同赶一个场。湘西各乡镇农村群众赶墟场的习俗历史悠久，赶场既交换农副产品，采购生活必备物资，又交流思想感情，走朋会友，谈情说爱。全州有 156 个乡集市、178 个贸易市场，其中凤凰古信、山江、阿拉、龙山里耶、永顺万坪等万人以上的墟场有 20 多处。墟场是乡镇机关所在地，也是各乡镇政治、经济、文化的中心，各墟场之间，公路四通八达。群众自觉地形成了"赶年场"、"边边场"、"圈圈场"的习俗。如在凤凰，除了县城沱江镇天天赶场外，还有水田、廖家桥、木江坪、江家坪、官庄、阿拉、新场、茨岩、落潮井、黄合、茶田、麻子坳、吉信、竿子坪、山江、麻冲、千工坪、夺希、禾库、两林开场，这些场都是五天一开，插花交错。其中以阿拉、吉信、夺希、禾库、山江规模较大。

本书的调查点吉信场位于凤凰县城东北部，万溶江上游。清代嘉庆年间就开设墟场，每逢农历初五、初十开场。集镇面积现有 2 平方公里，有一条主街长达 0.5 公里。除街道外还设有场坪，场坪有 60 多间售货棚，分列于 3 条人行道两侧。吉首至凤凰的公路干线由此通过，交通比较方便。吉信场是本县仅次于阿拉场的第二大场。县内各地和吉首、泸溪等县都有各族群众来此交易，每场都在万人以上。因与苗族聚居的木里、大田、三拱桥等乡邻近，所以赶集的苗族居多。每场成交额约 15 万元左右。随着市场经济的发展，吉信镇的墟场面积进一步扩大，除了赶跑场的之外，还出现大量坐商。在沿公路两旁，出现了现代化的超市。腊尔山、禾库、山江皆是苗族场，不光附近几个苗寨的人来此赶集，花垣、吉首、泸溪、麻阳、贵州松桃、铜仁、四川秀山的商贩也常来此交易。可谓"三省赶一场"，物品之多，价格之便宜，民族手工品之精湛都是所有集场中数一数二的。

通过分析商业和服务业的从业人员及其服务对象的族群构成，并考察他们在消费过程中的文化互动情况，也可以作为考察区域族群关系的一个重要视角。如对一些具有族群特色的服务行业，可以分析它们的结构是属于族群之间交叉消费、调剂口味和混合性消费格局，还是彼此相对排斥、不欢迎其他族群成员光顾的隔离性消费格局。湘西各民族性格特点各异，清代各厅志中，多有"苗人剽悍"、"土人淳直"、"汉人狡诈"之说。在墟场的交易中，这种民族性格便显露无遗。此外，大量的民族文化活动也在墟场上出现，如对歌、跳摆手舞、打花鼓等。这些民族性和地方性的墟场文化特色，在新中国成立以后乃至当代依然保留。在湘西土家族、苗族、汉族杂居地方的墟场，各族人民通过商品交换促进了感情的交流，在交流中相互学习、取长补短，增进了友谊，又实现了相互学习、共同进步。

一方面，土家族、苗族同各族人民一起赶场，墟场是他们共同的消费场所。由于土家族、苗族之间文化相似，消费特点也并没有大的区别。如在市场上普遍出售的农副产品、经济作物、水果、畜牧产品、林业产品、烟酒、副食、五金、农资、农机、服装等商品的消费过程中，并没有形成特别的以本族群顾客为主体的消费格局。

当然，在湘西也有一些具有族群特色的服务行业。如民族特需品，生活在湘西的土家族、苗族自古以来在生活方式、生产方式、衣着、服饰等方面存在一些差异，也会形成一些具有族群特色的服务行业和族群商品，如土家织锦、苗族刺绣、苗族银饰、苗族花带。这些虽然以本民族消费为主，但现在也会出现土家族、苗族出于好奇互相购买的情形，形成了族群之间交叉消费、调剂口味和混合性消费格局，并没有出现针对特定族群的彼此相对排斥、不欢迎其他族群成员光顾的隔离性消费格局。同时，有时还会出现互补性的消费格局，如苗族竹编、酸菜等深受土家族人民喜爱。

另一方面，虽然土家族、苗族消费习惯、消费结构都很相似，并未形成隔离性的消费格局，但墟场上的商业和服务业的从业人员服务对象的族群构成毕竟还是有所区别的。所以在经营策略上他们也会采取不同的策略适应不同的消费群体。如面对苗族的顾客，就要学会苗语。如凤凰县腊尔山供销社发行员赵桃英学习苗语搞发行，1977年销售图书7000册，租书1000余人次。花垣县麻栗场供销社发行员石廷英学好当地苗语，用苗语向农民、儿童介绍科技、连环画等图书内容，促进图书销售。① 而在吉信墟场上，苗族是一个较大的消费群体，为了更好地招徕生意，一些土家族、汉族生意人自觉地学习一些简单的苗语，一些超市的老板则在招聘人员时明确提出录用会苗语的。

招聘

一、超市导购员若干名

要求：1. 品格端正，口才好（会讲苗话，有经验者优先）

2. 女性，年龄 25—35 岁。工资待遇，底薪+提成

联系电话：0743—3700352

墟场上销售的苗族服饰	墟场上销售的书刊

五　娱乐活动中的交往

闲暇时光，在娱乐或运动场所进行的交往带有非正式性和自发性，不同族群的成员在这种场合进行交往的程度，即衡量戈登所说的"非正式社会组织的进入"程度，是衡量族群关系的重要标志。② 不同族群在娱乐活动中交往说明两个族群成员之间出现了比较亲密的私人接触。一个族群的成员在日常生活和私人领域被另一个族群成员普遍接受。它反映的实际上是各族群的成员彼此进入另一方的初级群体。所谓"初级群

---

① 湘西土家族苗族自治州地方志编纂委员会编：《湘西土家族苗族自治州·文化志》，湖南出版社 1996 年版，第 289 页。

② Gordon, Milton M., *Assimilation in American Life*, Oxford：Oxford University Press, 1964, pp. 71–73.

体"就"是一种个人的、情感的、不容易置换的关系，它包括每个个体的多种角色与利益，它以大量的自由交换和全部人格的互动为特征"。① 在吉信，娱乐方式是多种多样的，聊天、喝酒、打牌、打篮球、下棋是他们主要的娱乐方式。由于土家族、苗族长期交错杂居，他们的娱乐活动同伴多是邻居、同事、同学。这里的娱乐场所就是酒店、药店甚或是墟场市场的一角，这里没有西方社会或者现代都市里那种有固定会员制的行业或者私立性的娱乐会所，娱乐活动的参与对族群背景的要求并不严格。这里的一些公共娱乐场所是对所有社会成员公开的，没有固定的成员。酒店、麻将馆、篮球场就是他们的娱乐场所，也是他们进行社会交往、开展社会活动的重要机会。如在吉信镇吉信村民兵连长吴连长（苗族）的小吃店家、侯家人开的潭上人家大酒店、麻将馆就是一个娱乐聚会集中地。吴连长娶了一位汉族老婆，最先在万溶江桥头开办了一家小吃店，主要面对河对面凤凰县四中的学生，规模最大时，每顿饭有几百名学生在他家用餐。后来凤凰县四中实行封闭式管理，他家的生意规模逐渐缩小，现在主要经营早餐、米粉和一些油炸小吃等，每月仍能有大约 3000 元的收入。吴连长爱喝酒，爱结交朋友，他的小吃店往往成为各族群众聚会场所，特别是每逢墟场场期的前一天，一些附近村落土家族、苗族赶场卖东西的农民都要提前来占摊位。每逢此时，吴连长的小吃店就宾朋满座，他爱人随便弄几样小菜、辣菜，买几瓶酒，就推杯换盏起来。笔者调查期间，多次参与他们的这种"酒宴"。一次龙滚村卖西瓜的向姓土家族，还有西门峡漂流的一位苗族龙姓青年邀我一同去喝酒，席间他们还问，你看我们和土家族好不好？在这里，并没有功利，也没有族群界限。

　　而问卷调查显示，在娱乐活动等交往中大部分土家族、苗族对其他族群的成员也并不是非常排斥，反映出他们之间并不存在明显的偏见和社会距离，这有助于他们在日常生活中进入对方的初级群体，并进而形成关系密切的初级群体（见表 3—11）。

---

　　① ［美］戴维·波普诺：《社会学》，李强译，中国人民大学出版社 2000 年版，第 174—175 页。

表 3—11　　　　　　　　　　湘西各族群交往情况　　　　　　　单位：%

		很愿意	愿意	无所谓	不愿意	非常不愿意
您是否愿意接受其他民族的人成为朋友？	土家族	37.93	37.93	24.14		
	苗族	51.52	45.45	3.03		
	汉族	28.6	57.2			14.2
	综合	43.5	43.5	11.6		1.4
您是否愿意接受其他民族的人加入你们的团体？	土家族	20.00	50.00	30.00		
	苗族	41.94	51.61	6.45		
	汉族	14.3	71.4			14.3
	综合	29.4	52.9	16.2		1.5
您是否愿意其他民族的人经常与您交谈？	土家族	31.03	37.93	31.04		
	苗族	38.71	51.61	9.68		
	汉族	16.7	66.7			16.6
	综合	33.3	47.0	18.2		1.5
您是否会招待其他民族的人在您家过夜？	土家族	22.58	45.16	29.03	3.23	
	苗族	27.27	51.52	21.21		
	汉族		40.0		40.0	20.0
	综合	23.2	47.8	23.2	4.4	1.4
您是否会接受其他民族的人成为您的教师？	土家族	20.00	56.67	20.00	3.33	
	苗族	28.13	65.63	6.24		
	汉族	16.7	33.3	16.6	16.7	16.7
	综合	23.5	58.8	13.3	2.9	1.5
您是否愿意接受其他民族的人成为您的领导？	土家族	23.33	30.00	40.00	3.33	3.34
	苗族	34.38	50.00	15.62		
	汉族	20.0	40.0	20.0		20.0
	综合	28.4	40.3	26.9	1.4	3.0

		愿意	不愿意	看情况而定
当您有困难时，会向其他民族的人寻求帮助吗？	土家族	33.33		66.67
	苗族	43.75	6.25	50.00
	汉族	66.7		33.3
	综合	41.2	2.9	55.9

下山棋　　　　　　土家姑娘和苗家姑娘穿着苗装赶场

六　宗教信仰活动中的交往：莲花庵、土地堂与天王庙

通常情况下，族群集团之间在宗教活动中的交往有以下几种情况：一是有的族群里有部分成员在交往中皈依了另一个族群的宗教。二是有几个族群在传统上都信仰一种宗教，但分别在不同宗教场所进行宗教仪式。三是还有一些族群虽然信仰同一种宗教，但分属不同的教派或不同的分支组织，各有各的宗教组织和宗教场所，族群和教派呈某种交叉状态。所以考察各个宗教团体的族群构成，考察各个宗教机构开展宗教活动参加者的族群构成，都有助于分析宗教活动中族群交往的状况。制度化的宗教信仰在湘西并不普遍和严格，土家族、苗族的宗教和信仰呈一种复合多元的状态。湘西土家族、苗族共同信仰的宗教有佛教、道教、天主教、伊斯兰教和基督教。此外，还有白帝天王、还傩愿、土地堂等民间信仰。

在制度化宗教中，佛教和道教在湘西各族中影响最大。佛教传入较早，东晋年间龙山就建有"普照禅林"，即现在的太平山寺。改土归流后，"兴佛抑道"，佛教得以发展，修建寺庙蔚然成风。新中国成立初期，有寺庙佛塔389处（泸溪112处、古丈32处、凤凰38处、花垣22处、保靖42处、永顺64处、龙山46处、吉首32处）。20世纪90年代保存有40处，其中17处恢复重建。道教宫观有15处。基督教在20世纪初传入湘西，20世纪末各教派共设教堂20处，慈善事业13处，其他组织 5 个。伊斯兰教仅在凤凰县有传，新中国成立初有阿訇 4 人。①
2005 年末，全州登记的宗教活动场所 353 处，其中佛教 106 处、基督
教 5 处、道教 1 处、民间信仰 11 处。此外，分布更为普遍的则是天王
庙、土地堂、土王庙等民族民间信仰场所。如在吉信镇，莲花庵、土地
堂、天王庙是土家族、苗族共同的宗教场所。

（一）吉信镇莲花庵的香会

吉信镇莲花庵位于万溶江的东岸。据正殿匾额上记载，原建于东汉
明帝永平十八年（公元 58 年）。新中国成立后，莲花庵被当作封建迷信
拆除。改革开放后，民间宗教信仰开始复兴。1994 年，吉信镇、凤凰
乃至乾州各地的佛教信徒们募集资金在原址重修了一座莲花庵。2000
年原址修建凤凰县四中，周围的信士们又将莲花庵迁往原址 1000 米远
的山头。2005 年 4 月又重新修复大雄宝殿。莲花庵香火特别旺盛。吉
信镇和远近村寨的土家族、苗族都会去拜佛烧香，祈福消灾。从吉信镇
莲花庵修建大门、大雄宝殿等各种集资功德人员名单碑上也可以发现，
这里面就有大量的土家族、苗族香客、信徒。吉信镇一位苗老司也介绍
说，"对面那个莲花庵，远近的统统去拜，跑路的、求子的呀、求寿的
呀、求运气的呀，都有。"这些人中间有一种是出家的弟子，被当地人
称为师傅；有一种不出家的弟子，不出家的弟子在屋里，但要参加做
会。每一年这里都要做观音会。每年的三月十八、六月十八、九月十八，

吉信镇莲花庵

① 湘西土家族苗族自治州民族事务委员会编：《湘西土家族苗族自治州·民族志》，湖南
人民出版社 1999 年版，第 441 页。

是三个大会。庵上有 6 个香头，每次大会都会由师傅和这些香头筹备，每次都有几千人的规模。为了满足不同的愿望，在莲花庵的外面还供奉着土地公公、灵官菩萨、药王等道教和湘西民间信仰的神灵，似乎各族群众生所有的要求都能在这里得到满足，所有的痛苦、苦恼在这里都能得到解脱，也体现了多族群宗教文化的交融。

功德碑　　　　　　　　　　　民族宗教局颁发的执照和奖励

（二）土地堂

土地堂也是吉信镇这个多族群聚居社区的共同信仰，在这个方圆不足 3 平方公里，900 多户的地界共有 20 多座土地堂。这里的土地堂并不是以一个家族和或者一个族群单独兴建的。这一点从油坊坳土地庙土地菩萨开上座及土地会集资名单就可以看得很清楚。在这份集资名单中共有吴、黄、莫、张、王、周、陈、吴、麻、廖、滕、杨、姜、曾、包、田、龙、游、钟、向、李 21 个姓氏，按照当地的族群姓氏分布，吴、龙、廖、麻都是苗族的，杨、田、向等姓都是土家族的，而曾、滕则既有土家族又有苗族的，其余的李、周、王、钟等姓则是汉族的。可见这个土地庙是由土家族、苗族和汉族共同修建的。他们还得到了莲花庵的支持，送给他们 1 两黄金。这座土地庙是油坊坳 20 多家的庇护神。保佑他们"有官进禄，无官晋爵。中平之士，家宅安康、逢凶化吉、五谷丰登、六畜兴旺、生意兴隆、家发人兴"。

油坊坳土地菩萨开上座及土地会集资名单公布

吴桂兰 10 元　黄欢莲 8 元　莫　勇 1.5 元　张金凤 1 元、水泥 15 斤、沙子 1 包

王腊凤 10 元　周兴宽 5 元　陈少付 4 元　吴兴隆 2 元

麻家兴 3 元　廖盛国 4 元　滕健友 2 元　廖时健 3 元

杨芦森 10 元、水泥砖、砂子 1 担　陈启伦 4 元　姜仁兴 2 元

周兴贵 8 元

吴振斌 10 元　滕金明 6 元　曾老三 1 元　滕健发 2 元

曾智云 10 元　杨　龙 6 元　田国胜 5 元　吴兴中 10 元

陈启英 10 元　杨正顺 2 元　肖桂莲 5 元　莲花庵金 1 两

麻　琪 10 元　包老四 5 元　吴求兴 5 元

吴老三 10 元　田群玲 5 元　吴健铁 5 元

杨通军 11 元　龙竹贵 5 元、神帐一面、木头 1.2 米　老康 2 元

杨新民 5 元　田万喜 5 元　谭子军 5 元

杨正秀 1 元　游双龙 5 元　向元爱 5 元

钟　良 10 元　陈启军 1 元　李国祥 2 元

田景凤 10 元　周兴长 5 元　滕健平 2 元

杨志 5 元　　杨兵 2 元　　包老三 1 元

合计总数　264.50 元

支出

猪头 54.00 元

猪脚 25.00 元

钱纸、香

爆竹 12.00 元

蜡烛 1 包 10.00 元

伍供糖 40.00 元

铁丝 1.5 元

清漆 1 瓶 3.00 元

合计：145.50 元

资工萨菩雕付 11.7 元

公元 2008 年 2 月 26 日

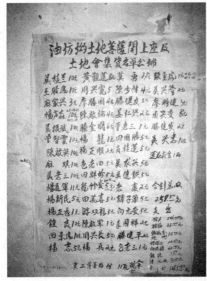

吉信镇联欢村油坊坳土地堂

（三）天王庙会

　　另一个土家族、苗族、汉族共同信仰的就是白帝天王。在湘西，旧时有不少白帝天王庙，或称天王庙、三侯庙，供奉白帝天王三神。清严如熤《苗防备览》说"考五溪蛮所祀白帝天王，神三人，面白、红、黑各异"。在土家、苗家人的信仰中，白帝天王是主诉讼、断冤案、消灾解难的神灵。关于白帝天王的信仰活动主要有迎天王求雨、小暑前后封斋祭神、饮血盟誓解决纠纷、还天王愿等信仰仪式。虽然白帝天王在土家族、苗族中都有着崇高的地位，但是这类神灵并不是哪个族群所独有的神灵，"其来历与形成有多种传说，表明其吸收了多元文化因子，是不同历史时期不同族群的文化相融合的产物"。①

　　明清时期，官方有意识地利用白帝天王信仰来维系地方秩序和舒缓族群紧张关系。至于官方对白帝天王信仰开始推崇的确切年代，均没有明确记载。从现存湘西清代地方志等资料记载来看，明清时期特别是乾

---

　　①　向柏松：《土家族白帝天王传说的多元性与多元文化的融合》，《民族文学》2007年第3期。

嘉以来，随着清廷屡次加封，湘西各地修建天王庙蔚然成风。"白帝天王崇拜的复兴在边墙修建时期成为缓解苗、汉冲突，整合社会秩序的对话工具，在苗疆边墙地区军事冲突消失后的今天，仍然成为苗、汉、土家族民众调适内部冲突，维持群体关系，倾诉内心痛苦，释放焦虑情绪，表达心中期望的对话渠道。苗疆边墙地区的苗、汉、土家族民众凭借白帝天王崇拜化解内部冲突，整合社会力量，逐渐达到相互间平等对话、和谐发展的目的。"①

湘西最大的天王庙在吉首的鸦溪，其他各个地方都有分堂。在吉信原有一座天王庙，位于碑亭坳，和三潭书院相邻。现在它的命运和莲花庵一样，被拆除了，在原址修建了吉信镇中心完小。虽然原庙已毁，但吉信镇的土家人、苗家人、客家人都依然信奉。每年小学放假后，还有很多人去拜祭。在调查中，一位苗老司的女儿讲述了当地人至今依然敬奉白帝天王：

> 白帝天王土家族、苗、汉都敬。苗老司、汉老司都可以帮人家敬，有的小孩啊生病，或者撞到了不好的东西，我们老人家都可以帮他打扮一下子。二月十八、六月十八、九月十八是敬庵堂的，三月三、六月三是敬天王菩萨的。小学放假了好多人去敬。大桥村还有天王庙。三月三、六月三好多人去敬。（报道人：凤凰县吉信镇大麻元人，苗族，女，LMY，农民，40岁）

除去这座毁掉的天王庙外，在吉信镇大桥村还有一座天王庙。每逢阴历三月初三、六月初一、九月初一，大桥村天王庙都会举办大型的庙会活动，历史悠久，规模很大。临近各个村的村民都会带着他们自编自演的节目来到这里，与其他村民进行交流。而且镇政府也有意识地利用这个庙会来加强乡村文明建设，并试图将其打造成一个旅游景点。同样，在湘西发展旅游业大发展的背景下，在当地一批文化精英的努力下，吉信镇都吾村被毁多年的天王庙也修建起来了。

---

① 明越玲：《湘西苗疆边墙与白帝天王崇拜文化》，《怀化学院学报》2008年第3期。

吉信都吾天王庙和土地堂　　　　　　三王爷

湘西最大的天王庙——鸦溪天王庙

七　个人自发的社会交往：社交网络

居民个人和每个家庭往往维持着一个社交网络。在这个网络中，除了家族亲属外，还维持着一个自己的社交网络，即社会上结交的朋友。这些朋友关系的建立可能是以往同学、同事、邻居关系当中有选择地延续，可能是基于现实同事、邻居关系中的选择，有的是偶然结识或他人介绍，有的纯属情投意合的友谊，有的是带有功利性考虑的"关系"。

这类非正式、自发性的社交网络是人们十分看重的东西，也代表了居民日常交往的重要组成部分。①

在多民族聚居的社区，一些土家族、苗族人或因生意，或因行医，经常走乡串寨，结交了不少异族的朋友。如吉信镇联欢村的杨老师（土家族）介绍，因父亲在苗乡教书，他自幼便在苗区生活，结识了不少苗族朋友，对苗族的习惯也很了解：

> 玩得好的苗族朋友中有好事也去，我们有喜事他们也来。平常打交道，没有什么大具体的。我的苗族朋友比较多，比较好的也有，别人就没有我的多，我对苗族的习惯比较了解。所以就讲，苗族对我也尊敬，我对他们也很尊敬。都是乡里的，都是苗区的。都是赶场呀、赶集呀认识的。叫什么名字，现在多了，我也说不清了。我到苗区去得多，年轻时经常去，到那边去打柴火呀，收购些农土特产啊，都到苗区去。我的伯父还有我的父亲都是在苗区教书，还有我的姐姐都在苗区教书。（报道人：凤凰县吉信联欢村人，土家族，男，YXQ，商贩，62岁）

而在吉信镇联欢村医务室的曾医生（土家族），祖上曾有人担任凤凰黑旗大队的教官，曾姓也是吉信镇四大姓之一，由于其医术高明，性格爽朗，会武术，喜好劝架调解，在当地颇有威信。他的医务室也是一个土家族、苗族群众聚会聊天的好场所。一些苗族群众因疑难杂症经常来他这里求医问药。平日里，他见一些乡里苗族群众来赶场受人欺负，发生矛盾，总会前去劝解。

在湘西多族群聚居社区，居民个人交友网络的族群构成同样是多族群的，它从一个较深层次反映出族群间的交往情况。一个社区的土家族、苗族人就这样通过一个个个人的社交网络，在这种初级群体内，跨越族群边界，相互交融，紧密地联系在一起。

---

① 马戎编：《民族社会学——社会学的族群关系研究》，北京大学出版社2004年版，第403页。

第三节　政治领域的整合

一　土家族与苗族联合自治

新中国成立后，湘西苗族人民率先实现了民族区域自治，1952年8月，成立了湘西苗族自治区，1955年更名为湘西苗族自治州。1957年，在土家族被确认为少数民族后，经过关于自治形式一系列的讨论、协商，土家族、苗族终于实现了联合自治。

（一）两族自治形式的讨论与协商

1957年，土家族被确认为少数民族后，他们当家做主的热情高涨，对如何实现自治、如何体现当家做主展开了热烈的讨论。为此，湖南省人民委员会和省政协联合组织了一个160人的"湖南湘西土家族访问团"，在副省长张孟旭团长的带领下，会同州直和各县抽出的干部389人，分为三个团，对州直和永顺、龙山、大庸、桑植、保靖、古丈、吉首、花垣、凤凰、泸溪10个县进行访问，共访问156个乡镇、384所学校、702个机关、26个工矿企业，召开群众大会和座谈会2342次，到会人员235131人次，个别访问8837人，历时50天。访问团广泛宣传党的民族政策，听取各族人民对党和政府的意见和要求，并与土家族人民协商区域自治形式的问题。当时，关于土家族、苗族自治形式出现了联合自治与单独自治、先联合后单独自治、联合自治的多种观点，并对实行联合自治后如何进一步体现当家做主的问题，展开了热烈的讨论。

在此，我们以古丈访问团的经历来重现当年经过讨论、宣传、协商最后达成一致的历史过程。《湖南省湘西土家族访问团古丈分团访问工作情况报告》详细记录了当时的各种观点和意见，在此节录如下：

> 在各个座谈会和个别访问中，许多土家族人民说："我们的民族成分，在反动统治阶级的历史上抹煞了几千年之久，解放后几年来，经过党的调查研究便确定土家为一个少数民族，这真是'没有共产党，就没有土家族'，现在又派来访问团，广泛征求我们对自治形式的意见，我们永远也不会忘记党对我们的关怀，永远要跟着共产党和毛主席走。"因此他们为了实现当家做主的自治权利，表

现得非常积极，有些人说："这是土家族人民当家作主的事，插秧再累也要去参加会议来表明自己的心意。"

（一）对自治形式的提法有以下几种类型

1. 主张单独自治方面：人数是很少的，据9个社674人的意见统计，赞成单治的54人，占总人数的8%，他们认为，（1）能更好地按本民族特点办事。如古中有的学生说："土家族文化比苗族要高些，但土家地区比苗族地区交通要差些，如果分别自治，苗族可重点发展文化事业，土家族可重点发展交通事业。"

（2）可以充分体现两族人民当家作主的自治权利。

（3）更利于干部的配备和调动本民族人民的一切积极因素和充分发挥积极性，如向丁谋（土族小教）说："如果单治，我的积极性更高，个人可做30人的事。"他又说："单独湘西可增加一个新城市。"革新社社员田志书说："单治，土家当干部的要多一些，也光荣一些。"他又说："苗族不懂土家的话，土家不懂苗族话，开会都不好搞。"梁祖明（社员）说："苗族30多万人成立了自治州，我们土家也有30多万人为什么不可单独搞自治州？"有的认为成立单独自治可以多照顾一些，例如征粮、统销、学生考学校、培养提拔干部啦都强些，照顾也好照顾些。如有的学生说："联合不好照顾，认为各方面如果同样照顾，则苗族仍然落后，但如果不一视同仁，厚此薄彼，则土家族人民会有意见。"有人还认为联合自治等于搭"下水船"（意思是党只承认一下土家族就算了事，怕没土家人当州长，不能当家作主）。有的怕联合以后，土、苗两族干部在工作中各搞各的，各人维护各族利益，会搞不来，引起争吵，闹不团结，不如分开的好。也有的抱着不平的气氛说："过去说我们是土蛮，没有干部，不会搞，实行单独自治，看我们能搞不能搞。"其中赞成分治的，经过反复对比研究后，大部分放弃了原来的意见，同意联合自治，只有极少数人（主要是教员）保留意见，主张分治。

2. 主张先联合后单独：有的认为土家缺文化、干部少、当不了家，现在联合，将来土家族干部培养多了再分开。如彭继业的父亲说："李才生，没文化，当上了乡总支部书记老火死了，要是单独自治,怎么离得开?"还有的说:"现在联合,将来等到湖北、四川的土家承认以后,就更有条件一起成立土家族自治州了!"

3.对自治形式抱无所谓态度。如大龙热社有个社员说:"我们好像鸡儿一样听见鸡娘咯咯地叫,跟着走就是了。"(意思是指领导怎样说,就跟着怎样做)如幸福社社员彭善修说:"自治形式哪些好我们不晓得,政府那么搞好就那么搞,我们没有意见。"罗时新(汉族)说:"这不关我们的事,自治不自治我们还不是搞生产。"有的说:"分也好,合也好,只要有吃有工做就行。"有的认为反正自己没有权利。如黄清太(汉族)说:"现在苗族自治州,又要成立土家族自治州,就是没有汉族自治州,我们汉族怎么搞还不是没有权利。"另一种是跟别人走,自己毫无主张,说:"土家族龙山、永顺多,他们同意怎样自治我们也就怎样自治。"

4.赞成联合自治的:在土家聚居之地访问中有90%以上的人认为合比分好,人多力量大,什么事都容易做到,如修公路,一个县搞就困难,几个县联合搞就容易了。有的人说:"拿古丈来比,土、苗、汉人口多少差不多,正好比火炉上的撑架,如果分开,就等于缺少一只脚,那怎么好?古丈也就不能成为一个县了。又说一炉火,分作三炉烧,做饭也慢些。"如果和苗族联合起来,人力、物力、财力集中,可集中大家的智慧主张,同意调配力量,相互学习,相互帮助,谁也不会否认,将使湘西的政治、经济、文化发展得更快、更全面,这是湘西各族人民共同的愿望。

田家完小校长田九候以兴奋和激动的心情说:"起初我赞成单独自治,是由于对土家族全部情况不了解,当时未想到在旧社会里未被承认的土家族,解放后几年之内,党就确定了土家为单一的兄弟民族,另外对于发展整个湘西地区的政治、经济往往看得不全面,且把长远利益和目前利益分开来看,总认为单治才能合乎我族长远利益的片面看法,通过几次讨论,将分与合的好处进行全面分析对比,我认为合比分更好,能节约,把钱花到更上劲的地方,合既合乎本民族目前利益和长远利益,又合乎国家目前利益和长远利益,因此我坚决赞成联合。"革新社向功明(生产队长)说:"我是土家,爱人是苗家,如何分,靠那边呢?"他还说:"革新和官坝在土改时，一起斗垮了地主，分给官坝（苗族）250 余亩地，谷子 2 万多斤，我们有了深厚的感情，开亲的很多，应该合好些。"还有些人说："因为土、苗杂居在一起，所以他的历史是长期共同生产，相亲相爱，互相合作，同甘共苦的斗争历史，解放后又共同消灭土匪，镇压反革命，土地改革，生产上由互助走上了高级农业合作化，联合起来，就更能发展团结友爱互助学习的精神，犹如去年龙鼻咀完小遭受水灾，田家完小学生就把自己劳动得来的钱帮助了龙鼻咀完小，这种生动的事例比过去有了更新的发展。"有的还说："联合以后，州长、人民代表、各级领导干部，都会根据具体情况，按照一定的比例来选举和配备，一样体现了当家作主的自治权利，党对各民族是一律平等的，在照顾上也一定会一视同仁，用不着顾虑。"有些人以前赞成分治的，在访问中，听取报告以后，又通过座谈会、研究比较、个别谈心、放电影送毛主席像、参加他们的生产劳动、给他们治病等活动，使他们的生产积极性更高，使他们真正认识到了联合的好处更多的时候，而又坚决赞成联合。如罗依溪刘玉珍、杜树莲（汉族小教），龙安国（土家族小教），古中张隆选（土家族教员）原先主张单独自治，经过访问，一致同意联合。如龙安国同志，当他听了几次传达报告以后，在座谈会上说："过去苗族成立自治州，又受到了各方面的照顾和优待，发救济只发给苗族，对苗族干部也特别重视，而对土家干部却常常批评，方式也简单粗暴，把土家当汉族看待，就是重土轻苗，思想上很不服气。同时认为不承认我们也同样干工作，搞社会主义建设，要求实行单独自治，过去宣传合与分的时候，首先就是强调节约，很少从实际出发，摆分与合的实际道理，通过这次访问，说明了分与合两方面的道理，使我们今天早晨（6 月 1 日）才扭转过去的想法，认识到合的优点很多，合比分不仅有历史意义，也有现实意义（指正确处理人民内部矛盾），确实是合比分好。"又如认为联合是"搭下水船"的，通过说明道理，解释说明是谁当家做主，如何体现当家做主以后，扭转了"搭下水船"的看法，赞成联合自治。又如田家三社一大队，有 24 人参加座谈会，首先发言的是田祖福（被开除的小学教员），他说："单独好出土家族报纸，土家族是住在西北方，苗族是住在东南方，很好分。"接着又有五六个社员赞成分治，其他的没有发言。第二天送毛主席像进行个别访问谈心，进一步讲了分与合的道理，结果全队除田祖福和他的哥哥还赞成分治以外，其余都赞成联合。这次访问，基本上做到了家喻户晓，充分发扬民主进行协商。

（二）对实行联合自治如何进一步体现当家做主的问题，也展开了热烈的讨论，并提出以下四个问题

（1）自治名称问题：绝大部分土家族人民赞成按人口多少来决定先后，但也有一部分人认为苗族在旧社会里受压迫深些，苗族早已自治5年了，因此苗族应该在前。大塘社社员孔宪英说："人生小孩，一定是先养哥哥后养弟弟，总有一个先后，苗族早就是一个少数民族，应该放在前面。"也有的赞成把两族名字并列写，有的说就叫"湘西少数民族自治州"，也有的人说"就叫湘西苗族、土家族自治州"，这样才能显示各民族一律平等意见。

（2）有关人事的配备问题：有的赞成选5个州长（土、苗、汉——2、2、1）；有的要选7个（3、3、1）；有的要选9个（3、3、3）；也有的说为了减少国家行政开支选三个州长就行了（各1个）；还有的要选7个（3、2、2），即汉族选两个副州长，苗、土哪个民族任州长，则只选一个副州长，另一个民族选3个副州长；有的人说，应在两族中挑选德才兼备的人当州长，人民委员会委员、人民代表名额都应该按各族人口比例多少确定。

（3）土家族名称问题：一部分人（主要是教员和学生）认为土家族是汉族人叫出来的，土家族人民自称是"毕基卡"，认为土家这几个字不好听，土里土气，因而应该改为毕基卡才合土家人民的意愿（广大群众并未提及）。

（4）要求联合成立自治州，越快越好，最好是在自治州成立5周年的那一天"八一"成立联合自治州。①

在县委和土家访问团的宣传教育下，绝大多数土家族干部和群众赞

---

① 《湖南省湘西土家族访问团古丈分团访问工作情况报告》，油印稿。

成与苗族同胞组成联合自治州。据说访问中，有个 60 多岁的老太太用山歌表达了她的意见："苗族土家亲连亲，苗土本是一家人，娘是苗族爹是土，苗土儿女怎样分？"

1957 年 6 月 27 日，古丈县直属机关土家族干部、古丈县土家族农业社干部联合写出题为《我们愿意与你们建立友好合作的联合自治州》的公开信，并公开发表《古丈县直属机关土家族干部对区域自治形式的意见》，在此全文节录：

我们愿意与你们建立友好合作的联合自治州

亲爱的苗族兄弟姐妹们：

几千年来一直被抹杀、被歧视、被奴役祖国的一个勤劳、勇敢和具有悠久历史及文化的民族——"土家族"解放以来在中国共产党和政府的正确领导下和毛主席光辉民族政策的照耀下，已茁壮地从大民族的惊涛骇浪中冲击了出来。在我族人民的历史上，已写下了光辉的一页。

"土家族"是不是一个单一的民族问题，从 1952 年起由于党和政府的高度重视和关怀，几次派遣了工作组深入到我族人民主要居住地地区，对我族的历史以及民族特征等各方面，反复地、细致地进行了调查和研究，最后得出科学结论，证明"土家"确实是祖国的一个少数民族。最近省又派出了规模空前的访问团，不畏任何艰苦地爬山涉水来到土家居住的每一个偏僻山区进行访问，以便进一步来了解我族人民各个方面的情况。这不但是我族千百万人民所欢欣鼓舞的大喜事，同样我族内外、祖国各族人民，尤其是与我族人民情义最深关系最为密切的苗族人民的大喜事，更是党在民族问题上又一新的胜利。

"土家"被正式接纳为祖国的一个少数民族，在我们这个自治州来说，犹如那刚刚建立起来，充满着生气的花园中又开了一朵美丽的鲜花，令这个年轻的花园增添了动人的色彩。

为了我们这个年轻而秀丽的花园，使它更加繁茂、富丽鲜艳夺目，具体负责管理和培育这个花园的两个主人——苗族、土家，必须紧密合作，共同努力，缺一不可。

在很早以前，苗族、土家这两个难兄难弟，在共同开发和培育这个花园的基地中就已作出了卓越的贡献，解放后，尤其是湘西苗族自治州成立以来，在中国共产党的统一领导下，这种合作共事的关系更加有了新的发展。两族人民的思想情感已逐渐融为一体。民族团结的空气，已经空前高涨。目前摆在两族人民面前最主要的任务是：调动各族人民的一切力量，大力发展生产，巩固农业社，迅速改变长期以来一直存在着的在政治、经济和文化各方面的落后状态，以便在不太长的时期内，踏上先进民族的行列。这是两族人民最根本的目的和一致的要求。在这样一个总的前提下，我们古丈县区属机关土家族干部和土家农业社长，对如何实行民族区域自治的问题，经多次开会讨论，一致要求和你们建立友好合作的自治州。

这是因为苗族、土家这两个民族的特点，基本上是相同的，两族人民在历史上的遭遇基本上也是相同的。在那旧社会里，由于反动统治阶级的大民族主义，迫使两族人民都是退居在那交通闭塞鸟兽盘踞的崇山峻岭之中，过着极端痛苦的"糠菜半年粮"的生活，为了生存，两族人民只有以刀砍火种方式经营农业，同野兽作斗争，同一切自然灾害作斗争，两族的妇女、男子一样能上山、能下地、能挑、能背、能耕、能织，在这一系列的劳动过程中，锻炼了两族人民都具有勤劳、勇敢、团结、互助、友好合作、不畏艰难也坚韧的精神。

为了活下去，为了站起来，为了与一切反动势力搏斗，两族人民很早以前就结成了生死相顾、患难相助、长期共存的合作历史。远的不说，就拿大革命时期来说，两族人民的不少优秀儿女，在贺龙、萧克两将军来到了咱们自治州境内的永顺、龙山等地引导当地各族人民向以蒋介石为首的国民党反动统治斗争的时候就参加了战斗，譬如咱们现在的州长（苗族）和此次来湘西访问的彭祖贵同志（土家族）就是当时站在斗争最前列的两位亲密战友。

解放后在中国共产党的领导下，两族人民一起消灭了湘西十万土匪，进行了减租、反霸、镇压反革命、抗美援朝、土地改革等一系列的社会改造和爱国主义运动，粉碎了封建枷锁，不只是从政治上、经济上得到了翻身，而且在战斗中结成了深厚的友谊。特别是在社会主义改造运动中，两族人民进一步地结成了牢不可破的联盟。

湘西苗族自治州成立以后，在我们自治州内各级党、政机关、人民团体、企业、事业以及学校中，两族的干部、教师、学生互相帮助、互相学习、取长补短、共同进步中，又出现了不少动人的事例。

所有这些都说明，两族人民既有共同受压迫的历史，也有共同反压迫的历史，以及为改造自然，建设美好幸福生活而合作的历史。

两族人民在居住方面，不但毗连，而且互相交叉，加上互相通婚，已构成了不可分离的血肉关系。

在经济生活上，彼此互相往来则更加密切，解放后，由于上面非常重视我们这个地区的经济发展，不断投资，兴修公路，整治河道，过去用船只，现在加上汽车，把我们自治州十个县结合得非常紧密，现已逐步形成了一个坚强的整体，为发展我们这个地区的政治、经济和文化打下了良好的基础。在此基础上，我们这个地区要建设得更好，赶上祖国的先进民族。

敬爱的苗族兄弟！

我们深信一定会达到合作自治的目的。我们团结，我们永远地要坚决团结。我们按照"互相尊重，各得其所，互相帮助，共同发展"的原则发展我们的事业。让我们携起手来，肩并肩的，积极地在共产党的领导下，贡献出我们的一切力量，为建设我们美好的家园——自治州，建设我们的祖国而奋斗！

古丈县直属机关土家族干部

古丈县土家农业社干部敬上

1957 年 6 月 29 日

古丈县直属机关土家族干部对区域自治形式的意见

1. 当我们没有识别以前，感到有千言万语的知心话，一时涌上了我们的心头，要向你们倾诉，但当执笔的此时此刻，一股快乐和幸福的情感充满着我们的心，又不知道将从何说起：这是不可能想象的，一个很长的历史时期内曾被反动统治者一笔抹杀了的民族，而在解放后由于党和毛主席的民族政策的伟大，仅仅在很短的几年内，就被确定为一单独的民族成分。我们感到毛主席的英明，祖国的温暖，也感到自己的无限荣幸和自豪！

2. 我们土家民族，历来就是勤劳勇敢的，我们的祖先曾披荆斩棘，在荒凉的崇山峻岭中，开辟出无数肥沃的梯田，栽种了漫山遍野的桐茶果木林和用材林，创造许多物质财富，这些都成了我们生活和幸福的源泉！在和各民族人民一道防范和抵御异族侵略和压迫的斗争史上，我们的祖先付出了自己宝贵的生命，留下了鲜血，渲染了祖国的山河！共同创造了中华民族悠久的光荣历史！但长时期的反动统治和压迫，造成了民族隔阂和歧视。在旧制度里做官、考文武举人都不要土家，并耻笑为土蛮子！土包子！那时我们真是上街不敢开口，走路不敢抬头（因为说汉话不流利土里土气的，走路别人耻笑是蛮里蛮气，不文雅），土家族的历史被一笔抹杀了，致使自己不敢承认的民族成分，而现在呢？解放了的中国，土家民族和其他各民族人民一道站起来了，永远站起来了！赶走了帝国主义，推翻了统治中国最后的一个封建王朝！打垮了官僚资本主义！自己当了家、做了主。在共产党和毛主席的英明领导下，建立自己的幸福家园！

3. 今天的土家族已经变样了，解放后的短短六七年中，在党和毛主席的民族政策关照下，土家不仅很快地被确定为一个单一少数民族，列入了祖国民族的行列，在政治经济文化等方面也都得到彻底翻身和发展。在政治上过去处于被压迫受苦的地位，一没说话的权利，也没有理事资格，连衙门也不敢进，在今天的县长、县人委、代表等名额中，都占了一定的比例，完全能自己当家做主。解放后我们土家族同各族人民一样，打地主斗恶霸、分田地，搞大生产运动发展经济，特别是五五年以来我族人民同各族人民一起加入了高级农业社，消灭了私有制，最后摆脱了剥削和贫困的环境，现在98%以上的都已走上了合作化的道路，生活上都有显著的提高和改善。在经济上已得彻底的翻身。在文化上也得到很大的发展。过去土家人民的文化生活是十分落后的，所以叫我们为土蛮子。田家、茹通两个土家聚居乡，过去只有一所小学。学生不上 100 人，现在不仅在茹通、田家设了两所完小，同时在土家自然村还设了 13 所初级小学，学生发展到 1500 人，教师增加约 50 名。各农业社还设了业余文化夜校。文化生活也活跃了，有些过去一字不识，现在当农业社的记分员，看来到处是一片崭新的气象。

4. 5 月 26 日这天，是我们古丈各族人民最欢乐的一天，特别是我们土家族人民更显得空前未有的欢呼！扎排楼、写标语、舞狮子、玩龙灯等呈现了一片节日所未有的新气象。80 高龄、苍苍白发的老人也跳起社巴巴舞来迎接跋山涉水、不远千里而来的亲人——毛主席派来的土家族访问团，使我们土家山寨到处出现了一片欢腾，真是盛况空前。当访问团来访的消息传到我们土家族山寨的时候，各处农业社都提出了要以超额完成生产任务来迎接访问团，如下布尺农业社提前完成了五天的插秧任务，你们问我们为什么要这样，道理很简单，但谈起来又很长，真的我们的心情不是这支笔所能描写得了的。"知心的话千万句，哪一句都想带给你，左挑右挑，挑几句，土家人民都是英雄，土家族人民跟着毛主席。"我们借引这首歌曲，用歌声回答你们！你们想在历史上曾被诬蔑为落后民族甚至被抹杀了的土家族，而在毛主席的民族政策的光辉照耀下，得到了民族平等，自己当了家、做了主，毛主席又派来了访问团，来访问我们土家族，你们披星戴月，历时 26 天，踏遍了每个土家山寨，来到了我们许多意想不到的地方，这怎不叫我们不欢欣鼓舞，这怎叫我们对党和毛主席不发出无限的感激！亲人，你们辛苦了，你们带来了毛主席给土家民族的幸福！带来了希望，也带来了我们建设祖国的力量！但我们不知道拿什么礼物来转送你们，我们是土家族的干部，我们只有用主人翁的姿态，站在祖国的各项建设岗位上，发挥我们当家做主的积极作用，搞好民族团结，特别是与各族人民的团结，来建设我们的古丈，建设我们的新中国，以这样一个实际行动来回答我族人民对我们的期望，来报答党和毛主席对我们的关怀。

5. 关于自治形式问题：自土家族被承认是一个民族之后，我们曾进行几次座谈。按照民族区域自治的三种形式，由我们选择，提出合与分两种，我们又本着维护民族发展利益，加强民族团结，建设社会主义的目的，反复进行对比、协商、审编，经较长时期的斟酌，达到了统一，我们坚决、诚意、衷心地主张与苗族兄弟联合自治。其理由：

（1）土家、苗族在历史上同受着封建、帝国、官僚资本和反动政府的欺负和压迫。一直抬不起头来！出粮、出差、派丁拉夫等无计其数，过着牛马不如的非人生活，还要受着他们排挤嘲笑、歧视和排斥。什么所谓"苗子、蛮子"竟恶毒地说成"苗蛮、土蛮、穷阿痢。是不可接迎的人了"。同时土家族、苗族也有共同反压迫的斗争历史，如清的苗反、民国34年的土反、土地呈报，当时都是两族人民共同起来对统治者的回击。这说明了在旧社会两族人民的共同意愿，也说明了土、苗两族不屈不挠的民族反压迫的斗争意志。而在解放后，土家、苗族又团结得很紧、很牢，我们的民主（苗）革新（土）两乡（原各主）在土改中团结互助，推翻了旧制度，消灭了共同的敌人。在分田地、分果实中互相支援、互相帮助，在合作化的××（字迹模糊），现在土家、苗族又组织了不少的联合社。据我县田家、官坝等四乡统计，就有八个联合社，在共同劳动的基础上，两族人民的友谊更向前推进了，这说明了两族人民在解放前后都具有自然合作的特点，以及发展民族实业的共同意愿。

（2）土家、苗族同居于自然毗连的土地上，虽有南北之居，但也有很多杂居不可分割的条件，我们土苗基本相等，居住相互杂居，实为难划，历史上曾划界限而打官司，甚至打伤人民。因此，"联合"是我族人民的一致的愿望和要求，"分治"是我族人民不同意，我们深信苗族兄弟也是不赞成的。其他如两族人民交往赶集，相互开亲，建立了自然的内在感情，加之生产和生活上有共同的风俗习惯，两族人民都以"靠山为主的自然经济"因此形成了"喜爱相同"、"憎恨一致"的共同民族特点。

（3）在发展民族事业上来看，在共产党的民族政策照耀下，是要消灭事实上的民族不平等现象。按照本民族的特点，发展本民族的政治、经济和文化事业，建设社会主义社会，这不仅是土、苗两族人民的共同要求，也是各族人民的共同愿望。除此以外，我们土家族人民并没有而且也不需要什么特殊愿望和要求。因此，从目前利益和长远利益来看，我们衷心地主张"联合"。

（4）有些人提出来，联合不能充分发挥土家人民的内在积极性，不能按照自己的特点办事。怕重苗轻土，土家人民不能当家作主，我们讨论研究恰恰与此相反，我们深信联合更有利于积极性的发挥，也能按民族特点办事。更能克服分治的一些缺点，因为首先苗、土人民干部历来就是相处合作的，存在一种自然的友谊，合起来，今后共同研究、互相帮助、共同进步，才是更有利于我们的事业。其次解放几年来，在党和政府的领导下，共同经历各项社会改革，以及生产合作等运动，党对两个民族的特点基本上是掌握了。今后会根据不同的民族特点办事。其三，合起来土家族同样能当家，只要联合自治机关内的人员组成按照一定的比例设置，就会使其名副其实，我们觉得没有任何惑疑的必要。怕"重苗轻土"也是不实际的，我们有伟大的、正确的共产党领导，是不会厚此薄彼的，根本问题只要我们相信党。其四，我们认为"联合增强民族团结，分治会有无形中的分裂"的可能，这是我们不同意的，我们同苗族兄弟，过去团结，现在也团结，将来还要更加团结，以期同全国各民族团结，发展我们的共同事业！

（5）合治比分治强，上次说过了，合治既不影响民族利益，又不影响土家族人民的积极发挥，更有利于团结，在此前提下，进行区域自治也合乎增产节约的精神，能够把不必要的开支和分治可能节约的人力、财力，用于集中建设上，是既合中央指示，又合民族利益的。因此，我们研究认为合比分强，我们应该必须而坚决主张联合，我们有决心在毛主席的领导下，努力工作，努力建设自己的家园，同各民族兄弟一起紧紧地团结，建设我们美好的将来——共产主义社会。

古丈县直属机关全体土家族干部敬上

1957 年 6 月 26 日

土家族干部名单列后（照片）

（二）联合自治的形式与
实践

1. 联合自治的实现

1957 年，经过反复的酝
酿和宣传、讨论，大部分土
家族、苗族的干部群众赞成
成立联合自治州。中共湘西
地委向省委报告，筹备成立
苗族土家族自治州方案，后
经过"湘西土家族访问团"
访问湘西，中央统战部在长
沙召集学者、官员召开湘西
土家族与苗族自治问题座谈
会反复讨论。8 月 6 日在湖南
省人民委员会召开扩大会议，

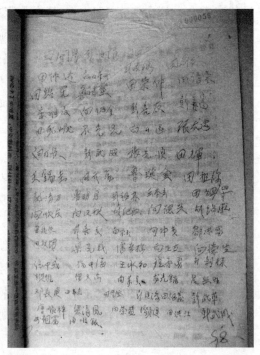

召集湘西苗族自治州的部分党政领导齐寿良、石邦智（苗族）、彭祖贵
（土家族）、龙再宇（苗族）、田荆贵（土家族）和土家族、苗族干部及
知识分子 30 多人列席会议。会议批准了《关于访问土家族工作》的报
告，通过《建立湘西土家族苗族自治州》的决议。8 月初，湖南省人民
委员会做出《建立湘西土家族苗族自治州》的决议。决议指出：湘西
"各族人民一致认为土家族与苗族劳动人民之间，在政治、经济、文化
生活各方面，在居住情况以至婚姻关系方面，都有着亲密无间的联系，
特别是解放几年来，经过一系列的社会主义改革和发展生产、合作化运
动，更形成了不可分割的整体。因此，土家族、苗族人民一致认为采取
两族人民联合建立湘西土家族苗族自治州的方案最为合适和有利"。
"目前建立湘西土家族苗族自治州的条件已具备，时机已经成熟，会议
决议报请国务院明令撤销'湘西苗族自治州'的建制并批准在湘西 10
县重新建立'湘西土家族苗族自治州'。"1957 年 9 月，湘西历史上两
个恩怨纠葛多年的族群终于在政治上走向了联合，第一次真正实现族群

地位平等。9 月 6 日，国务院通过《关于设置湘西土家族苗族自治州，撤销湘西苗族自治州的决议》。9 月 15 日召开第一届湘西土家族苗族人民代表大会，到会代表 451 人，其中土家族 142 人，苗族 127 人，汉族 180 人，回族、瑶族各 1 人。大会上土家族、苗族代表同其他各族人民代表通过了《湘西土家族苗族自治州人民代表大会和人民委员会组织条例》，土家族、苗族联合自治走上了制度化的轨道；土家族、苗族等各族人民代表选举出石邦智（苗族）为湘西土家族苗族自治州州长，彭祖贵（土家族）、赵德新、陈彦滨、龙再宇（苗族）、田荆贵（土家族）、石元机（苗族）、黄穆如（土家族）为副州长，齐寿良、石元星（苗族）、彭武一（土家族）等 37 人为州人民委员会委员。在 46 名州人民委员会领导成员中，土家族 16 人、苗族 15 人、汉族 15 人。土家族、苗族人民共同实现了对湘西的政治、经济、文化、社会各项事务的管理。

2. 土家族、苗族联合自治逐渐走向制度化、法律化

湘西土家族、苗族的联合自治首先得到了《宪法》、《区域自治法》的保障。1986 年湘西州通过了《湘西土家族苗族自治州自治条例》（以下简称《条例》），在《条例》中对自治形式做了明确的规定：

第二条　自治州是土家族苗族实行区域自治的地方。

第十条　自治州人民代表大会中，土家族、苗族和其他民族代表的名额，根据法律规定的原则确定。自治州人民代表大会常务委员会的组成人员中，土家族和苗族的公民应当超过半数。自治州人民代表大会常务委员会主任或者副主任中，应当有土家族、苗族公民。

第十一条　自治州州长由土家族或者苗族的公民担任。自治州人民政府的组成人员，应当合理配备土家族、苗族和其他少数民族人员。

第十二条　自治州的自治机关所属工作部门的干部中，应当合理配备土家族、苗族和其他少数民族的人员，同时注意配备各民族的妇女干部。

第十七条　自治州中级人民法院和自治州人民检察院的领导成员中，应当有土家族、苗族的人员；工作人员中应当合理配备土家

族、苗族和其他少数民族的人员。

一系列法律法规的制定和实施使土家族、苗族联合自治逐渐走上制度化、规范化的轨道。根据自治条例，自治州的自治机关是自治州人民代表大会和自治州人民政府，通过对历届人代会和自治州政府的分析可以看出这两个族群是如何实现联合自治的。

第一届人民代表大会（1957）实有代表451名。其中土家族142名，占31.49%；苗族127名，占28.16%；回族、瑶族各1名，合占0.44%；汉族180名，占39.91%。本次会议制定了湘西土家族苗族自治州人民代表大会和人民委员会组织条例，选举湘西土家族苗族自治州人民委员会组成人员和自治州中级人民法院院长。

第二届人民代表大会（1959）代表由上届代表继任。选举了第二届州人民委员会组成人员，选举石邦智（苗族）为州长，彭祖贵（土家族）、刘万全、陈彦滨、龙再宇（苗族）、田荆贵（土家族）、石元机（苗族）、黄穆如（土家族）为副州长。

第三届人民代表大会（1964—1966）从"文化大革命"开始、人民代表大会停止活动时止，历时不到两年，实有代表450名。选举自治州第三届人民委员会组成人员和州中级人民法院院长，选举石邦智（苗族）为州长，彭祖贵（土家族）、刘真志、王振宗、龙再宇（苗族）、田荆贵（土家族）、石元机（苗族）、黄穆如（土家族）当选为副州长，董千祥当选为州中级人民法院院长。

第四届人民代表大会时值"文化大革命"爆发。此后长达10年的动乱时期，州人民代表大会停止了一切活动。州革命委员会为全州最高临时权力机关。故本届州革命委员会列为州第四届人民代表大会。具体代表在此从略。

第五届人民代表大会（1978）实有代表902名。其中土家族232名，占25.72%；苗族192名，占21.29%；其他少数民族4名，占0.44%；汉族474名，占52.55%。选举出州革命委员会组成人员和中级人民法院院院长、人民检察院检察长，吴运昌（苗族）当选为州革命委员会主任，郝瑞华、向和友（土家族）、宋仰云、石元机（苗族）、刘志刚、王振宗、彭官恕（土家族）、刘真志、王长运、王建阁当选为副主任，董千祥当选为州中级人民法院院长，牛福保当选为州人民检察院检察长。

第六届人民代表大会（1981）实有代表 599 名。其中土家族 169 名，占 28.21%；苗族 136 名，占 22.7%；其他少数民族 6 名，占 1%。向和友（土家族）当选为州人大常委会主任，王振宗、石国玺（苗族）、田仲达（土家族）、邢苏兴、林宝珍、孟占科、董千祥、瞿爱梅当选为州人大常委会副主任；吴运昌（苗族）当选为州长，石元机（苗族）、龙再宇（苗族）、李仲喜、杨正午（土家族）、周振岗、陶孝忠当选为副州长；梁秉生（苗族）当选为州中级人民法院院长；彭武刚（土家族）当选为州人民检察院检察长。

第七届人民代表大会（1983）实有代表 497 人。其中土家族 177 名，占 35.61%；苗族 109 名，占 21.93%；其他少数民族 7 名，占 1.41%。会议选举石元机（苗族）为自治州第七届人大常委会主任，李仲喜、邢苏兴、石国玺（苗族）、彭武刚（土家族）、瞿爱梅、龙再宇（苗族）、田渊（土家族）当选为副主任；吴运昌（苗族）当选为自治州人民政府州长，黄有为、吴光海（苗族）、肖征龙（土家族）、王德振、李遨夫当选为副州长；吴廷安（苗族）当选为自治州中级人民法院院长；彭武刚（土家族）当选为自治州人民检察院检察长。

第八届人民代表大会（1988）实有代表 410 名。其中少数民族代表 260 名，占 63.41%。会议选举向和友（土家族）为州人大常委会主任，石国玺（苗族）、李忠、李正喜、吴光海（苗族）、陈敬夫、周从玉（土家族）、黄辛夷当选为副主任；石玉珍（苗族）当选为州长，龙文玉（苗族）、刘殿兴、李遨夫、余忠佑（苗族）、肖征龙（土家族）当选为副州长；吴廷安（苗族）当选为州中级人民法院院长；王家松（土家族）当选为州人民检察院检察长。

第九届人民代表大会（1992）实有代表 329 人。其中少数民族代表 208 名，占 63.22%。选举向世林（土家族）为州人民政府州长，龙文玉（苗族）、刘殿兴、李遨夫、陆光祖、武吉海（苗族）、黄秀兰（土家族）为州人民政府副州长，选举石维斌（苗族）为州中级人民法院院长、向邦柱为州人民检察院检察长。

第十届人民代表大会（1997）实有代表 334 名。其中土家族代表

128 名，占 38.32%；苗族代表 105 名，占 31.44%；其他少数民族 4 名，占 1.20%。选举武吉海（苗族）为州人民政府州长，王承荣（土家族）、黄秀兰（土家族）、董继兴、王新华、田家贵（土家族）、李德清（苗族）、梁秋松（苗族）为州人民政府副州长，选举向泽楚（土家族）为州中级人民法院院长、白贵泉为人民检察院检察长。

第十一届人民代表大会（2002）实有代表 333 名。其中土家族 143 名，占 42.94%；苗族 104 名，占 31.23%；其他少数民族 5 名，占 1.50%。选举武吉海（苗族）为州人民政府州长，李德清（苗族）、杨先杰、秦湘赛（土家族）、贾祖霞（土家族）、梁秋松（苗族）、彭善文（土家族）为州人民政府副州长，选举何剑（土家族）为州中级人民法院院长、薛献斌为州人民检察院检察长。

第十二届人民代表大会（2007）实有代表 334 名。其中土家族 146 名，占 43.71%；苗族 114 名，占 34.13%；其他少数民族 5 名，占 1.50%。选举徐克勤（苗族）为州人民政府州长，胡章胜、陈潇、贾祖霞（苗族）、吴彦承（苗族）、周赛保、曹世凯（土家族）为州人民政府副州长，选举李立新为州中级人民法院院长、曾新善为州人民检察院检察长。[1]

通过历届州人民代表大会和州政府州长、副州长，法院院长、检察院检察长的族群结构分析，可以发现土家族、苗族人民代表在州人民代表大会中的比例呈逐渐增加的趋势，特别是第五、六届人大后，土家族、苗族人民代表数量有了显著的提高。历届州长也都由土家族或苗族人担任。

这些事实表明土家族和苗族不但真正实现了联合自治，共同分享管理湘西各民族政治、经济、文化事务的权力，而且联合自治的机制越来越成熟。

二　两族干部交流

新中国成立后，土家族、苗族的干部、教师、医生、技术员被分配到对方聚居地区工作，非常普遍，此举加深了各民族之间的交流与友谊。一方面土家族、苗族干部在同一机关中任职相互交流，另一方面土

---

[1] 《湘西人大网·历届人代会简介》，湘西土家族苗族自治州政府网（http://www.hnxxrd.gov.cn/xxzd/ShowInfo.asp?InfoID=350）。

家族、苗族干部交叉任职，这两种交流都促进了各自民族精英对对方文化的了解。

（一）干部在同一机关任职

由于自治条例的保障以及大力培养少数民族干部，在自治州的各级机关和县市的政府机关中，大量的土家族和苗族干部一起成为同事，共同管理本地区的社会、经济文化事务。他们在工作中实现了公共事务的同化，即在价值观和权利分配方面冲突的消除，如联合自治的实现就体现出双方对现代政治理念、法律等的认同。民族自治地方实行民族自治机关民族化，大力选拔民族干部，少数民族干部不仅在数量上逐渐增加，而且在自治机关中占有相应的比例并担任主要领导职务。1989 年，少数民族干部在湘西自治州州委、州人大、州政府、州政协领导班子中均占半数以上。州委 10 名常委中有少数民族 5 人，7 名州政协政府主席中有少数民族 3 人，8 名正副州长中有少数民族 5 人，7 名州政协副主席中有少数民族 4 人。其中杨正午（土家族）任州委书记，向和友（土家族）任人大常委会主任，石玉珍（苗族）任州人民政府州长。全州 686 名县处级领导干部中有少数民族 376 人，占 54.81%。1999 年，少数民族干部在湘西自治州州委、州人大、州政府、州政协领导班子中的比例提高到了 72.1%，全州 890 名县处级领导干部中，少数民族干部占 66.5%。① 到 2005 年，全州机关干部、国有企事业单位人员共计6.9053 万人，其中少数民族 5.514 万人，占 79.85%，高出少数民族人口占人口总比例的 5 个百分点。具有高、中级专业技术职称的少数民族人才 1.2718 万人，占全州总数的 76.83%。州委、州人大、州政府、州政协四套班子领导成员 40 人中少数民族 27 人，占 67.5%；全州担任正、副县处级干部 775 人，其中少数民族 576 人，占 74.32%。② 县市领导班子多数由少数民族干部担任。1990 年，古丈县少数民族干部 1778人，占干部总数的 42.8%；县处级少数民族领导干部 22 人，占县处级领导干部总数的 64.7%。③

---

① 李昌俊、彭继宽：《湖南民族关系史》（下），民族出版社 2006 年版，第 250 页。

② 《湘西土家族苗族自治州概况》修订本编写组：《湘西土家族苗族自治州概况》（修订本），民族出版社 2007 年版，第 90 页。

③ 李昌俊、彭继宽：《湖南民族关系史》（下），民族出版社 2006 年版，第 163 页。

近年来，湘西土家族苗族自治州还出台了《2007—2011 年培养选拔少数民族干部工作规划》（以下简称《规划》）。《规划》中明确规定了 7 项主要目标，即少数民族干部继续保持与少数民族人口比例大体一致；在全州各级党委领导班子成员中，少数民族干部的比例达到60%以上；有计划地培养选拔一大批懂经济会管理的少数民族企业管理干部；加快少数民族专业技术人才队伍建设；提高少数民族干部的文化和业务素质；加大少数民族后备干部队伍建设；在全州各级领导班子建设中，少数民族妇女干部和少数民族非中共党员干部的配备有所增加。

针对土家族、苗族等各民族干部共事的情况，政府也在民族干部内部开展教育，避免民族主义倾向，维护民族团结。如古丈县委在党内整风运动中，针对少数民族地区的特点，在汉族干部中间开展批判大汉族主义的基础上，在 111 名少数民族干部中，批判了地方民族主义的思想倾向，全面揭露了地方民族主义的表现，开展辩论，弄清民族问题的大是大非，共出大字报 1041 张，提意见 630 条，其中属于地方民族主义的 516 条，大汉族主义的 114 条。通过整风进一步增强了民族团结，落实了民族政策。①

在具体政治资源的竞争和分配以及政治实践的合作与共治中，也逐渐形成普遍认同的规则和机制。如在具体的配备中，往往就是书记从上面派，土家族县长、苗族副县长或者是苗族县长、土家族副县长。这样在处理涉及民族事务的时候就多了一个协商机制。对此一些民族地区的干部这样认为：

> 民族干部最大的作用吗，就是讲土家族的干部和土家族搞得好，和苗族那边协调关系好协调些。有权可以摆平一些关系。好比说 DL 搞一个，为什么 LB 没搞一个，他可以做些解释工作。再一个苗族干部可以起作用，比方土家族的干部到 LB 去了，你按照 LB 的那些代表选书记、选乡长，肯定人家不会选。那么县里的县长、副县长是苗族的在那里做工作呢，就讲这个是组织安排的，你们要把他选上去，这些工作肯定能起作用。那他必须站在党的角度，组

① 古丈县民族事务委员会：《古丈县关于检查民族政策执行情况报告》，油印稿。

织的角度，为他们做解释工作，动员他们选。

都是一样的，苗族土家族的干部，出了问题，你那一方的干部下去搞去。我们县委书记是苗族，摆到古丈来了，这里的土家族干部就要给土家族的代表做工作去。他是组织派到我们这里来搞书记的，大家还要选他。做这个工作，你看苗族做这个工作就做不好嘛。苗族做土家族的干部工作，选苗族的干部不是扯卵蛋！（报道人：古丈县县政府人，土家族，男，PZF，干部，49岁）

（二）干部交叉任职

在自治州成立初期，为了方便开展工作，实行本民族派本民族干部的方法。如在《中南湘西苗族访问团综合报告中》就说，"苗民信仰苗族干部，乾城苗干下乡开会，苗民多自动集合听讲，热烈招待；汉族干部下乡，苗民关门。永绥征粮中汉族干部20天无结果，而苗干7天完成任务，看来苗汉隔阂还相当严重地存在。"[①] 随着土家族、苗族联合自治的实现，为了增进了解，改善族际关系，政府开始有意识地实行土家族、苗族干部交叉任职。

古丈县就经历了从本民族干部到本民族地区任职到交叉任职的一个过程。古丈县总人口13万余人，其中苗族人口5万余人，土家族人口4万余人，汉族人口4万余人。在历史上，由于受"苗不粘客，铜不粘铁"的思想影响，民族关系也存在一些不和谐因素，严重的时候甚至出现明争暗斗的现象。新中国成立后，民族关系有了较大的改善。新中国成立初期，古丈县实行了本民族干部到本民族地区工作的政策。"培养提拔少数民族干部152人，其中苗族60人，土家族92人，占全县干部27%。在党政机关发展少数民族党员79人，其中苗族45人，土家族34人，占机关党员34.4%。现有少数民族正副县长3人，科局长14人，股长27人。民族干部分配到本民族地区工作，有文化的和没文化的搭配在一起，以便相互学习提高，同时加强对少数民族干部的培训，分别送省、中央民族学院、地委党校学习的有191人，其中苗族114人，土

---

① 《凤凰县民族志》编写组编：《凤凰县民族志》，中国城市出版社1997年版，第341页。

家族 77 人。通过学习和培训，少数民族干部的政治理论水平和文化水平得到显著提高，使少数民族干部能胜任所担负的各项工作，从而逐步实现政府机关民族化。"①

但近几年，古丈县开始实行如下改革措施：一是少数民族干部交流任职，建立民族互信与协作关系。即有意识地选派苗族干部到断龙山、红石林等土家族聚居的乡镇任职，选派土家族干部到默戎、坪坝等苗族聚居的乡镇任职。二是县级少数民族干部交叉联系乡镇工作，搭建民族间互帮互助平台。即县委常委及县级苗族干部联系土家族乡镇工作，县委常委及县级土家族干部联系苗族乡镇工作。古丈县的这种做法目前也在其他地区实行，如凤凰县吉信镇在选派乡镇驻村干部的时候也采取了同样的做法。

这种交流任职首先促进了干部对不同族群文化的了解。如古丈县文化馆的退休干部田祖鞭回忆，年轻时搞土家族文化活动就去土家族地区，苗族文化活动就去苗族地区。官坝村苗族龙医生在社教时期下队到梳头溪，不仅向梳头溪土家族人传授生产技艺，还在那里学会了土家话。

同时，这种交叉任职会给不同的族群聚居地区带来新的思想观念。如古丈县委组织部的干部介绍说，一些土家族地区的干部开发、经济意识强，到苗族地区任职后，通过调换村支书，使苗族地区的工作有了明显起色：

> 这两年我就明显看到的，到断龙，包括红石林两个土家族地区村支书、村主任老家伙多，六十多岁、七十多岁还在村里当干部，这个观念比较强，就一直让他搞。坪坝、墨戎呢就全部把那些老家伙换了，全部启用年轻人搞，年轻人开发意识强些。墨戎还强些，坪坝就不同了。还有些老干部，不是民族性格的问题，主要是县委派到这个乡的镇长、书记的开发意识。他们思想观念比较先进，把那些老家伙退了，启用一批年轻人当干部他就强些。（报道人：古丈县县政府人，土家族，男，PZK，干部，49 岁）

---

① 古丈县民族事务委员会：《古丈县关于检查民族政策执行情况报告》，油印稿。

第四节 两族经济交往

一 农业生产中的互助与学习

(一) 生产资料的相互调剂

新中国成立后，湘西各族群众在国家主导下的生产资料多次再分配过程中，自发地相互调剂。由于历史的原因，在多族群杂居地区，自然村寨之间土地、山林占有状况很不一致，各民族之间占有生产资料很不平衡。在土改中，各村寨之间、各族群众之间能自发地进行调剂，共同分配胜利果实，使各族群劳动人民能均等地分得土地。如古丈县梳头溪、官坝、溪流墨三个村同住一条山沟，共饮一溪水。两头是土家族，中间是苗族。两头自然条件较好，地主、富农多；中间自然条件差，仅有一户富农，苗民靠挑脚卖柴为生，历史上民族隔阂较深。土改中，工作队实行统一组织领导，反复宣传天下农民是一家和民族团结闹翻身，联合斗垮地主恶霸。在分配胜利果实时，两头土家村主动将没收的地主土地划出来分给中间的苗族村。三村土家、苗族农民结成了友好邻居。① 特别是经过农民公社和合作化之后，这种生产资料在同一区域各村寨之间基本逐渐得到平衡分配。农村联产责任承包以后，这种均衡已经被固定下来了。

(二) 民间经济互助

湘西各族群内部，在经济上历来具有互帮互助的优良传统。如苗族传统上就有帮工换工、派平伙、佃养、邀会等民间经济互助方式。② 新中国成立后，随着族群关系的改善，这种族群内部的相互帮助的传统逐渐扩展到族群间的相互帮助。如在自然灾害面前，一方有难，八方支援，各族群众捐钱捐物，帮工帮料，确保受灾户的基本生活，迅速恢复生产。在民间红白喜事中，亲戚朋友前去祝贺都要送礼，共同帮助办大事的人家度过经济上的困难。通常一个人记不住自己送出去了多少礼；当他办大事

---

① 《湘西土家族苗族自治州概况》修订本编写组编：《湘西土家族苗族自治州概况》（修订本），民族出版社 2007 年版，第 119 页。

② 《凤凰县民族志》编写组编：《凤凰县民族志》，中国城市出版社 1997 年版，第 77—81 页。

的时候，会出乎意料地收回很多礼，民间戏称为"零存整取"。①

（三）农田水利工程中的相互合作

在新中国成立初的大型工程建设中，那些不受益地区的群众，除了组织劳力支援工程建设外，还常常要被占田占地，他们宁肯牺牲自己的利益，也要保证工程建设的顺利实施。花垣县塔里电站在勘测设计时，苗族、土家族、汉族等民族工程技术人员一起翻山越岭，测绘制图；开工后，3000多名各族民工战严寒斗酷暑，攀悬崖登峭壁，艰苦奋斗一年，在1979年欢庆新中国成立30周年的大喜日子里，胜利落成发电。在凤凰县落潮井乡，在凤大高速公路的修建过程中，凤凰与贵州边界的苗族、土家族和汉族人民也自觉就占田占山问题展开协商，共同支持公路建设，而被国务院评为全国第五民族团结先进集体。

（四）农业生产技艺的学习

在双溪乡，梳头溪村、蔡家等土家族村落的茶叶种植、生产技术远近闻名。长期以来，官坝苗寨的村民，一般以种植粮食作物为主，新中国成立初期开辟的茶园大都荒芜了，只在农闲的时候去帮这些村子采茶打工。近年来，官坝村的杨家人从蔡家亲戚那里学会了炒茶技术。开始的时候，杨家人把采来的茶叶送到梳头溪田勇敢家去"杀青"，然后回家自己炒茶。2007年，州扶贫工作组到官坝扶贫时，官坝苗寨纷纷要求发展茶叶。在扶贫队的帮助下，官坝村新开辟了300亩茶园，而且还为三户苗族配备了炒茶机。现在官坝和梳头溪、溪流墨、蔡家已经成为古丈茶叶的重要生产基地。

二 墟场中的交易

集市的交换在一个地区起到分配物品的作用。在非工业社会，集市常常在特殊的地点，人们生产的产品、家畜和各项物品都在那里交换。它也有社会聚会场所和新闻媒介的功能。所以集市又是"缔结友谊、滋生恋情、安排婚姻的地方"。② 市场是一个集会的地方，人们在获得自

① 《湘西土家族苗族自治州概况》修订本编写组编：《湘西土家族苗族自治州概况》（修订本），民族出版社2007年版，第114页。

② ［美］S. 普拉特：《市场与市场地点》，载S. 普拉特《经济人类学》，斯坦福大学出版社1989年版，第171页。

己无法生产的物品的同时，在那里重叙友情，访亲问友，说长道短，并在那里跟上社会生活的潮流。

（一）湘西墟场发展与概况

"逢人问墟市，计日买薪蔬。"湘西各族群间贸易往来的主要渠道是墟场贸易。在湘西，墟场是土家族、苗族交易、聚会的中心，是他们消费的主要场地。人们通过墟场赶集，互通有无，调剂余缺。湘西的墟场有多种形式，一般位于陆路枢纽的叫"旱道场"；位于沅、澧、酉、武四水沿岸码头的叫"水路场"。按墟场所处的位置来看，可分为苗场和客场。按场期分，有三五日的定期场，也有毗邻地区交错场期的插花集，还有日日有商贩摆摊、天天有客商卖货的固定集市。著名的墟场有泸溪浦市、永顺王村、龙山里耶和召市、花垣茶洞与麻栗场、凤凰阿拉营和吉信、保靖复兴场等，赶场的往往多达数万人。这些墟场不仅是当地人互通有无的场所，而且上通滇、黔、川、鄂，下达常德、长沙、汉口，成为物资集散地和中转站，对湘、鄂、黔、渝四省边区商品流通起到重要的作用。

湘西墟场有着悠久的历史。早在先秦时期，湘西土家族、苗族等民族先民们汇集于湘西之后，经济上相互依赖，原始渔猎经济与农耕经济相互补充，产生了最初形态的以物易物的商品交换形式，形成了早期墟场的胚胎。战国和秦朝时期，随着郡县建置和统治的加强以及汉族先民的迁入，货币流入湘西，墟场定期集市贸易逐渐开始形成。

汉代改黔中郡为武陵郡，在今湘西域内设西阳、沅陵、辰阳、迁陵、无县 5 县。当时各县均有交易集市即墟场，其繁华程度以酉阳县城（今永顺王村）为最。唐末五代十国，江西彭氏经溪楚之战，与马楚签订溪洲盟约后，湘西相对稳定，社会经济得以发展，墟场贸易得以复兴。宋代，墟场集市也有了相应的发展。如宋绍兴时期，溪州土司彭福石新建治所的福石城（今永顺老司城），"城内三千户，城外八百家"，每逢场期，万众云集，热闹非凡。其繁华，有诗云："福石城中锦作窝，土王宫畔水生波。红灯万盏人千叠，一片缠绵摆手歌。"

元、明至清初，土司统治下的湘西社会较为稳定，墟场贸易活跃。"改土归流"后，随着农业、手工业的发展，商人不断增多，墟场贸易迅速发展起来，一方面地方政权所在墟场集镇人口剧增，集市场期从几天一集定期逐步发展到白日场小城市，当今的龙山、永顺、保靖、花垣、凤凰、古丈等县城，在当时就发展形成了。另外，一些乡村墟场在当时也得到不同程度的发展，据史料记载，当时湘西墟场已发展到60余处，但多为十日一场。"乾嘉苗民"起义后，汉、苗交界的墟场一度被取缔，或被严加管制。湘西墟场的发育出现停滞或萎缩。苗区对外交易只能在清朝地方政权在苗疆周围设立的碉卡、营讯驻地进行，久而久之，许多哨、卡、兵、营、讯形成了集市。如凤凰的得胜营（今吉信）、总兵营（今山江）、鸦堡讯（今禾库）、长宜哨（今长坪），吉首的乾州、绿营讯（今大兴寨），花垣的茶洞讯、雅酉讯、吉峒讯（今团结）等。到同治十年（公元1871年），官府将场期由十日一场改为五日一场，且各集市场期互相错开循环，故称插花集，由此湘西墟场集市日趋活跃。到清朝末年，湘西墟场发展到154个，大场增至数千人，上市物品不断增多。

清末至民国时期，各厅、县城已成为湘西主要城市，农村墟场集中分布在水陆交通要道。这一时期水路运输日益兴起。位于酉水、澧水、沅水河岸的里耶、洗车、王村、茶洞、罗依溪、浦市等，逐渐发展成为繁华墟场。陆路墟场，如龙山的首善（今民安）、召市，永顺的龙家寨、石堤，保靖的毛沟、水田河，花垣的古卫、麻栗场，吉首的乾州、大兴寨，古丈的龙鼻咀，凤凰的阿拉营（今阿拉）、夺希（今腊尔山）等，继续发展，赶场人数少则数千，多则上万。1937年，湘川公路通车，泸溪、乾城、永绥等县原有部分墟场逐渐向公路边拓展，一批新墟场如洗溪、矮寨在公路沿线兴起。抗日战争爆发后，外省外地大批机关、学校、难民纷纷涌入湘西，湘西墟场畸形繁华，城乡墟场猛增到222个，其中乾州、浦市、茶洞、王村、里耶规模最大，在当地均有"小南京"之称。但抗战胜利后，外地机关、学校、难民陆续迁回原籍，湘西墟场日渐萧条。后因民国政府临近崩溃，社会动荡，湘西墟场发育处于停顿或半停顿状态。①

新中国成立之后，政府十分重视湘西墟场的发展，把墟场集市贸易纳入政府管理轨道，并采取有效措施，在稳定和恢复原有城乡墟场集市

---

① 麻根生：《湘西墟场文化》，湖南师范大学出版社1999年版，第7—17页。

贸易的基础上，建立和发展一批新墟场。到 1957 年，湘西城乡墟场集市就猛增到 249 个。改革开放以来，湘西自治州各级政府非常重视集镇建设，修街道、建市场，大大地方便了各族群众赶集交换，集市贸易一片繁荣。1979 年，凤凰阿拉墟场率先恢复 5 天 1 场的传统插花场，后来各县市也陆续恢复传统插花场。2000 年，全州经工商行政管理部门核准登记的集贸市场有 182 个，集贸市场成交总额 29 亿元，占当年全州社会消费品零售总额的 85.3%。① 万人以上大墟场迅速增加。大规模的专业集市不断涌现，消费品市场始终保持旺盛活力，生活必需品和日常用品供应日益丰富，电视、冰箱等高档消费品市场日趋活跃，农用生产资料市场如机械市场、化肥市场、农药市场、种子市场也逐步发展。同时，理发、美容、娱乐、医疗、通信、金融等服务市场和劳务市场也有较大发展；大型农副产品批发市场逐年发展，形成了多级批发市场。批发市场有粮食、蔬菜、水果、水产、布料、服装、家电等，先由外地批发到吉首，再批发到县以下墟场，包括直接从外地批发进墟场的专业市场；各族群众对墟场贸易的依赖日益增强。

（二）墟场中的物质文化交流

墟场一般为五天一场，依农历“一六”、“二七”、“三八”、“四九”、“五十”交叉分设场期，称“插花场”。也有部分县城所在地天天设场，称“白日场”。墟场的发展促进了湘西各族群间的民间经济往来，各族群众逐步融入市场经济大潮中。湘西墟场所处的地理位置和墟场文化所具有的文化特质，决定了它是湘西地区城镇与乡村、本地和外地经济和文化的接合部或联系点，是城镇与农村、本地与外地相互了解和交流的重要窗口。墟场融人流、商品流、资金流、信息流、技术流、文化流于一体，形同一个大熔炉。

1. 交易商品的族群特色

墟场交易的产品繁多，既有各种农副产品，也有手工产品、食品、服饰、五金交电、医药等。各民族又都保留着各自的民族文化特色，这些地域文化和民族文化特征都在墟场上显现出来。首先，从物资品种来

---

① 《湘西土家族苗族自治州概况》修订本编写组：《湘西土家族苗族自治州概况》（修订本），民族出版社 2007 年版，第 114 页。

说，不同民族、不同地区有其不同产品，不同民族又有不同需求。如在明清时期，湘西墟场上出售的既有棉、麻、桐、茶等农产品，又有铜、铅、锌、汞、朱砂等矿产品，也有民族特色的产品，如土家族出产的"葛、棉花、土锦、斑布、靛、艳容草、楠木等"①，苗族养蚕，"头蚕四月取丝，二蚕七月取丝，每斤值一千五六百文。苗家取以织绸，宽一只四、五寸，值二百文一只"。"苗工一切项圈、手划、网巾、衣服及日用之具，皆自为之，亦易于市。"② 直到今天，土家族、苗族、汉族买卖的产品依然有别，在吉信，如乡村苗族赶场大多出售自种自产的农产品，集镇苗民擅长制售苗酸；土家族则擅长家电、农资等销售。加之现在各县都发展一乡（村）一品的经济作物，墟场也成为土家族、苗族各自的商品市场。

墟场上出售的各类农具和餐具　　　　　赶场的苗族妇女

2. 交易方式的族群特色

湘西各族群性格特征，在历代厅志中有"苗人剽悍"、"土人淳直"、"汉人狡诈"之别。在墟场交易中，各族群的性格和方式各异。如《古丈坪厅志》卷十一《物产》载："苗民入市，驱牛马，负土物，如杂粮布绢诸类，以趋集场。粮以四小碗为一升，布以两手一度为四尺。牛马以拳数多寡定价"等。此外，苗族入市交易，首先就是语言的交流，为了交易方便，他们如果赶客场就操客话，如果赶苗场就讲苗话。同样土

---

① 乾隆《永顺县志》卷十《风俗》。
② 光绪《古丈坪厅志》卷十一《物产》。

家族人也要根据顾客的特点操不同的语言，以便更好地招徕生意。

卖竹编的苗民

（三）墟场中精神文化的交汇

墟场既是境内各族人民经贸交易的场所，也是民族文化活动交流展演的大舞台。清代，墟场对歌、赛歌即已成习。清末民初，艺人在墟场演唱渔鼓、三棒鼓等，少数戏曲班社也趁赶场日挂牌演"卖戏"。苗族青年男女，利用赶场时机，在场头场尾，结伴交友，对歌择偶，俗称"赶边边场"。

新中国成立后，墟场文化活动得到政府的重视。各县文化馆等单位都组织业余宣传队伍，在墟场利用图片展览、文艺宣传、黑板报、土广播等，围绕土地改革、剿匪反霸、抗美援朝、农业合作化、粮食统购统销等中心工作，利用民族文艺这一特色载体进行宣传鼓动。

1978 年以后，农村经济逐年发展，墟场经贸活动逐步恢复、发展，墟场文化越来越受到文化、宣传部门的重视。各级政府狠抓墟场文化活动的发展，侧重推广永顺塔卧、桑植瑞塔铺、花垣民乐等墟场的文化活动经验。同时在重点墟场开始建设文化中心，设公社文化站，建立山歌台、广播室、黑板报、墙报、图书室、业余剧团、电影队等，在赶场日，各项文化活动向广大群众开放，既极大地满足了各族人民对文化生活的要求，又增进了对对方民族文化的了解和欣赏。

三 新型产业中的合作

（一）现代农业中的合作：专业行业协会的兴起

近年来，随着市场经济的发展，土家、苗家人的商品经济意识不断增强，传统的自给自足的农业生产开始向商品化、产业化、规模化发展。传统的家户生产发生改变，各类农村行业协会开始兴起。由各族群众组成的各类行业协会已展现出其在促进农民增收，推动农业生产走向专业化、商品化、市场化，繁荣农村经济，具有不可替代的作用，成为区域族群整合的一种新的纽带。

1. 专业合作协会搭建起各族群共同进步发展的平台

协会这种民间农民组织，紧密地联系市场与各族群农户，为各族群众提供信息咨询，新品种引进，农业技术培训，旧品种改良，产、供、销一条龙服务，推动了农村经济繁荣，促进了农民增收。如在凤凰县，农村经济各类行业协会共有 24 个，会员有 3751 人，主要分布在吉信片的吉信镇、竿子坪乡、火炉坪乡，城郊片的全部乡镇，阿拉片的阿拉镇、落潮井乡、新场乡、茨岩乡，山江片的麻冲乡、木里乡。协会按产品分类涉及果业、花卉苗木、养殖牧业、农机、青石板、烟草等 9 种类型。名气较大的主要有吉信的生姜协会，竿子坪乡的花卉苗木协会和蔬菜协会，茨岩乡、落潮井乡（武岗村）的烟叶生产合作社等。在吉首市马颈坳镇，2005 年，全镇共建立 10 个林果协会、2 个蔬菜协会、1 个烤烟协会，为各族群众提供技术支持，销售中统一对外营销，形成专业合作经济新形式，很好地解决了生产与大市场的关系。合群、新湾等村在协会的组织下，组织果树嫁接技术队到四川、云南、重庆、贵州等省市开展技术服务，创造了良好的经济效益。竹寨村在协会的帮助下，建成了全州第一个信用村。米坡村椪柑协会的建立，对当地群众产业协调可持续发展起到了积极的作用。①

---

① 《增进民族团结 构建和谐社会》，中共马颈坳镇委员会马颈坳镇人民政府（http：//zzz-hnagri. gov. cn/topic/info438. html）。

2. 协会之间及协会与农户之间的联合，提升了各族群农户的市场竞争力

2004 年，凤凰县果业联合社通过与各果业协会联合组织周边乡镇的椪柑统一包装后，销售到哈尔滨、广州、中国香港、加拿大、哈萨克斯坦等国内外市场。椪柑售价每斤比市场的同类产品高出 0.08—0.10 元，为果农直接增收 1600 万—2000 万元。官庄乡大湾村果业联合社通过对农户蜜橘的统一果型和质量标准，集中销售，每公斤蜜橘售价达到 1.15 元，比 2003 年每公斤提高 0.4 元，为农户直接增收 30 万元，受益农户 300 多户。协会拓宽农产品销售领域，协会市场营销人员走出门去推销产品，积极引进客商，不断拓宽销售渠道，销售领域已遍及国内主要市场，甚至闯进了越南、韩国、加拿大、哈萨克斯坦、俄罗斯等国外市场。

3. 协会促进了现代科学技术在各族群众中的推广

由行业协会举办的各种科技培训，促进了会员及非会员农户的科学技能和科普意识的提高。凤凰县果业联合社 2004 年在乡（镇）村共举办果树栽培管理培训班 12 期，培训人数达到 4360 人次，发放各种科普资料 10000 余份，邀请湖南农学院教授给会员及非会员农户进行果树培植管理及病虫害防治专题讲座。竿子坪乡花卉苗木协会邀请吉首大学农学院给会员农户传授花卉苗木高位嫁接技术，水打田乡请县农业局技术人员为果业农户举办 3 期嫁接、培植、管理技能培训班等等。据不完全统计，仅 2007 年由各协会牵头举行的各种科技培训班达 100 多期，参学人员达 9000 多人次。协会强化了各族群众与科技的联系，广大会员及非会员农民自觉兴起"学科技、用科技"的热潮，现代科学技术在广大农村逐步深入。

4. 协会对各族群众的带动和示范作用，促进了特色化的农产品产业化

例如，竿子坪乡的花卉苗木协会会员由起初的 3 户发展到 200 多户，蔬菜种植户由 2001 年的 16 户发展到现在的 200 多户，大棚育苗增加到 200 个；吉信的生姜大户由原先的 10 户发展到 50 多户、廖家桥猕猴桃种植大户达 460 户。目前，在凤凰县，已形成廖家桥镇猕猴桃—沱江镇（蔬菜、椪柑等）蔬菜水果批发市场—水打田椪柑—官庄大湾蜜橘—吉信镇生姜—竿子坪乡蔬菜、瓜果（生姜、辣椒、大蒜等占领乾州和吉首市场的 1/3 以上）的农产品马路直销带。

5. 协会促进了信息在各族农户中的传播

各行业协会为广大农民构建了一个重要的生产、销售信息平台。竿

子坪花卉苗木协会、蔬菜协会，大湾果业合作社，廖家桥南长城绿色果业协会，吉信生姜协会做得较成功，效果很好。相关协会与客商老板建立了固定联系，可随时掌握国内外市场产供销情况，并坚持及时向会员、农户发布信息近 9000 多条。①

（二）行业协会中的互助与合作：梳头溪茶叶合作社、吉信镇生姜协会

1. 古丈县双溪乡梳头溪茶叶合作社

为适应市场经济发展的要求，提高农民生产经营组织化程度，增加社员收入，实现共同致富，由古丈县双溪乡田勇敢等种茶大户发起，茶农自愿联合起来成立了农民专业合作经济组织——古丈县双溪乡梳头溪茶叶专业合作社。根据章程，合作社是以从事茶叶生产加工的农民为主体，在家庭承包经营的基础上，按照社员制方式生产、经营、分配和管理的互助经济组织。其宗旨是为社员提供生产、营销、技术、信息等方面的服务，维护社员的合法权益，增加社员的收入。凡从事与该社生产经营项目相同的农民或相关事业的个人，年满十八周岁，具有民事行为能力，承认并遵守本章程者，均可申请作为本社社员。通过这种合作方式，梳头溪、溪流墨、官坝成为古丈茶叶的主产区，极大地促进了生活在这里的土家、苗家人农村经济的发展，同时也改善了当地的族群关系。

2. 吉信镇生姜协会

吉信镇龙肱村、锡坪村的土家族人一直有种生姜的传统。2001 年初，镇政府意识到生姜产业蕴藏的巨大商机，准备向全镇推广生姜产业。镇里成立了生姜产业开发领导小组，开始运作全镇生姜产业的发展。镇政府找来龙肱村、锡坪村有种植生姜经验的唐老吉、颜顺兴等10 余户农户，召开座谈会，鼓励他们扩大种植规模，承诺为他们提供生产和销售服务，树立典型。当年，这 10 余户农户种植生姜 30 余亩，收入达 15 万元；2003 年，两个村的生姜种植面积达 600 余亩，年产姜900 余吨，产值 180 余万元，户均收入 6000 余元。丰收的喜悦也让周围的群众看到了种植生姜的巨大潜力。

面对逐步扩大的生姜生产规模，姜农分散种植和销售的一些不足开

①　《凤凰：关注农村经济行业协会发展，造就行业领军》，湖南省统计局（http：//www. hntj. gon. cn/sxfx/xxfx/200511090099. htm）。

始显现。为此，2004 年 7 月 27 日，吉信镇生姜协会正式挂牌成立。协会成立后，姜农纷纷入会，大家推举能人到长沙、怀化、铜仁等地联系商家，开拓市场。到 2007 年上半年，协会有会员 2000 余名，先后联系湖北、贵州、浙江等地老板 20 余家，通过协会中介收购生姜近 4000 吨，创产值近 8000 万元，给姜农带来了巨大的实惠。[①] 可观的利润带动了吉信镇各族群众种植生姜的积极性。2004 年，全镇有 10 个村、1500 余农户种植生姜，种植面积 2800 余亩。镇政府还确立了龙肱村、锡坪村两个村为生姜专业村，组织其他村的 500 余户姜农来参观学习，这两个村的 20 余户专业户还到其他土家族、苗族村寨讲解生姜的种植技术，提高了专业户和专业村的带动作用。

在生姜协会和龙肱村、锡坪村的带动下，满家村的生姜产业也迅速发展起来。满家村是一个苗族村寨，全村 18 个自然寨沿 209 国道分布，经济发展较为落后，也是以前省工作队驻点的重点扶贫村。镇政府根据该村的实际情况，也在该村推广生姜种植。从此生姜就成了该村最主要的经济来源。满家村一个村就产生姜 100 来万斤。其中该村的老党支部书记陈红云种了 1.8 亩地，产姜将近 18000 斤。[②] 该村在老支书陈红云的带头下，也仿效其他村，组织成立村民生姜协会，一方面进行生姜种植技术交流和实地指导，使生姜种植得到更大的推广；另一方面搜集生姜市场的相关信息，把握销售的主动权，创造更多的利润。

目前，在行业协会这个新型跨族群组织的带动下，吉信镇建立了以生姜为主的支柱产业，成立了生姜生产基地。全镇生姜种植面积为 6320 余亩，年产量达 12640 吨，收入 2528 万元。其他的特色产业也发展起来，各村形成一村一品格局，如黎明村建立酸豆角生产基地，种植豆角 283 亩，总产量 339 余吨，收入 84 万余元；首云村发展金银花药用产业，年产量 3 万斤，年收入 15 万元；油菜村发展椪柑产业，椪柑种植面积 500 余亩，总产量 750 吨，收入 75 万余元。[③]

行业协会在湘西已经成为一个集生产、营销、信息、技术于一体的

---

① 《凤凰县农民的"地窖银行"》，湘西农业信息网（http://xxzzdj. xxz. gov. cn/22. html）。

② 伍涛：《湘西满家村：一村产姜百万斤 销路不愁民欢心》（http://www. agri. gov. cn/fxycpd/cg/t20081125_ 1178264. htm）。

③ 《吉信镇三文明材料：全面推行"三个文明"建设，创建和谐新吉信》，打印稿。

跨族群组织，其互惠性、民间性对于不同族群之间的互助与合作，共同
繁荣，共同发展起到重要作用。

第五节　文化活动中的共同参与

　　湘西土家族、苗族各有其丰富多彩的节日和独具特色的民族文化活
动。苗族、土家族等一些独具特色的节日，如苗族的赶秋、土家族的四
月八等，在如今发展旅游业的大背景下，政府大力介入包装和推广，
"文化搭台、经济唱戏"，使得这些节日成了当地各民族人民共享的节
日活动。节日中，他们或娱乐、或经商、或交友，其乐融融。其中特别
有意思的是土家族、苗族有许多节日都在同一天，如在古丈县，一年一
度的"四月八"民族传统节日，在土家族、苗族地区都很盛行。在苗
族地区的坪坝乡，要举行赛歌会，不分男女老少，都要穿上节日的盛装
参加活动，其内容有唱苗歌、唱山歌、舞狮子、打猴儿鼓、耍武术、打
苗拳等，非常热闹。在土家族地区称这一天是"嫁毛虫"，敬"婆婆
神"的日子，祈求莫起病虫，五谷丰登。土家族还有一种说法，四月八
是牛王菩萨的生日。这天耕牛要休息、吃好的，除喂青草和稀饭外，还
要灌白酒和鸡蛋。又如"六月六"，相传苗族人民祖先为6男6女，苗
家希望自己也能生6男6女，繁衍后代，于是举行祭祖活动，每年的六
月六这天，双溪、墨戎、坪坝等地的苗族人民都要举行歌舞活动。土家
族称"六月六"为"晒龙袍"，是元末明初土王领导土家人民反饥饿反
压迫反迫害而遇难的日子，每年到这一天都要将珍藏的衣服拿出来翻
晒，以此纪念土王。虽然节日的内涵和活动不尽相同，但是在多民族聚
居区，大家在同一天过节或共同参加节日活动，无疑会增强相互之间的
了解和认同。

一　共同参与民族节日：土苗同乐

1. 古丈跳马

　　湘西古丈的土家族人，于岁初的第一个节日所举行的盛大酬神还愿
活动，称为跳马。石启贵在《湘西苗族调查报告》中对跳马曾做过详
细描述，并将其归属为苗族的节日。跳马的内容由许马，择日、扎马，

操旗、调年、贺马，稀可乐，出马、祭神、跳马、烧马，抬老爷、审老爷、烧老爷几个议程组成。跳马活动不仅融入了多族群的文化元素，同时也是一个多族群共同参与的文化活动。

许马跳马整个活动是梯玛还傩愿驱疫消灾祀仪的演变。关于其来源与演变，古丈县伍秉纯先生认为，"热溪这一带的这支土家先民，可谓孤军深入汉区和苗区，且距治城古丈坪不远。他们原始的梯玛还愿等傩祀表演，在这巫祀活动十分活跃的地区很难找到较多的观众，好在土家族的傩愿戏与汉族的傩愿戏没有本质的区别。为使民族传统文化不至泯灭，于是大家将敬奉傩神公公傩神娘娘，改为敬奉土地公公和土地婆婆，将单家独户求神许愿变为群体连寨求神许马，将演傩坛戏酬神转化为由跳马为主的包括各种歌舞表演、献马、献歌、献舞、献艺，以达到赐福人民的目的。"[1]

我国各民族的文化都曾经历过互相借鉴、渗透和融合的过程，土家族性格质朴、睦邻善处，在文化艺术上尤其善于吸收外来的营养丰富自己，他们濡染汉习，蔚然成风。土家族跳马诸多项目在很大程度上受到汉族和苗族习俗的影响。如抬老爷很大程度上受到县城迎城隍的影响。此外，客家舞龙、苗家舞狮，也融入贺马表演，苗族椎牛和吃牯脏的敬神方式在跳马中也有所借用，汉族的莲花闹和苗族捞虾等民间艺术加入稀可乐表演，等等。"土家族跳马之巫祀表演活动，是以土家族为主体的，融合了各民族艺术精华之还愿祈祷之盛会。"[2]古丈县文化局伍秉纯先生曾生动地描述了跳马的盛况以及土家族、苗族、客家（汉族）共同参与节日的盛况：

> 1989年2月10日（农历正月十五），下午4时，三连炮骤响。山头旌旗猎猎，人吼马嘶，土号齐鸣，震山憾谷。200多人的跳马队在3名梯玛的带领下，浩浩荡荡地下了山，向河滩奔来。前来贺马的客家4条龙灯和苗家一对狮子恭候山脚。几路人马咬在一起，龙腾，马跳，狮舞；那一根根竹竿绞着的长串鞭炮一个劲儿响着，

---

① 伍秉纯：《土家"跳马"初探》，载古丈县民族事务委员会编《茶乡风情》，州医科教综合服务公司印刷厂2000年版，第208页。
② 同上。

浓烟滚滚，如云似雾，把人们带到了飘然如仙的超脱境界。……在稀可乐表演中，也有苗族妇女参加，那装扮捞虾的苗女，手拿三角捞兜，穿行人缝手舞足蹈地表演捞虾、提兜、捧虾、装篓动作，逗趣要笑。①

跳马活动不仅在土家族地区举行，还被邀请到苗族地区演出。如1991年在古丈县墨戎镇龙鼻咀（苗族聚居区）举行的"中国少数民族傩戏国际学术讨论会"中，古丈土家族跳马就参加了演出，永顺双凤村的毛古斯也参与了此次表演。

2. 梁家潭"六月六"

地方政府有意识地引导各族群众共同参与民族节日，开展民族文化活动。泸溪县民委就一直利用开展民族文化活动来活跃民族往来。2007年上半年，在八什坪乡、梁家潭乡、潭溪镇举办了形式多样的民族传统节日活动。如4月份在良家潭乡芭蕉坪村举办了"三月三"苗族传统节日活动。省政协民侨委石建国主任来泸溪县参加苗族"三月三"传统节日活动，与当地群众一起载歌载舞，并邀请相邻的吉首、古丈、沅陵群众参加，一市三县共3万多各族群众载歌载舞，历时两天，同时成立了一市三县12乡边界民族联席会，有力地促进了边界民族团结、社会稳定和经贸交往。6月份在潭溪镇开展了"五龙"传统活动，参加活动龙舟达十多支，并邀请了周边县市龙舟参加，活动上表演了龙舟游河、比赛等节目，吸引了2万多群众观看。另外，还成功地举办了"六月六"、"七月八"等民族传统文化活动。通过各色民族活动的开展，既活跃了农村文化，又繁荣了当地经济，加强了民族地区之间物质、精神文化的交流。

特别是在2007年梁家潭举行的"六月六"跳香节活动中，操两种语言，采取三道拦门仪式，将土家族、苗族、汉族风俗融为一体。在此，笔者收录了此次活动的策划书：

---

① 伍秉纯：《土家跳马节》，载古丈县民族事务委员会编《茶乡风情》，州医科教综合服务公司印刷厂2000年版，第85—87页。

梁家潭乡湘锰首届"六月六"跳香节活动策划书

策划人：张宗南　杨家旺

一、概述

"六月六"（农历六月初六）是泸溪县梁家潭乡苗汉土家人民的传统节日。为弘扬民族民间文化艺术，保护民族文化遗产，梁家潭乡党委政府研究决定于今年七月十八日至二十日在乡镇府所在地梁家潭村举办"六月六"跳香节。该活动得到湘锰化工厂的鼎力资助，故冠名为梁家潭乡07，湘锰"六月六"跳香节。

二、关于节目活动主题

暂定为：团结、进步、和谐、发展。

三、关于节日活动内容

考虑到梁家潭乡鸡子潭村至八十坪乡花园坪村公路于本日正式通车，故将通车典礼穿插于本节日活动之中。

1. 通车典礼在跳香节开幕式前举行。地点设置在团鱼洲，鸡子潭至花园坪公路与洗良公路接口交叉路段。庆典内容拟定为：①苗家拦门酒礼；②梁家潭乡政府领导致辞；③八十坪乡政府领导致辞；④县直部门领导讲话；⑤县乡领导为公路通车剪彩。

2. 跳香节开幕式、民俗表演场地及文艺演出均设在中心完小操场。活动内容拟定为：

（1）迎宾拦门酒礼。地点在乡政府外公路上。

（2）开幕式：①主持人介绍来宾；②良家潭乡党委主要领导致欢迎辞；③兄弟友邻乡镇领导代表致辞；④湘锰化工厂老总邓守纪讲话；⑤县领导宣布跳香节开幕。

（3）民俗节目表演：①长号、唢呐迎客曲演奏及苗鼓表演；②狮子舞；③团圆鼓舞；④跳香舞（含苗老司祭祀活动）。

（4）文艺演出。

（5）苗歌山歌赛歌会。地点在团结山（即中心完小小学部教学坪场）。

四、关于活动时间

节日筹备从七月初开始，其间利用2—3天时间组织民俗表演节目复练。节日活动计划2天，即7月18—19日（六月初五—初六）。

1. 7月18日（六月初五）。民俗表演彩排走台，晚上由县剧团组织文艺联欢活动，燃放礼花。

2. 7月19日（六月初六）。通车庆典、开幕式、民俗表演，下午由县剧团组织文艺演出。晚上在村里举行苗歌山歌演唱会。

五、关于民族节目的表演及表演队伍人员

1. 拦门酒礼。设置三道拦门酒礼。通车庆典拦门酒礼、跳香拦门酒礼、主席台入座敬酒礼。拦门队伍人员除长号唢呐乐队、狮子队之外，组织20名苗家女子、2名领队、2名翻译、4名斟酒姑娘共28名组成拦门队。分两处拦门行酒礼，两支拦门对操两种语言，通车庆典拦门操佤乡语，跳香节拦门操苗话。鉴于梁家潭村对拦门酒礼尚无经验，建议从芭蕉坪村调拦门村姑10人，梁家潭组织10人，从机关选拔会说乡话、苗话的领队和懂乡话、苗话的翻译及斟酒姑娘，组成拦门队伍。

2. 乐队。拟从苏家请两名长号吹奏手，从乡里组织八名唢呐手，调杨清朱乐队参加，乐队可采取夕阳乐器吹奏民间唢呐曲牌方式。人员共20人左右。

3. 狮子。拟从芭蕉坪调大狮2只，小狮1只，人员20人左右。

4. 团圆鼓及跳香舞。

（1）团圆鼓。将参加拦门和舞狮的芭蕉村20名演员作为骨干，从梁家潭村拦门及乐队人员中调20名，县剧团能够参与的演职人员及乡政府（含机关）工作人员组成团圆鼓队（亦即作为跳香队）表演团圆鼓舞，人员约80—100人。

（2）跳香。①升坛祭祀。拟调芭蕉坪苗老司张启云及5名打击乐人员举行升坛祭祀仪式。②跳香。团圆鼓舞表演队员全部为跳香队员。

上述表演队伍共计200人左右。

5. 确定2名男女节目主持人并担任解说员。

六、关于节日活动顺序及迎宾路线安排

1. 第一道拦门。在来宾未进入团鱼洲之前，迎宾拦门队伍须先期到达，以长号、唢呐、狮子、乐队为前阵迎宾，拦门队成横排拉拦门将路拦断迎宾行酒礼。来宾迎至后，长号、唢呐、乐队狮子队退到拦门队之后回头协助拦门。

拦门队用山歌迎客，领队用乡话问话，翻译（兼引导员）向来宾用普通话翻译，斟酒姑娘及领队请歌敬酒。

2. 第二道拦门酒礼，通车庆典完毕后，仍依长号、唢呐、狮子为前阵，由拦门领队及翻译引导来宾，乐队压后将来宾引至第二道拦门。第二道拦门以苗歌迎客，翻译用普通话翻译。敬酒歌仍按第一道拦门酒礼方式进行。

3. 第三道拦门酒礼。该道酒礼为答谢酒礼，酒以矿泉水代替。第二道拦门酒礼完毕后，迎宾队伍仍按原定秩序将客人沿场上引入学校操坪再引导至主席台就座。由领队、翻译、斟酒姑娘依次给来宾上矿泉水，放录好的答谢苗歌或山歌。

4. 山歌闹台。在迎宾队伍迎宾时，挑选四对歌手在主席台上演唱苗歌山歌闹台，来宾入场时停止。

5. 苗鼓表演。入场时，主席台上的苗鼓同时表演，来宾入座后将苗鼓移到操场上列队。

6. 入场时，迎宾队伍在操场内绕场一周后按乐队、鼓队、民俗表演队整队排列。

7. 来宾入座后，两名主持人主持仪式并做表演解说。

8. 退场。民俗表演完毕来宾退场后，队伍方可退场。

七、时间安排及人员调配

参加迎宾及表演的人员（包括县剧团、县文化局工作人员）须在 7 月 18 日下午 2 时前准时到达乡政府，下午 3 时整合队伍，组合民俗表演彩排。

八、关于道路畅通及安全保卫

1. 从团鱼洲公路至中心完小进入操坪入口实行交通管制，不许停放车辆，摊位靠后留出通道。

2. 洗溪方向来车停放在政府大院，河蓬方向来车停放在学校坳上。

3. 7 月 18 日前组织一次安全检察，对安全隐患全面彻底整改。

4. 迎宾队伍前须配备开道车，以确保迎宾队伍和来宾通过。

5. 做好节日治安保卫工作。

九、组织领导

本节目由梁家潭乡党委政府主力，梁家潭村配合，县委宣传部、县文化局、县广播电视局、县民族事务局以及驻梁家潭乡扶贫建整单位共同协办，邀请县公安局、政法委参加。"六月六"跳香节活动领导小组由乡党委政府确定。

节日活动顾问：李诗兴　符鸿雁

节日活动总指挥：唐祖钊

节日活动总策划：张宗南　李跃　唐祖钊　符金刚

民俗指导：张宗南　杨家旺　张金宽

艺术指导：李跃　刘芳清　张民权

摄像：县广播局

安全保卫：县公安局治安大队　洗溪派出所　乡综治办

交通管理：县农机局　交警大队　乡安监站

十、后勤工作由梁家潭乡安排

2007 年 6 月 25 日

二 两族文艺节目同台献艺：土风苗韵

在湘西各种节日庆典和文艺晚会表演中，会议组织者及导演都会合理安排土家族、苗族的各种节目的比例，让土家族、苗族各种表演形式相映生辉，既促进了交流，又烘托出民族团结的气氛。如湘西不少晚会的定位就是展示"土风苗韵"，在湘西自治州第十一届运动会开幕式文艺表演中，导演就充分体现了这个特点，既有土家族、苗族的节目，也有土家族、苗族一起表演的节目。

湘西自治州第十一届运动会开幕式文艺表演

活动内容

本次活动主题为："相约保靖"。以增进民族团结和促进社会和谐为主旨；以民族原生态和现代歌舞为主要表现形式；以反映保靖远古文明和讴歌新时代、赞美新生活为主要内容。凸显湘西深邃神秘的酉水文化，彰显土家族、苗族勤奋顽强的民族个性。激发人们热爱生活、自强不息、团结拼搏、奋发向上。活动内容以"圣火"为序，共分"敞开山门迎宾客"、"美丽酉水我的家"、"共建和谐新保靖"三个篇章。

序　圣火

创意：追光下，一长者击石取火。星星点点的火苗在音乐声中闪烁流动，最后组成"BJ"字样。霎时，火光汇聚成一团火焰，向上空升腾。

第一篇　敞开山门迎宾客

主体创意：一声巨响，山门打开。土家族溜子、土皮号和苗家的押马号、高凡灯、竹唢呐一拥而上，喜迎宾客。轻快活泼的少儿《橡皮筋舞》、刚劲有力的老年《功夫扇》以及气势恢宏的苗族《棍棒武术》在音乐声中轮换上场。紧接着，身着盛装的苗家姑娘、土家汉子唱着《迎客酒歌》，把香甜的美酒献给尊贵的客人。

第二篇　美丽酉水我的家

主题创意：苗家阿姐阿妹挥舞着鼓棒，敲响团结和谐、催人奋进的《苗族鼓舞》，气氛热烈，场面壮观，充分展现民族大团结、大团圆。土苗两家欢聚一堂，携手共创和谐保靖。接着土家姑娘、小伙在节奏明快的《土家族寨子歌滚歌》音乐声中跳起热情奔放的《摆手舞》。最后，本届运动会主题歌《相约保靖》（大型歌伴舞）将整个晚会推向高潮。

土寨连着苗岭，苗鼓连着铜铃。

诚如晚会策划书中所讲的，这个晚会的一个重要主题就是促进民族团结，利用民族文艺的形式再现土家族、苗族的优秀品质，灿烂的文化，土家族文艺节目和苗族文艺节目次第登台或同台唱和，土家族演员与苗族演员同台献艺，《团圆鼓舞》与《摆手舞》交相辉映，营造出一种和谐气氛，借此来象征现实中土家族与苗族的和谐相处。

第四章

当代湘西土家族苗族文化认同

"认同"是一个心理学范畴，最早由弗洛伊德提出，指个人与他人、群体或者模仿人物在感情上、心理上的趋同过程。后来在心理学上一般指个人在社会生活中与某些人联系起来并与其他人区分开来的自我意识。族群认同是群体中个人认同最重要的，也是其基本的社会身份。族群认同主要是通过对文化的认同形成的。因为族群是建立在共同文化渊源上的，族群认同总是通过一系列的文化要素表现出来。族群组织经常强调共同的继嗣和血缘，这样由于共同的祖先、历史和文化渊源而容易形成凝聚力强的群体。因此，文化就成为维持族群边界的基础。"文化渊源又是重要的族群边界和维持族群边界的要素。"[1] "一定地域内的族群认同过程，是在和别的族群发生关系中且不断刺激体现出来的。"[2] 湘西土家族苗族之间持续而又频繁的文化互动使得族群边界表现出相当的开放性，而他们的族群认同就是建立在相互发展开放的文化认同的基础上的。

第一节 两族文化认同

两种不同的文化和其文化主体共存于一个地理单元，其结果至少可能出现两种情况：一是强势文化压倒弱势文化而占据绝对优势；二是两种文化旗鼓相当，既相互影响又各自独立，并存发展。[3] 在湘西，土家

---

[1] 周大鸣：《论族群与族群关系》，《广西民族学院学报》2001年第1期。

[2] 麻国庆：《走进他者的世界：文化人类学》，学苑出版社2001年版，第321页。

[3] 周大鸣：《动荡中的客家族群与族群意识》，《广西民族学院学报》2005年第5期。

族、苗族文化当属第二种情况。族群间长期的相互接触，认同多种多样，而且程度不一，其核心是文化上的认同。文化认同一般具体表现在语言文字、节庆礼仪、生产习俗、服饰饮食及宗教信仰等方面。土家族、苗族文化经过长期频繁的接触，对对方的文化认同经历了了解、赞扬、借用和对自身文化反思的过程。

一 对对方文化的了解

（一）对对方语言文字的了解

语言是区分族群的最外显的标志，也是族群间交流的工具。在族群接触的过程中，生产协作、商品交流、交友娱乐，首先便是语言的交流。通过调查显示，土家族、苗族对对方的语言都有一定的了解。如土家族中对苗语"会一些"和"很好"的总共占到了61.12%，只有38.88%的土家族人完全不会苗语（见表4—1）。虽然统计发现，苗族对土家话的掌握程度很低，但这主要是由于当前土家族已经很少操土家话了，他们大多以客话为交际语言。而苗族对客话的熟悉程度很高。

表4—1 　　　　　　土家族、苗族对对方语言掌握的程度 　　　　　　单位：%

		完全不会	会一些	很好
土家族	您对苗语的掌握程度是	38.88	30.56	30.56
苗族	您对土家语的掌握程度是	54.29	28.57	17.14

（二）对对方风俗习惯的了解

通过问卷调查可以看出，土家族、苗族对对方的风俗习惯有较多的了解。如苗族有85.3%的人"了解一些"或"很了解"土家族的风俗习惯；土家族也有74.3%的人"了解一些"或"很了解"苗族的风俗习惯。

表4—2 　　　　　　土家族、苗族对对方风俗习惯的了解 　　　　　　单位：%

		不了解	了解一些	很了解
苗族	您对土家族的风俗习惯	14.7	82.4	2.9
土家族	您对苗族的风俗习惯	22.7	61.4	12.9

土家族、苗族对对方的风俗习惯的了解主要集中在以下几个方面：

1. 对对方礼仪、禁忌的了解

对对方礼仪、禁忌的了解和遵守是跨族群交往的前提。土家族、苗族都有不少礼仪和禁忌。

土家族禁忌多表现在日常生活、生产方面。如：忌客人与主人家的女儿坐一条板凳或开玩笑；忌坐主人家堂屋的门槛；不能用脚踩灶前或火坑中的三脚架；土家敬奉灶神，故禁忌把物放在灶台上；忌在家中吹口哨、打呃喝；忌在家中打锣敲鼓或将撮箕倒扑于堂屋中间；吃饭时，不准端着碗站在主人背后吃，不准边吃饭边敲碗；如果主人家有孕妇，则切记不要在他家敲打东西、钉钉子、动土或移动较大的家具摆设；孕妇或寡妇最好不要去参加土家人的婚礼。逢年过节等喜庆之日以及一些特殊的日子，土家族也有不少禁忌。如：年三十这天，不准杀生，妇女不得洗衣浆被做针线；不准到水井去挑水；吃年饭时禁忌用汤泡饭。大年初一这天，不能泼水，不能扫地，免得把财喜扫了出去。年、节、婚嫁等喜庆之日，禁忌打架吵嘴哭脸，不得说"死"、"丧"、"病"、"伤残"、"分离"、"背时"、"坐牢"、"砍头"等不吉利的话。此外，清明、立夏、四月八等日，忌用耕牛。土家人还视一、四、七、十月的忌日，三、六、九、腊月的牛日为"红煞日"，每逢这些日子，便都忌出远门。

苗族的禁忌也很多。忌在家里和夜里打口哨，忌用脚踩踏火坑里的三脚架。忌坐"夯告"。苗族火坑右边（背向北，面向为南，余类推）的中柱脚设有祖先神位，苗语称为"夯告"。青年和妇女严禁在这里烤火，孩童更不能在这里打打闹闹。忌震龙岩。苗族堂屋中央都有一块石板，石板下有一小坑，坑内放有清水一碗，是"龙"的栖身之处，如果震动了这块石板，据说"龙"就会受惊离去，主人就会遭灾。父母在，晚辈不能包裹白色头帕。忌过小年。由立春的那一天算起，逢到子日便是小年。如正月初四恰恰逢到子日，那么从初三晚上半夜子时就要起忌。到时，一家大小全都休息，关门闭户不上坡，不干农活。一直要到初四的夜晚子时才解忌。清早起来后到吃早饭以前这段时间，忌说龙、蛇、豹和鬼。

这些禁忌中有些是土家族、苗族共同遵守的，如忌踩三脚架；有些是人际交往中基本的文明礼貌准则；有些则是各自独特的禁忌，体现了各个族群的伦理道德。如果不熟悉的话，相互之间的交往就会发生不愉快。只有熟悉这些，才能被对方族群所接纳。土家族和苗族相互交往密切的大多是对对方的禁忌和脾气秉性非常了解的人。一位有众多苗族朋友的土家人这样说道：

> 我在苗区比较吃得开，他们汉族不行，我对他们的风俗习惯比较了解。在他的家里，你不能做什么，人家苗族最忌哪些哪些。说话也要小心，说错话他就会恨你，说话太随便了就是这个意思，和苗族人说话特别要小心。他们不像汉族，汉族人，就是我们说的大方一些，他小气一些，苗族人小气一些。（报道人：凤凰县吉信联欢村人，土家族，男，YXQ，商贩，62岁）

2. 对恋爱、婚姻习俗的了解

婚姻是重要的人生礼仪，婚礼也是一个社区的重大活动。土家族、苗族有着互相通婚的历史，对对方婚姻习俗也要非常了解。

（1）两性交往守则。在调查过程中，笔者多次听到这样的两性交往守则："土家族的姑娘碰不得、媳妇碰得；苗族的姑娘碰得、媳妇碰不得。"此种风俗禁忌在古代确实如此，如在苗家"其处女与人通者，父母知而不禁，反以为人爱其美；若犯其妻妾，则举刀相向，必得钱折赎而已。"[①] 而土家族，由于受汉族文化影响较深，讲究"男女授受不亲"。

（2）苗族眼中的土家族婚俗：哭嫁、喊礼、拦门"刁难"。湘西土家族的传统婚俗一般要经过求婚、订婚、拜年、结婚、回门等礼俗，其中最独特的就是哭嫁。虽然20世纪80年代以来土家族哭嫁的风俗已不再多见，但在苗族眼中土家族婚姻最大的特点仍是哭嫁。苗族都知道土家族姑娘哭嫁的独特风俗。过去，土家族一般婚前一个月或半个月哭嫁。新娘哭嫁时，全寨相好的姐妹都来陪哭、对哭。哭嫁的内容非常丰富，有"哭父母"、"哭哥嫂"、"哭别姊妹"、"哭众亲友"、"哭祖宗"、"哭开脸"、"哭穿衣"、"哭上轿"等。

此外，土家族、苗族在结亲、送礼等仪式中也有不同的习俗。比

---

① 同治《永绥直隶厅志》卷一《建置·苗峒》。

如，结婚中礼物的迎送、结亲客人吃饭的先后都有差异。他们对其中的区别也非常熟悉。

（3）土家族眼中的苗族婚俗：苗族不拜堂、不同房、吃排家饭、双喜临门。苗族崇尚恋爱自由，婚姻比较自由，但并不可以随随便便，也要举行订婚、过礼、结婚、回门等礼俗。在土家族看来，苗族婚俗与他们最大的不同在于：结婚时新娘与新郎不拜堂，新娘与新郎在结婚的几天内只能见面，不同房，要等到回门后，新娘才能与新郎同房，以及女方送亲的队伍庞大，男方亲族为了表示盛情，要请"排家饭"，即一家一餐。

此外，苗族一种独特的婚俗也为土家族人所熟知，那就是"双喜临门"。《凤凰县民族志》这样描述"双喜临门"：20 世纪 80 年代至 90 年代，苗族婚俗发生了较大的变化，男女相爱，又征得父母同意，女方便择一吉日，邀约 2—3 名女友相伴来男方家同居，这与其他少数民族的"试婚"极为相似。事后男方备烧酒、甜酒各一坛，鹅或旱鸭一对，猪肉一块，前往女家"认亲家"。待到"添口"喜临，满月之后，男方置备酒肉送女家，女家则大宴亲朋"补酒"。女方准备嫁妆及新生小儿所需物品，邀约亲朋数十人，吹吹打打送到男家，男方大宴四方宾客，谓之"双喜临门"。经此种婚姻程序，婚姻更为稳固、牢固。①

关于这一风俗，在湘西各族群中颇有争议。如土家族和汉族认为苗族一直就有这种风俗。苗族一部分人也认为"双喜临门"是一直以来的风俗，但一部分苗族人则认为是现在开放了，从外面学来的。无论如何，这种习俗是土家族眼中苗族婚俗一个独特的特点。

3. 对对方饮食习俗的了解

民以食为天。饮食风俗包含了丰富的文化内涵。土家族、苗族的饮食习俗如饮食加工、饮食器具、饮食礼仪既有许多共同之处，也各具特色。苗族和土家族很多饮食习俗相同，如喜欢辣、酸，好酒。土家、苗家对各自这些饮食习惯的熟悉自不待言，但也各有相异之处。

（1）土家族人眼中的苗族饮食：酸菜、大碗、流水席、团圆饭。

①　《凤凰县民族志》编写组编：《凤凰县民族志》，中国城市出版社 1997 年版，第 93—94 页。

在土家族人眼中，苗族的饮食比较简单，苗族做菜喜欢把一些菜诸如茄子、辣椒等放在饭上蒸，然后捣烂放在碗里再加盐。苗族的饮食特点就是喜欢吃酸菜，酸鱼、酸肉做得特别好。苗族吃菜讲究实惠，吃肉就吃肉，块头大；喜欢用大碗装菜等。做好事的时候待客喜欢摆流水席，不安席，随到随吃，坐席不讲究辈分，吃团圆饭，非常热闹。

（2）苗族人眼中的土家族饮食：礼节多，一桌一桌地待客。土家、苗家饮食文化最大的不同体现在饮食的礼仪上。苗族喜庆筵席大多摆流水席，随到随吃，菜肴简朴、实惠；土家族则多喜欢摆桌子，一桌一桌地待客，讲究坐席，菜肴讲究、精致。

一些苗族人不仅了解土家族的风俗习惯，而且还能将其与苗族之间的差异分得很清楚。他们知道土家族吃饭要一桌一桌地安排，非常讲究，如父子不同席、兄弟不同席、男女不同席，在一桌中长辈要坐正席。对这些饮食礼仪的掌握不仅仅是一种见多识广、闲谈的资本，而且还是土家族、苗族交往中必须遵守的准则。这一点在一些土家族、苗族通婚家庭的喜庆筵席中，一些主事的人要特别注意。如果不掌握这些知识，违反了对方的礼仪，亲戚之间转眼就会翻脸：

> 土家族啊，他这个礼节比较多。你就像我们那里，我们寨子就是苗族啊，有一家啊，起房子吃酒的时候，要安席。他这个媳妇呢，就是土家族，我们是苗族，双方的礼节呢，就不同。也是安这个席，安的不好啊，按照我们这里汉族、土家族呢，他把这个……他那个舅舅呀，资格就比较老了，可以把这桌酒席掀掉。安席呀，是汉族、土家族的风俗习惯，苗族不讲这个风俗习惯。那时，我们那里有好事，就是叫我主持那一场好事。那时候就跟他说，我说，你们这个礼节我们也知道，按照你们兄弟不同席、父子不同席、男女不同席，你有两个老人家，两个老人家他是两个弟兄，就必须分开。分开以后，我们一桌是八个人，我们要有七个人陪你，要十四个人陪你两个老人家，我们就占了两桌。你还有五个儿子，五个儿子也不能同席，就必须五桌，五桌以后，我们必须要有三十五个人来陪。你还有那个上面的叔母啊，两个，又要十四个。我说按照你们这里来呀，问题不大。但是，按照我们这里一般是安席以后，就

是那个堂屋啊，一进大门的只能两桌，两桌上下也有区别，辈分大的在上面，辈分小的在下面。我说按照你这个安席以后啊，这个吃饭啊，就比客人还要吃得后，人家就先吃了，我说看怎么样，如果你们愿意，那我就这么给你安席。不要说啦，吃饭给你们放在后面，因为那里只能安两桌。必须轮着来，我说一桌不吃多，不吃久，一个小时，要吃一天都吃不完。他说你看怎么办。我说是不是按照我们苗家。我们苗家，一家人一起就是团团圆圆，吃团圆饭，就不分你那个老小、男女，一起，但是我说呢，像你这里，两个老人家，不和你们一起，按照你们这个习惯，父子不同席。他们几个这一桌，你们几个弟兄那一桌，我再安排三个人和你们一起来，给你添酒。陪酒呀，劝酒呀，必须要自己的主人家，女方的那个女客就在房里吃，看怎么样，他们说好好好，不然的话，按照他这个习惯啊，搞不好。（报道人：凤凰县吉信镇人，苗族，男，WFD，干部，48岁）

上述这位主事人正是凭着对土家族、苗族的饮食礼仪熟悉，灵活变通，迅速化解了这起"饮食礼仪"风波，最终双方亲戚皆大欢喜。

（三）对对方宗教信仰的了解

自古以来，湘西地区"巫风尤盛"。土家族、苗族除共同信仰汉族地区传入的佛教、道教外，民间信仰也有许多共同之处。如土家族有着崇拜祖先、敬祭土王、信仰鬼神的习俗。土家族认为八部大王和向王天子是自己的远古祖先，在土家族地区原来都建有八部大王庙和向王庙，有的地方还建有"土王庙"供奉彭公爵主、田好汉、向老官人。土家族人相信梯玛。除此之外，土家族还敬奉灶神、土地神、四官神、五谷神、梅山神、白虎神等。

苗族的信仰崇拜祭祀活动也很多，非常崇拜祖先，除在家中的火坑中柱有祖先神位"夯告"外，其中规模最大而又最富有族群特色的就是祭祀祖先的椎牛、打猪和接龙。此外，苗族中还流行一种"还傩愿"的祭祀活动。苗族也信仰多神，对通常所说的36堂神、72堂鬼都行祭祀。

通过调查显示，土家族、苗族对对方的宗教信仰都有一定程度的了解。土家族中有50%的人对苗族的宗教信仰"了解一些"，另有少量的土家人很了解苗族的宗教信仰。而苗族中也有53.12%的人对土家族的宗教信仰有所了解（见表4—3）。

表4—3　　　　　　　**各族群对其他族群宗教信仰的了解程度**　　　　　单位：%

	不了解	了解一些	很了解
土家族	46.43	50.00	3.57
苗族	46.88	53.12	
汉族	57.14	28.57	14.29
综合	47.76	49.25	2.99

土家族、苗族对对方的了解主要集中在祖先崇拜以及一些大的祭祀活动。

1. 家先与神龛，对祖先崇拜的了解

苗族和土家族同样敬奉祖先，在家中都有祖先牌位。但苗族和土家族的家先牌位各不相同。如在吉信镇，土家族知道苗族敬祖跟他们不一样，部分苗族虽然跟他们一样，中堂有"天地君亲师"神龛，但只有一个，而且他们真正的家先则在火坑边上。梳头溪的土家族人也知道，官坝苗族的家先在火坑边上的中柱上，苗族一般中堂不设"天地君亲师"神龛，只有苗医和苗老司才设。

同样，苗族也知道当地的土家族跟他们不同。在凤凰吉信镇，当地的苗族认为在敬祖方面，土家族与他们最大的不同就是，当地的土家人中廪家田、廪家杨有两个神龛，一个大神龛、一个小神龛。大神龛上写"天地君亲师"，小神龛上书写"紫荆堂"，供奉的是三个"（身大）老尼卡"，即天王菩萨，现在演变为供奉三代以内的祖先。而"官府田"和"官府杨"则写"关西堂"、"雁门堂"等。同样，在保靖的绿绿河，苗家人也知道向姓土家族家先在屋门后，甚至还故意曲解、笑谑他们说，他们的祖先过年杀的猪是偷人家的，因为怕被别人发现了，所以才藏在门背后敬奉。

2. 苗老司与土老司

苗族、土家族对对方宗教信仰的了解的第二个主要方面是双方执行祭祀的神职人员的区别，即对巫师的了解。湘西苗族的祭祀活动大多由苗老司主持，其中会讲苗话的叫苗老司，苗语称作"巴代熊"；讲客话的叫客老司，苗语称作"巴代咱"。土家族的巫师则称作土老司，土家语称"梯玛"。在凤凰土家族中廪家田杨二姓的巫师则叫作"溜罗"。凤凰吉信镇的苗族人去世了要请苗老司，土家族老人请溜罗，或者道士。他们所做的法事也完全不同。

> （土家族）下井的时候，他又要一只大公鸡，就请那个老司，写几个字，富贵双全，下去用那个鸡放在坟口里面，鸡杀了以后……封土以后，你像这个帮忙的，大家都说，你要富呀，你要贵呀。那些帮忙的人说，富贵都要好，那些帮忙的说，谢你师傅贵言。死了以后，上了山，就要到那里复山，比如说，今天老人家上山了，今天晚上，要请那些，先呢，也是那个巫师，他就要请他把老人家送上西天，超度；上西天，就是死了的那天晚上，然后这边就要打些粑粑，要给那个师傅，下井的那个大公鸡都是给师傅了，他那个就是代表道士。这个老司就是道士。
>
> 土家老人基本上也是这么弄的，也是这样，他们请的人比较多，他们也请道士。他们有的请溜罗，有的有钱他就搞，一般的，我们这里都搞不大。溜罗就是土老司，像我们这里一般都是农村的，他就搞，你像过去那些大户啊，我们这里苗族啊，他讲究杀牛。（报道人：凤凰县吉信镇人，苗族，男，WFD，干部，48岁）

一些苗老司则分得更清楚：

> 我们老司是宗教兼道教，有时我们也帮别人度亡。三十六堂神，七十二堂鬼是要烧三斤六两纸，三斤六两肉。土家族喊作溜罗。可以帮人家度亡，也可以帮人家安家先。溜罗也是宗教兼道教，道士是汉族的，还傩愿是汉老司，穿红衣的。（报道人：凤凰县吉信镇吉信村大麻元人，苗族，男，LQF，苗老司，73岁）

双方不仅对这些名目非常熟悉，而且对他们这些巫师的服饰也非常熟悉。对此，都吾村的张医生区分得更清楚：

　　我们汉族（土家族）分廪家田、廪家杨，他们是民族，他们老人啊，就请溜罗，汉族、土家族一样的就是道士，道士念经呀，绕棺呀。廪家人，敲，噢噢，他们是溜罗。还有苗老司啦，他们杀牛呀，我们汉族是道士，老司是追魂的，老司和道士不同啊，老司是红衣老司，道士是青衣道士、黑衣道士，老司是文官，道士是武官。观音是普天下一样的，天王都是一样的。（报道人：凤凰县吉信镇都吾村人，苗族，男，ZHHZH，医生，45岁）

凤凰吉信大麻元苗老司　　　　　　　　苗老司的经书

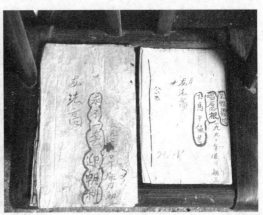

绿绿河苗族客老司　　　　　　　　　　客老司经书

3. 丧葬习俗

土家族人对苗族的丧葬习俗也很了解。如要请苗老司：

> 苗族老人，同样请人，但他们请的那个人是说苗话，我们听不懂。唱歌也是唱苗语的，他们请那个应该是老司吧，他们请那个是戴面具的，我搞不清楚。（报道人：女，土家族，吉信镇计生干部）

苗族下葬"忌日"长：

> 苗族就是个忌日狼，忌的比较长，他看个日子一看，今年不能下葬，你就要摆到明年去，哪怕摆在山里，你也要搭棚子。摆在屋里就把门锁了，大家都走了。哪天把这个事情再办。有一年，有两年有三年的。那这个屋就甩在那儿，就没有人住了。我们土家族没这个。有的就放在山上，就搭棚子，但是不能入土。有人去那里烧纸点灯，点桐油。（报道人：古丈县县城人，土家族，男，DMZH，商贩，53岁）

4. 椎牛、还愿

椎牛、还愿是苗族人举行的盛大的祭祀活动，新中国成立前在苗族中非常盛行，许多老年人至今仍然记得年幼时苗乡里盛大的椎牛祭祖活动。而一些青年人也对椎牛有所耳闻，这主要得益于近年来各地举办苗族节日的时候，往往举行现代形式的"椎牛"活动。如最近几年在花垣排碧、吉首、古丈龙鼻都在赶秋节的时候举行盛大的椎牛表演活动。如在吉首椎牛，采用的吉首人当主人家，凤凰当大舅、花垣当二舅、古丈当三舅来模拟家族椎牛活动。这些活动虽然性质与原本的祭祀意义大相径庭，但其形式完备，还是再现了苗族传统的椎牛活动的盛况。至于还愿，并不是苗族独有的祭祀活动，在湘西土家族、苗族之间都很盛行，土家族、苗族对此都非常熟悉。

二　对对方文化的赞扬

费孝通先生曾经用"各美其美"、"美人之美"、"美美与共"、"天下大同"来概括不同文化之间的互动融合过程。"各美其美"，是指各个民族都有自己的价值标准，各自有一套自己认为是美的东西。这些东西，在别的民族看来不一定美，甚至会觉得丑恶。在民族接触的初期，还常常发生强迫别的民族改变他们原有的价值标准来迁就自己的情形。民族间平等地往来频繁之后，人们才开始发现，别的民族觉得美的东西自己也觉得美，这就是"美人之美"。这是高一级的境界，是超脱了自己生活方式之后才能得到的境界。这种境界的升华极其重要。① 土家族、苗族在对对方文化了解的基础上，不仅能正视文化差异，而且能尊重对方的文化，即从"各美其美"到"美人之美"。

（一）土家族对苗族文化的赞扬

1. 苗家的酸汤、酸鱼做得好

苗族饮食文化的最大特色就是善做各种酸菜，其中最有名的就是酸鱼、酸肉、酸汤。苗族人民杀猪捉鱼后，切成小块，和以米粉香料，加盐腌之，放入坛中，密封坛口，倒覆于浅水盘内，使之不透气。经两周后，鱼肉米粉略变酸味，便可取出食用。对这种酸鱼、酸肉，土家族人交口称赞。如吉信镇土家族认为，"苗族的菜主要是酸汤，其他的都不好；酸鱼做得好，又摆不烂，吃生的就很好吃。喝酒的时候，从缸子里面舀生的出来吃，吃得相当香"。而且还认为土家族没有苗族做得好，按他们的方式方法做，也赶不上他们。

2. 苗族人好客、直爽

苗族人的好客、直爽得到了土家族人的一致认同。土家族认为，苗族人相当好客。朋友、亲戚六眷，甚至是不相识的人到了苗族寨子里就有人招待。如果苗族人真的把你当朋友的话，他就很好客。而且还认为，苗族的房子没有隔板，中间没有柱子，显得宽敞，就是因为苗族好客，朋友多，容纳的人多。

土家族认为苗族的第二个优点就是直爽。在他们眼中，苗族有个特

---

① 费孝通：《人的研究在中国》，天津人民出版社 1993 年版，第 14—16 页。

点，只要和他们玩得好，他身上的肉都可以剐给你吃；但是搞得不好，他就要倒吃你的肉。

第三个优点就是苗族妇女对爱情的表达很直率，对丈夫忠贞、体贴。土家族人介绍说，苗族妇女，如果看起了一个男子，就很直率地表达出来。但如果看不起，就讲苗话，毫不客气，根本不与人接触。如果苗族女子看准了人，就会全心全意地属于这个人，在内心里没有任何私心杂念。而且非常体贴人，比客家更体贴一些。

3. 苗族人团结

苗族人非常团结，这一点也深为土家族人羡慕。苗族人之中，如果一方或者一家出了事情，周围的人都会过去帮忙，如果寨子里有人打架，全寨的人都会去帮忙。若到苗寨去，只要和一个人搞得好，全寨的人都喜欢你；如果你得罪一个人，全寨你都吃不开，没人会理你。

另外，在土家人看来，苗族的团结还表现为互相帮助的风气很好，如苗族人家建房等重大活动，根本不需要通知，左右邻里都自觉的天天来帮忙，也不用在主人家吃饭。一直帮忙到房子搞好了，最后吃一餐。而且早上还为主人家带两筒木料，晚上同样给主人家放好木材。

对苗族的这种团结意识，土家族认为是因为苗族人少、历史上受欺负。同时他们认为土家族也非常团结。

> 苗族呢他特别团结。因为苗族他是小根小族，他人少。所以以前呢，大族欺小族，肯欺负他，抢劫、盗窃。他们人少他们团结。哪家的耕牛不见了，他们只要喊一声，敲锣喊一声，一寨人都拢来了。到处去找，这里去一拨人，那里去一拨人。这种风俗我们土家族也有。解放前，我四嘎公，当过保长，牛不见了，他一打锣，都拢来。他原来订了乡规民约，哪个打落（丢）了重要东西，大家都要拢来，想办法找去。（报道人：古丈县双溪乡梳头溪人，土家族，男，PXSH，退伍军人，62岁）

4. 自由恋爱及其子女的婚姻观

苗族崇尚自由恋爱。历史上土家族男女恋爱也很自由。改土归流后，受汉族儒家文化的影响，恋爱、婚姻礼俗日渐烦琐、礼教森严。但这并不妨碍他们对苗族自由恋爱的赞许。

在土家族人眼中，苗族人恋爱自由，既奇特又浪漫。每年的正月、七月，青年男女站在山头，唱着情歌相互表白，通宵达旦，非常浪漫。

过去土家族认为苗族人恋爱太自由、不合礼教，现在他们这种观点已经开始改变了，他们认为苗族人父母对女儿恋爱、婚姻的态度比自己的更加合理。苗族的风俗是，父母对女儿恋爱非常支持。土家族人介绍说，苗族原来的风俗习惯就是家中有个女儿，到十七八岁的时候，如果外面来青年人，两个老人就出去玩，给青年人留出恋爱的空间，让他们自己谈情说爱。但是女儿可以去谈，媳妇话都不能讲，说话往往会引起误解、引起冲突。而土家族的传统风俗，对女儿管教甚严，讲究"男女授受不亲"，而对家中媳妇，则稍微可以开一些玩笑。对于这种区别，现在土家人也开始认为苗族要比他们合理了。对此，土家人这样评说：

> 这种习惯想起来还是苗族好些，因为媳妇他毕竟有男的、有对象，你说一些不好听的话会有纠纷，他去打你。他那个女儿，按照道理，他要嫁人的。（报道人：古丈县双溪乡梳头溪人，土家族，男，PZB，土老司，65岁）

5. 苗族的猴儿鼓打得特别好

苗族有着丰富多彩的文娱活动。如苗歌、苗鼓、苗绣、舞狮等，至今仍然流行于苗族城乡。其中苗族鼓舞最受土家族人欢迎，乃至成为一种普遍的健身运动，甚至一些土家族人也加入了他们的苗鼓队。近年来，湘西各地政府每逢重大节庆活动，都会请苗鼓队表演苗族鼓舞。2008年6月25日，古丈双溪乡和州国土局扶贫队举办"土地日"时，官坝村的苗鼓表演吸引了梳头溪、溪流墨等远近各个村寨的土家人观看，而且还高声喊叫，要再来一个动作。梳头溪一位娶了苗族媳妇的老人更是对苗族猴儿鼓喜爱不已：

> 打猴儿鼓。我爱人打得好，相当好看。前日里，乡政府里搞过一次打猴儿鼓。他们打得不算标准。我年轻的时候在官坝看过，那个标准些。他搞得好像神乎其神的。脸上画的相像。打的动作像猴

子的动作。我爱人又会打猴儿鼓，又会点武术。（报道人：古丈县
双溪乡梳头溪人，土家族，男，PXSH，退伍军人，62 岁）

6. 苗族草医灵验

苗族的民族医术非常灵验，受到土家族民众，乃至一些土家族的梯
玛、土医的称道。保靖丰宏的一位土医对苗医、苗药赞不绝口：

> 苗族的草药就很好。比方说，有些疑难杂症搞不好，你只说是
> 哪么哪么引起的，他扯点草药，熬点汤，就好好的了。（报道人：
> 保靖县水田河乡丰宏村人，土家族，男，LQF，土老司，63 岁）

7. 苗族人勤劳

在土家族人眼中，勤劳苦干是苗族人的又一大美德。土家族认为苗
族很能吃苦耐劳，他们每天劳动到很晚，比土家族要好。夏天的时候，
一般土家族人到下午四五点钟就收工回家了，而邻近的苗族人还在田地
里、山上干活。

8. 漂亮的服饰、苗绣、银饰

土家族人历史上的服饰也是"五
色斑斓"，现在虽普遍穿汉装，但他们
仍很喜欢苗家织花巾、织花带、绣花、
手工绣、绣的背面、绣的枕头，认为
这些都很漂亮。特别是妇女的服装，
色彩斑斓，有花边，很漂亮，都是手
工绣的花，还有头上戴的帕子，都非
常漂亮，用土家族的话说就是"戴的
乖啊！"而且还很遗憾地表示现在都没
怎么穿了，很少人穿了。

苗族盛装

9. 苗族人生活中的小技巧

苗族在生活中积累了一些生产生
活的小技巧，其中蕴含着独特的智慧，如官坝的苗族有一个习俗就是在
石头下面养蜂，把柴火放在山上的石头下面，不放在家里面。而溪流墨、

梳头溪就不会这样做。因此土家族就认为自己要比苗族懒一些，没有苗族
考虑得长远。

（二）苗族人对土家人的赞扬

1. 土家人先进、思想开放

苗族人认为土家族在生产方面要比他们先进，特别是改革开放以
来，苗族人对土家族人思想开放，善于搞经济开发很是羡慕：

> 生产那是土家族搞得好些，他比我们先进一点，思想开放点。他
> 们先进一般就是开发比我们先进，像茶叶，我们村这几年才搞，以前
> 都没有，土家族搞得多得很，现在土家族比我们还富裕一些。我们苗
> 族人嘛，一般的他思想还是比较落后，现在看其他人全部搞上了，我
> 们才搞，以前我们苗族人他不和土家族接触，这几年才接触多些。
> （报道人：古丈县双溪乡官坝人，苗族，男，LMK，村干部，50）

2. 土家族人生活搞得好

苗族人觉得土家族不光日常饮食，乃至生活水平都比他们要好：

> 当然土家族生活过得好一些，因为我们苗族呀，受到这个地
> 区，还有各方面的制约，你像现在我们苗家改了一些。（报道人：
> 凤凰县吉信镇苗族，男，WFD，48 岁，干部）

三　对对方文化的借用

在族群的历史演变过程中，各族群都会根据其传统居住地的地理、
气候、自然资源条件而形成各自特有的传统经济活动和生活方式，同时
形成自己传统的价值体系和行为规范。但是，这些生活习俗和价值体系
也会在与其他族群长期的文化交流过程中受到他族的影响而发生一些变
化。与其他族群的宗教和文化交流也会影响到本族群的价值观念和生活
习俗方面的转变。① 苗族、土家族在长期共生共处过程中，两种文化不

---

① 马戎编：《民族社会学——社会学的族群关系研究》，北京大学出版社 2004 年版，第
204 页。

可避免地产生了互动变迁，某些习俗逐渐开始交融混化。

（一）饮食习惯的借用

1. 吉信镇区苗族饮食的变化：从大碗酒、大碗饭、大块肉、摆长席到炒菜、八人一桌

在苗族乡间，招待客人的时候喜欢用大碗喝酒、大块吃肉，体现出苗族的好客热情；长桌待客，吃团圆饭，增添喜庆气氛。但是随着一部分苗族搬进集镇居住后，就觉得原来的那种吃法不够讲究，认为土家族八个人一桌，一盘一盘地炒上各色花样的菜肴，显得档次更高一些。

> 你像现在我们苗家改了一些。过去，就是前几年，在我们苗家吃饭都是大碗酒、大碗饭。那时候，不用这个杯子，就用海碗喝，都是一碗碗酒。那个肉切得都是很大个，最小的就有梨子那么大一块块，大块大块的，那时候我在我们老家吃酒，切的那个肉大片大片的，都有那个梳子、巴掌那么大，很大块。他们很好客，看你不吃，就给你夹一块，就放在你碗里，吃一口，就是月牙形，再吃一口吃不完，就是山字形。反正两口吃不完那一块肉。原来我们摆那个酒席，现在是摆那个八个人一桌。原来在我们苗家都是用那个专门有那个长桌，一连串，也蛮好看的，一串过去，吃了以后，又添，酒全部是大碗，现在仍然是大碗酒、大碗肉。到了我们老家那里，也还是这样的。

> 现在改一些，但是呢，他具体这些还没改完。因为他那个炒菜呀，像我们做客，在土家族这边，最低都是十多个菜。到那边（苗乡）呢，现在改了一些了，可能也只有四五个菜，像过去的时候，就是一个菜，那个肉，那时候，我在那里的时候，今天还没有正酒的时候，还不是正酒，他炒一些肉和一些豆子，还有豆腐呀或者什么的，两三个菜放在里面，到了今天晚上是正酒了，就是一个肉，什么菜都没有。

> 现在有像土家族那样炒十几个菜，但比较少，就是我们对面的那些（街边上的）。我看他们剩的那个菜，不像我们这里浪费了，他那个就是那一个菜，他那个菜如果剩了以后，也没有什么掺杂在里面，他就把那个肉挑选出来，放在缸子里面腌成酸肉。你像我们

这里，你放了别的菜，你就吃不了，没有用了，那时我跟他们说，不是正客的时候我还吃饱饭，正客的时候吃不饱饭，那时候碗里只要稍微剩……加了菜以后，他马上就添，随时都是满的。但是现在我们已经改了，街边的也就是八个人一桌。（报道人：凤凰县吉信镇人，苗族，男，WFD，干部，48岁）

从上述报道人的话来看，过去乡村到城镇，通过和土家族的接触，不仅饮食习惯改变了，而且饮食观念也发生了变化。从过去的"实惠"开始向"脍不厌精，食不厌细"发展了，而且这种改变逐渐从城镇向乡村扩展。

2. 土家族对苗族"酸菜"的开发利用

吉信镇黎明村开发"苗族酸菜"是土家族利用苗族文化的一个典型例子。苗家的酸鱼、酸肉、酸豆角、酸萝卜等"酸菜"系列是湘西一绝。吉信镇的酸鱼、酸肉、酸豆角品质鲜嫩，营养价值高，且保质期长，长期"养在深闺人未识"。近年来土家族人看准了这一商机，开始开发利用，现在酸豆角已具有一定规模，仅吉信镇黎明村，年产量都在100吨以上，成为当地有名的"苗酸"产业基地。为了提高苗酸在市场上的竞争力，他们还在县科技特派员、湖南农业大学食品科技学院博士李宗军的帮助下，将苗家酸菜推向市场，走向产业化。目前已在吉信镇黎明村建立起"双百"科技富民工程示范基地，培植无公害生产基地，引进豆角新品种"之缸28"、"特长818"，发动百余户农民大面积种植新品豆角，现已达160余亩，预计产量为24吨。①

（二）民间医术的借用

1. 土医与苗医互传互学

湘西的土家族、苗族的民族医药都非常发达，在民间深受百姓信赖。苗医和土医各有所长，在长期的交往互动中，存在大量相互学艺的现象。如在吉信镇都吾村有两位土医，都在家中开设门诊，既采用传统医药，也采用西药。据王姓医生介绍，他的医术就是父亲从苗家的龙标

① 吴珊：《苗家酸味食品的发掘者——记驻吉信镇科技特派员李宗军》，《团结报》2006年5月27日第3版。

（苗晒金塘）那儿学来的。龙标儿子是他父亲的师兄弟，他们两家一直有来往，到龙标儿子去世后，王医生才渐渐和他们失去了联系。

对苗医的看法，王医生认为，苗医里面最灵的还是草药，并对他父亲一次帮人接骨记忆犹新。另一位张姓土医学医经历则是在六几年、七几年，通过与苗族地区的木里苗医互传互学中学会的医术。据他讲，他的苗医师傅并不忌讳将医术传给外族人，只要喜欢医术都可以传，他的师傅还有两个客家徒弟。师傅在的时候他每年都要去，过年春节都要去跟师傅拜年，一直延续到师傅去世，由于师傅的儿子也不学医了，张医生和师兄的联系也少了。在他看来苗族医术和土家族医术很多都是相同的，比如很多药实际上是一样的，只是苗语、客话的叫法不同而已。如车前草苗家喊"reib zheat mel"（苗语），中药喊车前草，土家喊猪耳朵。

在土医和苗医的交往中，他们对彼此的特长和绝技都很了解。如丰宏的一位土医介绍说：

> 他们的长处就是跌打损伤，封刀接骨。你睡到那儿，他就给你接骨，你根本就不晓得痛。土医就是内科、妇科、肾炎、胃炎、结石呀，胆结石、肾结石啊，其他的妇科啊，产后痛啊，白带啊，流脓啊，我们就这些好些。他们太保守了，他们不肯讲。

都吾村土医家中的苗族"医书"

他有的学（我们），我跟他讲的药，哪个药，哪个药，你跟他讲，他不扯，我扯的他才用。你跟他讲的他不用。所以他们保守就在这里。苗医收药卡子，我们土家族也是一样的，这是药王传下来的，说是药王传说，我还是总结出来了，你扯点草药，送药去吃，他好了，好了呢，他不跟你搞什么酬谢，我给你送卡子，以后就不灵了。（报道人：保靖县水田河乡丰宏村人，土家族，男，LQF，土老司，63岁）

2. 土家人对苗医的接受

苗族医药非常灵验，人们对苗医也很信赖，土家族人有时也会请苗医给自己看病。一位官坝的苗医就讲述了他给梳头溪土家族人看病接骨的故事：

> 革新呀，梳头溪呀，有回两个人打架，膀子翻过来，我给他洗，缝了二十多针，过了，他可以挑一百多斤担子了。革新那个人呀，现在还在嘛，叫田开溪，他翻起来了，没骨头，挂块皮子，缝了二十四针。他经常看见我呢，喊救命恩人，你过哪里去，就喊我救命恩人。西医、草医我都会。（报道人：古丈县双溪乡官坝村人，苗族，男，LQZH，苗医，80 岁）

（三）民间信仰的借用

民间信仰的相互借用是族群间精神领域的交流互动，民间信仰的相互借用表示不同族群对对方神灵和世界观的认同，这是一种更高层次的互动与认同。通过调查，土家族有 41.94% 的人"相信"或"有时信"其他民族的宗教信仰，苗族也有 50.01% 的人信仰土家族的宗教信仰，完全不信的分别只占到了 25.81% 和 15.63%（见表4—4）。

表4—4　　　　　　　　　对对方宗教信仰的情况　　　　　　　　单位：%

您信其他民族的宗教信仰吗	相信	有时信	不信	没有考虑过
土家族	9.68	32.26	25.81	32.25
苗族	9.38	40.63	15.63	35.36
汉族	16.67	66.66	16.67	

湘西土家族、苗族都崇巫信鬼，且有许多共同的宗教信仰，这是他们民间信仰能够发生互动的前提条件。他们之间的相互借用表现为：一是苗族巫师学习土家族和汉族的法术；二是土家族开始信仰苗族的巫术。

1. 苗族学道教，为土家族做法事

在吉信镇，土家族、苗族杂居，这里的道士、老司往往身兼数职。在土家族、苗族中有的巫师既是老司，也是道士，如吉信镇苗族道士

WZHB 既是一个道士，也是一位客老司，既给土家族、苗族人打绕棺，又给苗族人还愿，还做苗老司去给人驱邪。他曾经说：

> 我绕棺，探房。打绕棺这些呢，是从贵州南千山普济派学的，我们也属于蒙山派，蒙山派他有三弟兄，有老大、老二、老三，有灵机派，我们是普济派。普济派也不见得都是苗族的，也有汉族的。但是他这个按照他们开始，蒙山派，他有三弟兄，三弟兄就成立三个派，法是一样的法，分成几个派呢，你们几弟兄好讨钱，各人攒钱各人用，就是这个意思。有土家族请我去做事情啊，同样做，因为我讲客话，讲汉语，看书呀，念经拜唱都是看书的，没讲苗话，讲苗话人家没懂。土家也还信，我到吉首、乾州，做到凤凰，还有我们这一团，还有乡里。（报道人：凤凰县吉信镇联欢村新良子人，苗族，男，WZHB，苗医、老司，63 岁）

其实关于客老司、道士、苗老司之间的差别，他们分得很清楚。在 WZHB 家，他儿子就是一位"正宗"的道士。他对客老司、道士、苗老司做了清楚的区分：

> 老司的经书和道士不一样，道士的那个经书百分之七八十和佛教的差不多，但他多了几种诀和画符。两个都有，但画的方法都不一样。道士一般去打这些发起，多的是几个，少的也要四五个。但道士是帮人诵经超度，老司就是驱邪。假如谁家运气不太好，像现在科学说的幻觉，看见什么鬼神之类的，老司就去搞一下，不会再见，就这样的。
>
> 苗老司的法器就是一个，铃铛。还有这么长的竹子这么大。我们（客老司）用司刀，用笭、牛角。绺巾，有三十六条。客老司用的。
>
> 街上的一半按汉族办，老人就用道士办。我一般给人做道士。有时候也做老司，老司是驱邪撵鬼的，苗族的鬼就多，三十六堂神，七十二堂鬼。（报道人：凤凰县吉信镇联欢村新良子人，苗族，男，WDG，道士，32 岁）

2. 土家族对苗族巫术的借用

在双溪乡也有这样一位苗族客老司，他作法时就讲念经书，讲客话；帮苗族人做"鬼"就讲苗话。

> 有啦，当然有拜师学的，有保靖的，祖传祖教的也有嘛。我拜师有点，祖传祖教的也有，我三爷就是一个汉老司，穿红衣服的，苗老司穿黑衣服，土老司也是穿黑衣服的。这里苗族跟土家族都差不多的，做的事都差不多的。苗族呢，对苗族讲苗话，汉族就讲客话。土话呢，要上保靖呀，茹通那边，土家族一般的他还不是讲客话。我们一般的在家里讲苗话，有的时候，按风俗习惯，做鬼的时候、做法事的时候就讲苗话，汉族呢讲客话。我们一般的祖传祖教，做老司的就讲客话，帮苗族人做事呢就讲苗话。（报道人：古丈县双溪乡官坝村人，苗族，男，ZQF，老司，57岁）

这些苗老司不仅身兼数职，他们的"法力"也得到了其他族群的认可。如在双溪，一家频繁"闹鬼"，在本村几位道士解决不了后，最后请官坝的曾老司过来才解决。官坝的曾老司讲述了他多次为梳头溪和蔡家的土家族人"治病"的故事。

> 我们到革新啊，有个癫子。当时我一去呢，骂呢，咒天骂地，骂我呢又骂人呢，又骂他娘老子呢。我一去他就好了。神药两解，他就是四月间、五月间出的事，昏迷不醒，六月间他娘老子到的这里，过了一块肉，过酒，过糖，他女子就是有些好转了。那是神道上的嘛，把他迷住了，我到了以后啊，他就好了，个把月就有所好转了。他去赶场，他下午四五点钟跑到这里送我一块肉。
>
> 一个是药，一个是用神道，神道主要靠念咒语嘛，你不相信你到蔡家河，姓田的，她有个儿，九个月了，县医院、州医院都到了，都没好。赶场呢就请我去，整了后，我下药后，他讲是脑膜炎，我就不信他的，就讲如是脑膜炎呢，就地取材，整病呢就地取材嘛，按医院断定呢，是脑膜炎。我下药呢，不是脑膜炎，一下药就晓得了，他是那么的呢，他是一种病菌，一种风湿，九个月的儿

是一种风湿，嘴巴鼓泡泡，像蛤蟆泡泡，两只手捏到咚咚地跳，脚也跳，吃奶什么的照样吃，病情就是照样的。是一个男孩子嘛，从古丈中医到人民医院，从中医、草医、西医一直搞到神经医院，都没搞好，喊我到那里，（小孩的父亲）和他老子一样高的，见我就喊伯伯，一下药，一治后，打那以后，我就在他屋里歇了，到第二天我才回来，他就烧到45度。当时我一下药以后，温度慢慢下降，一直烧到三十五六度，就正常了。我下的草药，下药要请师傅念咒语。第二天放爆竹谢我，救人就是讲运气嘛，现在他儿好高了。打针打坏了，智力有点欠，当时太烧狠了。（报道人：古丈县双溪乡官坝村人，苗族，男，ZQF，老司，57岁）

在吉信镇的土家族人也信仰苗族的驱邪术。一位土家族人家中"不利顺"，频频"闹鬼"，最后请苗族老司才治好。

　　驱邪的话呢，汉族也做，其他族也做。街上姓Z的，Z老师，他自己是老师，他儿也是老师，后来他屋里就看见鬼了。开始是儿看到，打后来大人也看到，看到鬼不要紧，而且过年过节，年年如此。后来过年过节打架，骂，不亦乐乎的。最后请了七个，过去喊作巫师啊，他们帮忙撵。有些像仙娘这些啊，都没好，都是同样的问题。人家就告诉他，你要撵这个要用武教，要老司才撵得走。你搞文教的撵不走的。哪里有个武教呢，后他们一介绍有个W师傅，他做武教的。他就来请我，问我你讲苗话还是讲客话，我嘛讲我这个武教我讲客话。因为我们是从汉区学来的，不是个苗老司。如果是个苗老司呢，那就纯粹是苗话，一句客话不讲。他看了好久，要我去帮忙做。过几天我帮他做，做了一盘，打后就没看到了，也没看见了，也没打架了，一家人喜喜欢欢、和和气气的。她有个媳妇，耳朵聋聋的，碰见我说，师傅啊，你是这个，我们亲戚平安平安的。我讲不是我手性好，是你们运气好。（报道人：凤凰县吉信镇联欢村新良子人，苗族，男，WZHB，苗医、老司，63岁）

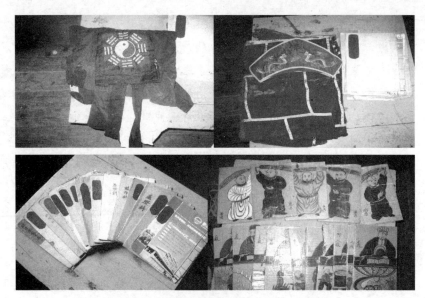

梳头溪土家族老司的经书和法衣、法器

官坝西岐寨苗族老司的神龛、经书、法器

（四）从"饮血息讼"到"讲法律"

苗族传统上多依靠习惯法规来维护内部的社会稳定、正常的生产生活和生命财产。这些习惯法规以风俗习惯、人伦道德和国家法律法规为依据，通过公众议定或约定俗成，自古传习。其中最著名的就是饮血息讼。

饮血息讼曾是苗族利用人们迷信心理了结官司的一种愚昧落后的方法。譬如当事人的一方指控另一方偷了东西，被告拒不承认或根本没偷，通过理师调节或官府判决又无证据，官司无法了结，只有诉诸鬼神以息诉讼。饮血时，请一名懂饮血巫词的苗老司行法事，行法事时老司将活公鸡血注入酒碗，置于香案，苗老司唱饮血咒词对原告是否诬告和被告是否作案的报应和归宿都做最好和最坏的两种假设，警告当事人双方必须实事求是，托出真相，以便官司了解。此外还有到天王庙前盟誓、土地堂摔碗等方法了结官司。

随着社会的发展进步以及族群之间的交往接触，上述以习惯法规来解决纠纷的手段开始改变。如当代的苗族去掉了迷信的息讼方式和野蛮的惩罚手段，饮血息讼、求神息讼及投坑、沉潭等惩治手段已不复存在。在吉信镇，居住乡镇和土家族杂居的苗族，特别是年轻的苗族人已经抛弃了"饮血息讼"的做法，而更喜欢打官司、讲法律了。当地的政府干部这样认为，吉信镇的苗族不仅比两头羊、火炉坪两个纯苗族乡表现得要好，而且比土家族乡木江坪表现得更有现代法律意识。

苗族比较耿直，现在苗族和汉族到30岁左右的基本上都差不多了，30岁以上的就是一个样子。如果你跟他搞翻了，他谁都不认的，他苗族就这样。土家他也考虑呀，怕有责任呀。苗族他30岁以上的他就不可以考虑这些。年轻的他就考虑了，毕竟那个法律的观念原来宣传不怎么到位，采取蛮干呀。真正我跟你说现在呢，苗族、土家族、汉族主要以地区划界，你像我吉信地区法制观念就比木江坪法制观念强些，他什么事情不和你打架，就要和你搞法制。像我们吉信村跟你说实话，我们吉信村比其他的村都要文明一点，但是他办事、干事用文字来搞，以法律来搞。不是按不按政策，这个政策你就讲不清了，政策你讲是对的，他讲是不对的，不行就和你搞法律，和你打官司。他们（两头羊、火炉坪）就要欠缺一点。你像我们吉信村，我和你说实话，特别是二、三组，到四组，他们都是，因为纠纷比较多，事件比较多，有很多事情呢，像我们难度最大，工作最难搞的也是我们村。我们村呢，你稍微偏差一点点，你就陷入群众的包围之中，群众就要给你来上课呢，所以你办事情呀，都要依照法律的，法律加人情关系在这里办事，不然你就办不下。（报道人：凤凰县吉信镇吉信村高楼哨人，苗族，男，OYBF，村干部，43 岁）

四　对自身文化不足的认识

在族群间的交往对比中，不仅需要"美人之美"，还需要对自身文化有自知之明。各族群除了发现对方的优点之外，也会发现自身文化的不足。以"互为主观"、"互相参照"为核心，重视从"他者"反观自身文化。从另外一种文化来了解自身文化，达到"文化自觉"。"文化自觉"是指在一定文化传统中的人群对自身的文化来历、形成过程的历史以及特点（包括优点和缺点）和发展的趋势等能做出认真的思考和反省。① 文化自觉是一个艰巨的过程，只有在认识自己的文化，理解所接触到的多种文化的基础上，才有条件在这个正在形成多元文化的世界里确立自己的位置，然后经过自主的适应，和其他文化一起，取长补短，共同建立一个有共同认可的基本秩序和一套各种文化都能和平共处、各抒所长、联手发展的共处守则。

（一）苗族对自身文化不足的认识

通过问卷调查，苗族人认为自己最大的缺点是野蛮、自私和粗鲁（见表4—5）。在具体访谈中，苗族认为他们还有以下不足：

表4—5　　　　　　　　苗族对自身缺点的评价　　　　　单位：%

	野蛮	自私	粗鲁	依赖他人	愚蠢	脏	势利	懒惰	其他
苗族	48.5	39.4	30.3	12.1	12.1	12.1	12.1	9.1	9.1

---

① 汤一介：《文明的冲突与文明的共存》，《北京大学学报》2004 年第 6 期。

1. 封闭、落后

苗族人认为自己居住的条件落后、封闭，和外界接触少，这些情况直接导致了他们的封闭、落后。

> 都差不多，真正苗族聚居的地方，比如说腊尔山那边，山江。不过苗族那边耕种还是落后些，各方面都比较闭塞，从各方面，开放，赶不上。（报道人：凤凰县吉信镇人，苗族，男，WFD，干部，48岁）

2. 内向、自卑

苗族人认为自己太忠直、太老实，不像汉族、土家族那样圆滑善变。

> 苗里人我有一样感觉，性格很躁。他苗里人呢就是很忠直，不管亲戚朋友，都可以很忠心，不管哪个，一般没蛮那样像汉区的狡猾，他直直的呀，但是有一点好像是防御的意思，苗里人比较忠直，不管男的、女的。汉区里头我跟你讲，口甜面甜。我和他们讲，在汉区的人，口甜面甜心中是黑，心中是黑家伙，冇像我们苗里人，他苗里人冇有口甜面甜，他也冇黑，他也不会讲好听的话，直直的，有一是一，有二是二，没有什么都不讲，对方刚一接触，感觉比较冷淡，冇会讲。像汉区的人讲口甜面甜的。（报道人：凤凰县吉信镇联欢村新良子人，苗族，男，WZHB，苗医、老司，63岁）

关于苗族人性格中的内向、自卑，首先得到了苗族教育界的承认。如湘西教科院、凤凰三拱桥学区、凤凰竿子坪学区的滕久文、龙德生、吴勇、杨助华老师对此有深刻的认识，他们所做的《苗族学生自卑心理的形成及消除策略研究》获得首届"湖南省民族教育发展研究优秀成果"一等奖。中南湘西访问团在《中南湘西苗族访问团综合报告》中也认为，苗族"由于历史上大民族主义的压迫，养成忧愁沉默的习性，和怀疑报复戒备心理，民族性很强，情感浓厚"。①

对此，一些土家族人也看到了苗族人近年来逐渐从内向、自卑走向开放：

> 因为他们现在也知道了，长期居住在那里面，苗寨、苗区呀，山区里面，他们就感觉到自己文化水平有限。他们如果不想出来的话，可以永远生活在那个苗寨里面，他必须要到外面去走动，假如汉话不会说，什么话都不会讲，他们就感觉很吃亏。他们也知道这一点，现在他们也不断追求讲普通话，老师呀什么的都用普通话教学。你像我们小的时候，读三四年级的时候，那时我们秋天去秋游呀，到苗区那边去，我们到学校里面听那里老师讲课的时候，就一半是汉话，一半是苗话，教出来的学生到外面，跟我们这些汉族一交流的时候，就感觉吃亏了。所以现在他也开始重视，跟以前那个思想不一样。（报道人：凤凰县吉信镇人，土家族，男，YXQ，网吧、花圈店老板，35 岁）

3. 信巫好鬼，质疑神药两解

随着科学的昌明、教育的发达，苗族人也逐渐对他们部分的传统巫术表示质疑。如一个苗族人就讲述了他对一个"仙娘"的戏弄与嘲笑：

> 我不信那些信迷信的。仙娘，就是催眠。但她催不下来我。一次在朋友家，我去试，硬是不能催我，说我骨重了。但我信驱吓。比如小孩子受惊吓，发烧，打针不好，就用口水、米咒。办法好多。（报道人：凤凰县吉信镇吉信村人，苗族，男，WYZH，村干部，34 岁）

甚至一部分苗医也认为苗族医术中也带有迷信的成分：

---

① 《中南湘西苗族访问团综合报告》，载《凤凰县民族志》编写组编《凤凰县民族志》，中国城市出版社 1997 年版，第 356 页。

　　苗医跟中医一样的，不过搞出来也有点差别，苗医好像带点迷信似的，苗医那些咒语呀，喷些水呀，好像比较迷信。但是药物高头一样的。（报道人：凤凰县吉信镇联欢村新良子人，苗族，男，WZHB，苗医、老司，63岁）

　　而且很多苗医现在是苗医、中医、西医全学，既给别人打针吃药，也给别人把脉问诊，还给别人烧纸、喷水、念咒。双溪乡官坝村石堤寨的一位苗医更是表达了他对"神药两解"的质疑，认为苗医收药卡子等只是用来骗人钱财的手段：

　　神有是有，完全依靠神还是不行的，还是要药草。我治病是先到医院去，医院搞不好再找我。有的先搞迷信活动，迷信活动搞不好他再叫你到医院去。苗老司不用药！哎呀，不用药，他用药你看不到。他掩盖好了。它要鸡要肉，要香要纸要好多香米利市，摆钱。这是骗人的手段。我喜欢讲实话。我跟别人搞好了，别人喊我收药卡子。我就搞不得，我不会搞那些，不然以后病好了会反复呀，收了卡子啊不用反复了啊。我从来不骗人。收药卡子要个大鸡公，要几斤肉啊，要七八十块钱啊。放在桌子上，香纸一烧一念啊就把药卡子放在那个岩洞里了，大树蔸子脚下啊。好，以后你那病好了不会复发了。药卡子就是给你一服药，药吃完了，那个药渣滓，用个纸钱把它包起来。我分析就是骗人的手段。我给别人搞好就搞好了，从不给人家收。我到吉首搞好很多人，人家喊我，我搞不来。我喊你把它倒下河去。大水一冲，搞到大海里去了，百病无有了。那要搞名堂我会搞的很多。但我相信药草，迷信要破除它。迷信有，极少很少的有点。他们搞化水哦，一喷，不疼了。这么搞，那么搞。他实际上有药，嘴巴里含着你不知道。麻醉药嘛。我们同行的，官坝的××他爹讲，你不搞就不搞，不要暴露那些事情。（报道人：古丈县双溪乡石堤人，苗族，男，LXL，苗医，58岁）

4. 强悍好斗

苗族人性格刚烈、耿直，爱恨分明，如果与人发生冲突，经常依靠武力来解决纠纷，而且动辄全家族、全村寨一齐上阵。在吉信镇历史上，甚至 20 世纪六七十年代，还经常发生族群间或内部的打斗纠纷，当地土家族、苗族甚至把街上打架的现象称为"起苗风"。现在他们对此开始反思：

> 苗族人忠，急躁一些，总的来讲，文化少，所以对付问题呢，一下就都气了，所以涵养性没有像汉区的涵养性好。往回讲，旧社会到苗里，苗区里面一五一十地杀光，不管你有多穷。有些是弟兄八个人互相争吵，再有就是争田地了，有些呀是为妇女呀，爱情呀、多心呀。你像汉区就没有，汉族他打官司呀，他也没做过绝事。现在苗族还好打架。现在强点，强点还是要比汉族要狠，你像往年没打工，有些年轻人每年赶场，到正月赶场时，玩年，总是苗族人打架。（报道人：凤凰县吉信镇联欢村新良子人，苗族，男，WZHB，苗医、老司，63 岁）

5. 棒棒杀鸡太造孽、标枪椎牛太血腥

在古丈双溪乡，过去苗族人杀鸡喜欢用棒棒敲死，认为这样经过敲打后的鸡，鸡头、鸡身充血，好吃。但是现在也觉得这样太残忍，便改成用刀杀了。

对于苗族的传统椎牛习俗，现在虽然很少举行，只有大型节日的时候政府组织才能看得到，但人们仍然认为，用标枪把一头牛活活戳死，实在太血腥，不够人道，可以像土家族那样做一些变通。

6. 房屋布局看法的改变

湘西土家族、苗族房屋外形和结构大体相似，但是内部构造有不同之处，如苗族的房子，堂屋和两边的房子中间不安隔板，土家族的房子大多一间一间地隔开，形成一个个单独的房间。过去苗族人对此习以为常，认为这是他们苗族好客的表现。但现在他们改变了看法，认为这样不美观、不讲究，之所以不安是因为穷，安不起。

（二）土家族对自身文化不足的认识

通过问卷调查显示，土家族认为自身最主要的三个缺点是粗鲁、野蛮、势利（见表 4—6）。而在族群交往中，苗族经常称土家族为"土蛮子"，土家族也自认为确实要"蛮"一些：

表4—6　　　　　　　　土家族对自身缺点的评价　　　　　　　单位：%

	粗鲁	野蛮	势利	自私	懒惰	脏	依赖他人	愚蠢
土家族	53.3	36.6	33.3	26.7	13.3	20.0	6.7	6.7

那蛮我们土家族还是野蛮一些，但是这两个民族团结性还是一样的，苗族要是被人欺负了，全村出动，我们这边也是一样的，所以我们田姓和那个 PJK 打那个官司，姓田的全部盖章。（报道人：古丈县双溪乡梳头溪人，土家族，男，PZB，土老司，65 岁）

第二节　两族文化的趋同

在现代化的进程中，科学技术的传播和使用是没有国界和族群界限的，各族群都要学习先进的生产、生活技术。与此同时，各种经济活动的管理和服务机构也必须实行统一化。伴随着现代化的进程，随着土家族、苗族文化持续深入的互动，不断相互采借对方文化以及不断吸收现代文化，自身不断调适，从而出现文化趋同现象。

一　生产、生活习俗趋同

（一）农业生产技术趋同

生产工具相同。相同的生态环境，类似的生计方式，再加上改土归流以来，汉文化区域生产技术与方式对湘西地区的大规模传播，早在新中国成立初期，湘西土家族、苗族的农业生产工具就基本相同了。"湘西土家的经济，主要是个体小农经济，以种水稻、包谷及红薯为主。耕作技术与附近的苗人和汉人相同。"[1] 现在，随着科技进步和市场经济的繁荣，各类传统和现代的农业生产工具在湘西各地集市自由流通。犁、耙、锄、铁锹、柴刀等基本生产工具供应充足，一些打谷机、拖拉

---

[1]　汪明瑀：《湘西土家族概况》，载全国政协暨湖南、湖北、四川、贵州、政协文史资料委员会编《土家族百年实录》，中国文史出版社2007年版，第480页。

机、喷雾器、制茶机等现代农机也基本上进入到土乡苗寨。

耕作制度、技术、品种逐渐趋同。新中国成立后，在湘西各级政府主导的科技兴农活动中，大力推广农业实用科学技术，提高农民科技水平，土家族、苗族农民的耕作制度、技术、品种逐渐趋同。自 1999 年起，湘西开展了"百乡千村十万农户"农业科技培训和"绿色电波"入户工程。重点组织了以两系超级杂交稻为重点的避灾技术，以水稻旱育秧、双两大、抛秧为重点的水稻栽培技术，以瓜—稻—菜、反季节菜等为重点的高效经济作物模式化栽培技术，以椪柑、猕猴桃、茶叶优质高产栽培为重点的山地开发技术，以集雨节水技术为重点的旱作高效农业技术，以农作物病虫害综合防治为重点的植保技术，以果树高接换种为重点的品种改良技术，以种草养畜为重点的农牧结合技术，以增施有机肥料加强测土配方施肥为重点的提高肥料效率技术等十大农业实用技术推广应用，取得了明显的增产效果。全州杂交水稻良种覆盖率达 95%以上，杂交玉米覆盖率达 96%以上，其他粮经作物品种的优质率进一步提高。双两大、旱育秧技术，已成为水稻的主要栽培技术。目前，这两项技术占水稻栽培面积的 90%以上。同时，旱土分厢间作套种多熟制、油菜育苗移栽技术、椪柑丰产栽培技术、烤烟、百合丰产栽培技术均成为全州农业生产的当家技术。通过这些农业实用技术的推广，提高了全州土乡苗寨的农业科技水平，农业科技的入户率已达 80%以上，广大农户普遍掌握一两门农业实用技术。

湘西州还建立农技推广网络，提高科技推广的综合服务能力。1999年 5 月，湘西州出台《关于加强科技创新工作的决定》、《湘西新兴技术产业发展纲要》。全州农技推广机构发展到 288 个，推广队伍 1572人，其中农技干部 964 人。各乡镇专门配备了科技副乡镇长，培养了村级科技示范户，已基本形成了县有农技推广中心，片、乡、镇有农技站，村有农技员，村民小组有科技示范户的农技推广网络。① 上述措施至少保证了在政策、技术层面上，土家族、苗族可以同步接受先进的生产技术、迅捷的科技信息服务。

---

① 武吉海：《湘西州》，民族出版社 2002 年版，第 18—19 页。

吉信镇墟场上出售的农具　　　　　　　　打谷机

（二）饮食习俗趋同

　　土家族、苗族都是爱好酸食的民族，在古丈县流传着"无酸不成席"、"桌子上面不摆酸，龙肉下饭也不香"、"三天不吃酸，走路打闹窜（趔趄）"等描写苗族喜欢吃酸的谚语。酸食的种类很多，有酸肉、酸鱼、酸辣子、酸汤、酸豆角、酸冬瓜、酸萝卜、酸葱蒜、酸莴笋、酸青菜、酸白菜、酸椿芽、酸黄瓜等。现在土家族、苗族不仅依然保留吃酸菜、腊肉的风俗，一些新式菜肴、各种炒菜也出现在他们的餐桌上。不仅主食菜肴相同，饮食礼仪、用餐时间也大多相同。

（三）服饰趋同

　　在湘西，土家族的传统服装早已退出日常生活。在吉信、双溪、绿绿河三个调查点，都没有发现土家族的传统服装，西服、夹克、衬衫、T恤、运动服、裙子成为土家族的日常服装。同样，苗族传统服装也渐渐淡出人们的视野，在日常生活中，仅60岁以上的妇女身上才可看见苗装。西服、夹克、衬衫、T恤成为土家族、苗族最为普通的日常装扮。单从穿衣打扮上看，土家族、苗族并没有区别，以至于一些本地人认为"土家族也不土了，汉族也不汉了"、"土家族、苗族都差不多了"：

　　　　我们凤凰是以苗族为主吧，土家族很少，汉族也相当少。到这里，除了苗族，土家族跟汉族基本上没什么区别了。永顺、龙山那边土家族就占多数了，保靖土家族也多。我们这里土家族只占到百分之二三十吧，大部分是苗族，我们这里就是汉族也不汉了，土家族也不土了。在我的印象中，除了过年和那个神龛有点区别外，其他就没什么区别，穿着呀，说话呀，苗族和汉族没什么区别。（报道人：凤凰县吉信镇吉信村人，土家族，女，HMH，干部，38 岁）

（四）丧葬习俗趋同

新中国成立前，苗族老人过世后一般用苗老司。新中国成立后，苗族开始用道士了，认为道士做道场人多，场面大。他们认为这是一种"进化"，就如同苗族现在不穿苗装一样，而且现在又有既用道士又用老司的。在用道士这一点上，苗族逐渐和土家族一样。因为土家族自从改土归流后，在丧葬中道士就取代了土老司的位置。

老人呢，原本呢就不一样，原来苗族就不用道士，他就用苗老司。但是通过新中国成立以后，因为生活提高了，道士的开支要大，他那也不是一个人，最少的有六七个，多的话有十来个人，苗老司就是一个呀，他这一个做一下就成了，你像我道士就不是一下的，他那个生活一解放，慢慢地用两样，用道士的也有用苗老司的，有的呢他又改了，他用道士以后他就不用苗老司了，如果用苗老司就不用道士了，反正进化了。你像讲个简单的道理，你现在苗区里面的姑娘呀，原来穿花衣呀，滚边的，滚扣子呀，现在都没滚了，都是西装，统一了，不晓得是苗族。（报道人：凤凰县吉信镇联欢村新良子人，苗族，男，WZHB，苗医、老司，63 岁）

除用道士相同外，苗族现在也像土家族一样，在丧葬中用花圈，在棺材上加棺罩，做灵屋、送花圈。过去苗族清明不挂坟，现在也开始挂了：

像棺罩全部是我们土家族做的，现在苗族都采纳。还有灵屋这些。灵屋都要配马，配将军嘛。这个是土家族的习俗，苗族现在已比较适应。这也是才学的。以前他们搞的有点不同，整体不同。（报道人：古丈县县城人，土家族，男，DMZH，商贩，53 岁）

二　信仰文化中相同要素的增多

（一）白帝庙、土王庙共存

1. 白帝庙、土王庙共存

在湘西土家族、苗族地区保存着大量的白帝庙和土王庙，表明土家族、苗族对于地域神灵秩序的相互认同。

白帝天王是湘西众多神灵信仰中较为典型的一种，为苗、土家和汉等族人民所共同崇祀。白帝庙又称天王庙、三王庙。天王庙内供奉三王爷，阴阳两管。三尊神像分别为白面、红面、黑面，又称"三王"、"三侯"、"天王"等，有的地方称为"天王菩萨"。近代以来，湘西天王庙多因年久失修倾毁，或改作他用。但零星保存下来的，仍是人们祭祀白帝天王和其他重大活动的主要场所。

白帝天王曾经是湘西大地上最大的神祇之一，过去苗乡和土家村寨多建有天王庙，久居此处的汉人也虔诚信奉。"吃血盟誓"、"还天王愿"，小暑节前后的"开斋"、"封斋"习俗，以及"洒尸坡"、"白马渡"等地方风物传说，说明白帝天王信仰已深深扎根于湘西大地，是苗民心目中道德和司法的最终裁判者。[①]

新中国成立前湘西苗族各地均建有天王庙，其中以乾城鸦溪的天王庙规模为最大、香火最为旺盛。新中国成立后，大量的天王庙被当作迷信破除，天王庙内菩萨被销毁，庙则改建成学校或者公用房。改革开放后，天王信仰开始复兴，各地开始重建庙堂，再塑天王金身。笔者在调查期间发现，近年来在花垣县吉卫螺蛳董村、凤凰吉信镇都吾村又重新修建起天王庙。在吉信镇大桥村，天王庙的庙会活动也开始恢复起来。

在土家族聚居的永顺县，土家族也敬奉三王爷，但这里的三王爷是指抗御元兵入侵的田万顷、孟再思、鲁万丑。施容溪、镇化、永茂等处，过去修有三王庙，就是敬奉这三个人的，传说他们在生时抗御外寇，死后保定地方，瘟疫不入。[②]

---

① 王爱英：《变迁之神：白帝天王信仰流变与湘西社会》，《中南民族大学学报》2007年第5期。

② 湖南省永顺县民族事务委员会编：《永顺土家族》，四川秀山土家族苗族印刷厂1992年版，第164页。

　　而在土家族地区，土王庙林立。土王庙中一般供奉彭公爵主、田好汉、向老官人。有的土王庙有专门的庙宇和碑文，有的则很简陋，也有的甚至是临时搭棚子，设牌位。但无论何种形式，都表达了他们对土王的崇敬。过去，每年过年过节，土家人民都要敬奉他们，不敬就年成不好，或出现瘟疫和疾病。

　　在《土家族摆手活动史料辑》中记载了20世纪50年代湘西大量土王庙的情形：

　　　　坡脚乡土王庙：摆手堂仅一间，很简陋，神台正中供土王彭公爵主，左向老官人，右田好汉。坡脚苏竹坪摆手堂：向是文官，手捧大印，田是武官，手握大刀。龙山信地村土王庙的菩萨很多，中间彭公爵主，两边供左臣右相，即向老官人和田二根，还有田××，下面供的战将有努力嘎巴、科冬毛人、夕科业夕，另外土王庙旁边还供有一个女人，群众称为"土王娘娘"。有的临时搭棚子摆张桌子，临时设土王牌位。龙山恒咱村的摆手堂有几百年的历史，土王庙有一块碑文，是写的修庙的来历，庙门口有副对联"观是表忠铁马金戈霸王气，文皆劝世礼门义路圣贤心"。庙内供有土王塑像。土王头戴王冠，身着龙袍，围坐正中。两旁立着一文一武，武将名田好汉手执大刀，文官名向老官人手捧大印，气宇轩昂。龙山坡松村有的土王庙则很小，仅仅两排一间，用石头砌成一个神座，神座上供有三个粗糙的石雕像，分别为彭公爵主、田好汉、向老官人。永顺沙撮村供奉的则是彭公爵主，左为科冬毛人，右为哈力嘎巴两位神将。保靖恶且村的土王庙里面只供有三个木牌，是彭公爵主、向老官人、田好汉。

2. 共存原因

　　白帝天王信仰在湘西特定的社会文化背景下形成并长期存在，同时又以无处不在的"灵力"影响着人们生活的方方面面。它与土家族"白虎崇拜"有着某种渊源关系，而土王庙与"白帝庙"和"三王爷"所构筑的神灵体系也有着相似的"文法"。

　　关于白帝天王信仰，潘光旦在《湘西北的"土家"和古代的巴人》

中通过考证，得出了白帝天王信仰源于古巴人的"白虎廪君"崇拜的论断。① 王爱英认为，白帝天王信仰与土家族先人的"白虎廪君"崇拜更多地表现为一种隐性的文化传承。②

其实，与"杨氏三王神"几乎同时出现在湘西的其他几种信仰也同样表现出这种"传承"现象。如湖南桑植、大庸以及湖北鹤峰、来凤一带的"大二三神"，其神像脸谱也是白、红、黑三色，相传与协助女娲炼石补天的劳作有关。来凤、咸丰一带敬奉"三抚神"，相传为覃、田、向三位土王，或"彭公爵主"、"向老官人"、"田好汉"，神像皆为白、红、黑三色脸谱。可见，土家族地区新兴的人格神信仰继承了原有白帝天王信仰的文化特质。③

何天贞则从土家族地名的角度提出，廪君即白虎神，从来就是"毕兹卡"（土家族自称）世代相传的精神文化的主线，今清江流域、澧水流域、酉水流域保存有白帝天王庙、向王庙、土王庙、摆手堂等，传说都是历史上为敬奉土家族这位始祖而建。④

湘西是多民族聚居区，在该地区的苗族、土家族、汉族等民族中白帝天王崇拜是他们的共同信仰，近年湘西地区的白帝天王崇拜引起了一些学者的关注。他们整理了湘西地区白帝天王神话传说的几种版本，发现了白帝天王神在湘西苗族、土家族、汉族聚居区由各民族共同的族神发展演变为具有政治化、社会化控制工具的趋势。⑤

对于"白帝天王"，各种志书所载姓名、事迹均不相同。《辰州志》以为是汉末抗拒王莽的"五溪蛮"田强父子。《泸溪县志》认为是夜郎侯竹王；《永绥志》《沅州志》则以为是辰州人杨濮兄弟三人，"皆为宋骁将，当苗出没为害。领众击之"，后来有人忌其功，用药酒毒死，其日正当小暑节。有的志书则将"其母感龙而孕"的竹王传说和曾经镇

① 潘光旦：《湘西北的"土家"和古代的巴人》，载《潘光旦选集》第二卷，光明日报出版社 1999 年版。

② 王爱英：《文化传承与社会变迁：湘西白帝天王信仰的渊源流变》，《济南大学学报》2004 年第 2 期。

③ 同上。

④ 何天贞：《松滋市卸甲坪乡土家语地名考略》，《中南民族学院学报》1998 年第 1 期。

⑤ 谭必友：《苗疆边墙与清代湘西民族事务的深层对话》，《中南民族大学学报》2007 年第 1 期。

压苗民的宋朝杨姓三兄弟糅合在一起，称"白帝天王，第三郎尤显应"。上述关于"白帝天王"的多种解释，事出有因，并非毫无实据。田强父子为西汉末年"五溪蛮"的首领，杨氏兄弟或父子被称为"土王"者在湖南、四川屡见不鲜，在渝东南之秀山，曾置于"土王庙"内信奉祭祀，都与土家族的祖先崇拜有关。

土家族白帝天王有多种传说，这些不同的传说不仅决定了白帝天王的不同出身，而且决定了不同出身的白帝天王的不同祭祀仪式。向柏松认为，这种奇特的文化现象的形成是多元文化融合的结果。土家族的白帝天王崇拜是在吸收汉族白帝崇拜的基础上融合夜郎竹王崇拜、汇合远祖白虎崇拜和近世本土土王崇拜而形成的。[①] 所以，土王崇拜与天王崇拜内在的渊源和相似的信仰文法与结构是土家族、苗族对其双重认同的基础，而国家对他们的改造和征用则强化了这种认同。在今天强调传统文化保护的背景下，这种被分别作为各自族群文化特征或族群渊源的重要文化事象，其存在的合理性与合法性，自然更会得到双方族群精英和民众理解和认同。

（二）土老司、苗老司共同作法

笔者 2007 年在古丈调查时，据古丈县墨戎镇文化站站长王焕池介绍，保靖水银的苗老司现在也像土老司一样用鸡作法，甚至还出现了丧葬中苗老司和土老司同场作法的现象。

墨戎和古阳镇的交接处热溪土家族和苗族一起跳马。保靖的水田河镇和周围土家族交界。保靖县鱼塘的尖岩，有时候苗老司和梯玛同堂作法的都有。葫芦镇和涂乍乡，水田河交界处。这里面还有一个讲究，原来苗老司作法一般不用鸡，梯玛用鸡，慢慢地，同化了，苗老司也用鸡了。他发现有可取的地方，互相取长补短，苗老司也有信道的也有信佛的。你要是找那种原原本本学傩神的很少了。（报道人：古丈县墨戎镇文化站人，汉族，男，WHCH，干部，38 岁）

---

　　① 向柏松：《土家族白帝天王传说的多样性与多元文化的融合》，《中南民族大学学报》2007 年第 3 期。

对此，笔者曾心存疑惑。2008 年，笔者在凤凰县吉信镇调查时，一位苗老司讲述了他和土家族溜罗（土老司）一起为一家人作法的事情。

> 一样的，只要你会做，你要不会做，请你你也没敢做，你像溜罗我们都没会做，但是曾经有他们溜罗做了以后，又请我们去帮他打绕棺。都吾河边的，溜罗做了，打后他们客又来了，听了听，冇好听，冇闹热，他又冇旋冇绕棺，坐到讲，成唱孝堂科了。他们就讲，请个道士来嘛，闹热一下，天天坐着讲，坐着唱，就包车请我们去。那家姓杨，可能是土家族。我跟溜罗讲，我们两个教，各做各堂，当然这家要请我们来，我们也来，但是我们跟师傅讲，要耐烦。但我这个教是贵州南崖山普济派的，所以和湖南教不同，法事多，做得又过细，腔调多，我们这个歌几十种唱腔，都讲客话，没讲苗话，讲苗话叫苗老司。（报道人：凤凰县吉信镇联欢村新良子人，苗族，男，WZHB，苗医、老司，63 岁）

从这位苗老司的讲述中可以发现，他此次的身份并不是苗老司，而是以一位苗族道士的身份去的，似乎不足为证。但在古丈双溪乡，一位报道人说确有土老司、苗老司一起作文武道场的现象。

> 请苗老司又请土老司的没有，我们看见有就是作大道场的，比如这家很富裕，他的母亲或者婆姨，外面死了，他要作文武道场，这是最大的道场。武的道场就是老司赶鬼，祛邪赶鬼。文道场我们作的就是诵经超度啊。我们这里也是这样的，作文武道场就有土老司又有苗老司。不是分土苗，是分文道士、苗老司。（报道人：古丈县双溪乡梳头溪人，土家族，男，PZB，土老司，65 岁）

值得注意的是，上述报道人所讲的苗老司还可做进一步区分，似乎用"苗族老司"称呼更准确。因为上文也介绍过，苗族的老司可分为讲苗语的苗老司（巴代熊）和讲客话的客老司（巴代咱）。但是，现实中的老司和信众好像并不愿意做这种严格的身份界定，这恰好说明了族群边界在他们之间逐渐变得模糊起来。

（三）土老司、苗老司主持仪式趋同

1. 苗老司、土老司的法器大同小异

苗老司、土老司共用的法器有神图、凤冠、法衣、司刀、牛角号、筶；土老司专用的有八宝铜铃、土老司长刀；苗老司专用的有牛角酒杯、绺巾、苗老司铜铃、马鞭飘带。下面一一列举：

神图。是土老司、苗老司做还愿求神法事悬挂于神堂的道具。神图上的神有祖师、右鬼、右将、右黄龙、康王、太清、玉清、天师、左清龙、左护、左盘、家先、虚空，管天管地管水管阴曹。这是还愿时悬挂于神堂的全套排列神图，为苗老司使用，有的土老司也用。

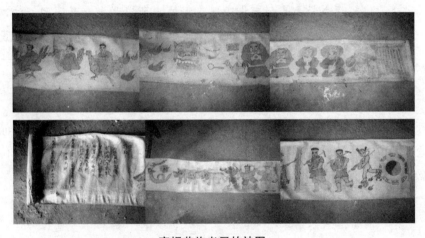

官坝苗族老司的神图

凤冠。又称五岳冠，用硬壳纸制作而成，下端平整，上部呈锯齿状。有三页、五页、七页锯齿合成之分，页上绘有神像。整个法事过程中，土老司、苗老司将其系于头上。

法衣。土老司、苗老司法衣基本相同，均用大红布制成，黄布镶边。对胸开衩，袖口大，下摆也开衩。土老司法衣胸前有绣着太极八卦、云沟的黄布，胸肩上左写"千千天兵"，右写"万万神将"。后背与前胸绣太极八卦，左右背肩分别绣日月二字。苗老司法衣与此基本相同。土老司有八幅罗裙系于法衣内腰，下垂地面。

司刀。苗老司、土老司皆有。用铁打制，但有的小铁环也用铜制。刀柄有的刻南北星斗文字，柄前连一直径30厘米以下的铁圈，铁圈上套有9枚、13枚或24枚小铁环或铜环。

牛角号。土老司、苗老司通用。用水牛角制成，吹口安有用杂木制成的哨子。一般在还愿、求子、祈福消灾、送亡、节庆等活动时，老司均用此开道。

筶。是土、苗老司做法事不可缺少的占卜工具，质地有竹、木、角等，大小不一，目的是为信主预测吉凶。

八宝铜铃。土老司法具。用黄铜制成鹅蛋大小的马口挂铃，共6颗。

土老司长刀。用于驱邪赶鬼，土老司认为邪乃"白虎"，是灾星，入谁家便灾祸临头，故需请老司驱之。驱赶时，巫师手拿长刀，边舞边进入室内，口中念念有词："此刀不是非凡刀，八卦炉里炼得刀，别人拿它无用处，弟子用它斩邪妖！砍鬼头、破鬼肚、剥鬼皮、吃鬼肉。"长刀飞舞，把"白虎"赶出家门。

牛角酒杯，用于苗族椎牛祭司饮酒、拦门饮酒或筵席上轮杯饮酒。用水牯牛角削琢而成，弯弓形，直口，尖实底，中空，两头均有钻眼，用于系索，便于挂带。

苗老司铜铃。一般通高15厘米，口径8厘米。口内系铁钉或铜棒，柄如烟杆，有的无纹饰，有的饰凸起傩公铜像。

苗老司绺巾。是苗老司行法事舞动的道具之一。在一节长约40厘米的杂木棒上扎五色花带，少则30绺，多则近百绺。绺带为老司开坛时各求道者赠送，送得越多，

官坝苗老司的绺巾

表明老司的法术越高、名气越大。绺巾上为绣花或补花，图案有石榴、

梅花、牡丹等。

苗老司马鞭飘带。给东家求子还愿等法事用。①

2. 土老司、苗老司、客老司同源的传说

土老司、苗老司仪式的趋同，在湘西民间故事中得到了印证。至今人们还流传着"客老司（汉族巫师）一本经，苗老司半本经，土老司乱弹琴"之说。② 其中还讲到土老司原来有 8 颗铜铃，土老司取经回来的路上，遇见苗老司被借走了 2 颗，现只剩下 6 颗。

（四）枫树与当坊土地：梳头溪、官坝的例子

苗族崇拜枫树。《苗族古歌》中有关于枫树的大量颂词，认为"妹榜妹留"是从枫树杆和枫树心里长出来的："还有枫树杆，还有枫树心，树干生妹榜，树心生妹留。这个妹榜留，古时老妈妈。枫树生榜留，有了老妈妈，才有你和我，应该歌唱她。"在生活中有大量关于枫树崇拜的信仰，如苗族小孩生病，必须祭祀枫神；稻田发生病虫，苗民便将枫树纸条插入田中，驱虫灭病；祭祀鬼神的神香，也要用枫木碾成的粉末；苗民搬迁，哪怕路程再远，也须刨上几棵小枫树带到异地他乡栽种，以示不忘根本。这是由于祖先崇拜而衍生出的一系列信仰。

在梳头溪和官坝村，每个寨子附近都有一棵枫树，在枫树下面供奉着当坊土地。每个土家山寨的当头，都有一个岩板盖成的小屋，岩屋里坐起一个土地公、一个土地婆，人们称之为"当坊土地"。每月初一和十五，寨上的人家都要担起一托盘香纸酒肉去敬奉；哪家杀了猪、宰了鸡也要先去敬土地，为的是求他们保佑一家平安，六畜兴旺；寨上人家丢猪鸡，小儿"着吓"，常常求他们帮忙；如果死了，更要去报，连烧三天香纸。在这里，苗族的枫树崇拜和土家族、苗族普遍信仰的土地神成为当地一种共生的民间信仰。

三　语言的一致化趋向

（一）苗语、土家语的式微

随着现代社会交往互动的增多，人们越来越少使用本族群的语言而

---

① 周明阜、吴晓玲：《凝固的文明》，青海人民出版社 2006 年版，第 517—524 页。

② 刘黎光编：《中国民间故事集成湖南卷·湘西土家族苗族自治州分卷》，湘西保靖印刷厂 1989 年版，第 113 页。

使用"族际共同语"。在湘西，苗语、土家语已开始逐渐式微，客话成为"族际共同语"。

土家族有自己的语言，称之为"毕兹煞"，即土家语。土家族无文字，通用汉文。大多数人由于长期与汉族杂居，很早就开始使用汉语、汉文，只有永顺、龙山、古丈等聚居地区，还完整地保留着土家语。

改土归流后，土家族语言的使用逐渐衰微。元代，土家族语言使用还相当普遍，元人语说："言（口温）咿不可辨"①，五溪"（口温）咿之声往往皆是"②。改土归流后，"土民语言呢喃难辨，近开辟渐久，能道官音者十有五六"③，土家族逐渐对内使用土家语，对外使用汉语作为交流工具。1956年，据潘光旦口头询问调查："一般'土家'人中，60%以上都会说土家语；在'土家'人聚集最密集的区域里，会说土家语的则占90%以上。"④ 据叶德书的调查统计，1990年，湘西自治州完全用土家语做交际工具的有16万人；土家语和汉语兼用、以汉语为主的有20万人，这些人仅在本乡本地使用土家语，一旦离乡离土，则完全使用汉语。⑤ 邓佑玲对龙山、永顺、保靖、古丈、泸溪等县调查统计后认为：20世纪末，"在上述土家语保存使用较好的地区，目前土家语实际使用人口不到10万人。"⑥

湘西苗族使用苗族东部方言。苗语的使用也呈衰微趋势。据统计，湘西州80.8813万（2000年人口普查统计数据）苗族人中说苗语的约有56余万人。其中花垣县苗族总人口19.2138万人，约有19万人会讲苗语；凤凰县苗族总人口18.5111万人，约有18万人会讲苗语；吉首市苗族总人口11.2856万人，约有10万余人会讲苗语；泸溪县苗族总人口10.7301万人，约3万人会讲苗语；古丈县苗族总人口5.4554万人，约2万4千余人会讲苗语；保靖县苗族总人口5.7468万人，约4

① 乾隆《辰州府志》卷十四《风俗·元·图南学记》。

② 乾隆《辰州府志》卷十四《风俗·元·刘时懋学记》。

③ 乾隆《永顺县志》卷四《风土志》。

④ 潘光旦：《访问湘西北"土家"报告》，载彭继宽编《湖南土家族社会历史调查资料精选》，岳麓书社2002年版，第230页。

⑤ 湘西土家族苗族自治州民族事务委员会编：《湘西土家族苗族自治州·民族志》，湖南人民出版社1999年版，第123页。

⑥ 邓佑玲：《民族文化传承的危机与挑战——土家语濒危现象研究》，民族出版社2006年版，第146页。

万余人会讲苗语；龙山县苗族总人口 6.1709 万人，有 117 人会讲苗语；永顺县苗族总人口 3.7676 万人，能讲苗语的估计不超过 200 人。① 此外，通过使用苗语的人口和苗族人口增加的比较也会发现，说苗语的人口绝对数虽然增加了，但相对数实际是减少的。也就是说"如果排除人口增加这个外在因素，纯粹从语言自身变化的角度看，苗语的这种情形是属于萎缩、消亡的走向"。从 20 世纪 50 年代分布地区与现在比较看，苗语的使用地区是从广、散走向越来越集中，其总体趋势是逐渐往苗语使用的中心区（聚居区）收缩。从语言使用的现状看，有的地区（主要是偏远杂居地区和靠近城镇地区）湘西苗语的使用地域明显在逐渐萎缩，甚至失掉了原来的"领地"。如古丈双溪乡的官坝村、西岐村原来会讲苗语，现在西岐村大部分人不会讲苗语了，只剩下官坝寨会讲苗语了。此外，在龙山县南部，使用人口急剧减少。据 20 世纪 50 年代苗语普查时统计，使用人口有 400 余人。② 2002 年 8 月，使用人口仅存117 人。③

新中国成立后，政府为了落实民族平等政策，为土家族、苗族族群创造了新文字。一些土家族、苗族文化精英也开始推行本民族的语言文字。如为发展土家族聚居区的文化教育，开展"土家·汉双语教学"和传承民族文化。1983 年，吉首大学彭秀模、叶德书接受湘西土家族苗族自治州人大代表的意见，创制了《土家语拼音方案》。1986 年，"土家·汉双语双文接龙"教学实践在龙山县坡脚乡开始实施。同时苗文、苗语也在湘西各级学校进行推广。

上述做法的心理作用是十分显著的。可是从文字的应用性来看，这些新创造的土家语、苗语文字没有任何以前的文本资料和出版物可供阅读，以这些新文字书写印刷的材料很少，能懂的更少，把它们作为学校的教学语言和文字，对于学生几乎没有什么使用价值。当然，这些语言文字确有一定使用历史，但是它们退出历史舞台的命运却是完全不以人的主观意志为转移的。这就像一些族群的传统服装、使用

---

① 杨再彪：《苗语东部方言土语比较》，民族出版社 2004 年版，第 1—2 页。
② 第二次少数民族语文科学讨论会秘书组编：《苗族的语言情况和文字问题》，内部印刷资料，第 4 页。
③ 杨再彪：《苗语东部方言土语比较》，民族出版社 2004 年版，第 1—2 页。

器物一样，随着人们生产和生活的现代化和国际通用化必然会走向消亡。

通过问卷调查显示，土家族、苗族对本民族语言掌握程度很低，语言使用范围也在缩小（见表4—7）。他们在日常交流中，大多使用"客话"作为交流语言。其中，土家族的这种衰退表现得尤为明显（见表4—8）。

> 也是一样的嘛，唱歌嘛，唱他们的山歌，现在是用客话，原来是用土话，听不懂，土话唱不好。土话要到保靖，保靖人还说得了土话，现在土家族都讲不来土话了，我们苗族还讲苗话。土家族人都讲这个话了，客话，老人会讲，我有个三妹嫁到土家族啦，她那两个老奶奶说土话我听不懂，不知道说什么。（报道人：古丈县双溪乡官坝人，苗族，男，LMK，村干部，50岁）

表4—7　　　　　　　土家族、苗族对本民族语言掌握情况　　　　　单位：%

		完全不会	会一些	很好
苗族	对本民族语言掌握情况	5.71	40.00	54.29
土家族		35.90	30.77	33.33

表4—8　　　　　　　土家族、苗族不同场合使用语言情况　　　　　单位：%

		客话	苗语	土家话	普通话
土家族		48.3			51.7
苗族	在学校您主要使用	62.50	3.12		34.38
汉族		100			
综合		59.09	1.52		39.39
土家族		83.33	6.67	10	
苗族	在家里您主要使用	42.86	57.14		
汉族		100			
综合		64.79	30.99	4.22	

续表

		客话	苗语	土家话	普通话
土家族		83.33	6.7	10	
苗族	您和邻居主要使用	48.57	48.57	2.86	
汉族		100			
综合		64.79	28.17	7.04	

		本民族语言	客话		
土家族		48.28	51.72		
苗族	您与本民族人交谈一般会采用	70.27	29.73		
汉族			100.0		
合计		56.34	43.66		

		本民族语言	客话	普通话
土家族		5.41	59.46	35.13
苗族	您与其他民族人交谈一般会采用		72.73	27.27
汉族			50.0	50.0
合计		2.64	64.47	32.89

（二）汉语成为通用语言

区域的社会、经济、文化发展需要一种"地区性共同语"。随着族群间政治、经济、文化人员交流的不断增强，语言作为交流工具的"实用性"特质必然会发生越来越大的作用。在一个现代民族国家形成和发展的历史时期，一种最通用的语言将不可避免地成为该国的正式"国语"或非正式的"族际共同语"。在湘西的社会生活和社会交往中，应用性最强、最普遍的语言就是汉语。

在某些社会中，一些有某种语言的社区成员，因为经济上和政治上处于从属地位，所以设法公开地采用主导语言以获得较好的地位。虽然在当代湘西各族群间不存在从属族群，但是由于汉族是国家主体民族，汉语是国家的官方语言，湘西所有的教育、考试、新闻公告、资讯都是用汉语，虽然不能通过采用汉语来获得较好的地位，但还是能给自己带来很多方便。

正是由于看到了语言发展的大趋势，看到了多族群社区实际正在发生的语言变迁，一些头脑清醒的族群精英人物在本族群语言的问题上不再从狭隘的族群感情出发，而是看到任何族群的发展都必须要顺应这一语言发展的大趋势，在语言学习上采取积极和务实的态度。所以，客话自然成为通用语言，普通话也开始在青年人中流行起来（见表4—9和表4—10）。

表4—9　　　　　　　　　**湘西土家族、苗族对客话的掌握程度**　　　　单位：%

	很好	会一些	完全不会
土家族	76.7	20.0	3.3
苗族	79.41	17.65	2.94
汉族	100.00		
综合	80.00	17.14	2.86

表4—10　　　　　　　　　**湘西土家族、苗族语言选择**　　　　单位：%

什么语言能最好地表达您的意思	客话	苗话	土家话	普通话
土家族	52.78	8.33	5.56	33.33
苗族	46.34	36.59	4.88	12.29
汉族	37.5			62.5
综合	48.24	21.18	4.7	25.88
您最想学什么语言	**客话**	**土家话**	**苗话**	**普通话**
土家族	7.41	18.52	18.52	55.56
苗族	2.94	49.49	20.59	26.98
汉族		33.3	33.3	33.3
综合	4.48	11.94	20.90	62.68

四　基层社会组织的一致化

在一些少数族群的传统社会中，与其生产活动与生活方式相适应，形成了具有自己特色的社会组织形式与运行规则，以承担行政管理、经济利益分配、司法与纠纷仲裁、组织军事活动、组织祭祀仪式、管理教育体系等维持社会运行的各种功能。在与外界族群和社会的交往中，这些传统组织也必然会做出相应的调整与改造，以适应多族群共处、交往的需要。

（一）新中国成立初期的土家族、苗族的传统社会组织遗存

1. 土家族传统社会组织

宗祠组织。土家普遍有宗祠组织，即本姓血缘关系组成的氏族。一姓可以有几个宗祠。住在同一村的土家族，不一定属于同一个宗祠，他们各自属于本姓的宗祠。族有族长，大都由年龄高、辈分长，并且为族人拥护的人充任。族长的权力大，社会地位亦高。他除了主持祭祖等类的仪式外，凡族内的公共事务和一切纠纷，都要通过宗祠由族长来处理。[①]

乡规民约。乡规民约是维系传统乡土社会的稳定与运行的重要手段。永顺县内土家族聚居的村寨，素有制定和严格执行乡规民约的风俗。乡规民约不同于封建宗族的族规族法，它是由全寨人共同制定和遵守的一项准则。全村寨不分族别、不分姓氏、不分男女，都须户户遵守，人人执行。制定和通过某项乡规民约时，全村寨的人都要到摆手堂集中，公推一名办事公道、精明能干，在群众中有一定威望的人为主持人（土家族叫头人）。主持人被众人通过后，要率领大家焚香、磕头、敬神，还要一起喝雄鸡血酒，表示坚决执行乡规民约的决心。一般的乡规民约有"封山育林公约"、"维持地方治安公约"、"保护秋收公约"。

政治组织。土家族在政治上，曾长期受到土司统治。湘西地区"从东汉到元代一向是有土官的。从元代到清初土家族地区，一贯是有土司的"。[②] 清雍正五年（公元1727年）改土归流后，设立流官管理。但土家族内部的纠纷，能不找官的，他们决不上衙门去控诉。在他们本族以内，同姓氏的则找本姓氏的族长解决；不同姓氏之间，如一切婚姻、田地等民事纠纷或一切群众性的集会，找本族的土老司处理和主持。所以，族长和土老司实际上就是群众的自然领袖。清代，基层政权沿袭明代的里甲制度，县下设镇、乡、保或都、里、坊、甲，配镇长、乡长、保长、里长、甲长。民国初年，地方政府建置为省、道、县三级。而

① 汪明瑀：《湘西土家族概况》，载全国政协暨湖南、湖北、四川、贵州、政协文史资料委员会编《土家族百年实录》，中国文史出版社2007年版，第492页。

② 同上书，第493页。

后，废道，置省、县两级，县下设乡、镇公所，配乡、镇长。民国 36 年（1947 年），州境建置为 10 县、15 镇、117 乡。民国 38 年，湘西州域建置为 10 县、114 乡、15 镇、1332 保、17542 甲。

虽然改土归流以后，土家族传统社会组织结构被破坏，其权威不断遭到消解，但在基层，土家族传统的宗族组织依然和保甲制度结合在一起。民国时期，推行保甲制度。保甲制是五家一间，十家一甲，十甲一保，若干保合为一乡，乡、保、甲长都由地主阶级所把持。这些人多有武器，并与土匪相勾结，或本人就是土匪。国民党将他们收编，给予"营长"等称号，正式给予军事上的权力，使他们对群众的压迫控制成为"合法"化，形成了一批政治、经济、军事相结合的封建势力。

2. 苗族传统社会组织

"款会"是湘西苗族传统的社会组织。如以凤凰县为例，凤凰县苗区自秦代到清代，基本保留了部落联盟和农村公社制的遗风。特别是由椎牛合祭发展而来的款会组织长期存在于苗族社会。在苗族历史上，以祭奠祖宗为联系纽带的同姓人群成为带政治色彩的款会曾长期存在。后来，掌祭人演变为款会的款首（俗称款头），款会在维护苗族内部的社会稳定、促进生产发展方面发挥了重要的作用。经不断分化重组，款会组织突破血缘的界限，以有利于稳定、发展，由一个自然村寨，或几个自然村寨，甚至几十、上百个自然寨组成一个款会。款首由款会的会员推德高望重、通晓古今、办事公道的长者担任。款首不能世袭，不称职或亡故或其他原因不能继任的，款会另推他人。款首有执行款规的权力，同时也和款会一般成员一样受款规的约束，不得有违。款会没有常设的办事机构，没有固定的经费，款首没有固定的报酬，办事多属尽义务。款会有款规规范成员的行为，款规由款会集会公议制定，内容极为广泛，社会治安、民事纠纷、公共卫生、婚姻家庭、保证内部成员生命财产安全等都有具体规定。普通民事纠纷由款首调节，调节无效交群众公议，分清是非曲直，然后强行解决，或对神发誓，借助神灵息事宁人，对违反社会治安如偷盗、破坏他人夫妻关系、打架斗殴、制造事端、搬弄是非造成损失者，则严肃处理。

改土归流后，流官对湘西广大苗族地区鞭长莫及，无法约束，保、甲、里、约制度仍无法取代合款制度。清代末期，统治者对苗区的统治进一步加强，对抗官府的款会因而被取缔，但是维护秋收秩序的临时性的十几户、二十户人家组成的小款依然存在。直到新中国成立后的1961年，因为粮食特别紧张，个别村寨仍然组款保护秋收。20世纪40年代，由于政局动荡，匪风日炽，为维护苗区稳定，县境地方上层人物因势利导发起了与"合款"形异神似的"合团"，组织民间力量对抗土匪掳掠，维护苗区稳定。"合团"突破乡、保行政区划界限，以自愿互利为组织原则，不受政府干预。当时的蔚文乡（今吉信镇）的苗五保与维新乡（今木里乡）的大部分村寨"合团"，抵御了龙云飞和善邻乡（今竿子坪、三拱桥）拉务村的匪首吴文明及外地土匪的多次侵扰。①随着社会的发展，"合款"、"合团"开始和保甲制度结合起来，款首、团首也成为统治者鱼肉人民的爪牙。

（二）基层社会组织的同质化与传统民族精英地位的衰落

新中国成立以来，我国对少数民族社会结构进行了不断的改造，国家权力深入到了少数民族基层社会。新中国成立初期，合作化、人民公社和新乡制建设时期，国家权力不断推动民族基层政治变迁，少数民族传统社会组织从多元异质结构变成了同质化结构，②而传统民族精英的地位也开始衰落。

1. 县、乡、村各级组织的建立

湘西地区一解放，解放军就派工作队到村寨帮助建立农民协会，动员少数民族群众进行土地改革。1949年10月至1953年3月，湘西州域各县相继成立县人民政府和中共地方组织。之后，开始试点建立县以下的各级基层政权。在新收复区，暂时利用旧保甲，执行一般勤务，保甲组织形式暂不取消。1949年，泸溪和保靖县进行民主建政试点，保留民国时期843保、3060甲的基层组织。1950年，全面开展民主建政工作，先后建立59个区、918个乡、7个镇、1061个村。如在古丈县，1950年，县委开始在古丈成立农民协会，废除保甲制，建立人民政权，搞好生产等项工作。随后，全县各区、乡先后建立了农民协会。7月全县宣布废除保甲制，84个村选举产生了村长和农会主席。1952年8月，

---

① 《凤凰县民族志》编写组编：《凤凰县民族志》，中国城市出版社1997年版，第43页。
② 吴承富：《当代中国少数民族村寨政治体系变迁研究》，《民族论坛》2008年第7期。

湘西苗族自治区成立，辖 10 县、74 个区、1216 个乡、25 个镇。1954年，开展普选工作，全区 1253 个乡、18 个镇，选举乡、镇长和委员。乡人民政府委员会建立了生产合作、文教卫生、治安保卫、人民武装、民政、财粮、调解委员会。同年 9 月，《中华人民共和国宪法》颁布，规定农村基层政权为乡、民族乡。

合作化运动时期，少数民族按照自然村寨为单位结合成了经济上的共同体，村委会和村民小组的行政化功能进一步加强，承担村寨传统政治功能。人民公社时期，农村从初级社过渡到高级社不久，又掀起了人民公社化运动。国家权力对基层社会的控制越来越强化。1958 年，全州建立了 135 个人民公社。1960 年，全州 135 个人民公社调整为 123个。1961 年，调整为 285 个公社和 13 个镇。国家权力史无前例地渗透到了基层社会，开始有意识地用生产队建制来切割宗族网络，用新生力量去制约传统力量。在"政社合一"的人民公社体制下，国家权力对社会、政治、经济、文化生活以及其他一切领域进行全面控制。土家族、苗族社会原有的各自不同的社会组织和地方权威，在国家政权的强力控塑下，迅速发生了改变，丧失了原有的功能，以至最终消逝，取而代之的是同质化倾向十分明显的社队组织结构。

20 世纪 80 年代初，国家开始建立新的基层治理模式。首先，各地进行了政社分开，人民公社改建成了乡镇。1983 年，全州 10 县，设 39个区、285 个乡、14 个镇。大队和生产队相应地改成村委会和村民小组，负责管理村寨内部的事务。全州建立村民委员会 3506 个、村民小组 23998 个、居民委员会 139 个、居民小组 1120 个。各居民委员会和村民委员会，均设立人民调解、治安保卫、公共卫生等委员会。

20 世纪 90 年代，国家开始对少数民族村委会进行改造，通过选举的方式赋予村民委员会自治的权力，村民委员会逐渐获得了社区自治的权力。1989 年，全州有 14 个乡、镇的 151 个村实施《村民委员会组织法》。至 1990 年，全州 2649 个村，有 2643 个村实施《村民委员会组织法》。村委会下设人民调解委员会 2558 个、治安保卫委员会 2557 个、文教卫生委员会 2364 个、社会福利委员会 2570 个、经济委员会 467个、互助储金会 978 个、风俗理事会 1370 个、村民议事会 1919 个。选举村委会成员 13083 人，其中村主任 2639 人。[①] 新型的基层社会组织加强了对农村原有社区村寨分散体系的整合，人们的地域认同也随之不断扩大，土家族、苗族传统社会组织的基础仍在不断被瓦解。

2. 传统民族精英的衰落与现代民族精英对基层社会的渗透

土地改革和民主改革使得土家族、苗族民族传统社会组织和精英人物的角色和功能都发生了变化，如村寨头人、宗族头人等垄断的配置性资源和权威性资源在村寨当中进行了重新分配，由他们控制的传统社区组织合法性被取消，他们的地位和权威也大大被削弱了。而一些新的组织，如党组织以外，共青团组织、民兵组织、妇女组织等普遍建立起来。一批在土改中涌现出来的积极分子成了新的政治精英。这种转变在相当大的程度上颠覆了湘西少数民族基层原有的政治结构。人民公社时期，民族传统政治力量被摧毁，社会经济关系、亲属制度、宗族关系等原有的支配作用和保障社会的功能开始弱化。改革开放以来，民族基层政治体系经历了新的调整，经过政社分离和村民自治建设，传统的少数民族组织，经过土地改革和民主改革以及合作化、人民公社等时期的变化，许多村寨无论是自然边界、社会边界还是文化边界都已经发生了重大的变化。地方性的传统权威在新中国成立后不断被消解，已经难以恢复到原来的水平。因此土家族的族长和土老司的地位逐渐衰退，族长只剩下了一个空名，宗祠的作用也随之消失。土老司只成为民间宗教仪式的执行人了。苗族的款首在苗族社会难觅踪影，苗老司的地位也逐渐衰落，成为宗教的象征性人物。

20 世纪 90 年代，民族基层政治进入了村民自治时代。国家行政力量对农村基层事务的干预和管理逐渐减少，基层自治制度在国家力量的嵌入下，正在不断地与村寨社会资源进行重新整合。由于款会等一些传统民族政治组织本身保存了原始的民主制色彩，能够迅速融入现代的民主制度当中。而传统的乡规民约也暗合着村民自治的理念。所以，传统的权威和组织的精神和观念又开始在乡土社会复兴，并渗入到了基层民主制度建设当中，对基层以村民自治为主的政治建设产生了重要的影

---

① 《湘西土家族苗族自治州概况》修订本编写组编：《湘西土家族苗族自治州概况》（修订本），民族出版社 2007 年版。

响。随着民族基层民主建设的发展，传统权威已经渗入到了现代民主制度当中。如土家族、苗族的宗族组织又开始有复兴的趋势，一些村委会也逐渐被宗族势力把持。据当地政府官员介绍，有的地方一个家族就把持一个村，政府对此也很无奈：

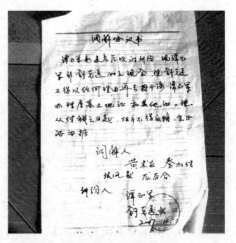

吉信镇联欢村村委会的
民间纠纷调解协议书

　　基层组织建设，有的班子稍微好些，有的行政班子稍微薄弱一些。但是这个少数民族讲究宗族势力，有些村子是一个家族在把持一个村，有时候容易造成混乱。现在这个方面要讲究方法。一旦控制不住，就会引起群体性事件。你像我们 LTY 村（苗族村），大哥当支书，老四就当村长，村长的媳妇就当妇女主任。反正选来选去，我们还是讲民主呀，民主发动，去宣传呀，选来选去还是那几个人，没办法，大家都是选的他一家人，没办法。没有实力跟他相抗衡的，他那个家族就集中在那个村上，就是分散也没用，按照这个法律规定，村民自治法规定，分散了影响大局，他要几个人当权。
（报道人：凤凰县吉信镇人，汉族，男，YMF，政府干部，43 岁）

五　苗族土家化与土家族苗化

随着族群之间的交流日益频繁和大量的族际通婚，各族群成员之间的边界逐渐模糊，部分成员处于被其他族群同化的过程之中。究其原因，主要是各个族群间可能在凝聚力的强弱程度、成员边界的清晰程度以及对其他族群的排斥程度上存在差异，这些因素都会影响其成员个体或群体改变族群身份。随着时间的推移，部分人口能够穿越族群边界，从而这些边界实际上是有明显弹性的。① 在湘西土家族、苗族之间互相转化已经引起一部分学者注意，如董珞对泸溪县潭溪大陂流、小陂流土家族苗化、苗族土家化研究，等等②。笔者在调查中也发现了大量土家族、苗族相互转化的案例。

（一）保靖县丰宏、棉花旗村落龙姓和梁姓苗族的土家化

湘西吕洞山地区丰宏、棉花旗曾经是保靖苗族龙姓和梁姓的发源地。经多位苗族专家学者实地考察，保靖苗族各主要分支迁入历程是复杂、艰辛并多次进行的。据《苗族史诗》载："这批最后迁来县境吕洞山区的苗族先民多属龙姓。设立宗祠为'武陵堂'。龙姓苗族又同数次从江西，经常德、溯沅水，沿北河（酉水）长途上迁定居棉花旗的梁姓，丰宏的龙姓，米汤溪的洪姓，梅花大田一带的石姓苗民，会同在吕洞山下的'赚球赚拔'（即夯沙乡桥堡寨），中心乡的翁百，仁大奇等苗寨，隆重举行一次大规模的'鼓社鼓会'活动，决定以姓氏为主体，分散定居，各立村寨。今聚居于吕洞山区的苗族是以苗族先民为主体，亦融合有汉族及其他兄弟民族的部分先民。"③

然而笔者调查期间发现，如今棉花旗人都宣称自己是土家族人，但仍然承认保靖各地梁姓是从这里搬迁出去的。起因是他们的祖先认识了一个苗伙计，是这个苗伙计把他们梁家人从这里赶出去的。

> 先是两家人住这里，后来请了个苗伙计，老庚啊，认的一个老庚。湘西梁家人都是从老屋场去的啊。巴茅河有个小溪，过去没有人嘛，那些刺啊。过后啊，苗伙计起心了，借100头水牛放在里头，水牛放一个月打通了路嘛，就把我们梁家人撵散了。我们那里有个燕子坳嘛，燕子坳有个嘛，我们那里埋的有座坟啊，日里不敢来他们夜里来嘛，夜里出月亮他们来嘛，我们那座坟里有几朵茅草花花，他夜里来呢，看见九朵茅杆花花就是九秆大旗插在那里，不敢来了嘛。他们一直守了一个星期，一直插在那里，不敢来。不晓

---

① Barth, Fredrik, *Ethnic Groups and Boundaries*, Prospect Heights: Waveland Press Inc., 1969, pp. 20-25.

② 董珞：《巴风土韵》，武汉大学出版社1999年版。

③ 《保靖县民族志》编纂小组编：《保靖县民族志》，民族出版社2007年版，第104页。

得有好多人，过后，日里来查，就是侦查，什么也没见，草也没见，草也没倒一根，坟已敞开，一股黑烟冲上去了，旗子也没有了，人家就把我们梁家人撵散了。过后嘛土家、苗家我们搞不清楚。反正到中心、水田、鱼塘、马路都是苗族，可能原来在这里也是土族啊。（报道人：保靖县涂乍乡棉花旗人，男，LZHZH，土家族，村主任，60岁）

棉花旗地处保靖的水银、涂乍土家族聚居区与葫芦、中心、水田苗族聚居区的交界处，这一代历来是保靖县土家族、苗族势力的南北分界线，这个故事隐晦地传达出土家族、苗族曾在这里发生了频繁的接触，对当地的资源进行了争夺，导致梁家人从这里出走，发生了分化，一部分转化为土家族，一部分仍然是苗族。但显然他们更认同自己的祖先是土家族。不过，在他们的风俗中仍然表现出土家族、苗族相互交融的痕迹：

我都搞不清楚是土家族还是苗族，现在都是写土族。我们就是过清明、四月八，我们又过六月年、十月年。四月八现在不怎么过了，原来半夜三更老人家起来做饭，吃饭，吃眼屎饭。现在过这些节平常得很，无所谓。清明、四月八、立夏这三天让牛休息一天。六月年，六月二十五，过去信迷信呀，炒点菜，敬一下老人家。十月年是初一，原来在老班人手里过十月年比较隆重，和腊月三十过年一样的，打粑粑、打豆腐的都搞，现在都平常得很。向家人不过，可能有部分龙家人过，龙家为什么过，就是讲那时候和梁家人认弟兄、干儿子，有的龙家过，有的龙家没过。过年在三十晚上，初一早上也过。我们的家先现在都没有了，梁家也安神龛，现在破除迷信都没那个了，敬先是敬家先的，神龛是神龛的啊。神龛是老人家的座位啊。（报道人：保靖县涂乍乡棉花旗人，男，LZHZH，土家族，村主任，60岁）

从节日来看，棉花旗梁姓既过土家族的六月年，又过四月八、吃眼屎饭（全家人不洗脸即吃饭，凤凰土家族称"腿屎饭"）。而且曾经既保留了中柱的家先，又在中堂设神龛。但又和周围的向姓土家族有所区别，和苗族龙姓、土家族龙姓也各不相同。

丰宏的龙姓人现在也全为土家族人。丰宏地处高山台地上一个较大的坪，当地人都称之为丰宏坡。根据上述专家的考证，丰宏也是保靖龙姓迁徙的中转站和发源地。但如今丰宏坡人都自认为是土家族，而且周围的人、政府也认为他们是土家族。如在丰宏就有一个远近闻名的"地道"的土老司（梯玛），他会给别人"解钱"，会跳八宝铜铃舞，就是最好的证明。周围的龙姓人也认为他们是土家族。如坡下的绿绿河、中心的乌梢河乃至水田的龙姓人都认为自己祖上是从丰宏坡上搬下来的。坡下的苗族龙姓人和土家族龙姓人以及坡上的龙姓人字辈都相同，即"国正天心顺，官清民自安，启贤夫合少，子孝父心宽，天子重英豪，文章都尔朝，万邦皆下品，维有读书高"。且据丰宏坡上的人介绍，20世纪80年代前，每年的7月25日坡下绿绿河的龙姓人还上来和他们一起过小年。

而搬下丰宏坡的龙姓人则发生了分化。中心乡的乌梢河由于邻近苗族，仍然保留了苗族的风俗，而且也被视为苗族。绿绿河村则较为复杂，由两个寨子组成，一个苗寨、一个客寨。住在绿绿河边靠近丰宏坡的这一寨人，是客寨（二组），是土家族；河对岸的则是一个苗寨（一组）。这两个寨子字辈完全相同，平时也是以叔伯兄弟相称：

> 和那边姓龙的字辈是一样的，是国正天心顺，官清民自安，家谱基本上是一致的，完全同同不到。那不可能是一个祖先搬下来。不可能，绝对不可能，为什么字辈排得上，我也说不清楚。完全称兄道弟，叔叔、伯伯、婆婆，一样的称呼，字辈比我小的叫我叔叔，年龄比小的叫我伯伯。人情往来也有，比如你我玩得好，你家有什么红白喜事，我都来，带些50、100块钱，也来做客。全寨都姓龙，只有一户姓施。这边都姓龙。姓龙主要是这两个组，还有三组姓向，四组姓向，五组、六组就有九姓，姓龙、姓向、姓梁、姓金、姓田、姓张、姓石、姓罗，还有个姓什么，都是土家，五组、六组姓龙的和我们同不上字辈。（报道人：保靖县涂乍乡绿绿河客寨人，土家族，男，LZY，教师，58岁）

绿绿河苗寨的龙家人也承认他们的祖先是从丰宏坡上搬下来的，而且他们的祖先是土家族，因为先搬到苗族地方去住，所以变成苗族了。

> 我们是民族，我们是一个公公分开的，过后我们搬下来，他们是土家族，我们老祖宗一发下来，搬到古丈别（音"bia"）窝，我们就搬到中心去住。都是从丰宏搬下来的，我们搬到中心，他们搬到古丈龙鼻乡别窝，过后他们又做小工到我们这里，我们这里有富裕户，我们就让他们在对门起屋安了。丰宏的是土家嘛，我们这里没得汉族，我们乡里是苗族、土家族嘛。我们祖先是土家族嘛，是的嘛，过后我们分散到民族地方住，就成了苗族了，实际上我们都是土家族。梁家是棉花旗的，他们是土家族，往日会讲土话，汉话不像汉话。（报道人：保靖县涂乍乡绿绿河苗寨人，土家族，男，LZG，老司，58岁）

但在棉花旗人看来，他们的风俗有很大差别：

> 一组姓龙他们不是苗族，他们字辈都同，他们和丰宏都同得到，话音不同，有些好事不同，他们团结一些，事主都是一餐。苗族他们兴邀客，亲戚六眷，都要邀寨上的。我们是哪个有事哪个去，歇一天两夜，其他的几餐旁人家的吃。我是事主只请一餐，明天早上你请一餐，我请一餐。（报道人：保靖县涂乍乡棉花旗人，男，LZHZH，土家族，村主任，60岁）

绿绿河客寨的土家族人虽然自认为是土家族，但走出山外仍然有时被人称为"苗族人"：

> 客家跟土家那没得什么区别，我们这边是客家，河那边是苗家。别人也讲我们是苗族，喊我们喊苗婆。因为我们住在苗乡里嘛。丰宏是土家。水田、中心是苗族，这是两条溪嘛，上去都是苗族。他靠近苗乡了，就把你喊作苗族了。那有什么要紧，根本不在乎嘛，那是开玩笑的。我们挨着苗族住着的，他们喊苗子哎、苗

子。那要玩得好的，都晓得你是客家人，他喊你苗妈妈、苗姑娘，我说你们客老虎了，还不是一样的。（报道人：保靖县涂乍乡绿绿河客寨人，土家族，男，XYY，农民，52岁）

整个涂乍乡仅绿绿河一组一个苗族组。据他们说，过去当地政府想要把他们并到水田去，但他们认为到水田去开会不方便，于是最后把他们划到涂乍。他们在行政归属上仍然倾向于和土家族划在一起。事实上他们逢场赶集到水田的中心场反而更方便。

当地的土家族人对这种族群转化似乎已习以为常，一个土老司这样解释道：

> 我们坡上的就是土家族，搬出去的搬到苗族的就是苗族了，都在丰宏坡上住容不了了嘛。搬出去，要因地制宜，要适应地方的风俗习惯，你到苗族去，你要讲苗话啊；你到土家族去，你就讲土家族话啊；到汉族去就讲汉族话啊。归根结底到三五代人以后了，他讲他的苗话，你讲你的土话，都讲不到原来的话了。
>
> 土家族我们敬我们的老祖先呢，家先，我们两个彭家人就敬彭公爵主、土司王。我们的老祖宗是把总，把总就是土司王下面的一个大将，有一个就是马氏夫人，就是土司王衙门下的一个扯狗子，就敬那么三个。其他的就是根据本地的湘西的吕洞祖公、吕洞娘娘。还有那个马家大王啊，白帝天王啊，白帝天王的发源地是龙王的儿，他跟我们没有什么关系，鸦溪是白帝天王的发源地，他就生在那里嘛。（报道人：保靖县涂乍乡绿绿河苗寨人，土家族，男，LZG，老司，58岁）

分散定居于酉水两岸的苗族也有大量被土家族同化的例子。保靖清水坪毛坝村尚姓，始迁祖尚师国，是明末由常德莲花池迁来的。民国时期，这部分苗族语言、习惯逐渐消失。新中国成立后，语言、服饰等和汉族趋同。中溪村与白岩洞一带的吴姓苗民始迁祖吴老哥，是明代万历年间从花垣县子花村迁来的。清代咸丰以后，其语言全操汉语，习俗与邻近土家族、汉族融合，自己习俗保留很少。毛沟镇石家董石姓苗民是明末从四川贵棚迁峨容，再由峨容迁入石家董定居。野竹坪乡小溪村龙姓苗民，传说也由四川迁来。梅花乡断桥村与阳朝乡石家村的石姓苗民是一氏族，在清代中期从沅陵县棋盘岩迁来，尚有跳香的祭祀习俗，其语言、服饰等在迁来时也同汉族一样。① 而在清水坪的毛坝村尚姓人虽仍为苗族，但习俗已与土家族完全一样，据他们村长介绍，毛坝的苗族哭嫁比他们村（土家族村）哭得还厉害。他们和另一寨的向姓土家族完全不通婚，说祖上是一个兄弟分下来的。这种解释既表明了他们历史上的渊源关系，也是对今天双方发生族群分化的承认。

丰宏坡上土老司家的神龛和铜铃

（二）双溪西岐河的村寨：正在发生的转化

如果上文案例是历史上长期文化接触而导致文化转变已经定型的现象，那么双溪乡西岐村则正处在转化的过程中。双溪乡有两条河流，一条叫西岐河，一条叫梳头溪。梳头溪和西岐河在官坝交汇，便蜿蜒向东流去，途经溪流墨和洞上后，汇入古阳河。西岐河由上而下分布着夯巴拐、唐西岐、大西岐、中西岐、石堤、塘上6个自然寨。梳头溪由一个大寨和源头寨组成，是一个纯粹的土家族村寨。在西岐河两岸的6个寨子中，在2006年前分属两个行政村。塘上和官坝寨、龙颈坳属官坝村，其余的几个寨子组成西岐村。西岐村和官坝村村民都是苗族，据《古丈坪厅志》记载的苗寨户口中，光绪二十八年清查，"官坝、西岐、龙头坳、排口寨、岩寨、石堤、官坝上十共户一百一十五，口五百四十七"，

---

① 《保靖县民族志》编纂小组编：《保靖县民族志》，2007年，第104—105页。

光绪三十三年"官坝木寨三十户，下官坝六户、龙家垴寨八户。石堤寨
一十二户。圹上六户"。① 可见官坝和西岐村各寨都曾是典型的苗族。
但现在他们出现了分化，只有官坝本寨和龙颈垴保持鲜明的苗族特色。
自大西岐以上，这些苗族已经不会说苗话了。村民自己都说他们苗不
苗、土不土、客不客了。转化的原因，官坝人和西岐人一致认为是他们
长期与客家开亲的结果。

其实这个地区历史上的民族转化可能比我们今天看见的更为复杂。
从地名上看，西岐河中游的"石堤"村村名在土家语里的意思是"狩
猎的地方"。石堤是现在的地名，还是古代一直就叫此名，不得而知。
因为历史上也有记作"石铁"的。根据土家语学者叶德书的解释，"石
铁"也是一个土家族的地名。然而今天这儿的乡民更被周围的苗族和土
家族认同为苗族。而在最上游的"夯巴拐"，从地名上看，则完全是个
苗族地名。然而这个寨子的村民则至今更被周围的居民认为是土家族。

造成这种错位的原因，一是西岐河沿岸的村落和周围梳头溪、溪流
墨开亲较多，另外西岐与保靖县的仙仁接壤，而仙仁也是一个典型的土
家乡。二是历史上行政区域的划分造成的结果。据当地人介绍，民国时
期，这个弹丸之地的几个村寨竟分属保靖、永顺、古丈三个县。

> 以前我们西岐旧社会，西岐是三个县的人，大西岐以上，夯巴
> 拐和唐西岐以前属于保靖管。大西岐和革新属于永顺。中西岐和石
> 堤以下、官坝呢属于古丈管。解放以后划断了都归古丈了。那以前
> 是寸土必争的，解放以后断龙那边都划为古丈。（报道人：古丈县
> 双溪乡养老院，苗族，男，LQW，63 岁）

本地人的记忆是可靠的，《古丈县志》的记载也印证了上述说法，
而且双溪乡原叫官坝乡，在湘西北部永顺县同样有一个官坝乡、石
堤村。

今天的石堤寨人虽然户籍上都是苗族，但他们的苗族意识已经很淡
薄了，他们认为官坝寨、龙鼻咀那里穿苗族衣服，讲苗话的才算苗族：

---

① 光绪《古丈坪厅志》卷十《民族下·六保户口》。

官坝、石堤穿苗族衣服的都是龙鼻、坪坝那边嫁过来的。我们就叫他们苗子。我们就叫官坝人叫苗子。现在不管这些了。他们还不是叫我们笨苗子，不会讲苗话。我们从小的时候大西岐就不会说苗话了。我们寨子和官坝连在一起就说苗话了。还有龙家坳基本上说苗话。（报道人：古丈县双溪乡官坝村石堤人，苗族，女，LXY，打工，28 岁）

对于西岐村各寨发生的这种变化，一位 80 余岁的老年人见证了这个转变的过程：

一个公公的，官坝那个公公开客亲开得少些。我们这个大公公开客亲开得多些。过去汉族欺苗族。解放以来嘛，毛泽东时代就讲汉族苗族要一起团结。建立湘西苗族自治州。后来一访问以后，土家族也是少数民族，又叫土家族苗族联合自治州。

土家族他们说话不一样，过节不一样。他们说土话，我们说苗话嘛。土家族要过六月年、十月年。我们苗族过去兴六月吃新。五月端午、清明节、八月中秋、九月重阳，过阴历年这个都是统一的。我们不过四月八，他们有的过四月八，有的没过。吃肉吃酒。有个古传，四月八是牛的生日。四月八不能犁田，让牛休息。

苗族过去要是不利顺。你屋里要是有钱有米，就讲你屋里要吃牛。要买两头牛，一头要水牛，要重旋，要打起架的，要买个黄牛、水牛那个花牯啊，亲戚朋友派一枪就杀一枪。头枪、二枪、三枪、四枪是分这么杀的。黄牛杀了待客。还有个大肥猪，几百人呢。水牛就分了。解放前，下官坝的有家划为富农，吃过牛。其他都没有。西岐就是还愿，两个傩神公公、傩神娘娘。一个猪、一个鸡、一个鱼。老司来唱。（报道人：古丈县双溪乡官坝村大西岐人，苗族，男，LQY，84 岁）

根据他的回忆，西岐的苗族以前，从语言到节庆，再到信仰祭祀都有着与土家族不同的风俗。改变的原因是他们开客亲开得比较多。这样的转化也发生在和溪流墨相邻的洞上村。

> 洞上姓张，他们老祖宗应该是苗族，现在在这里我们也不晓得他们是苗族还是土家族，他们讲客话，我们叫他们土家族。他们过年过节和我们都是一样的。打苗鼓、苗装都没有了。我们和洞上开亲的多，完全是的，基本上是的，那比官坝来往的多啦。（报道人：古丈县双溪乡溪流墨村人，土家族，男，XFQ，农民，51岁）

梳头溪的土家族是从断龙山搬下来的，总共不到五代人。所以在今天的土家族村落也有苗族文化的遗留，如至今还存在和苗族一样中柱安家先和相关禁忌的遗俗。

除了这样整村整寨的大规模的族群转化外，零星杂居在其他族群中发生转化的例子更多。而且这种转化在民族识别中被法律固定化，如古丈县政协民族事务委员会的一位干部就介绍说，在他的家乡断龙（传统的土家族聚居地）也有类似现象：

> 有好多本来是汉族，本来是苗族，五几年、四几年、三几年搬到我们那里住了，后头五七年一划，我们那里到处都是土家族，就把他们统统划为土家族了。他有可能屋里爷爷太太是苗族，搬到土家族去住，周围的人全部是土家族，他全部学土家话了。（报道人：古丈县县政府人，土家族，男，PZK，干部，49岁）

类似的现象在龙山坡脚也存在，如据刘伦文的调查，龙山坡脚有少量的苗族人，都是晚近才从苗区搬来的，如廖姓人在那里居住了五代之后，现在只能懂一点点苗语了，由于祖孙几代人都和土家开亲，不仅会讲土家话，也参加土家族打溜子、跳毛古斯活动，与土家族人并无二致，唯一不同的就是只敬自己的祖先，和外面搬进来的其他几姓共敬一个土地堂，不敬彭公爵主。民族识别的时候，他们已被要求填报土家族了。①

---

① 刘伦文：《母语存留区土家族社会与文化》，民族出版社2005年版，第39页。

第三节　两族文化认同增强的原因

一　国家民族团结进步事业的作用

（一）民族政策的宣传与落实

从 20 世纪 50 年代开始，湘西就采取开展民族政策宣传教育、进行民族访问、疏导化解历史积怨等形式，以消除民族隔阂，增进民族团结。

1. 宣传国家的民族政策

民族团结和睦、和谐相处是国家稳定、社会安宁的必需条件。在建设中国特色社会主义的进程中，各民族的根本利益与国家利益是相一致的，要正确认识局部利益和国家整体利益的关系；每个民族都有自己的优点，都为人类文明和祖国的历史发展做出过自己的贡献。因此各民族之间应当相互尊重、相互信任、相互学习、相互帮助，共同发展繁荣。基于这一历史背景，不同民族之间的利益矛盾、情感冲突和文化碰撞都会频繁发生。因此，教育干部群众树立正确的民族观，克服不良的民族情绪和民族意识对民族关系的和谐就显得尤为重要。

在解放湘西及剿匪斗争中，解放军就十分注重民族政策的宣传和贯彻。1952 年 8 月，湘西苗族自治区成立后，即将有关材料汇编成《民族区域自治学习文件》，印发全区干部，开展民族政策学习教育运动，既结合实际批判大汉族主义思想，也批判地方民族主义思想。经过宣传教育，各族干部平等共事，肝胆相照；各族群众亲如兄弟，互相帮助。随后，不断进行民族政策执行情况的检查督促和民族政策的再次学习。民族政策宣传教育逐步普及和深入，各级各民族干部开始学会运用民族政策开展工作。

2. 进行民族访问

20 世纪 50 年代，湘西各族群众受到两次大规模的民族访问团的访问。一次是中南军政委员会民族访问团的访问。1950 年 12 月 23 日至 1951 年 3 月 23 日，由中南军政委员会民政部副部长潘琪任团长、湖南省民政厅厅长马子谷任副团长的湘西少数民族访问团，带着文工团、电影队、卫生组共计 159 人，访问了永绥（今花垣）、乾城（今吉首）、凤凰、保靖、古丈、泸溪及湖南省其他地区共 14 个县市。访问团通过召开兄弟民族座谈会、做报告、表演文艺节目、放电影、治病、种痘、典型村寨调查、赠送礼品、发放宣传资料等形式，传达毛泽东主席对各族人民的关怀，宣传党的民族政策，了解少数民族的疾苦，帮助少数民族解决实际问题。这是湘西各族人民，特别是苗族人民第一次受到如此高规格、大队伍的访问看望，初步了解了中国共产党的民族政策。

　　另一次是湖南省湘西土家族访问团的访问。1957 年初，土家民族成分正式确定之后，为协商土家族区域自治的形式问题，湖南省人民委员会和省政协联合组织一个有 160 人的"湖南省湘西土家族访问团"，其中有 3 个文工队、14 个电影队、20 个医疗队，在副省长张孟旭团长的带领下，与州直和各县抽出的干部共 389 人，分 3 个分团，对全州 10 县进行访问，历时 50 天。访问团广泛宣传党的民族政策，听取各族人民对党和人民政府的意见和要求，并与土家族人民协商区域自治的形式问题，为湘西土家族、苗族实现联合自治消除了思想顾虑。

　　3. 消除历史遗留下来的族群隔阂

　　为了消除族群隔阂，增进族群团结，实现族群平等，1951 年，凤凰县人民政府将带有歧视苗族人民的地名"得胜营"改为"吉信"（苗语音译）、"总兵营"改为"叭固"（苗语音译，后又改为山江）。1953 年，中央内务部根据各族人民的意愿，同意将"所里"改称"吉首"、"乾城县"改称"吉首县"、"永绥县"改称"花垣县"。历代封建统治阶级为维护和巩固其统治，不时制造民族隔阂，挑拨民族关系。例如，清廷在血腥镇压湘黔苗民"乾嘉起义"后，就将凤凰和乾城万溶江两岸苗家的土地没收，把江东岸的苗家全部赶到江西岸，划江为界，不准互相往来，制造民族隔阂。新中国成立后，通过剿匪、反霸，两岸苗、汉、土家人民提高了觉悟，认清了共同的敌人是封建统治者和地主恶霸，在剿匪斗争中，两岸苗、汉、土家群众组成一体，配合人民解放军进行清匪大搜山，搜出并击毙凤凰县最大的土匪头子龙云飞。在土改中，这一带苗汉人民联合成立农会，组织民兵，使许多积怨得以化解，消除了民族隔阂，唱起了民族团结之歌："千年仇恨找到根，官僚地主是敌人。苗汉结成亲兄弟，五指相连共手心。"①

需要说明的是，土家族一直到 1957 年才被确认，上文多次提到的"苗汉"中的"汉"实际上包含很大一部分土家族。如在吉信镇，目前在万溶江岸的油菜、都吾、大桥等村，就有大部分土家族和汉族居住在一起。

4. 制定民族法律政策协调族际关系，保障少数民族平等权利，增进民族团结，促进民族地区经济社会发展

新中国成立后，国家采取一系列措施，帮助湘西土家族、苗族实行民族区域自治制度，让他们充分享受当家做主的权利，并制定了法律、法规和政策来保障。特别是 20 世纪 80 年代后，国家对民族工作十分重视，民族工作法律、法规和政策日臻完善，民族政策进入法律化、制度化的轨道。《中华人民共和国宪法》和《中华人民共和国民族区域自治法》颁布施行后，1986 年，湘西自治州结合本州实际，制定了《湘西土家族苗族自治州自治条例》。1990 年，《湖南省实施〈中华人民共和国民族区域自治法〉若干规定》公布施行。2002 年，湘西自治州完成了自治条例修订工作。从 1986 年到 2006 年 6 月，湘西自治州先后制定与变动的自治条例和单行条例共 14 件。湘西自治州很注重宣传贯彻民族法律法规。如 2004 年，广泛开展《民族区域自治法》颁布实施 20 周年纪念活动，把 5 月定为自治法宣传活动月，州、县中心组专题学习 18 次，全州召开报告会、座谈会 22 场，办培训班 8 期，电视、报纸宣传 85 次，街头宣传 53 场，挂横幅 415 幅，发资料 1.66 万份，还请来全国人大民委法案室原主任敖俊德作辅导报告。② 自治法被纳入州、县委党校培训班必修课和"四五"普法的重要内容。民族法律法规逐渐深入人心，自觉运用法律武器，保障少数民族的平等权利。

（二）民族团结工作

1. 将民族团结教育纳入地方课程，加强对青少年的民族团结宣传教育

湘西州、县、市民委负责人抽出时间，不定期为各级各类学校的青

---

① 《湘西土家族苗族自治州概况》修订本编写组编：《湘西土家族苗族自治州概况》（修订本），民族出版社 2007 年版，第 110 页。

② 同上书，第 113 页。

少年上民族教育课。1991 年以来，花垣县民中及花垣镇民小均增设民族理论与民族政策教育课，县民委主任王发祥多次亲临讲授。① 湘西州民委就曾荣获全国中小学民族团结教育先进集体。2001 年湖南省发布了《中共湖南省委湖南省人民政府关于基础教育改革与发展的决定》，决定从 2001 年下半年开始在全省中小学普遍开展民族团结教育活动。

在这个背景下，省、州乃至县编订的乡土教材中都大力推介民族知识，宣传民族团结。为尝试推广民族民间文化乡土教材进课堂，教育部门编印了《湘西民族民间文化》中小学版的课外辅导读物，下发全州近百所中小学校，在音乐、美术课上试教，效果良好。保靖民族中学自编了《保靖，可爱的家乡》的乡土教材。在第二章专门对保靖民族文化、民族习俗、民间传说选介。其中下设这样几节："香溢土寨，花荣苗乡——民族文化"、"土寨钟灵，苗乡集瑞——民族习俗"、"白云怡意，清泉洗心——民间传说"、"土寨灵气，苗乡精华——民族方言、农谚、歇后语"。

民族团结教育活动的开展，促进了民族优秀文化传统的相互交流、继承和发扬，增进了学生对各民族共同缔造社会主义伟大祖国历史的认识，增强了各民族学生自觉维护民族团结、维护国家统一、反对民族分裂的思想意识，取得了良好的教育和社会效果。

2. 建立民族团结进步表彰制度，发挥民族团结示范点的示范作用

为搞好民族团结，全州从 1982 年起开展全州性的民族团结进步活动。至 2006 年，共召开了 7 次表彰大会，表彰先进集体 555 个（次），先进个人 930 人（次）。同时，自治州各县市政府也每五年召开一次民族团结进步表彰大会，奖励有突出贡献的集体和个人，目前已经形成民族团结进步表彰制度化。自治州还通过表彰先进，树立了古丈县龙鼻咀、吉首市马颈坳镇团结村、"一脚踏三省（市）"的龙山县桂塘镇、凤凰县落潮井乡、保靖县清水坪镇、花垣县边城镇、永顺县沙坝镇等民族团结示范点，如龙山县桂塘镇、吉首市马颈坳镇、保靖县清水坪等民族团结示范点。通过民族团结示范点，广泛开展民族团结活动，营造自觉维护民族团结的良好氛围。

---

① 湘西土家族苗族自治州民族事务委员会：《湘西土家族苗族自治州·民族志》，湖南人民出版 1999 年版，第 383—385 页。

3. 开展民族团结文化活动

新中国成立以来，湘西除通过政策法规宣传教育，开展民族法律法规宣传活动，让更多的群众了解国家的民族政策、法律和法规，增加各族群众的团结意识外，还注意通过开展民族文化活动来增进民族团结。如帮助土家族、苗族恢复传统民族节日活动，扶植专业和业余剧团，开展文艺演出，举办不同形式的民族文化大奖赛，利用赶场和旅游景区开展民族文化活动，利用图片、影视等现代化手段，宣传州内民族文化等各种方式的民族团结文化活动，[①] 增进了土家族、苗族对对方文化的认知，密切了双方的关系。

4. 民族团结进步创建活动

近年来，湘西州为确保地区的稳定和发展，巩固和加强新型的社会主义民族关系，采取多项措施，开展了一系列的民族团结进步创建活动，民族团结工作取得了显著成绩。湘西州主要通过如下措施加强各族群之间的团结：第一，注重宣传，2009 年，湘西州委、州政府制定实施了《关于深入开展民族团结宣传教育活动实施方案》的通知，对全州各族干部群众深入进行民族团结宣传教育，动员全州各族干部群众坚定自觉地维护祖国统一和民族团结，营造民族团结进步氛围，提高民族团结进步创建的自觉性。重点加大了以《党和国家民族政策宣传教育提纲》、《民族区域自治法》、《国务院实施〈民族区域自治法〉若干规定》、《湘西土家族苗族自治州自治条例》和《湘西自治州人民政府办公室关于认真做好土家语苗语保护传承工作的若干意见》等为主要内容的民族政策法律法规等的宣传力度，提高全社会对民族团结进步的认识。同年，州委办、州政府办又下发了《关于印发〈湘西州开展民族团结进步创建活动实施方案〉的通知》，成立了以州委副书记郭建群为组长的创建领导小组。民族团结进步创建活动由各级党委、政府负责组织领导，民族工作部门牵头协调，有关部门积极参与。

第二，开展民族团结进步的争优创先活动。2010 年，湘西州委、州政府制定了《湘西州开展民族团结进步创建活动实施方案》，全州上

---

① 湘西土家族苗族自治州民族事务委员会编：《湘西土家族苗族自治州·民族志》，湖南人民出版社 1999 年版，第 421—426 页。

下联动，从开展民族团结宣传教育、落实民族政策、加强民族团结基层基础工作、加快民族经济社会发展、实施民生工程等五个方面，广泛开展争创民族团结和谐机关、民族团结和谐社区、民族团结和谐乡村、民族团结和谐企业、民族团结和谐学校等活动。

第三，注重排除影响民族团结的各种隐患。湘西州深入贯彻落实国办发〔2008〕33 号文件，州县市民委积极组织人员深入到基层，认真开展涉及民族方面矛盾纠纷排查调处工作。加强州县市联动和信息上报工作，抓平常的基础工作，了解和掌握影响民族团结的各种矛盾和因素，对容易引发问题的因素经常排查，采取有效措施，及时把问题解决在基层，把不稳定因素化解在基层，防止事态扩大。近年来，湘西州未发生涉及民族方面的群体性事件。

第四，湘西州注重各地区之间、各民族之间的友好竞争，实现共同团结进步，共同繁荣发展。如凤凰县注重"两山"（腊尔山、山江）苗族地区与县内汉族地区的平衡发展。保靖县注重吕洞山苗族聚居区与周边地区的平衡发展。此外，还注意省际和县际结合部的各民族友好竞争。

第五，湘西州注重开展形式多样的民族团结进步创建活动。如每年组织参加湖南省部署的"民族团结进步行"活动，各县市的边界联谊活动，充分利用少数民族传统节日开展民族团结进步创建活动等，都取得了很好的效果。

（三）民族知识的推介

王希恩指出，和谐民族关系的形成靠发展、靠机制，但也需要以诚相待、相互尊重的态度，靠社会氛围这种软环境的营造。不从思想上树立科学的民族观，没有政策意识和必要的民族知识，就不能自觉地处理好民族关系。作为思想意识的东西，"平等、团结、互助、和谐"、"三个离不开"等思想观念的树立离不开思想教育；消极民族意识和不良民族情绪的克服也离不开思想教育。这种思想教育，在我国也即进行马克思主义民族观、民族政策和基本民族知识的宣传教育。① 面对全球性民族主义高涨和我国民族问题增多、民族意识增强的局面，正确的民族观

---

① 王希恩：《深刻理解"和谐"在我国民族关系中的重要意义》，《西南民族大学学报》2005 年第 8 期。

的形成是以对民族知识的了解与认知为基础的。

湘西采取各种形式推介民族知识。如自 1984 年开始，州民委与州《团结报》，开辟"民族团结专栏"，定期开展宣传教育。1991 年 1 月，州民委在吉首举办全州首届民族知识电视大奖赛，各县市民委和州直单位纷纷派人参加。举办民族文化活动大奖赛。1989 年，州、县市民委在 40 周年国庆期间，在吉首市首次举行全州少数民族服装改革表演大奖赛。

随着电视、通信事业的飞速发展，世界各地、各民族间的文化交流得以瞬间实现。州境各族人民通过外出参观学习、读书、务工、各种媒介等形式，不断吸收新思想、新文化。通过在外办展览、文艺演出、出版图书、拍摄影视片、开办网页等形式推介湘西民族文化、地方文化，极大地拓宽了民族知识推介的渠道。

（四）民族文艺活动的活跃

1. 表演团体的兴起

新中国成立后，各县业余剧团经过改造、整顿后有了较大发展。1952 年，境内有业余剧团 44 个。至 1956 年，各县共成立专业戏剧团 10 个，业余剧团也发展到 200 个左右。1958 年，在"大跃进"影响下，州内城乡业余剧团和文工团、宣传队共猛增到 2000 多个，专业表演团体则为 15 个。十一届三中全会后，各专业表演团体陆续恢复。1979 年，州内有歌舞团、州京剧团各 1 个，县级阳戏剧团 3 个，苗剧团 1 个，汉剧团 2 个，辰河戏剧团 1 个、花灯戏剧团 2 个，歌剧团 1 个。城乡业余剧团蓬勃发展。据 1981 年统计，10 县业余剧团共有 2800 多个，其中有区办、公社、大队、生产队剧团和家庭剧团，有常年演出的半职业剧团、半农半艺剧团和节假日临时组合演出的剧团；演出的剧种有阳戏、苗剧、汉戏、辰河高腔、花灯戏、木偶戏、傩堂戏、歌剧以及曲艺、杂技等。1984 年 8 月，州京剧团，县、市专业表演团体陆续被撤销，农村业余剧团也因人员变化大、经费困难等原因逐渐减少。至 1988 年底，州内专业表演团体尚有歌舞团、花垣苗剧团、大庸、凤凰阳戏剧团和泸溪辰河戏剧团 5 个；业余剧团尚有 380 个。①

① 湘西土家族苗族自治州地方志编纂委员会编：《湘西土家族苗族自治州志丛书·文化志》，湖南出版社 1996 年版，第 115—118 页。

新中国成立后，湘西民间班社有花垣麻栗场苗剧团、凤凰兰泉剧团、大庸王家坪剧团以及保靖陈伯芸剧团、永顺羊峰汉剧团、龙山苗市艺校、桑植醴源剧团、凤凰水田剧团、古丈松溪剧团、吉首乾州剧团等。业余剧团经常深入土家苗寨，送戏上门，受到各族群众的热烈欢迎。如花垣县麻栗场老寨苗剧团坚持用苗语、苗歌演戏，就地、业余免费为苗民服务，配合党的工作，宣传各项政策，宣传民族团结和勤劳致富，很受苗民欢迎。①

上述各类表演团体在保护、开发、推广土家族、苗族文化方面起到了重要的作用。如湘西自治州歌舞团一方面积极排演音乐、舞蹈、歌剧、话剧、地方戏曲、曲艺等节目，满足州内各族人民的文化生活需要；另一方面有计划地深入基层，挖掘、搜集、整理土家族、苗族等优秀文化艺术遗产，创作富有民族特色和时代精神的好作品，先后创作、演出的优秀节目有歌曲《薅草歌》、《毛主席对我苗家笑》、《绣花》、《为什么苗家人人会唱歌》，器乐曲《闹花灯》，舞蹈《铜铃舞》，歌剧《卡洛与锦鸡》等节目。1978 年后，又先后创作了《阿雅打鼓庆丰年》、《观花》、《朝阳花》、《涅卡查毕兹卡》、《捞虾》、《腊尔山歌》，歌曲《哭嫁歌》等具有民族特色的文艺节目。②

戏剧团体上山下乡演出使各种民族民间文艺走入寻常百姓家。新中国成立后，不少县级剧团都有计划地在县境内巡回上山下乡演出，使偏僻的山区农民都能看到专业剧团演的戏。1963 年州内 10 个专业剧团共演出 2953 场，其中农村场次共 1548 场，占总场次的 52.4%。龙山汉剧团到高寒山区八面山演出时，群众用山歌唱道："青天坪里搭戏台，白云为幕土为台。不是党的领导好，要看大戏哪里来？"当年，下农村演出场次超过全年演出总场次 50% 的还有泸溪、桑植、永顺、凤凰等县专业剧团。1965 年，广大农村开展社会主义教育运动，州内 13 个专业剧团演出总场次为 4023 场，其中农村场次达 3220 场，几近总场次的 80%。十一届三中全会以后，上山下乡又恢复正常。据 1983 年统计，州内 12 个专

---

① 湘西土家族苗族自治州地方志编纂委员会编：《湘西土家族苗族自治州·文化志》，湖南出版社 1996 年版，第 120 页。

② 同上书，第 122 页。

业剧团演出总场次为 1645 场，其中下农村演出 878 场，占 53.4%。①

　　民族戏曲创作与民族艺术相融合，推出一系列民族文化精品。1954年春节，花垣麻栗场业余作者石鉴成创作苗剧《团结灭妖》，创制少数民族新剧种——苗剧，此后又创作了《带血的百灵鸟》。土家族民间长诗《锦鸡》也被改编成《春哥与锦鸡》、《锦鸡姑娘》、《卡洛与锦鸡》多个剧本。此外，还产生了少数民族题材的剧作，如《跳仙会》、《吴八月》、《苗山怒火》、《神箭手》、《千歌万颂石昌忠》等。艺人和音乐工作者采用派生、集曲或吸收其他剧种音乐手法进行戏曲音乐改革与创新。苗剧创腔之始，宋运超、吴荣发等借鉴戏曲和歌剧手法创设新腔。"文化大革命"期间，受"革命样板戏"的影响，境内阳戏、苗剧、汉戏、花灯戏、辰河戏等在移植演出中，皆借鉴京剧音乐板式、节奏创设新腔。1978 年以后，戏曲音乐改革创新开创了新局面。在苗剧《带血的百灵鸟》中，罗千里以音乐设计取得成功而获得湖南省会演奖励。1984 年，大庸县阳戏剧团在排演《罗大将军》中，突破北路阳戏固有的板式，并融合土家族音乐和打溜子演奏，荣获湖南省第三届戏剧节奖励。1986 年，花垣苗剧团排演《逃犯审官》时，罗千里尝试以苗歌为基础发展了 20 余首新曲，如〔民乐腔〕变化节奏发展为〔松乐调〕，苗歌〔平腔〕发展为〔平腔正调〕、〔平腔摇板〕，〔巫师腔〕发展为〔神调摇板〕等，获得同行赞赏和肯定。② 州民族歌舞团推出的大型民族舞蹈诗《扎花女》、大型民族鼓舞音画作品《我的湘西》，在全国汇演中频频获得大奖。这两个作品都将土家族文化、苗族文化和地域文化有机地结合在一起，展示了湘西丰富多彩的特色文化。对此，一些基层文化工作者记忆犹新：

　　　　我们的阳戏班子到苗族寨子去唱啊，他们也喜欢。因为我们唱的是新剧本。我原来搞的时候，官坝的那些老艺人，只有我一个人调得动，他们都调不动。我叫他们到乡政府，其他的不行，乡长都

---

　　① 湘西土家族苗族自治州地方志编纂委员会编：《湘西土家族苗族自治州·文化志》，湖南出版社 1996 年版，第 129 页。

　　② 同上书，第 137—138 页。

不行。因为我会点把点苗语。因为我母亲是苗族的，和他们讲得融洽。请他自己过来演，玩他的狮子，打他的苗鼓，我们唱戏。在乡政府。80 年代以前的事。寨子之间的文化活动那多！我的那些老朋友，老艺人很多都死了。官坝就是狮子啊，苗鼓、苗歌啊，苗鼓从很多年前就有。那个时候没有舞蹈，现在加了些舞蹈。（报道人：古丈县双溪乡梳头溪人，土家族，男，TZB，土老司，65 岁）

2. 群众文化活动蓬勃开展

（1）文化设施的建立。新中国成立后，党和各级政府把群众文化放在重要地位，州设文化馆、群众艺术馆，县设文化馆，乡镇设文化站，形成了完整的群众文化事业体系。随着 1953 年农村互助合作的发展又兴起了一种新的基层文化组织：农村俱乐部。在 20 世纪 50 年代，俱乐部内部一般设业余剧团、业余演唱组、山歌队、黑板报、墙报、幻灯、土广播等。其任务主要是配合党的中心工作，宣传马列主义和党的方针政策，办文化夜校，普及科学知识，开展文体活动，组织群众业余文艺创作。州内最早的俱乐部有永顺石堤俱乐部、龙山花桥乡俱乐部、吉首鸦溪、大坝坪俱乐部、古丈的黑潭及龙鼻咀俱乐部。到 1965 年，俱乐部（文化室）发展到 3198 个[1]。20 世纪 80 年代初，中央宣传部、文化部、共青团中央发表《关于活跃农村文化生活的几点意见》，在农村开始创办文化中心。州内各县市都选择人口密集、交通方便、文化设施基础较好的墟场集镇为试点，创办文化中心。州内不少乡、镇、村普遍建立掀起修建文体设施的热潮，或新建剧场，或改建乡镇礼堂，或利用旧房改旧翻新等，多达 130 多处。通过文化中心的示范作用，并向村和村民小组延伸文明村。至 1988 年，州内共建文化中心 56 个。[2]

（2）群众文化活动蓬勃开展。新中国成立后，文化部门培训骨干，挖掘整理传统艺术，举办文艺汇演，境内群众文化活动生机勃勃。在 1958 年"大跃进"、"公社化"，尤其是"文化大革命"的影响下，群众文化活动受到限制、禁锢。"不打鼓，不敲锣，喉咙起了蜘蛛窝。"

---

① 湘西土家族苗族自治州地方志编纂委员会编：《湘西土家族苗族自治州·文化志》，湖南出版社 1996 年版，第 220 页。

② 同上。

1979 年起，州内群众文化活动焕发活力，民族民间传统节日文化活动逐渐恢复、发展；墟场文化活动受到重视；搜集整理民间民族文学艺术成果累累，境内群众文化活动呈现一派欣欣向荣的大好局面。

（3）节日文化活动的恢复与兴盛。湘西土家族、苗族人民在欢庆传统节日时，都要自发或有组织地开展各种民族文化活动，世代相沿成习。如春节玩狮、跳灯，清明赛歌，重阳赋诗；土家族传统节日调年舞摆手、演毛古斯；苗族传统节日四月八、赶秋时打苗鼓、唱苗歌、玩八人秋等。新中国成立后，各级文化部门贯彻党的文艺政策和民族政策，都将办好文化节日活动作为主要的工作内容。对重要节日如元旦、春节、五一、国庆、七一、八一以及四月八、调年会、赶秋等民族传统节日都要认真研究，组织指导。而对那些庆神灵生日等含有封建迷信色彩的节日则予以禁止。1954 年，花垣县麻栗场举办了新中国成立后第一次苗族"赶秋节"，花垣、保靖、吉首等县几十个乡的 18000 多名群众参加打猴儿鼓、演苗歌剧。1955 年春节，湘西苗族自治区举行全区民间艺术观摩会演大会，10 县共 170 人参加，演出节目 47 个。1958 年后，在"大跃进"、"人民公社化"和"阶级斗争为纲"的影响下，传统民族节日和多数庆祝活动都告停止，节日文化活动亦较单调。1965 年春节，永顺县双凤俱乐部冒雪举办了摆手大会，参加者近 3 万人。年内，保靖组织了赶秋，开展民族形式的文娱、体育活动。1973 年，花垣县吉卫、麻栗场两地组织了一次赶秋活动，有湘、川、黔三省群众 6 万余人参加。凤凰县亦在勾良苗寨恢复举办了"六月六"活动。

1977 年，湘西自治州人民政府举行了庆祝建州 20 周年纪念大会，各族人民表演了摆手、花鼓、接龙等大型文艺节目。1978 年，州、县文化部门在各级党委和政府的支持，民委、公安等部门的配合下，恢复各民族传统节日文化活动。1979 年春节，保靖县在县城和水田河率先举办了规模盛大的"春节民族文化节日"和"苗族迎春会"，3000 多人的文艺队伍在三天三夜中表演了 50 余种民族民间文艺形式，观众达 6 万余人。当年 8 月 12 日，花垣麻栗场恢复举办了"赶秋节"，有 3 万余人参加。10 月，湘西州群众艺术馆与吉首县文化馆联合在吉首县丹青乡恢复举办了清明赛歌会，有吉首、泸溪、古丈三县 40 多名歌手赛歌献艺，观众近 1 万人。1980 年 4 月 17 日，泸溪县芭蕉坪恢复了"三月三"歌会，有歌手 120 多名，观众逾万人。1981 年 7 月该县梁家潭又恢复举办了"六月六"歌会。1983 年 2 月 15 日即农历正月初三，吉首地区举行盛大的群众迎春文艺活动，龙灯、狮子、采莲船、蚌壳灯以及扎的数十台春故事环城游行。当年保靖县城举办了盛况空前的土家族调年会；龙山县在农车恢复了间隔达 37 年之久的土家族摆手盛会；凤凰县在落潮井恢复举行了苗族传统节日四月八庆祝活动，观众均达数万人之多……在上述节日活动中，各族人民着盛装，欢声笑语，踊跃地参加或观看了各类文娱活动，跳摆手、打溜子、八人秋、打花鼓、接龙舞、上刀梯以及唱歌、舞狮等，观者如潮。1984 年国庆节，湘西自治州在州县乡层层开展土家族摆手舞、苗族接龙、苗族鼓舞集体舞蹈活动，参加者数万人。1984 年、1985 年凤凰县分别在山江和县城举行了四月八和六月六苗歌节活动。1986 年花垣县在吉卫，1987 年吉首县在鸦溪相继举办了四月八庆祝活动。1987 年 8 月 20 日，湘西自治州举行建州 30周年庆典，3000 多人的文艺队伍表演了大型民族艺术团体舞《民族团结之歌》，以其浓郁的民族特色、强烈的时代气息获得了各族人民的高度赞誉。①

二 民族文化保护政策

湘西地处我国东西部的结合部，历来是多重文化交融荟萃之地。湘西又是多民族聚居区，各民族创造了丰富多彩的民族文化。现代文明之风吹遍了湘西的土乡苗寨，各族人民在弘扬优秀传统文化的同时，敞开怀抱接受新思想、新文化，但是民族传统文化也面临消亡、衰退、变异的危险。新中国成立后，党和政府高度重视保护民族文化、尊重民族风俗习惯。民族文化的保护过程也是民族文化推广宣传的过程，通过民族文化保护，加深了各民族对对方文化的了解、认知和欣赏。

（一）新中国成立初期民间艺术的搜集整理

新中国成立后，湘西州及各县文化部门在搜集整理民族民间艺术等方面做了大量的工作。1956 年，州文化科首次组织了规模较大的发掘

---

① 湘西土家族苗族自治州地方志编纂委员会编：《湘西土家族苗族自治州·文化志》，湖南出版社 1996 年版，第 224 页。

民族民间艺术工作,参加搜集整理工作的干部和民间艺人共 300 余人。共搜集整理各种民间艺术 102 种,节目 1000 余个,整理音乐、舞蹈、戏剧、曲艺等节目 106 个。1958 年,在群众性的采风活动中,搜集整理出版了一批新民歌,如《土家苗汉一条心》等。1962 年,由湖南省、湘西自治州联合组成了土家族民间艺术调查组,赴龙山县洛塔、洗车、他砂、靛房、苗市、坡脚等地,共搜集资料 10 万多字,编印了包括音乐、舞蹈、美术等综合性内容的《湘西土家族艺术资料》。1962 年,由湖南省民委、湘西州文教局共同组织了省、州、县土家族民族民间文学调查组和凤凰、花垣、保靖等县的苗族民族民间文化调查组 161 人,历时一年,走访了 104 个公社、46 个大队,访问了 4808 名民间艺人,共搜集民歌故事 3859 篇、诗歌 19795 首、长诗 15 篇、其他民间文学 776 篇,经加工整理,编印了《湘西土家族苗族民间故事与传说》、《湘西土家族民间故事与传说》、《湘西苗族艺术调查报告》、《湘西土家族艺术调查报告》。1979 年,根据中央"抢救民间艺术"精神,湘西自治州宣传、文化主管部门组织州、县文化馆、站干部 120 多人,深入基层,发动群众,有计划、有步骤地开展搜集、整理、抢救民间文学、艺术的工作。1980 年 8 月,州群众艺术馆举办民族民间舞蹈培训班,集中部分土家族、苗族民间艺人传授整理民族民间舞蹈,还拍摄了《湘西土家族苗族民族民间舞蹈集锦》(第一集)。1981 年,湖南省、湘西州群众艺术馆在吉首联合召开了民间工艺美术艺人座谈会,有土家、苗、汉 25 位民间美术艺人参加。1980 年起,湘西自治州群众艺术馆将历经 4 年搜集整理的资料分别编辑为《湘西民间文学资料》共 4 卷,内部发行,共有远古民间故事 45 万字,农民斗争故事 50 万字,民间叙事长诗 5 万余行,民间情歌 2284 首。1984 年后编纂完成《民族民间舞蹈集成》、《民间古诗歌集成》、《民间谚语集成》、《民间歌谣集成》等湘西自治州分卷和各县市资料本。其中《民族民间舞蹈集成湘西自治州资料卷》包含土家族舞蹈 5 个、苗族舞蹈 18 个、汉族舞蹈 5 个,共 45 万字。

这一时期的民族文化保护工作培训出一批民族文化骨干。湘西自治州 10 县(市)文化馆,30 年来举办的各类培训班 1200 多期,训练各类业余文艺骨干 51000 多人次。州群众艺术馆举办全州性的业余培训班

80 多期，培训文艺骨干 1600 多人次。1978 年，州群众艺术馆在花垣县茶洞举办了民族民间舞蹈培训班，有各县舞蹈专干、部分文化站辅导员及机关学校文艺骨干 40 多人参加，学习土家族、苗族舞蹈的基本动作。他们不仅培训民族的艺术形式，还积极推广汉文化。1982 年 7 月举行了"全州戏剧表演讲习班"，为期一个月。有各县文化馆戏剧专干、文化站辅导员及业余剧团骨干共 52 人参加，学习了传统戏曲生、旦、净、丑四大行当的 27 个表演项目。[①]

（二）新时期的非物质文化遗产保护

1. 民族民间文化遗产资源普查工作全面展开

到 2006 年底，全州已完成 158 个乡镇的 1196 个村的普查，占全部村的 75%，其中永顺、龙山、保靖三个县完成了 100%。据初步统计，全州 8 县市 16 类非物质文化遗产多达 1056 种。

2. 形成了国家、省、州、县的名录体系

到 2006 年底，湘西州进入国家级代表作项目 7 个，进入省级代表作项目 22 个。进入国家保护名录的项目有 7 个，包括土家族打溜子、土家族织锦工艺、土家族摆手舞、土家族毛古斯、苗族鼓舞、苗族银饰、辰河高腔目连戏。2006 年进入湖南省第一批保护名录的有苗族古老话、苗族歌谣、苗族赶秋、苗戏、苗族武术、凤凰纸扎、文武茶灯、凤凰蓝印花布、湘西阳戏、土家族咚咚喹、土家族梯玛神歌、土家族哭嫁歌、土家族挖土锣鼓歌、土家族过赶年、湘西苗族民歌、乾州春会、土家族山歌、酉水船工号子、踏虎凿花、湘西苗族服饰、土家族舍巴日、湘西苗族椎牛祭等 22 个项目。

湘西州第一批非物质文化遗产代表作名录有 69 个，包括 7 个国家级非物质文化遗产项目和 22 个省级非物质文化遗产项目。此外还有土家语、土家山歌、土家摆手歌、盘瓠和辛女、苗画、绷绷妥、咚咚喹、苗族唢呐、苗族接龙舞、苗族童子鼓舞、地花灯、阳戏、汉戏、酉戏、傩愿戏、木偶戏、永顺渔鼓、三棒鼓、土陶技艺、浦市古民居、古丈毛尖茶手工制作技艺、花垣苗绣、泸溪苗族数纱、土家竹雕、武溪杨柳石

---

① 湘西土家族苗族自治州地方志编纂委员会编：《湘西土家族苗族自治州·文化志》，湖南出版社 1996 年版，第 231 页。

雕、湘西苗锦（芭排）技艺、傩面具、水冲石砚、土家服饰、苗族四月八节、苗族赶秋节、土家族跳马节、清明歌会、苗族跳香、八部大王祭、还傩愿、上梁、苗医苗药、土家族医药、苗族上刀梯下火海。第二批州级非物质文化遗产名录共25项。新入选的项目有白沙瓦乡山歌、酉水船歌、湘西山地号子、土家语山歌、湘西土家族民歌、解放岩花灯、苗族司刀绺巾舞、土家族铜铃舞、湘西灯戏、湘西土家族梯玛绝技、塔卧石雕、湘西木雕、湘西土家族转角楼、湘西竹编、河溪香醋酿造技艺、凤凰姜糖、湘西苗族花带、保靖陶瓷技艺、保靖酱油制作技艺、保靖松花皮蛋制作技艺、湘西榨油坊、湘西水碾房、洗车河霉豆腐制作技艺、苗市腊肉制作技艺、湘西水磨制香制作技艺、酒鬼酒酿制技艺、土家族过社、土家族告祖、土家族油茶汤。项目涵盖民间文学、民间音乐、民间舞蹈、传统戏剧、杂技与竞技、民间美术、传统手工技艺、民俗各个领域。

各县市还公布了一批县市级的保护名录。在进行项目申报时，就项目相关部分与各县市一道组织了一系列原生态表演和原始调查，围绕项目申报的同时，也进行了民保专项普查，这些都促进了项目的保护和完善。目前，上述体系的内容和项目还在不断增加。

3. 民族文化保护工作宣传力度加大

在全国第一、第二个文化遗产日前后，全州8个县市共出动宣传车58台次，展示宣传版画600多块，发放宣传资料2万多册，参加民间技艺表演人员7000多人次。如在全国第二个"文化遗产日"，湘西州在吉首市团结广场上将苗鼓、打溜子、摆手舞、阳戏等非物质文化遗产项目搬上了舞台，吸引了众多市民。文艺表演中还穿插了文化遗产知识抢答比赛，文化工作者还搭起了咨询台，竖起了宣传板，发放了宣传资料，制作了相关知识的谜语，宣传国家级、省级、州级非物质文化遗产代表作名录等内容，州博物馆也全天免费对外开放，多角度、多层面地展示湘西丰富的文化遗产资源。① 在中央电视台、湖南卫视等各级广播电视媒体报道达72次。湘西州的苗歌和土家族山歌，已进入中央电视台音乐频道现场录制、播出。

---

① 《我州举办"文化遗产日"系列宣传活动》，《团结报》2007年6月11日第1版。

4. 全民保护意识逐步增强，农民自发的民间文化活动逐年增多

2006 年全州举办各类民族文化活动达 500 多场次。近几年各县市还举办了一系列民族民间文化节会。保靖大型原生态文化展示"走进酉水"、龙山土家族"舍巴日"、吉首苗族"四月八"、凤凰山江"苗族传承世家"评奖、"天下凤凰聚凤凰·中国苗族银饰文化节"、花垣赶秋节、"太阳会"、泸溪良家潭苗族"跳香"等充分展现了土家族、苗族悠久的文化。通过举办民族民间专题文化活动，可对民族民间文化进行活态保护。

5. 民族传统文化保护法制化

为了使民保工程规范化，湘西制定了《湘西土家族苗族自治州民族民间文化遗产保护条例》（以下简称《条例》），这是全国首个地市级的地方性保护法规。在《条例》的基础上，州人民政府出台了《湘西自治州民族民间文化遗产传承人保护管理暂行办法》。2006 年州人民政府公布了湘西州第一批民族民间文化遗产传承人 25 人，叶水云、刘代娥成为国家级传承人。湘西还出台了《湘西自治州民族民间文化遗产传承人保护管理暂行办法》，并对传承人首次发放了传习补助津贴。①《湘西自治州土家族苗族民族民间文化生态保护基地实施方案》已开始实施。

6. 建设民族文化生态保护基地

湘西第一批民间文化艺术之乡共有 36 个。目前正在重点建立土家族、苗族文化生态保护基地。土家族文化生态保护基地以龙山里耶为基地窗口，以龙山县东南部、永顺县西南部为文化生态保护研究基地，并包括古丈县断龙（红石林），保靖县碗米坡、马王，泸溪县潭溪镇婆罗寨四个保护点。苗族文化生态保护基地建设以凤凰山江为基地窗口，以凤凰县西北部，花垣县东南部、西南部为文化生态保护研究基地，并包括吉首市矮寨、保靖县吕洞山区、古丈县默戎、泸溪县梁家潭四个保护点。

通过文化保护措施，民族传统文化得到了恢复和发展。"文化的存

---

① 方厚钊：《关于湘西州民族民间文化遗产保护工程实施情况的报告》（http：//www. hnxxrd. gov. cn/Article/ShowInfo. asp？InfoID＝1027）。

在形式是什么？是复制。文化被不断地复制，在复制中存在，在复制中保存价值和意义，复制是一种运动形式。"① 在这个活动中，土家族、苗族文艺工作者、民众都加深了对对方民族文化的了解和认识，各种民族文化蕴含的价值得到了充分发掘和展示，这对于双方的文化认同无疑具有促进作用。

三　市场经济体制与区域经济一体化的要求

"在市场经济中，民族属性经常在商业利润面前黯然失色，不同的利益分割了同一个民族和族群，相同的利益把不同的族群或民族的人联系在一起。"② 民族地区区域经济一体化是指在民族地区内按照地缘关系（如地域、流域等）、经济依存度、商品及要素流向、民族文化传统以及社会发展需要而形成的跨行政区划的经济协作和共同发展的经济组合体。③ 新中国成立后，湘西已经实现了行政管理一体化、政治一体化，在市场经济的推动下，民族地区经济社会发展亦具备了区域经济一体化条件。

（一）形成了完整的市场体系

湘西各族群众民间经济往来日益密切，逐步融入到社会主义市场经济大潮之中。改革开放后，在农村推行了家庭联产承包责任制，极大地解放了农村生产力。十四大以来，加大了国企改革力度，全州国企改制面达70%，积极推进商品与要素市场改革，市场在资源配置中的基础性作用日益增强。深化农村改革，免征了农业税和除烟草以外的农业特产税，乡镇村行政区划调整全面完成。行政管理体制改革不断深化，财政、金融、人事、教育等改革取得明显成效，地区的自然资源、劳动力资源、商品市场等逐步纳入到整个市场经济体系中。

（二）建立了便捷的交通网络

湘西州境内山川峻险，长期以来，交通滞后。新中国成立后，湘西

---

① 纳日碧力戈：《族群形式与族群内容反观》，载徐杰舜编《族群与族群文化》，黑龙江人民出版社2006年版，第202页。

② 同上书，第200页。

③ 积赞江：《试论民族地区区域经济一体化的条件和模式》，《贵州大学学报》2008年第2期。

州的交通落后面貌有了较大的改观。州境内已形成了铁路、公路和水路三位一体的现代综合运输格局。湘西州交通运输的主动脉枝柳铁路由北向南穿过州内五县市，境内里程 132 公里。2009 年底，公路交通通车里程 6513 公里，其中国道 477 公里（含高速公路 49 公里），省道 495 公里，县道 1644 公里，乡道 3897 公里。全州 218 个乡镇，通车的有216 个，通公路的行政村已达 2273 个，占总村数的 85.3%。在水路交通方面，州境内全年通航里程 458 公里，重点港口 6 个，水路运输主要集中在沅水，可经洞庭湖通江达海。近年来，又开工建设了吉怀、张花、凤大、吉茶、龙永、永吉等 6 条高速和一批骨干道路、县乡公路。由此，构成了以州府吉首市为中心，连接县市，沟通城乡，辐射毗邻省市乃至全国的交通运输网络。

（三）具备了发达的通信网络

湘西地区现代通信业务始于清宣统三年（1911 年）。新中国成立后，湘西州电信网络逐步发展，通信网点遍及城乡。长途线路、长途电路、无线电台、市话机线、农村电话等多种通信服务逐步完善。市场经济体制建立后，湘西成立电信公司，进行市场化运作，湘西通信业发展进入新局面，无线通信、网络进入千家万户。2000 年已形成了光缆传输、数字交换、有线、无线并举的电信通信新格局。2001 年后，移动、联通、网通、铁通全部进入湘西。目前，全州 2663 个行政村均实现有线、无线网络信号覆盖，已通话的行政村 2613 个，通话率 98.1%，宽带上网用户 2.09 万户；全州网吧数 471 户，企业上网 107 家，政府上网数 41 个。[①] 近几年，手机进入寻常百姓手中，宽带网络在城镇开始普及，在各个乡镇墟场集市都有网吧。通信条件的改善，极大地促进了各族群众之间联系、交往。

行政管理一体化，经济结构的转型和市场化，城市化与大规模的人口迁移，以及交通通信条件和基础设施的全面改善，都会使各族群之间的交往、各族群之间的相互依赖和相互竞争的程度同步增加。

奥扎克和内格尔把现代化对族群关系的影响归纳为 4 个方面：（1）现

---

① 《湘西土家族苗族自治州概况》修订本编写组：《湘西土家族苗族自治州概况》（修订本），民族出版社 2007 年版，第 235 页。

代化降低了族群所具有的异质性，因为现代化发展会降低族群方言、小地域认同、部落政治组织的重要性，并在少数族群成员中加强了现代政治观念（阶级、公民、国家）的意识；（2）现代化的社会—经济发展进程会激发族群运动，因为少数族群对于聚居地区经济利益的考虑与争取会提上日程；（3）当少数族群聚居区发现重要的自然资源后，有可能增加这些聚居区与国家中心区域之间的隔阂与竞争；（4）当族群在就业、住房、婚姻等方面的竞争增强时，将可能兴起以族群为基础的社会冲突与社会运动。① 市场经济鲜明的平等特征、巨大的连接功能和竞争机制，使原来处于相对封闭与隔绝状态的土家族、苗族群众进入了现代经济活动、文化交流和政治程序，参与了现代社会中的各项社会活动与竞争，有力地促进了湘西自治州各族人民关系的全面而深刻的发展。

四　文化生态的共生性的影响

共生是指不同文化形态在文化生态系统中相互作用、相互联系、共同存在的状态。文化生态的共生性是湘西土家族、苗族文化认同的基础。郑英杰认为"湘西文化的生态环境，一是山重水复的封闭的自然环境，二是贫困的经济环境，三是宽松的人文社会环境。湘西独特的生态环境，使湘西文化保存着较多的原始宗教和自然宗教的文化遗留，保留了远古歌舞祀神的巫风，是一种巫风尤盛的附魅文化，深深打上了宗教伦理的历史胎记"。② 湘西土家族、苗族文化生态的共生性主要体现在以下几个方面：

（一）具有相同的文化生态环境

文化人类学认为，文化产生于人类对环境的调适。湘西土家族、苗族世居湘西，且自然环境相同。湘西地处武陵山区，自然环境封闭、山高水险、山重水复。气候属于亚热带季风气候，气候温和，四季分明。由于这里地形起伏，平地和高山气温悬殊。在高山深谷地带，常常是山麓是亚热带气候，山腰是温带气候，山顶却是寒带气候，一山有四季，

① Olzak, Susan and Joane Nagel（eds.）, *Compitives Ethnic Relation*, New York: The Academic Press, 1986, pp. 1—2.
② 郑英杰：《湘西文化生态及其影响》，《吉首大学学报》2001 年第 2 期。

雨量充沛。在这种自然环境基础上，人们形成了相同的山区农耕自然经济，火耕水耨式的生产方式，居住杆栏式建筑的居住风俗，嗜欲酸辣、好饮酒的饮食习俗。

（二）具有类似的社会文化背景

第一，各族群长期杂居共处。湘西地区从春秋时期就是多民族杂居地区，这种文化生态对土家族、苗族文化的形成和发展有重要的影响，它使土家族、苗族文化在成长过程中，不断地吸收其他民族的文化。宋代以后，有土、苗、瑶、侗、仡佬等；清改土归流后，汉人的大量涌入，土家、苗、侗、汉成为该区域主要民族。这些民族长期大杂居小聚居，和睦相处。如土家族自称"毕兹卡"，意为"本地人"；称苗族为"白卡"，意为"邻居的人"；称汉人为"帕卡"，意为"外来的人"，即"客家的人"。从秦汉至明清，除了中央政府的利用外，民间的"土家"、"苗家"、"客家"基本能够和睦相处。

第二，多元文化复合。张正明先生认为，"自大巴山经巫山至武陵山，是一条长而宽的文化沉积带，汉藏语系的各个语族在此穿插、交会。此处山高水险，易守难攻，成为移民、驻军、商人、逃犯的渊薮，其历史节拍比通都大邑慢得多。"[1] 地处武陵山区的湘西则是苗、土家、汉三元复合、三足鼎立的跨文化区域，其中苗、土家是均势文化，他们都没有自己的文字。但是，在各少数民族之间，都是以汉语、汉文为官方语言、官方文字的。汉语、汉文成为土家族、苗族等民族实现区域内以及区域与国家的整合的重要纽带。土家族、苗族、汉族等生活于同一区域，由于长期共处，特别是彼此通婚，造成了语言相通、风俗相习，彼此文化间有共通之处，相互渗透，相互交融。

第三，共同的历史遭遇。历代王朝奉行的较为宽松的羁縻政策及数百年土司制度，"汉不入峒，蛮不出境"，为湘西各族文化的成长与发育创造了良好的条件。同时，历史上土家族、苗族人民也多次团结起来共同反抗封建王朝的剥削和压迫。

（三）土家族苗族文化有许多共通之处，具有兼容性

第一，文化伦理基础相同。湘西学者郑英杰认为，湘西各族人民的

---

① 张正明：《读书·考古·采风》，载中国民族史学会编《中国民族史学会第四次学术讨论会论文集》，中央民族学院出版社 1993 年版。

民族团结，"有着各族人民共同认同的伦理基础。这种共同认同的伦理基础，一是有着共同的价值取向，二是有着共同的人生观和人生态度，三是有着共同的人文精神与传统美德。"①

第二，信仰多神，巫风尤盛，人神共娱。湘西土家族的信仰对象众多，与人们生活密切相关的、对人的生命生存能产生巨大影响的自然物往往能成为人们祭祀的对象，如谷神、河神、井神、树神等。苗族信仰的神鬼更多，有36堂神、72堂鬼之说。土家族、苗族文化中保留着较多的神话与宗教的色彩。巫风巴雨，人神杂糅。举凡大型民俗节庆，莫不娱人娱神，热闹非凡。无论是土家族的大摆手，还是苗族的"椎牛"；梯玛作法、老司还愿、溜罗"打稟"都体现出人神杂糅、娱神娱人的文化多功能性。

第三，宗族意识强烈。湘西山高水险，交通不便，加上历史与人文的因素，致使宗族成为湘西地区最基本的社会组织。在湘西地区，土家族、苗族一般聚族而居，一个宗族往往就表现为一个自然村落。社区相对封闭和稳固，因而各村落具有相当的稳定性、自守性与适应性，从而使得土家族、苗族具有较强的宗族意识。

土家族、苗族强烈的宗族意识保存在很多祭祖活动中。如土家族敬土王、敬八部大王、摆手舞、毛古斯无不体现出强烈的祖先崇拜意识。祖先崇拜在苗族社会中也占有十分重要的位置。苗族信仰的宗族意识"一是以宗族为祭祀单元；二是跨宗族的个人交往不得与本宗族的信仰互相冲突；三是个人的社会生活也必须与宗族信仰合拍；四是个人荣誉感来自于本宗族的宗教信仰并与本宗族信仰相关系"。②他们认为祖先虽然死去，其灵魂却永远与子孙同在，逢年过节必以酒肉供奉，甚至日常饮食也要随时敬奉祖先。许多地区定期或不定期地举行祭祖盛典，在湘西有"敲棒棒猪"、"椎牛祭祖"。苗族的大型祭祀活动通常是以宗族为单位而进行的，如椎牛祭祖和椎猪祭祖，这是对苗族始祖傩公傩母及本族祖先的大型祭祀活动。

正因为湘西土家族、苗族有着地域的共通性，又由于有着大体相同

---

① 郑英杰：《湘西民族团结的伦理基础》，《湖南行政学院学报》2001年第1期。

② 陆群：《试论湘西苗族信仰的宗族意识特征》，《湖北民族学院学报》2001年第1期。

的文化背景或文化生态环境，故"各民族文化又有着共通性、兼容性。这种地域的共通性和文化的某些层面上的共通性（如物态文化层和制度文化层上的共通性）"①，使得土家族、苗族中不仅有共享、共生的文化事象，还有可能产生共享的文化"文法"。从而在土家族、苗族文化的互动交流中，更容易相互理解、相互转化，认同对方文化。

五　旅游业发展对土家族、苗族文化的需求

进入 21 世纪后，湘西自治州大力发展以民族文化为精髓的旅游产业，着力打造"神秘湘西游"品牌，使得苗族、土家族民族文化成为一种极具潜力的民族文化旅游资源。所谓民族文化旅游资源，是指能够激发人们产生旅游动机，吸引人们进行旅游活动的民族传统文化及其载体。湘西州是个民族文化积淀非常丰厚的民族地区，民族文化是最具特色的旅游资源，土家族、苗族民族村落、建筑形式、生活方式、服饰饮食、婚丧习俗、生产习俗、宗教信仰、音乐歌舞、节庆活动等，蕴含着丰富的民族文化资源。湘西土家族、苗族将这些民族文化资源与山水自然资源结合起来，既促进了湘西州旅游业的发展，同时也很好地推广、展示了自己的文化。

（一）土家族、苗族文化被集中搜集整理和推介

在发展旅游业的背景下，湘西土家族、苗族历史文化资源被搜集整理，建成了民族博物馆，因此也迎来了传承与复兴的契机。如土家族、苗族都建立起各自的民族博物馆：张家界的秀华山馆（土家族博物馆）和凤凰县山江苗族博物馆。两个民族博物馆既有共同之处又各具特色，馆藏文物相当丰富，民族源流、生产工具、山地开发、农商经营、家居建筑、家具服饰、婚丧嫁娶、节庆饮食、歌舞娱乐、文学艺术、风俗信仰，都有实物陈列，把一个民族共同体的历史文化浓缩在一个个展室中，活生生地展示在人们的面前。

在开发凤凰古城和其他苗族文化旅游资源过程中，为了增强苗族文化特色，展示苗族优秀文化风采，保护民族优秀文化，湘西土家族苗族自治州各级领导机关倡导苗族干部带头"讲苗话、唱苗歌、穿苗装、起苗楼"。

---

① 郑英杰：《湘西民族团结的伦理基础》，《湖南行政学院学报》2001 年第 1 期。

旅游业强大的宣传攻势也对民族文化资源进行了宣传推介。如通过网络、电视、海报各种传媒手段宣传、介绍、普及民族文化知识，展示民族文化神奇魅力。特别是一些民族歌舞精英成为旅游开发的推动力量。民族歌舞、节庆在湘西旅游开发中得到了弘扬，既有各苗族旅游村寨表演队原生态"下里巴人"的表演，也有全国著名歌唱家"阳春白雪"的演唱。民族歌舞精英在旅游开发中发挥了重要的作用。著名歌唱家宋祖英到凤凰拍摄 MTV，由宋祖英、阎维文、孙悦等参加的"凤凰天下美"群星演唱会等，产生了很大影响，使凤凰古城、苗族文化名扬四海，凤凰旅游短短五年就红火起来。

此外，一些乡镇、村寨也积极开发民族文化资源。如在吉信镇就积极展示凤凰苗族风情。为了向各地人士展示苗族特有的风情，万溶江村在苗族传统节日"四月八"里举行庆祝活动，并举办了一次大型的椎牛庆典，大会历时 5 天，项目有腰鼓花鼓大汇演、百狮抢宝、苗族舞蹈、民间绝技、椎牛、吃牛、爬刀梯等，吸引了很多游客和本地各族群众驻足围观。同时也在万溶江畔推介乾嘉苗民起义古战场。吉信苗族不仅有传统节庆四月八，还有特别的服装及饰品，在凤凰银饰文化节上，塘寨村村民与政府干部组成的吉信表演队参加凤凰苗族银饰文化节，以苗鼓+银饰的独特风格表演，在整个表演中独树一帜，并荣获优胜奖。①

（二）旅游业发展中传统文化的价值彰显，改变了双方的文化偏见与隔膜

"在湘西的旅游开发中，由于立足于当地丰富的民族文化资源，使土家族苗族的文物古迹、语言、建筑、饮食、服饰、节庆、歌舞等民族文化在旅游开发中得到一定程度的复兴。"② 在旅游业中，民族传统文化成为开发利用的资源，价值得到了发掘，昔日被视为落后的、过时的传统民居、服饰乃至一些带有"封建迷信"色彩的各种宗教信仰、祭祀活动都成为一种文化资本。民族语言在旅游开发中强化，民族建筑在旅游开发中复兴，民族服饰在旅游开发中热销，民族饮食在旅游开发中走俏，民族节庆及歌舞在旅游开发中红火。这些民族文化也因作为旅游

---

① 《吉信镇三文明材料：全面推行"三个文明"建设，创建和谐新吉信》，打印稿。

② 李甫春：《湘西旅游产业开发与土家族苗族文化的复兴》，《学术论坛》2007 年第 1 期。

资源加以开发，在给人们带来物质财富和精神享受的同时而得到不同程度的复兴。民族文化的复兴又自然带来了民族意识、民族凝聚力的升华。伴随着民族文化旅游资源的开发，土家族、苗族的民族自我认同意识、民族自尊心和自豪感都增强了，同时也使得土家族、苗族改变了原来对对方文化的偏见与隔膜。如苗装，20 世纪 90 年代后，苗族人认为它穿戴麻烦，而且花花绿绿的，走出去怕人家笑话，传统苗装逐渐被淘汰。土家族也觉得苗族衣服花花绿绿的很丑。由此，苗装成为落伍、贫穷的象征。但随着 20 世纪 90 年代旅游业的兴起，旅游景点中苗装成为苗族文化的一种象征，非常受外地游客欢迎，而且还成为一种旅游商品。现在不仅苗族人自己认为苗装很美，逢场赶集的时候，一些苗族人也开始穿着苗族服装了，还有人专门到照相馆租苗族盛装拍照留念。土家族人也认为苗装很美，不少人到凤凰去旅游，都会穿上苗族服装照相，笔者在梳头溪、溪流墨村调查期间，就看见一位土家族姑娘专门拿出了她在凤凰穿着苗装和朋友照相的照片。而在旅游业兴盛的吉首矮寨镇的德夯苗寨，苗族人们深刻地感受到，民族旅游业的兴起彻底改变了他们对自身苗装的看法，大大提高了他们的自信心：

> 现在苗族和汉族没什么区别，苗汉大团结。原来汉族看不起苗族，现在汉族看得起苗族了，我们就感到喜欢了。我们苗族不准看不起别家。街上汉族占多数，人家看不起你，怕羞啊！以前都穿苗衣。你下街去，穿苗族服装人家看不起你了，喊你苗婆，苗婆来了。自己怕羞啊！现在我们年轻的女孩都穿客家的衣服，不穿苗家的衣服，苗家的妇女变成客家的妇女了。（报道人：吉首市矮寨镇德夯村人，男，SHYG，苗族，原村支书，65 岁）

> 德夯村 1972 年一把火烧完了，全村的老百姓讨饭过日子，差不多十多年没有饭吃，很多单身汉。后来我们开发旅游，德夯人开始扬眉吐气。现在还有大学生嫁到德夯里面。以前我们穿苗族服装，人家就看不起你，现在穿民族服装可以扬眉吐气地走，认为是光彩的。原来妇女、老婆婆最怕到城里的。现在到长沙，很多人拍照，还要尽量展示给人看。（报道人：吉首市矮寨镇文化馆馆长，男，SHYSH，苗族，47 岁）

此外，如苗语，也展示出独特的价值，调查中凤凰吉信镇一位年轻的苗族女导游就说，上学的时候，不敢说苗话，怕别人看不起，现在她说苗话感觉很自豪，她还说去应聘的时候，因为会讲苗语，别人首先就聘用她了。

（三）土家族、苗族旅游业联合开发，促进了相互了解和认同

在湘西，土家族相对聚居区的旅游景点表演苗族传统文化节目，苗族相对聚居区的旅游景点表演土家族传统文化节目，既达到了民族文化共享的目的，又是各民族间文化认同的实证。如 2005 年，德夯举办中国鼓文化节，汇聚了全国十余个省市的 100 多支鼓队、1000 多名鼓手前来参赛，展示了湘西苗鼓、土家摆手锣鼓等民间鼓艺的动人魅力。在凤凰土家族旅游景点都吾村"古桃花源遗址"与"关田山古苗寨"合作经营。都吾村的古桃花源文化旅游公司以展示土家族的"打廪跳排"古舞，演唱历史悠久的《廪歌》、《薅露》等古歌，在堂屋安装着神秘的大小两个神龛等传统文化事象为主。关田山则以苗族民居、苗鼓、苗语等项目为主。两个景点实行通票制，实现了苗族文化资源与土家族传统文化资源的互补。这其中固然有经济利益的驱动，但双方如果没有对对方文化价值的认同，是完全不可能实现的。

六　学校教育的普及

湘西自治州的教育起源于东汉光武帝建武年间，但真正具有近代学校教育形式的民族教育则始于清代末年的光绪二十九年（1903 年）。当时主要办学形式是将屯、苗义学改办为蒙养学堂和初等小学堂。国民党政府统治时期，先后办过"边胞小学"、"短期义务小学"和"边区小学"。但是，当时军阀割据，战乱频繁，人民颠沛流离，入学受教育的也只能是殷实富裕子弟和官绅子弟。新中国成立后，实行正确的民族政策，"向工农开门"、"向少数民族开门"，大力发展民族教育，学校教育迅速普及。

（一）全州民族教育已经形成体系，各类教育取得显著成绩

目前，湘西"两基"目标基本实现，高中教育不断提升，职业教育和高等教育发展壮大。到 2007 年，全州共有小学 1373 所，在校学生 25.06 万人；普通中学 190 所，在校学生 17.09 万人；高等学校 3 所，

大学在校生达 2.7 万余人；民办教育机构 248 个。通过实施"义务教育工程"、"希望工程"、中小学危房改造、定点初中建设、农村寄宿制学校建设等，教育基础设施极大改善。2007 年，全州中小学校舍总面积达到 300.2 万平方米，生均达到 5.7 平方米，危房面积减少到 2.71 万平方米。现代远程教育站点达 1752 个，覆盖全州 92% 的中小学，现代远程教育网络体系基本建成。

（二）文化素质普遍提高

从全州的各种文化程度人口构成情况看，各族人民的文化程度有了很大提高。据湘西州 2000 年人口统计，全州小学文化程度以上的人口有 1453014 人，占总人口的 63.32%。与 1982 年相比，小学文化程度以上的人口增加了 381628 人，增长了 35.26%，年均增长 3.88%（见表 4—11）。文盲半文盲人口占总人口的比例由 1982 年的 26.90% 下降到 20.30%。①

表 4—11　　　　　　　湘西人口文化状况②　　　　　　单位：人

	1982 年		2000 年		增长率（%）
	总数	十万人口	总数	十万人口	
大学（指大专以上）	7504	375	17543	765	133.78
高中（含中专）	113981	5702	153849	6704	34.98
初中	247323	12372	358863	15638	45.10
小学	702578	35145	922759	40210	31.34

到 2009 年，全州有大学 3 所，在校学生 32435 人，招生 8275 人，毕业生 7487 人。中等职业学校 34 所，在校学生 27467 人，招生 13148 人，毕业生 8087 人。普通中学 187 所，在校学生 160545 人，其中普通高中在校学生 41414 人，招生 14897 人，毕业生 12579 人。初中在校学生 119131 人，招生 40000 人，毕业生 41214 人。小学 1130 所，在校学生 242200 人，招生 39095 人。特殊教育学校 3 所，在校残疾学生 568

① 湘西自治州人口普查办公室编：《湘西自治州 2000 年人口普查资料》，2002 年。
② 同上。

人。全州小学入学率为99.4%，毕业率为99.1%。初中升学率为68%。全州平均每万人口在校学生数分别为大学73人、中等职业学校100人、普通高中151人、初中435人、小学884人。

列宁曾明确指出，要"铲除民族之间的种种隔膜，使各自民族的儿童在共同的学校打成一片"。[①] 在民众自愿的原则下，创造条件使各族儿童在共同的学校里学习，使他们既可以学习本族群的语言文字，又能够学习本国的"族际共同语"和掌握现代知识技能，毕业后投入社会各项事业中。共同的学习经历可以使各族儿童之间打破以往的族群隔阂，弱化族群意识，增强国民意识，有利于族群团结和社会发展。同时，文化素质的普遍提高也有利于对民族文化差异的理性认识和相互包容。

七　人口流动性增强

（一）民族间传统的隔阂被进一步打破

改土归流以后，"苗不粘客，铜不粘铁"、"苗不入境，客不入峒"的禁令被逐渐打破，苗族、土家族、汉族的相互活动空间和交往领域逐渐扩大。而且与外界的联系逐渐增强，改变了"汉土隔绝，不与中国通"的封闭格局。新中国成立后，建立了湘西土家族苗族自治州，实现了联合自治，土家族、苗族地区实现了政治一体化。经过土地改革、社会主义改造、改革开放等社会变革，湘西也由一个封闭落后的少数民族地区而逐步向世人开放，融入到中国经济建设的大潮中。各族人民工作、生活、娱乐活动也不再局限于本村寨、本乡本土。

（二）新时代的"打工潮"增强了人口的流动性

市场经济的发展以及科技进步，使农民逐渐从传统的农业中解脱出来。一方面沿海发达的工业基地吸引了大量的湘西青年外出务工，劳务输出使得农村青年的流动性大大增强，2004年湘西州累计输出农村劳动力已达40万人。同时州内商业、工矿企业也吸引了大量的乡村人口外出务工。如在吉信镇，2008年，在22351人中有4520人外出务工，占总人口的20.2%（见表4—12）。

---

① 列宁：《列宁全集》（第19卷），人民出版社1959年版，第303—304页。

表4—12　　　　　　　　　吉信镇外出务工情况　　　　　　　单位：人

村名	人口	外出务工
合计	22341	4520
黎明村	1273	278
油茶村	828	209
大桥村	1638	312
都吾村	1801	376
新田村	1288	309
吉信村	1489	355
联欢村	1120	278
锡坪村	734	183
龙滚村	1283	240
满家村	1117	175
居委会	1579	84
两头羊村	716	120
茶山村	478	230
大塘村	606	150
高山村	530	115
追仁村	766	130
火炉坪	646	125
岩口村	476	110
塘寨村	481	105
首云村	432	132
万溶江村	2160	184
三角坪村	900	320

（三）人口流动性对文化互动的影响

　　首先，人口的流动性促进了土家族、苗族的彼此了解，增进了相互认同。如很多湘西土家族、苗族青年走出湘西后，往往能抛弃原来的民族认同，而选择对湘西的地域认同。其次，大量的外出青年人容易接受现代文化，自觉地改造自身原有文化，使苗族、土家族文化发生了变迁。凤凰吉信镇的一位苗老司就认为人口流动性的增强导致了土家族、苗族文化趋同：

> 都是一样的，讲的都是现在一股风，统一了。没像往回了，往回旧社会，一般冇没去，一般赶场就到吉信，乾州就没到，凤凰就没到，就到吉信，就这二三十里以内，其他没有见识了。现在呢，全国各地都提高了，生活提高了，看到人家怎样怎样，讲讲，就过去了，现在就没要媒人了。现在都统一了，汉族、苗区、土家族都是一样的。（报道人：凤凰县吉信镇联欢村新良子人，苗族，男，WZHB，苗医、老司，63 岁）

土家族、苗族文化的共生性，文化"文法"的共通性，是土家族、苗族共享对方的文化的逻辑前提。现实中政治、经济、文化事业的合作与发展的需要，促进了双方对对方文化的认同。新中国成立后国家民族团结工作的开展，更使得这种互相认同日趋理性化，从而最终实现跨越族群边界的认同。

第五章

当代湘西土家族苗族文化偏见

文化多元、差异是持久的社会现象。我们的文化却往往给予我们许多偏见：文化是差异的结果，差异往往造成偏见。"与其强说我们没有偏见，不如承认自己有偏见，在交流中求得某种共识（妥协的共识）。我们的偏见编织了我们头脑中的'结构'，这个结构容易反射到现实生活中去，被误认为是现实本身的结构。"① 族群成员意识中族群偏见的消除，是一个族群在态度、心理上对另一个族群的接纳、不排斥。因此，考察族群之间是否怀有相当强的排斥心理，是否对对方的体质、文化、宗教、生活习俗等方面心存偏见，以及对这些偏见的具体分析，则可以揭示出这两个族群集团关系的状况。

第一节 苗族土家族彼此文化偏见的表现

一 偏见及其特征

（一）族群偏见

偏见最初产生于不平等的多族群社会。在多族群社会，为了强制实行其权利和维护其特权，支配族群使用一些属于偏见和歧视范畴的方法确保族群之间不平等关系的长久性，并保证对关于某些特定群体的品质和能力的信念和价值观得到广泛认同。这些信念和价值观以偏见的形式呈现，具体表现为从属族群的负面观念，以及表现支配族群优越性的思想。这些信念集合在一个系统一贯的种族主义意识形态，或明确的观念

---

① 纳日碧力戈：《族群形式与族群内容反观》，载徐杰舜编《族群与族群文化》，黑龙江人民出版社 2006 年版，第 203 页。

中；但是在某些时候，它们被以一种不相关联的、非系统的方式应用于群体。①

偏见是针对某个族群或某个体成员的一种武断信念或感知。它包含了一种判断，即"基于在头脑中形成的关于某个群体或阶层的固定印象，没有经过实践检验，就将其应用于该阶级或群体的所有成员"。②这种以偏概全的概念，通常是负面性的和生硬的，并且被应用于特定群体的所有成员。而且，虽然这种偏见被认为是建立在不充分证据之上的预先判断或先入为主的成见。③但是，"与其说偏见是一种判断，更不如说它是一种情感、感知和偏好"。④

（二）族群偏见的特征

马丁·N.麦格在其《族群社会学：美国及全球视角下的种族和族群关系》中认为族群偏见具有如下特点：

第一，族群偏见是类型化的。虽然偏见也许是针对某个个体的，然而引发这种态度的原因是个体所属群体的特征，而非个人的行为和品质。偏见有悖于"合理性准则"。⑤一旦个人的群体身份为大家所知，那么个体的行为特点是可以推断的。

第二，偏见是顽固的。偏见不仅是一种思想上的错误，而且不易纠正。"如果预先判断面对新的认知依然不可逆，那么就会成为偏见。"⑥个体的情感倾向逐渐发展成为确定的信念，并且不会因为相反的证据而被放弃。人们会声称，"他们一些最好的朋友"是他们通常敌视的某个族群的成员。其暗含的意思则是，那些人没有表现出通常被认为是属于该族群成员的负面品质。这些人非但不是对逻辑所规定的这种信念的反驳，而是作为"例外来证明着这些法则"。这种反面证据虽然会被认

---

① ［美］马丁·N.麦格：《族群社会学：美国及全球视角下的种族和族群关系》，祖力亚提·司马义译，华夏出版社2007年版，第59页。

② Mason, Philip, *Patterns of Dominance*, New York: Oxford University Press, 1970, p. 52.

③ Klineberg, Otto, "Prejudice: the Concept", in David L. Silles (ed.), *International Encyclopedia of the Social Sinence*, New York: Macmillian, 1968, p. 12.

④ Berry & Tischle, *Race and Ethnic Relations* (4ed), Boston: Houghton Miffilin, 1978, p. 235.

⑤ Pettigrew, Thomas F. (ed.), *The Sociology of Race Relations*, New York: The Free Press, 1980, p. 821.

⑥ Allport, Gordon W., *The Nature of Prejudice*, Garden City, N. Y.: Doublerday, 1958, p. 9.

可，但是在进行概括时却被排除，因此，它没有起纠偏的作用。①

第三，族群偏见的内容通常是负面的。在研究族群关系的时候，社会学家和心理学家几乎只是考虑偏见的负面性。归于目标群体的特定特征是劣等的、很不受欢迎的。族群成员对本群体保持的印象过于良好，而对特定外群体保持过于负面的印象。事实上，所有的族群成员对于其独有的特征都会表现出优越感，其实质是对本族群成员的偏爱。②

第四，族群偏见的主要内容表现为刻板印象。刻板印象是指以错误的或不完整的族群印象为基础的偏见。③ 它是人们没有经过个人经验而获得的"脑海中的图景"。族群刻板印象通常是外群体的成员选择某个族群的行为特点，将其夸大并构建为"一种速记式的描述"④。刻板印象是"一种特殊的语言"，其功能是"强化其使用者的信念和怀疑，并为在怀有偏见的人们之间培养和维持团结提供基础"⑤。一旦将刻板印象与某个族群联系起来，我们就倾向于根据对该群体的总体印象去观察个体成员。然后定型某人，即"认定这个人有某些特征，它们是他或她的所有或大多数族群成员共有的"。

刻板印象与理性概括不同，族群刻板印象是关于一个群体的过于简单和夸张的信念，通常是间接获得的，并且拒绝改变。⑥。因此，尽管有无数的案例可以有力地驳斥它们的正确性，但族群刻板印象仍能够得以维持。这是因为建立在普遍信念之上的各族群特征，通过选择性感知得以强化。人们通常会注意那些能够巩固他们心中刻板印象的案例，而忽略或忽视那些不符合刻板印象的案例。此外，这些刻板化的特性可以

---

① Allport, Gordon W., *The Nature of Prejudice*, Garden City, N. Y.: Doublerday, 1958.

② Brewer, M., "Ingroup Bias in the Minimal Intergroup Situation: Cognitive-Motivational Analysis", *Psychologcial Bulletin*, Vol. 86, 1979, pp. 307-332; Jones, James M., *Prejudice and Racism* (2ed), New York: McGraw-Hill, 1996.

③ [美] 马丁·N. 麦格:《族群社会学：美国及全球视角下的种族和族群关系》，祖力亚提·司马义译，华夏出版社 2007 年版，第 59—60 页。

④ Shibutani, Tamotsu & Kian M. Kwan, *Ethnic Stratification: A Comparative Approach*, New York: Macmillan, 1965, p. 86.

⑤ Ehrlich, Howard J., *The Social Psychology of Prejudice*, New York: Wiley, 1973, p. 21.

⑥ Harding, John, "Stereotypes", in David L. Sills (ed.), *International Encyclopedia of the Social Sciences*, New York: Macmillan, 1968, pp. 259-261; Pettigrew, Prejudice, in Stephen Thernstorm (ed), *Havard Encyclopedia of American Ethnic Group*, Cambridge, Mass.: Harvard University Press, 1980.

被推断而得出，即使它们并不明显。因此，某个族群的观察者以其预想的形象为基础，解释该群体的行为。①

第五，族群偏见会产生社会距离。偏见不仅包括族群的心理感知（社会学家和心理学家称之为偏见的认知维度），而且包括以特定的方式对那些群体的成员采取行动时所需要的情感和准备（情感和意动维度）。偏见和意动维度是"社会距离"的反映。帕克首先把社会距离定义为，人们准备与他人在他们的关系中建立亲密关系的程度。② 威廉姆斯认为，社会距离是"某个群体的成员与外群体的成员交往过程中，该群体的成员不愿接受或承认一种既定的亲密程度的情感"。③ 在某种意义上，社会距离是标明各族群被接受或遭拒斥程度的指标。

二　苗族土家族彼此文化偏见的表现

（一）负面的印象被固定化

在中国，许多关于少数民族情况介绍的资料都来自于官方的资料，而这些官方资料总是试图描述原生族群的特性，而忽略了族群在现代社会中整合后的特性。④ 同样，在土家族、苗族的交往互动过程中，双方对彼此文化的印象一旦形成往往就很难改变。如过去，苗族地区居住条件艰苦、生活很差，就认为低人一等。这一点在族群通婚中表现得尤为明显。如在古丈县双溪乡，过去，这里的土地全部为梳头溪、溪流墨的土家族人占据，地主也全部集中在梳头溪和溪流墨，官坝的苗族人主要靠给梳头溪、溪流墨管水、看坝、种田等打短工，或者编草鞋、砍竹子维持生计。土家族人就认为官坝人比他们低一等，不愿自己的女儿嫁过去：

---

① ［美］马丁·N·麦格：《族群社会学：美国及全球视角下的种族和族群关系》，祖力亚提·司马义译，华夏出版社 2007 年版，第 61 页。

② Park, Robert E., "The Concept of Social Distance", *Journal of Applied Sociology*, Vol. 8, 1924, pp. 339-344.

③ Williams, Robin M., Jr., *Strangers Next Door: Ethnic Relations in American Communities*, Englewood Cliffs, N. J.: Prentice-Hall, Vol. 29, 1964.

④ 于鹏杰：《族群认同的现代含义：以湖南城步苗族为例》，载徐杰舜编《族群与族群文化》，黑龙江人民出版社 2006 年版，第 472 页。

　　和官坝开亲的多，他们那边嫁到我们这边来的很多，但我们这边嫁到他们那边还没有一个。在我们这里好像那边苗族比我们低级一等。那个意识，反正不愿意嫁过去。过去我们汉族讲讨不到了才讨苗族。认为他下贱一些。但嫁过来就是一样，没有被瞧不起。XDQ 母亲就是苗族。现在没有那种歧视了，以前有。以前像我们这边，不跟他们来往。他们那边的木匠不挑剔，工价矮，我们这边的木匠挑剔，要吃得好，工价还要的高。质量还不一定超过他们。像我们这边的好多请他们苗族的。盖屋的瓦匠也请他们来做。我们这边的茶叶六七十年代就开始搞了。以前我们这里还有茶场、面粉厂、纸厂、发电厂。1978 年开始搞的。（报道人：古丈县双溪乡梳头溪村人，土家族，男，TZC，打工，34 岁）

　　在上述报道人的讲述中，他虽然承认现在苗族和土家族已经差不多了，但是可以看出，梳头溪将苗族人的观念建立在过去官坝人的印象上，并且固定下来。其实，现在这里的苗族各方面已经大为改善了，据一位从罗依溪嫁过来的土家族媳妇讲，在她和老公结婚后才知道他是苗族，和土家族也差不到哪儿去。可见，关乎苗族的负面观念确实在土家人的头脑中固定下来了。

　　同样，在吉信镇，人们关于苗族的观念也是建立在乡里的苗族人身上，特别是该乡镇最偏远、最贫穷的两头羊、火炉坪的苗族人身上。即使镇上的苗族在生活水平、生活习俗上和土家、客家已基本相同，但这种偏见依然存在，哪怕在政府机关内部也存在。一位苗族干部向我讲述了这种偏见：

　　汉族和土家族都称客家。我们说那个土家族呢，基本上都是客家，真正最受歧视的还是苗族。现在啊，一般的时候表面上是没有，但是具体当中也有，因为你如果在外面啊，虽然从社会上，现在也讲不清，但真正要是说是苗族的话，有的汉族呀，你只要从他们那个语气呀，还有那个眼神呀，他就用那个鄙视的目光看待你，认为你这个各方面比较落后，但真正他那些，有的人比较高傲，聪明的人啊，有的人呢就没有，像领导他们，一般就……像现在也讲不清楚。接触的来说，有的时候看来也可以，但具体呢，也说不上来。

从我们这个说呢，关系呢现在相当得好，现在时代不同了，再一个，现在呢，有的过去是冤家，现在都变为亲家了。他女儿喜欢啦，你说是吧。所以这个隔阂现在已经缩小，没有什么了。在工作中都没有，原来我们和镇长一起的时候，大家讲这话。他们看着我们说，苗儿，苗儿，实际上就有些歧视我们苗族，他讲那你们苗族看见我们汉族，小伙子怎么说，叫汉族？就说是叫花子，同样有瞧不起嘛。（报道人：凤凰县吉信镇，苗族，男，WFD，干部，48 岁）

很明显，在吉信，这里的族群文化被固定下来，这里的族群是被两分的，汉族和土家族被归类为"客家"，然后就是苗家。这里的偏见表现得比较隐晦，如在这些高素质的群体中是通过眼神之类微妙的方式表现出来的。而且这种偏见拉大了苗族与土家族、汉族之间的社会距离。这种社会距离在双方发生矛盾的时候就会体现出来：

但是从苗族呢，现在就是说，如果一旦和汉族发生矛盾，他们一知道是汉族呢，苗族就很齐心，就是不认识他也要帮忙。只要你稍微发生矛盾的时候，他就要帮忙，他就是认识。他们土家族、汉族就没有。苗族现在就是说我两个，关系再不好，要是和他们汉族发生矛盾，我们俩是一致的，因为他这个受欺负是有悠久的历史啊。像原来有一次，也是发生一些矛盾，发生矛盾，有的他那个，有的苗族，现在苗汉啊大家同事啊，朋友啊，都还是不分这个的，比如说你是汉族，你和我很好，不分这个苗汉，你和他发生矛盾了，你叫我过去帮你忙，但我看到那个一是苗族，两边都不帮了。如果说那边是汉族，那我就帮你，但是看见是苗族，就不帮，两边他都不帮。（报道人：凤凰县吉信镇苗族，男，WFD，干部，48 岁）

双方对对方的偏见最集中的表现就是将对方称为"苗子"、"土蛮子"。对此，溪流墨人这样说：

我们喊他们苗儿，一般是开玩笑。他们喊我们土蛮子。我们不生气，他们就恼怒了。你给他喊苗族兄弟他就高兴。你给他喊苗子呢就不行。（报道人：古丈县双溪乡溪流墨村人，土家族，男，XFQ，农民，51岁）

（二）刻板化

土家族与苗族人相互之间的印象是不完整的或错误的，并以此为基础，形成刻板印象。通常的方式是选择对方族群的某些行为特点，将其夸大并建构。

如对吉信镇干部通过编排苗族地区的扶贫开发中的一系列故事，认为苗族没有开发意识，缺乏商品经济头脑，并推而广之，将这些缺点进行夸大，加之于整个族群之上。

故事一：扶贫的姜种、羊种被卖

1998年满家村（纯苗村）文化局扶贫，姜种四块钱一斤，还有羊种。他们马上就卖了。我们村搞扶持搞得规范一些，农网改造，办养猪场，他们放在两头羊、火炉坪，工作队一走就垮台了，头脑开放的比较少。这边头脑有，主要缺资金。工作队喜欢选择没有通电、通路的，实际上那些项目是无效的，我们这里他们就不搞，我们村一投，就得几十万。我们这里交通方便，差价比较了解。我们这里的鱼腥草原来只有两亩地，现在几十亩，销往贵州铜仁、贵阳、芷江、张家界，主要是外地老板来拖，不用出去卖。凉薯销往贵州，凤凰只要一天没有挖，他们就慌了。现在已经发展到黎明、油菜、大桥；鱼腥草也传到大桥、龙滚村了，那里有亲戚，就都要种。比如3月份，我们不够了，就通知他们送过来。河那边的人好像没考虑，这边的土家族、汉族就考虑经济价值。合作医疗我们2007年就搞了90%，他们那边连40%都不到。（报道人：凤凰县吉信镇吉信村高楼哨人，苗族，男，OYBF，村干部，43岁）

故事二：用橡胶给扶贫干部熏腊肉

扶贫队的干部听说那里的熏腊肉很好，就自己出钱买了肉请他们熏。腊肉一般是用那个烟熏的，但是他就用那个橡皮胶熏，幸好他们干部当场吃了一下，当场就吐了，那根本就吃不得，后来一问一查就知道了，搞成这个样子。（报道人：凤凰县吉信镇，土家族，男，HBZH，干部，26岁）

故事三：你们的田里水干了

还有个笑话，有个科研项目，它就在某一家农户做实验田，当时搞这个的时候就说了，你自己管理如果要什么，肥料或者其他的我们都可以帮你拖，而且收入都是你自己的，我们都不要，已经这么说好了。有一年干旱嘛，那个人怎么说呢。他就跑到那个扶贫干部那儿说，你们那亩田的水干了，你们要去抽一下水。（报道人：凤凰县吉信镇，土家族，男，PAH，干部，26岁）

故事四：给我们修路是你们要当官

修路，是最实在的也是最需要的，就难得搞。整个苗区那边最难搞。那时候要撤乡并镇，扶贫组就要走了，就没有机会了。必须要抓住这个机会。他们怎么说，他们说撤乡并镇了，你们跑了，钱也被你们拿走了，我们不干了。结果他说什么，地要多少钱一米。村里的公路只能给你一点炸药的钱，还有水泥、沙子给你钱。其他不给钱的，因为国家它是一种支持你的。（报道人：凤凰县吉信镇，土家族，男，PAH，干部，26岁）

这些故事其实在很多扶贫工作中都出现过，在土家族地区也有类似现象，而且这些现象很多只是个人行为，只是对市场经济或者扶贫等文化上的不适应。但是这些个人行为就被概括为这些群体的印象，成为族群偏见的一种负面信息证据。对群体或对象进行概括是一种最普遍的思维模式，而且一旦将这种刻板印象与苗族族群联系起来，人们又会根据这种刻板印象去观察其个体成员，然后定型某人。2006年笔者在凤凰县廖家桥调查时，一位年轻干部曾说，这里的干部一般不愿意讲自己是苗族。因为在这里，苗族是贫穷落后的象征。人们通常会注意那些能够巩固他们心中刻板印象的案例，而忽略或忽视那些不符合刻板印象的案例；会特别注意那些确实有这些特性的人，却看不到更多并不具备那样特性的人。所以，他们忽视了苗族勤劳质朴的优点。刻板印象与理性概括不同，族群刻板印象是关于一个群体的过于简单和夸张的信念，通常是间接获得的，并且拒绝改变。① 因此，尽管有无数的案例可以有力地驳斥它们的正确性，但族群刻板印象仍能够得以维持。这是因为建立在普遍信念之上的各族群特征，可以通过选择性感知得以强化。

这种刻板印象还表现为，他们很少有人会声称不喜欢对方族群的某人，而对那些负面的观点通过"合理的"词语表达。如苗族村寨"不卫生"，很"嘎"、很"直"、很"忠"，土家族很"蛮"，并对此互相指认：

1. 苗族不卫生、嘎

看不惯的一般卫生还是搞不过我们，你看那寨上的卫生不行。他吃的东西也搞不赢土家族。种田都可以，现在都差不多的，以前是搞不赢我们，旧社会啊，新中国成立前啊，新中国成立后，高级社、初级社啊。现在都讲科学了。不讲科学种田怎么讲的好呢。他们也蛮啊，苗子比我们还嘎些，合得来到就好，没合到就嘎。他翻脸相当得快，他和你搞得好就好，搞不好就翻脸。翻脸不认人。苗子就是这么的。（报道人：古丈县双溪乡梳头溪人，土家族，男，LZSH，道士，58 岁）

2. 苗族忠、直，导致饿肚子

原来准备把绿绿河划为中心，他们不愿意。绿绿河和我们是一个组的，那时候书记是马洞的，三组的嘛，都不去。中心也同样赶不到绿绿河嘛。比他们先进一些，我们上头准备划给葫芦。下头也不过中心去，下头也不过葫芦去。就是集体化的时候，我们的生活比葫芦的高一点，苗族地区苗子他直一些，搞什么事情，中心也是那样的，肯转弯，点子多些，搞小资，好像生活比他们过光一些，所以我们要划到葫芦去呢，我们在葫芦公社就是最好的村，那你想上面的待遇想不到。我们在涂乍来讲，我们是最落后的、最困难的

① Harding, John, "Stereotypes", in David L. Sills (ed.), *International Encyclopedia of the Social Sciences*, New York: Macmillan, 1968, pp. 259-261; Pettigrew, "Prejudice", in Stephen Thernstorm (ed.), *Harvard Encyclopedia of American Ethnic Group*, Cambridge, Mass.: Harvard University Press, 1980.

地区，所以不愿意过葫芦去。他也不是嫌苗族这样、那样的。我们这边人点子多，没有苗族直嘛，苗族忠一些嘛。你看六几年，饿坏的，完全是葫芦的嘛。米塔溪那里，我们就是偷偷摸摸地搞小自由嘛。山区搞些头头脑脑嘛，我们那时候有个驻队干部，现在好多人还传的他这句话，我们四组喊惹巴。那个工作组的国家干部，下到我这里，说走尽天脚下，不得惹巴拿，我们这里有葛巴，偏头角脑的地方他栽红薯、苞谷啊，他能够灌饱肚子，意思是说，什么小米、红薯、苞谷能管你肚子饱，别的村就是生产队分的口粮吃不饱。（报道人：保靖县涂乍乡棉花旗人，男，LZHZH，土家族，村主任，60岁）

3. 苗族自我封闭

从总的方面来看，土家族这个民族开放一些，苗族自我闭锁一些。所以，越是开放的民族发展越快，现在土家族已经发展800多万了，苗家作为中国古代的一个大族，正因为他开放所以他遍布全国各地，大学教授都不少。苗家他不是不与人友好，他其实待人还是很真诚的，他待人的过程中，既存在真诚，也存在芥蒂，这个与他们民族受欺负有很大关系。你看从涿鹿之战后，本来他们这个民族很发达，原来我们古代的所有兵器都是他们发明的，哪晓得以后呢，他搞不赢黄帝。大雾迷失了方向，好呢，他又发明了指南车，不管走到哪里就晓得，所以他就一直向南走。苗族古歌里面就是这样唱的，就向西南走甚至走进了中印半岛。现在南北美都有。（报道人：保靖县文化局，土家族，男，CHJJ，干部，63岁）

4. 土家族狡猾、聪明

种庄稼那个还不是差不多的。聪明那你讲不清的，苗族也有蠢的，汉族也有蠢的，土家族也有蠢的，拐（坏）的也有，个个都拐抓光去了！你像苗族当县长的只有个把，土族的还多些，苗族到古丈还少些，茄通、断龙都是土族嘛，都是那边的，古丈当官的他们占一半多，苗族还少些，搞不赢他们，土家族人狡猾些、聪明些。（报道人：双溪乡官坝村人，苗族，男，LQZH，苗医，80岁）

（三）滞后性

双方的文化偏见往往是对过去的一些特征的概括，这种对于过去的记忆是顽固的。这种对对方文化的"心理构图"是过去经验与印象的集结。每个社会群体都有一些特别的心理倾向，这种心理倾向影响该群体中个人对外界情景的观察，以及他如何结合过去的记忆，来印证自己对外在世界的印象。而这些个人的经验与印象，又形成个人的心理构图。在回忆时，我们是在自己的心理构图上重建过去的。[①]

如土家族对苗族饮食习俗的偏见往往是建立在新中国成立以前的情形，笔者调查时，梳头溪一位报道人这样评价官坝苗族：

1. 苗族牛肠子煮萝卜待客

就是毛主席那个时代我们没敢喊苗子了，喊兄弟民族，你喊是犯错误的。苗族都不喊。现在喊苗子，嘿嘿……，苗婆。他们也喊土蛮子、土蛮婆。

过去，我们都笑他们，做工只要两个萝卜，最好的待遇就是煮牛肠子了，他们自己也是一样的，请几百人的客，也是买牛肠子，因为便宜。现在又相同了。过去就是搞肠子萝卜炒着、炖着吃了。土家族肉炒肉、菜炒菜，至少三个菜。现在八九个菜了。他们就是那一个，什么家伙都合在里面，捞猪食那样送。现在不同了。过去我们这里盘媳妇啊都是三天三夜。现在都是大众化一餐饭。一桌一桌地待。苗族现在也是一样的，过去他不是一样的。他一个长板凳，他不兴分开的。（报道人：古丈县双溪乡梳头溪人，土家族，男，TZB，土老司，65 岁）

2. 苗族不会种菜、不会搞开发，苗医讲咒语唬人

（官坝）他不种蔬菜的，他吃野菜。现在人家都去炒茶、造茶，他们每天拿个笋笋跟人家去采茶。一开始是小工 15 块钱一天，现在是 20、30 的。跟人家做工，跟人家打工。人家搞开发，他们就跟人家做。他这个思想意识。他亏了那个扶贫工作队。扶贫工作队

[①]　王明珂：《华夏边缘：历史记忆与族群认同》，社会学文献出版社 2006 年版，第25 页。

不那么搞，他搞鬼啊。西岐他很早以前就不讲苗话了，他接受这个新鲜事物就比他要那个些。实际上西岐严格来讲不是苗族，他姓向的就不是苗族嘛。姓龙的才是苗族，姓向的没有苗族，他把他划定为苗族，所以他接受新鲜事物才快。他基本上各种习俗和我们一样的。所以严格讲他不属于苗族。

苗医哪会什么咒语，那是唬人的，驱吓那些是的。这里有家人他屋里老公死了，他每天晚上都吓他，实际上就是心理因素。他就到官坝把那个喊来跟他赶鬼。（报道人：古丈县双溪乡梳头溪人，土家族，男，TYG，村干部，43岁）

苗族搞生产要落后些，现在古丈县要搞开发，像搞计划生育这些，到土家族地区就难，到苗族地区就更难。五六个女子还要个儿，亲戚朋友做工作都不行。（报道人：古丈县县政府，土家族，男，PZK，干部，49岁）

由于对对方的文化印象形成滞后性，自然会产生对本族群文化的优越感。

都差不多，苗家人呢还直爽点，客家玩法大点，狡猾一些，现在都是苗子当官，我们这里湘西苗族多呢，占优势，当官的人多，村里呢，多半是汉族。（报道人：凤凰县吉信都吾村人，土家族，男，WTY，土医，60岁）

如在古丈土家族因官坝的苗族讲苗话，讲不好客话而"嫌弃"苗族，一位官坝妇女对此感受深刻：

这边寨子和他们亲戚很少的。溪流墨、梳头溪我们都没得亲戚，这里只有一家，一个女子嫁到溪流墨，洞上我们就没得。客族和客族开亲，苗族和苗族，原来是这么的，现在苗族、客族都不管了。他们客族的嘛嫌弃我们苗族的嘛，他们喊我们苗婆、苗婆。他们嫌弃我们嘛。我们不会讲他们的话嘛。也没什么嫌弃的，就是讲我们没会讲他们的话，碰到了喊苗婆、苗婆，喊了我们就和他们吵架，我们喊客婆、客婆，骂他们"客子客，打烂铁"，他们骂我们"苗子苗，打铜瓢"。现在他们也不喊了，那是60年代的时候，现在八九十年代都不喊了，喊就是爱和他们吵，他们也不喊了。苗族还不是一样的，怎么要骂客族、苗族，都是一样的。

原来他们看不起我们不是我们穷些。是讲原来过去呀，没读得书，我们不会讲客话，讲不转嘛，看不起你。他们不是一句话讲不得我们这些？一句话都不会讲，像我们什么话都会讲，苗话、客话、普通话有的都会讲，有的他讲不好，他听得懂啊。我们讲苗话他们一句都听不懂，就是骂他们，他们也听不懂。他们这么的，不晓得，他们讲我们比你们聪明，我们会讲一种话，你们只会讲苗话，我们一句不懂，你们也会讲我们的话，我们就骂他们，你们蠢些嘛，我们什么都会。（报道人：古丈县双溪乡官坝村人，女，LMY，苗族，苗鼓队队长，42岁）

（四）符号化

对群体或对象进行概括是一种最普遍的思维模式。这项技能的确方便了社会互动，尤其是在复杂的现代社会，我们不可能完全了解那些日常遇到的人们的性格。因此，我们根据一些识别符号，比如族群性、性别、年龄及职业，对人们进行概括和判断。在某种意义上，以群体成员身份为基础的概括，事实上是我们处于不同的社会情境时所运用的一种预测机制。[1] 长久以来，土家、苗家已经将对对方的文化偏见模式化、符号化。如对于苗族的偏见就是用"苗"字来高度概括，如"对苗族歧视，永绥由苗区流来的泉白河为苗河（这次在永绥召开代表座谈会时已改为兄弟河），粗碗叫'苗碗'，坏菜叫'苗菜'，讲笨人为'苗头苗脑'，部队与汉干中仍有对待苗民态度表现粗野现象"。[2] 时至今日，这些称呼在民间依然部分存在。

同样对土家族也是用一个"蛮"来概括。如在官坝苗族人看来，梳

---

① ［美］马丁·N. 麦格：《族群社会学：美国及全球视角下的种族和族群关系》，祖力亚提·司马义译，华夏出版社2007年版，第61页。

② 《凤凰县民族志》编写组：《凤凰县民族志》，中国城市出版社1997年版，第342页。

头溪、溪流墨的土家族的蛮就是"不讲理"，"嘎头嘎脑"的。那里的"烂儿"、"烂杆子"多。所谓"烂儿"、"烂杆子"在古丈就是指那些没有正当职业，成天游手好闲、好勇斗狠的年轻人。

日常交流中文化偏见的存在，必然会引起相关族群有被歧视的感觉，笔者通过调查土家族、苗族和汉族"您在同其他民族交往过程中，有没有被歧视的感觉？"后发现，汉族基本上没有感觉到受歧视，但土家族有 10.71% 的人感觉到有歧视，21.43% 的人感觉到有时有歧视；苗族比例更高，有 12.5% 的人感觉到有歧视，40.63% 的人感觉到有时有歧视（见表5—1）。

表5—1　　　　　　民族交往过程中被歧视感觉情况表　　　　　单位：%

您在同其他民族交往过程中，有没有被歧视的感觉？	有	没有	有时
土家族	10.71	67.86	21.43
苗族	12.5	46.87	40.63
汉族		100	

第二节　文化偏见的中心

一　优秀文化事象的族属性争夺

当代的民族文化资源之争是民族文化在全球化和现代化进程中价位上升的产物。[①] 在现代化背景下，在各民族传统文化衰退的同时，民族意识却在普遍增长。这种增长有民族过程自身规律的作用，也有与全球化的进程相对应，民族观念得到强化、民族主义思潮不断扩展的国际环境的影响。它在赋予民族自豪感的同时，也在刺激着民族偏狭情绪的增长。在少数民族和民族地区出现的因民族文化资源引发的争论在20世纪90年代以后就出现了，近几年有加剧的趋势。特别是在市场经济条件下，这种争夺在民族文化的保护与开发中表现得尤为突出。其实质乃是双方在资源竞争与冲突过程中的一种"文化夸耀"手段。

---

① 黄柏权：《从民族文化资源之争引发的思考》，《湖北民族学院学报》2004年第3期。

（一）对历史上英雄人物的民族归属的争夺

族群产生凝聚力的一个特征是创造族群声誉和形象的英雄。族群英雄常被视为族群内在的荣誉并作为一种族群标志符号。在传统农业社会就存在争夺历史文化名人的现象，而工业化、现代化的今天，当文化成为最有开掘潜力的资源，文化产业已成为一个国家和地区综合实力的重要组成部分的时候，名人效应和文化品牌可以成为旅游业、文化产业及相关第三产业发展的亮点，进而带动形成相关产业群。特别是在全球化背景下，"越是民族的就越是世界的"，越具地方特色和民族特色的民族文化越受关注。在此背景下，文化名人族属的争论更加激烈。

1. 对屈原的争夺

（1）苗族对屈原的争夺。1981 年，苗族学者、官员发表《屈原族别初探》一文，开始宣称屈原是苗族文学家，肯定"楚族"即苗族，楚国即苗国。接着又发表了《屈原族别再探》、《苗族族名及自称考释》，并用苗语来分析屈原的文学作品。虽然上述只是一些学术研究，但这些观念还是在基层知识分子中引发了争论，一个苗族文艺工作者这样认为：

> 屈原是我们这里有个州长有个文章《楚族与苗族》，还有个论文《屈原族别初探》。就确认了屈原族别属于苗族。按他写的诗、离骚天问，说他是苗族的，那个晓得。但是呢，他现在提出来了，你要反驳他也不容易。 （报道人：古丈县文化局，苗族，男，WBCH，退休干部，64 岁）

（2）土家族对屈原的争夺。同样土家族人也从屈原作品中挖掘出土家族文化因子。如"土家跳马中山鬼子、小鬼及毛古斯中的毛人，残存着屈原《九歌》中山鬼的影子"。"《九歌》中之山鬼即山神；有土地神、山魈鬼、梅山神等。毛古斯中有敬梅山猎神，跳马中有敬土地神的情节。"①

---

① 伍秉纯：《土家"跳马"初探》，载古丈县民族事务委员会编《茶乡风情》，州医科教综合服务公司印刷厂 2000 年版，第 209 页。

2. 对熊希龄、沈从文等近现代名人的争夺

近现代的一些文化名人也成为争夺的焦点，其中一个表现就是两个地方争一个名人，这种情况有时也会发生在一个族群内部，如凤凰县城和吉信镇对"肖继美"的争夺。另外则是对一些政治、文化名人的族属的争论，如熊希龄、沈从文。关于熊希龄到底是土家族还是苗族，目前还没有定论。因为史料只记载了他的母亲是苗族，对此，当地一位学者、官员这样认为：

> 这个历史名人只要有点资料，都可以争。熊希龄呢他可以说是土家族也可以说是苗族，他自己本身是土家族，母亲是苗族，也可以说是苗族，那沈从文没得争的，他父母亲都是苗族。（报道人：湘西州政府，土家族，男，GZQ，干部，46 岁）

最大的争议还是发生在沈从文身上。长期以来，经过苗族文化人的宣传、考证以及对其文学作品的分析，沈从文在湘西人们的心目中似乎是一个地道的苗族。笔者多次听到湘西人说，"沈从文是苗族，这个没有争议，他祖籍是苗族，讲苗话"。然而在 2008 年中国青年歌手大奖赛上，当余秋雨在点评中说"沈从文是苗族"时，又引发了一场人们对沈从文族属争论的轩然大波。湖南一位青年作家认为沈从文应是汉、苗、土家三族"混血儿"，并在网上发帖指出余秋雨的错误。在网上引起无数跟帖：

> 作为我国旅游业大鳄、"凤凰城主"叶文智曾经的干将，曾参与策划"棋行大地，天下凤凰"和"穿越天门，世纪绝飞"等大型活动的湖南青年作家张——昨晚在收看了青歌赛上余秋雨的点评后指出，"余秋雨说沈从文是苗族，纯粹是'知其然，不知其所以然'。"
>
> 张——表示，虽然有不少种版本的文献都说沈从文是"苗族人"，但是他在凤凰的时候曾亲自请教过沈从文的表外甥、我国著名的国画大师黄永玉。黄永玉亲口告诉张——，沈从文仅有祖母刘氏是苗族，其母黄素英是土家族，祖父沈宏富是正宗的汉族。从这个意义上来说，沈从文身上仅有四分之一的苗族血统。而按照中国

人传统的宗法观念，儿子一般是从属于父系血统的，所以沈从文理应是汉族而非苗族。①

对于历史文化名人的争论永远无法盖棺定论。究竟是按血统还是文化？这些争论有时也会发生在当代文化名人的身上，如出生在古丈的著名歌唱家宋祖英，虽然古丈县有部分人认为她其实是瓦乡人，但由于目前国家不承认瓦乡人为一个民族，而是将其归入苗族，所以宋祖英的苗族身份基本上得到大致认同。但是人们却对她表演的一些民歌发生了争议，如土家族认为宋祖英的许多成名作是土家族民歌，如最著名的土家族民歌《龙船调》等，对她到底算不算一个纯粹的苗族歌唱家也心存异议。

对于这些争论，湘西当地的民族研究学者在著书立说中，为了避免争论一般采取变通的办法：

> 文化上的基本上没什么争议，就这两个民族的传统文化来讲呢，泾渭分明。发生争议的都是在一些名人身上，有些在世的时候也分不清自己的族属。加上土家族在 1957 年才确认。有些人本身就在清朝去世了的，如果以他的后人追溯过去，倒过去看他的族属，他的后辈呢，也因为有的报土家族、有的报苗族、有的报汉族。×××，三个孙子，一个在凤凰，报的苗族；一个在吉首，报的土家族；一个在台湾，肯定报的汉族。所以这个人物就无法定。在凤凰的书籍中间，就是苗族，在其他人中间的资料中当然是土家族。所以就写凤凰人士。这些人的后辈也往往有钱有势，做官，做学问的，搞出去的很多。不好办。（报道人：湘西州政府，土家族，男，TRL，干部，50 岁）

（二）对一些地域文化事象族属性的争夺
近些年，由于西部大开发的推动，湘西的旅游业和文化产业开始升温，民族地区的民族文化意识从觉醒到增强，因民族文化资源引发的纠

---

① 杨国炜：《余秋雨说错沈从文族别 混淆古人名句再遭质疑》（http：//news. xinhuanet. com/society/2008-04/08/content_ 7938328. htm）。

纷也凸显出来，开始对一些地域文化事象发生争夺。

1. 吊脚楼、山寨的争夺

湘西土家族依山傍水而居，到处可见"吊脚楼"，湘西苗族多居山顶，形成规模较大的"山寨"村落。两个民族比邻而居，在建筑风格上相互影响，苗族也有人居住吊脚楼，土家族也有人建山寨。这本来是针对相似环境的一种文化适应。过去谁也不会追问"吊脚楼"或者"山寨"是哪个民族发明创造的。至今谁也回答不了"吊脚楼"和"山寨"最初是由谁修建的。可是自从 20 世纪 80 年代以来，"吊脚楼"和"山寨"成为旅游资源，"人民便将它们提升到引人自豪的民族文化高度来看，两个民族的文化精英们即开始为'吊脚楼'和'山寨'的民族文化的归属争论起来"。①

关于这种争论，湘西本地学者也认为这样的纠葛"一旦发生，几乎没有什么好办法来化解。数千年来，各个民族相邻而居，在政治环境较宽松的时期，相互往来，有时甚至相互通婚，民族文化相互影响，有时还发生融合，很难判别它们最先是由哪个民族创造的。但是这种纠纷解决不好，必然会引起民族冲突"。②

如对"虎钮錞于"的争夺。目前普遍的观点是"虎钮錞于"为土家族白虎图腾的一种表现形式。但在《苗学探微》中，一位苗族学者通过考证，认为"虎钮錞于"是属于苗族的，而不是土家族的。这种观点得到学界其他一些人的支持，如认为"以巴人崇虎为据，将多以虎钮为饰的錞于认为是巴人的遗物，根据也不足"。③"苗蛮系统民族的文化在楚文化中最突出的表现，应该就是錞于。"④ 所以，錞于乃是被包含在楚文化中的"苗蛮"民族的代表性器物和文化遗存。⑤

虽然这样确实无法解决其归属性，但就算土家族、苗族都承认吊脚楼、山寨是大家共有的，他们依然会将苗家的吊脚楼和土家的吊脚楼进行比较，非要分个优劣出来。

① 朱兴文：《权力冲突论》，中国法制出版社 2004 年版，第 196 页。
② 同上。
③ 伍新福：《湖南民族关系史》（上），民族出版社 2006 年版，第 70 页。
④ 童恩正：《从出土文物看楚文化与南方诸民族的关系》，载《湖南考古辑刊》第三辑，岳麓书社 1986 年版。
⑤ 伍新福：《湖南民族关系史》（上），民族出版社 2006 年版，第 71 页。

梳头溪的土家吊脚楼　　　　　　官坝的苗家吊脚楼

永顺王村的吊脚楼

2. 对一些民间信仰的争夺

（1）还傩愿。湘西土家族、苗族巫风盛行，有很多共生的民间信仰活动，如还傩愿，在土家族、苗族地区都很盛行，其基本内容并无二致，但一些宣传中仍会在前面冠上土家、苗家等。对这些问题，也许只有一些理性的文化工作者才能客观看待：

　　像以前举行傩祭，这个傩祭呢到客家地方也搞，到苗家地方也搞。都搞，北部土家族同样有，而且北部土家族还有祭祀他们最古老的祖先——八部大王，他是以祭这个为主。傩愿戏一唱，傩愿戏它是阴戏，它说专门演阴界的事情，演鬼神世界的事。为了区别这个呢，往往在唱傩戏的时候呢，对面也搭台，唱人间的戏，这种戏也叫阳戏。阳戏、阴戏就是这么来的。所以你讲文化没有互动，文化又不能断然地分开。它既有互动的地方，也有民族固守的地方。

它既有可沟通的地方，也有难沟通的地方。如果能够沟通了，那百里千里就同俗了，所以研究民族文化呢，可以把立脚点站在更高的地方来看。（报道人：保靖县文化局，土家族，男，CHJJ，干部，63岁）

（2）跳马。在古丈的热溪等地流行跳马，由于在石启贵的《湘西苗族实地调查报告》中把它归于苗族宗教信仰中，但是现在该区域居民为土家族，所以一些古丈文人通过研究，认为"跳马"是土家族人的民间信仰活动。但是在申报非物质文化遗产的时候，当地土家人准备以"土家跳马"的名称申报时，却遭到湘西州和省里苗族干部的反对。

3. 对上刀梯、踩铧口、摸油锅、喷火等民间绝技的争夺

上刀梯、踩铧口、摸油锅、喷火这些民间绝技是湘西苗族各个旅游景点文艺表演的保留节目，很受游客喜欢。对此，一些土家族认为他们土家也有，不一定是苗家的：

还有苗族的上刀梯这些，土家族梯玛他们也搞，同样也上刀梯，踩烧红的铧口啊，摸油锅啊，喷火啊。像这些东西呢实际上在苗家土家古老的祭祀中啊都有。现在呢如果要讲是哪一个民族的，这个就很难讲了。因为这里不像通过化学的方式，可以将它定性、定量分析。土家族傩祭里面一样有上刀梯，……一样的有，并不一定像鼓吹苗文化的人，讲是苗家的三绝技。（报道人：保靖县文化局，土家族，男，CHJJ，干部，63岁）

上述说法是可靠的，笔者在保靖丰宏坡调查时，一位龙姓土家梯玛就讲过他曾经到吉首德夯苗寨和苗老司一起表演过上述绝技。

4. 对音乐戏曲中打溜子、唢呐等的争夺

（1）土家打溜子与苗溜子。打溜子在苗族与土家族之间也曾引起一场"文化官司"。

比如打溜子，溜子本来是土家族的东西，他们苗家也讲我们有苗溜子。实际上他们打溜子和土家族全不相像。为这个事情一直搞到北京的国家音像出版社，就说你们要搞这个，我们书就不出了。他们就

讲，溜子是他们的。这个收集土家族的溜子曲牌就有一百多。当时州里就有个人呢，专门搞这个音乐工作的，也是我们这个地方的人，这个人以后在自治州搞×××。他将我们这里姓 L 的 L 局长，他手里整理的有一整套，然后帮他这一套全部整理完以后呢，他把这一套给收了。收了以后呢，就寄到音像出版社去，就要用他的名义以苗溜子的名义发表，然后这个事情一直搞到北京，搞到他不能下台了，结果呢，流产了，以土家族名义出版。那影响大啊，引起了很多题外话。（报道人：保靖县文化局，土家族，男，CHJJ，干部，63 岁）

这场文化官司以土家族获胜而告结束。打溜子被冠以土家族打溜子名号。而事实上，很多人认为打溜子土家族也有、苗族也有，是苗族跟土家族学的，差别并不是很大，倒是唢呐有一些区别。

（2）土家唢呐、苗族唢呐。对于一些民族共享的地域音乐形式，一旦成为文化资源的时候，文化人就会贴上苗族、土家族的标签。即使是现在趋同了，通过追根溯源，也要显示出区别来，如唢呐：

> 土家唢呐和他们苗族唢呐不同，因为它这个地区呢，从历史上来说，历来的封建统治者，实行以夷制夷，特别是我们这个地方，从江西的彭氏入主以来，五代的时候，马楚时代，就以外来者的身份。我们现在讲民族大团结，实际上它这个民族相当泾渭分明的，有些文化由于居住在一起，有慢慢融合，有趋同的地方，适者生存，他不得不趋同啊。（报道人：保靖县文化局，土家族，男，CHJJ，干部，63 岁）

对上述文化事象的争夺中，既有民族意识和民族感情的因素，也有视其为文化资源，掺杂着经济利益的诉求。首先，这是族群文化认同感增强的表现。这种争论说明土家、苗家的精英和民众意识到民族传统文化的存在，这种意识即是民族自我意识。通过这些争论，还原历史和传统，帮助本族群民众追寻历史归属感。"今天出现的文化资源之争是民族历史归属感和文化血脉延绵性的一种体现。"① 这对于增强族群荣誉

---

① 黄柏权：《从民族文化资源之争引发的思考》，《湖北民族学院学报》2004 年第 3 期。

感，提高族群凝聚力具有不可低估的作用。因此，这些族群精英不再视传统文化为落后的标志。随着改革开放和现代化步伐的加快，土家、苗家各自的精英们开始重新审视自己的民族和民族文化的时候，找到了自己的优势，他们看到文化资源是一种优势资源，此种优势一旦被认识，就成为各地寻求经济、社会发展的突破口。

这种争论也引起一些文化人的反思，认为这里面掺杂了太多的利益，是对传统文化的亵渎。

二　对对方部分优势文化的否认

（一）对饮食文化的相互否认

1. 土家族对苗族饮食的否认：水煮盐向、长桌流水席待客

饮食也可以作为维持族群边界的一种符号。一种饮食模式不仅包括消费的食物品种，也包括食物准备形式、上菜顺序和食物组合。此外，禁忌和讨厌某种食物也是这种模式的一部分，还有在什么时候消费某种特别食物等。[1] 饮食模式的部分内容会形成严格的制度，进而成为群体的界限。土家族认为苗族食物简单，只知水煮盐向，不善烹饪，不会用香料，食具粗陋；摆长桌，流水席待客，随到随吃，不讲礼性：

> 我们摆酒席八个八个一桌，他的就不同啊，十几个也好呷，二十几个也好呷，一溜子长席，那个来了，就赶紧掐。（报道人：凤凰县吉信联欢村人，土家族，男，ZHFW，村干部，46岁）

2. 苗族对土家族饮食文化的否认：坐席礼节繁多，饮食浪费

关于这一点，在前文苗族对土家族文化的了解中已经涉及，在此不再赘述。

（二）对婚姻文化的相互否认

1. 苗族对土家族哭嫁的质疑

湘西土家族的哭嫁是其婚礼习俗的一个重要内容。土家族女儿出嫁时一定会哭，谓之哭嫁，哭得动听、哭得感人的姑娘，人称聪明伶俐的

---

[1]　周大鸣：《论族群与族群关系》，《广西民族学院学报》2001年第2期。

好媳妇。哭嫁有专门的"哭嫁歌"，是一门传统技艺。土家姑娘从十二三岁开始学习哭嫁。会哭的姑娘一个月内不哭重复，要哭祖先、哭爹妈、哭兄嫂、哭姐妹、哭媒人、哭自己。歌词有传统模式的，也有聪明姑娘触景生情的即兴创作。土家姑娘用"哭"这一形式倾诉心中的情感，当然，也有真伤心而哭的。土家人的哭嫁是婚礼的序曲，他们认为"不哭不热闹，不哭不好看"。亲朋好友前来送别，哭是一种友好，哭是一种礼貌。对于那些不哭唱的，新娘认为是瞧不起她而不高兴。但是一些苗族人认为既然伤心难过，怎么会有那么多"唱词"呢？深表不解：

> 苗家不哭嫁，哭嫁是土家的，这边土家族，现在啊，一般我到他们那里，他们土家结婚我们也到那里给他们主事，也不见他们哭嫁。真正她舍不得老人家的她那个就真心地哭，她就唱不出来那些词语，你说是不是呀？如果你唱得出来词语，头头是道，说明你并不是那个什么，是吧？你说是不是呀，如果是你，要和老人家分开，那时很难过啊，也想不出那些词，就是想出那些词，你也讲不出来。（报道人：凤凰县吉信镇，苗族，男，WFD，干部，48岁）

2. 土家族对苗族自由恋爱的否认

在有关湘西苗族的地方史志和各类苗族风情的专著中，苗族恋爱是非常自由的。如清《乾州厅志》和《永绥直隶厅志》都曾记述："其处女与人通者，父母知而不禁，反以为人爱其美。"[①] 后者在描述苗族青年男女"跳鼓会"时更说："然后择寨旁旷野处，男女各以类相聚，彼此唱苗歌，或男唱女和，或女唱男和，往来互答，皆淫亵语。相悦者男女各有赠遗，甚至乘夜偕赴林间，为桑中蹼上之行亦不较，天明乃散。其中女未有家，男未有室者，即相私奔。"[②] 清朝康熙年间阿琳《红苗归流图》中的"唱歌觅偶"图志也说苗族青年男女在初春时"以上山采樵为名，往来林鹿间，相对唱山歌""唱和相协者相悦""然后挽媒行聘说者"。清人陆次云在《洞溪纤志》中则将苗族青年在阳春三月

---

① 同治《永绥直隶厅志》卷一《建置·苗峒》。
② 同上。

"跳月求偶"的过程描写得更为详细。《中华风物志·湖南志》载："湘西苗族，每逢佳节良宵，有跳月之风，童男处女，纷至森林山巅，唱歌跳舞，此唱彼和，虽不相识，可相约订婚。"①"跳月之风"早在清代的湘西苗族中就不复存在，但"马郎凭木叶，凤侣藉芦笙"则仍盛行于清代后期的乾、凤、永三厅（今吉首、凤凰、花垣三县市），自由恋爱之习在湘西苗族中则一直传至现在。有首《苗竹枝词》这样唱道："苗女如云耍岁新，路旁山旁戏风情。公然调笑公然笑，不计生人与熟人。歌声遥起乱山中，男女樵苏唱和同。只是鸾凤求匹配，自由婚姻最开通。"②

　　湘西苗族的自由恋爱之风不仅在古代盛行不衰，在当代国家婚姻法的保护下也很盛行。在苗族的"跳鼓会"、"四月八"、"六月六"、"赶秋"、"鼓社节"等节日活动中，在生产劳动、"玩山"、"赶坳"、赶"边边场"中，人们几乎都可看到苗族青年男女成双结队唱情歌、谈情说爱的情景。土家族则对此多有微词。

苗族青年男女赶"边边场"

　　（1）苗族"双喜临门"：计划生育工作难。由于土家族自改土归流

---

①　张翅翔：《湖南风物志》，湖南人民出版社 1985 年版，第 200 页。
②　石启贵：《湘西苗族实地调查报告》，湖南人民出版社 1986 年版，第 435 页。

后，自由恋爱的风俗已经受汉文化的影响而不复存在，所以他们对于苗族的这种自由恋爱风俗很难认同。如认为苗族中的婚姻全部是"双喜临门"，这样太随便，根本不看中提亲、过礼等习俗，甚至也不遵守现代婚姻的法则——拿结婚证。从而导致另一个必然的后果：计划生育难搞。吉信镇一位干部这样说道：

> 如果在那边有小孩，这边就正式下聘礼，结婚，送东西。这个苗族办结婚证的很少，大部分是有小孩请酒后再办，叫双喜临门。这里苗族计划生育很难搞。镇上可能好一点。我们这里已经开化了，苗汉杂居了，再一个，吉信镇是和两头羊、火炉坪合并过来的。他们是纯苗，到那边计划生育很不好搞。苗族不算这个，他们好了，就在一起，有喜了，两边亲戚过去喝一下喜酒。但是，苗族他们第一胎是女孩子，她们就不喝喜酒了。第二胎是女孩子，仍然不喝喜酒。到第三胎生男孩了，好，就喝喜酒。他们分开就分开了，孩子那就随便喽，其实苗族他们这方面很开放啦，他们苗族不在乎这些吧，合来就合，合不来就算了。（报道人：凤凰县吉信镇政府，土家族，女，WMF，干部，33 岁）

（2）苗族恋爱自由、离婚"自由"。笔者调查中发现，多位土家人表示对苗家人恋爱自由的不认同：

> 水田苗族最多了，全部说苗话，要是我们那边差一点，找不到老婆的话，就去那边找，很容易找到，不过很容易找到也很容易跑掉。对呀，看你家人不行呀，就走，有的坐下来可能就没什么能力了，他不跟你拿结婚证，就算你拿着也没什么用。你找都找不到，怎么去找，她又去嫁一个地方。那意识不怎么强烈，结婚证约束不到谁，想跑就跑了，不会来了。[报道人：凤凰县吉信镇人（保靖县梅花乡），苗族，女，LMH，商贩，29 岁]

还有人认为，过去是苗族不愿嫁给汉族、土家族，怕汉族、土家族"狡猾"，而现在则是汉族、土家族怕娶苗族了：

还是有些隔阂，现在他基本上苗族也有姑娘到这边来，汉族也有姑娘到苗族嫁过去。以前是苗汉不相接触，那都是 60 年代初期，他讲汉族的人呢，比较滑稽。比较滑稽的原因呢，他怕嫁你这里来，你不要他了。他们讲究死心塌地的。他现在呢汉族也还怕苗族了，她觉得不好就走别处去了，汉族怕苗族了，她一个妇女嫁一个、两个、三个，她就不觉得丢丑的。她嫁到汉族，一旦家里出现什么问题呀，她就走了。她不管离婚也好，不离婚也好。她举行婚礼比较简单呀。那些苗族比汉族还滑呀。她不管你丢小孩不丢小孩，她不管，我们就看到过有跑的。举上面那个例子，两个小孩了，还是走了。小孩留在家里，他没办结婚证，我说你没有结婚证，我也没办法给你帮忙。你像下面的他小孩子比他爹妈还高，她现在还不是出去了，也不回来了，这种现象多的是。汉族也有感情不好啊，和家里人关系不好啊，但是都是通过离婚的。特别是农村，她也不要你赔钱。所以现在汉族比较怕苗族，以前苗族怕汉族。以前 60 年代，苗族怕汉族，不和你打交道，因为汉族甩苗族，现在苗族甩汉族。（报道人：凤凰县吉信联欢村人，土家族，男，ZHFW，村干部，46 岁）

其实，上述看法是对苗族自由恋爱的一种误读。对此，姚金泉曾撰文进行批驳，他指出，苗族的婚恋自由具有相对性。这种自由其实是表面的、相对的、有条件的自由。因为这种自由要受到宗族、通婚圈的限制，受到父母、叔伯、兄长的干预，受到舅表优先的限制和习惯势力的影响，受到男方财力等经济因素的困扰，以及族际通婚的种种制约，所以说，湘西苗族青年男女间的婚恋自由是相对的、有条件的，是与同一地区的汉族及土家族相比较而言的，绝对的自由是没有的。[①] 这种误读的发生可能还是由于双方对现代婚姻法律制度的理解和认知的不同造成的。

---

① 姚金泉：《试论湘西苗族婚恋自由的相对性》，《西北第二民族学院学报》2001 年第4 期。

（三）对苗医的误解

苗族医术讲究神药两解，极其神秘、灵验。对此，土家族予以否认，认为土家族也有神药两解，苗医的咒语是唬人的：

> 现在科学发达了，只能作为传说了，草医、草药我们这里还不是有。咒语过去叫作神药两解。土家族也有神药两解。（报道人：古丈县双溪乡梳头溪人，土家族，男，TZB，土老司，65岁）

> 苗医哪会什么咒语，那是唬人的，驱吓哪些是的。这里有家人他屋里老公死了，他每天晚上都吓他，实际上就是心理因素。他就到官坝把那个喊来跟他赶鬼。心理作用，你说有鬼，哪个拿到个啊。也是产生的幻觉。（报道人：古丈县双溪乡梳头溪人，土家族，男，TYG，村干部，43岁）

（四）对苗装的否认

苗装五色斑斓，样式独特，但早已接受汉式服装的土家族认为苗装既不好看，也不符合现代审美观念，穿戴又麻烦：

> 那是各人的习惯。按我的眼光，没得看，裤脚又大，围几个边边，又重，扣扣子一扣扣到这边，麻烦不好看。（报道人：保靖县水田河乡丰宏村人，土家族，男，LQF，土老司，63岁）

（五）对苗族生产习俗的否认

苗族有很多高山上的"雷公田"，很难灌溉。为了积蓄雨水，秋收之后往往就把田里的水关起来，以备来年耕种。而土家族的田地多在低地、河边，容易灌溉，日照充足，灌水反而不利于来年农作物生长，所以他们认为苗族的这种方法很不科学：

> 我到那山里一看那个性就不同，苗家的田谷子一打完后，就把水关起来。一到土家族、蔡家这边他放干水。官坝这个寨子，他同样是溪流墨的田，溪流墨的田也放干水。但你到龙家坳里面去，他田就关水了。这个是不行的，一年泡冬，三年落空。（报道人：古

丈县文化局，瓦乡人，男，LJZ，文艺工作者，30岁）

三　对对方落后文化要素的误读与泛读

为了测度土家族苗族相互之间的偏见情况，笔者设计了"您对周围其他民族有什么不好的印象？"的调查问卷。调查显示，土家族对苗族最不好的三种印象依次为势利、内向和落后，苗族对土家族最不好的印象依次为野蛮、落后、愚蠢（见表5—2）。

表5—2　　　　　　土家族苗族对周围其他民族的负面评价情况表　　　　单位：%

	愚蠢	奸诈	落后	内向	势利	脏	野蛮	其他
土家族	9.37	12.5	18.75	21.87	21.88	3.13	12.5	民族偏见
苗族	15.16		30.3	12.12		6.06	36.36	民族偏见

（一）相互污名化：苗子、土蛮子

"苗子"、"土蛮子"是土家、苗家在互动过程中，送给对方的一种污名。双方通过这种污名与污名感，强化了"我群"与"他群"的区分。族群污名是族群认同中的一个方面。各族群在互动的过程中，通过向对方假以污名而获取一种满足感。它最初只表现在族群成员不经意或脱口而出的心理意识上，但一经传扬，久而久之，这种污名便成了对方挥之不去的属性——真实的或虚构的属性，从而形成了"强者"超出心理之外的优势感及"弱方"斩不断理还乱的劣势感。[1] 构成族群污名的要素有二，即外部因素及内在因素。外部因素又包含三个方面：第一，传统的华夷之辨观；第二，象征性的污名；第三，以汉人等多数强势族群为中心的族群刻板印象、成见及偏见。内部因素又可一分为二：共同担负的历史经验或曰苦痛，以及社会文化传统或曰传统文化的失能。[2]总之，族群污名是在相当长的时期内逐步形成的，并在实践过程中不断赋予"新的内涵"。

---

① 李远龙：《防城港市的族群认同》，载徐杰舜编《族群与族群文化》，黑龙江人民出版社2006年版，第388页。

② 谢世忠：《认同的污名——台湾原住民的族群变迁》，自立晚报社1987年版，第37—58页。

这种污名由来已久，在民国年间石启贵的《湘西苗族实地调查报告》中就多次提及。[1] 在新中国成立之初的《中南湘西苗族访问团综合报告》也有所反映：

> 在直接接触苗民的下级干部中，则认为苗族落后、愚昧、野蛮、危险，对苗区工作存在着厌恶和害怕的心理，甚至干部去苗区不敢吃苗民的饭，怕"放蛊"怕暗杀，提心吊胆，夜不安眠。见苗民开会手执砍柴镰刀而恐惧等等。[2]

这种污名相关的印象也存在于一般民众的心中：

> 苗族主要是自我封闭了，他不愿意接受什么新鲜事物。过去也是受欺侮，过去这里有几大地主嘛，他们去割牛草，在路上就饿死了。走路走得远嘛，就饿死了。这就说明以前他也落后一些。现在这开发一搞起来他们明显就落后了。他们吃得苦，反倒我们这里的人吃不得苦些。
>
> 他们那边有六七个嫁过来的，这边一个没有嫁过去。那是不可想象的。那这边的姑娘嫁过去真是不可想象的。主要还是那边落后，就像下面比较开化的汉族，他们愿意嫁过来？这个是一个道理嘛。嫁过来的不嫌弃，她肯做嘛。人家讲，你这么懒，给你落个苗婆去。苗婆在行些，肯做嘛。话里面带着惩罚的意思。（报道人：古丈县双溪乡梳头溪人，土家族，男，TYG，村干部，43 岁）

与此相关的称谓还有"苗碗苗筷"、"苗相苗形"、"苗房"、"苗气"、"苗菜"、"苗头苗脑"，不胜枚举。同样对土家族也有诸如"蛮子"、"土蛮子"、"蛮头蛮脑"等称呼。

对于这种相互污名化的称呼，引起了族群的反感。调查问卷"您对历史上其他民族对本民族的歧视性称呼有何看法？"的结果显示，土家

---

[1]　石启贵：《湘西苗族实地调查报告》，湖南人民出版社 1986 年版，第 206—208 页。

[2]　《凤凰县民族志》编写组：《凤凰县民族志》，中国城市出版社 1997 年版，第 344 页。

族认为"不应该"和"深恶痛绝"的达到了58.6%，苗族达到了70.9%（见表5—3）。

表5—3　　　**各民族对历史上其他民族对本民族的歧视性称呼看法**　　　单位：%

您对历史上其他民族对本民族的歧视性称呼有何看法？	正常现象	无所谓	不应该	深恶痛绝
土家族	13.8	27.6	44.8	13.8
苗族	19.4	9.7	45.2	25.7
汉族			40.0	60.0

（二）土家族对苗族落后文化的误读与泛读

1. 苗族人的"团结好斗"：苗风

在一个族群内部，所有的人都承认他们在文化和行为上的相似性，并保持一种群体团结意识。族群外成员也承认这些相似性，并将他们视为特殊的。在湘西，苗族的这种"团结意识"特性表现得特别明显，土家族将其称为"苗风"：

> 一个（汉族）人把满家人打了，满家一寨子的人来镇上，半夜抄了那个人的家，拿着刀、钢筋，在街上找。派出所拿着枪不敢动。我们讲作"苗风"。（报道人：凤凰县吉信镇，土家族，女，TF，商贩，25岁）

2. 苗族商品经济观念不强

苗族经济观念不强，如只会种粮食等农作物，习惯于自给自足，不善于种经济作物，不善于做生意，开发意识不强。一些土家族人这样比较土家族与苗族：

> 苗族不及土家族和汉族，种经济作物的头脑没有汉族和土家族好，他们只会种粮食，杂粮、稻谷呀，只会种这些。土家族、汉族种西瓜、香瓜，蔬菜呀。他（苗族）都不会呀，他们只会做点蔬菜吃，一些玉米、稻谷，就是这些。搞扶贫项目有的培训，他搞不起

来。为什么呢？因为好些东西他们不习惯，你说种地他们有好多不习惯，苗族他爱打猎呀，他没有事了他就打猎去，打野鸡呀，打鹌鹑呀，把田一种完后，他们就去打鹌鹑呀，打野鸡去呀，他喜欢玩。你像汉族和土家族没有这个。（报道人：凤凰县吉信联欢村人，土家族，男，YXQ，商贩，62岁）

一位居住在吉信镇，工作在苗族聚居区山江乡木里的老师也比较了万溶江两岸土家族、苗族的区别：

我跟你讲，我刚到木里的时候，1996年、1997年我们经常家访，那里都是苗族啊，纯苗区，家里面有两个经济来源，一个就是养猪，一个就是烟叶。以前交学费交不起，每年欠学费的人特别多，开学我们开得迟，没有人来报名，来也只报个名，交不起钱。这里的大概上课一两个星期了，我们那里才开始上课。现在这个情况就改变了，改变的原因就是打工，现在主要的来源是打工，少数就讲种点西瓜、种点橘子呀这些，他不种烟叶，他种的少，因为凤凰烟厂垮了，垮了这个就没有准收了，养猪就讲现在养猪的成本比较贵了，所以主要还是靠打工。

（万溶江）河这边种这些多些，搞得活一些，到木里那里还有个广州军区扶持的，叫吕家村。光投资我听他们讲将近一两百万，就是扶持那里搞大棚菜，主要就是搞这些。我们镇上的就和我讲的那些不同了，木里属于山江，不属于吉信。你如果往吉首那条河上来，想都想得到，右边的连着吉首啊，就是汉族，这边就是苗族，你想都想得到，那些村寨啊都是汉族，他以河为界。（报道人：凤凰县吉信镇居委会人，土家族，男，ZXH，教师，30岁）

土家族还认为，苗族的这些生产经营上的特点也表现在墟场交易的商品类别上：

现在啊，在我们这里，卖米卖豆子的多半是苗族，卖糠的多半是苗族，汉族不大卖这些东西。我看我们这里现在都看得出来。卖酸菜的苗族也多些。生意做得大点呢。卖家电啊、开超市啊，那汉族的多些。马路两旁卖西瓜的、卖梨子的呢，那个差不多，现在苗族也跟上了，不过现在汉族也占多数。原来他不会种（经济作物），但是个别脑子聪明点的，他就学汉族了，大多数还是不搞这个，主要靠种田种地。（报道人：凤凰县吉信镇居委会人，土家族，男，ZXH，教师，63 岁）

在保靖县绿绿河，土家族也认为，同样的地理、气候环境，苗族人在搞项目、引进新品种方面落后于他们：

搞生产，搞项目，他们也是比较落后的，譬如推荐新品种、优良品种，新品种还没试种过的，一般的说不先买，他等别人种了，像种水稻，种什么超级稻，种在田里确实好，高产，第二年才去买这个种。开头不先买，不敢闯，老是跟在别人的后面。

97 年搞椪柑开发，也通过发动了好多时间，他们才……当时也是抱着一种试试看的，开头几年我叫他们，那个椪柑苗还很小，一尺多高的时候，那地里，不能种高秆作物，但是他们看见大片大片的地里只种那个小小的椪柑苗，只有这么高，他们很可惜那个土地，非要种玉米。玉米长高了，就把椪柑苗全部遮住了，影响它的生长，他们硬是舍不得，就表现在这些。他就没想我把所有的肥料全部投入到这个椪柑幼苗的培育管理上面，他不知道年年种玉米对椪柑苗影响很大，延长它的挂果期。（报道人：保靖县涂乍乡绿绿河客寨人，土家族，男，LZY，教师，58 岁）

3. 苗族信神好鬼

整个湘西巫风盛行，土家族跟苗族一样信神好鬼，但他们却认为苗族落后，搞的名堂多：

苗族他思想落后，一个人讲你不好，大家都认为你不好。土家族肚子疼，就烧香烧纸，撒把米，说到苗乡去，他们杀猪杀羊招待你。苗族有病杀牛嘛。苗族许愿，喊老司来，那搞得不同，名堂多。

实际上好多事情都是落后造成的。现在主要是相信科学。（报道人：古丈县双溪乡梳头溪人，土家族，男，PXSH，退伍军人，62岁）

4. 苗寨不卫生、好发火

苗寨居民房屋建得往往相互靠近，猪圈、牛圈、厕所等自然和房屋紧密相连，且多以木结构为主，发火是常事，这点深为土家族人诟病：

> 苗族的卫生搞得不好。那是跟他一寨人的习惯，他不是搞得不干净，它住的人太挤狠了，搞不好。像葫芦那边就搞得好，比我们水田这边卫生搞得好些，路上搞得乖乖的，牛啊，猪啊，粪便都搞得干干净净的。就是我们水田这边他不讲究卫生。卫生方面他是根据一寨人的风俗习惯。他们就欢喜挤到住，土家人他就不欢喜那么挤到住，挤狠了，猪粪啊，臭气。土家，就是这家，这家，空气新鲜一些。
>
> 水田那边发火烧好多，四十八洞，马路那边四十多户。他们有这么说法嘛，为了下次不发火灾，他们请苗老司来打扫火塘，抢火焰家，我们土家族也抢，他们火烧屋了才抢，用老司啊，打扫火塘，抢火焰家，一寨人一家一家地搞，一寨人年轻人敲锣打鼓，搞好了，又在那里竖屋。偏僻的地方是要落后一些，搬到这里来的好些。主要是文化素质。（报道人：保靖县水田河乡丰宏村人，土家族，男，LQF，土老司，63岁）

5. 苗族不重视教育，学生学习生活习惯差

一位中学校长曾这样介绍学校土家族孩子与苗族孩子的区别：

> 我们土家已经汉化了，很多风俗已经和汉族差不多了。我们管理方面主要针对苗族，黑板报进行宣传，尤其是农村的。主要是引导他们的生活习惯。他们来了，心理不好，破坏性特别强，玻璃、凳子一下子就破坏了，比较野蛮。但土家族就好些。卫生也差些，主要是生活环境他们和我们有差距，就像我们和吉首一样。有的苗族一个学期换一次被子，有的生活环境差，有的家长没有意识到，

我们没有提供垫子，他们就折着垫。学习成绩苗族普遍差一些，合格率只有50%。我们讲的合格率是指考试7门课或9门课及格，还出现部分补考。现在又出现新的读书无用论。他们父母找学校主要是为了钱，为了成绩的很少找学校。（报道人：凤凰县四中，汉族，YMSH，教师，44岁）

6. 苗族重男轻女、计划生育难搞

关于重男轻女的思想，笔者调查中，一位教师这样描述土家族与苗族的不同：

难搞一些，重男轻女是难搞一些，当然这种思想我们这边土家族也有，他们那边要严重一些，生一个女孩，再生一个女孩，还要再生。三个还是女孩还要生，千方百计地还要生，前几年政府抓计划生育很厉害，拆屋、下瓦，都搞，赶牛、牵猪，都搞，但是他们宁愿放弃这些，千方百计想生一个男孩，土家族这边强点，但是还是有，但不像他们那样严重。重男轻女的表现还有一个，女孩子很少上学读书，就是读也是小学，最多也是个初中，念高中的念大学的更少了。（报道人：保靖县涂乍乡绿绿河客寨人，土家族，男，LZY，教师，58岁）

7. 苗族好放蛊

所有的放蛊都指向了苗族，苗族成为一种偏见的替罪羊。在调查中，笔者多次听到土家族对苗族放蛊的指认：

（放蛊）看不到的你晓得有没有，我们没有那些，翁草那边多啊，茅坪那边多，就是龙鼻那边。这边只有个把。放蛊就是讲放一个你这个手上，肿了，痛了，然后要有蛊药，没有蛊药，你还搞不好他，我会治，我会驱走它，我可以把他搞不痛，搞小，这里痛我可以把它搞走。放蛊土族人、客人也有，都有。苗族的厉害一些。（报道人：古丈县双溪乡官坝村人，苗族，男，LQZH，苗医，80岁）

官坝有会放蛊的苗婆。她放你的肚子痛。她放那个树，树都死。你不和她讲话，你不答应，不吃她东西。我都注意着这些。那个人喊我我不张（理），过东西我不吃，暗地里在肚子里骂了她的，骂最丑的。她就搞不到你。那是别人给我讲的嘛，人家认得到的，说，她叫你你莫应。（报道人：古丈县双溪乡梳头溪人，土家族，男，PXSH，退伍军人，62 岁）

苗族有（放蛊），我们没有，她那里人说让你眼睛不能睁开啊，让你肚子痛啊，让你痛这痛那，这个现象有。我们这里叫放疤，我们把苗族那些人喊作疤婆，她专门让你眼睛痛啊，让你嘴巴歪啊，使人家不痛快、不舒服的做法，我们叫放疤。至于那个疤字，意思怎么确切我也讲不清楚。土家好像没发现。（报道人：保靖县涂乍乡绿绿河客寨人，土家族，男，LZY，教师，58 岁）

苗族放蛊的传言不仅在一般的村民之中流传，一些文化工作者对此也深信不疑：

苗族我们还对他有种恐惧感，就是放蛊，巫文化，很神秘的。比如我在外面捞虾，我爱人就说你别到苗族地区去，逛来逛去，他放一点蛊，你要注意啊，这个你不怕万一，只怕一万。有些东西很神秘，我也从来没有遭到蛊的伤害，到底是个什么东西，万一落在我的身上怎么办呢？你说没有，他如果又有呢。我们有个收电费的，到官坝那个地方不知道怎么回事，脚断了，要说怎么办怎么办，到医院打针说不行要锯掉了。后来人说你中蛊了，后来到了官坝那个地方搞了半个月又好了，你说到底是蛊还是偶然搞不清楚啊。

土家族的蛊没有苗族的明显，土家族呢有一种怕蛊，在一个家族里面比如儿子比较弱，媳妇比较强，在外面乱说，言行不检点，父母想办法，让她吃点药怕那个儿子，为了家庭的和谐。有的外公外婆看到女儿在那里受到压迫，不像话，可以给这个女婿上点怕蛊。当然不到万个得已不用怕蛊。因为他吃了这个蛊以后，人就晕头晕脑了。苗族的蛊什么情蛊，什么都有。防不胜防，是不是土家族的蛊是苗族传过去的，搞不清楚。（报道人：古丈县文化局，瓦乡人，男，LJZ，文艺工作者，30 岁）

有些土家族人自己也认为，实际上并没有放蛊，上述说法只是一种"歧视"：

> 放蛊是苗族的，没有这个事，是一种歧视、诬蔑的传说。说苗族妇女老人家，像那个泪囊炎，流泪啊，就说啊，那个放蛊。土家族没有。（报道人：古丈县双溪乡梳头溪人，土家族，男，TZB，土老司，65 岁）

很明显，这种带有偏见的指认，是以相当长的、相当持久的刻板印象为基础的，这种指认实际上是当地族群关系充满张力的曲折反映或一种隐晦表达。

（三）苗族对土家族落后文化的误读与泛读

1. 土家族蛮

过去，双溪乡这一带最大的土匪罗仲武就住在梳头溪，地主也多集中在梳头溪和溪流墨，土家族在这一带非常强悍，即苗族人所说的"蛮"。所以，在官坝苗族人眼中的土家族青年"烂儿特别多、人恶、嘎头嘎脑"。

> 苗族、土家族讲话不一样。土家族嘎头嘎脑的，两句话就想打，我们苗族那不打的。嘎，就是蠢头蛮脑的嘛，两句话讲不来就打架。行动不同一些，肯欺负人，我们苗族没有，我们俩公社，他们不相信我们。两个公社，下面溪流墨，还有革新，乱杆子，烂儿，抓去好多了。在我们这个寨子一个没得，他们专门抢人家，打人呀，偷人家啊，搞坏事呀，抓去好多，劳改去，我们这个寨子，我们苗族不搞那些，什么都不搞，我们这个寨子一个没搞，一个烂儿都没得。不好就是，两句话他们就发火了，就打架。土家族的人呢，反正"王横"（蛮、狠）些，乱来，管你是什么个，不认人。
> （梳头溪）人恶些吗，难得看嘛，不要嘛，人是好看，他脾气不好看。溪流墨的脾气要好些，梳头溪就是革新嘛，嘎头嘎脑的，难得搞，嘎头嘎脑啊！（报道人：古丈县双溪乡官坝村人，苗族，男，LQZH，苗医，80 岁）

一些土家族年轻人沾染了"文身"、"闹事"等坏习惯也加深了苗族人对他们的坏印象：

> 以前有，现在没有了，现在都不相往来了。以前二三十岁的有，他们那里年轻人看不惯我们，我们这里也不想跟他们那里打交道。反正怎么说呢，他们那边年轻人喜欢文身呢，喜欢在外面闹事，可是我们这边的比较老实，喜欢老老实实地做人。（报道人：古丈县双溪乡官坝村大西岐人，苗族，女，LXY，打工，28岁）

苗族对土家族的这种印象，除了上面所说的历史上梳头溪出了几个土匪的原因外，也有现实生活中的一些冲突：

> 溪流墨的人往年喜欢告状，爱惹祸啊，还闹事呀。大西岐以上他不蛮惹事，革新的人他就是蛮，讲打就打，讲杀就杀，过去土匪头子都出在革新。我们夹在中间不蛮惹祸。我们这个寨子没发火，发火他苗族人很团结，他不蛮欺负人，苗族他不蛮欺负人。要是欺负我们，年轻的、老的少的都出来了。前年的打架。为女儿嘛，一车人上来，老一班人就讲，过路就乖乖过路，半夜三更不要打我，好话跟他们这样一讲嘛。……我们寨上的有些人不耐烦，就和他打，老的少的全出动了，准备决战的啦。决战就决战，我们苗族发火就这样的，每天每夜有人守村，上来就打。道理不上嘛。（报道人：古丈县双溪乡官坝村人，苗族，男，ZQF，老司，57岁）

对苗族人对他们的蛮的评价，土家族也认为他们确实要蛮一些。

> 他们那边的地全是我们分给他们的，国家强制分给他们的。过去我们的地一直管到蔡家那边。原来因为砍竹子闹过一次纠纷，因为砍竹子，把牙齿就打掉了。我们那个书记把枪，那时农村有枪。放一挺机枪那里，进来就打。现在他们那边的年轻人怕我们的年轻人。可以说蛮一些，比他们调皮一些。从思想上他们好像要低那么一点点。罗仲武打川军，川军在我们这里吃饭，枪全给我们了。他

们怕吗，打袁世凯回来，路过我们这里。他们川军在我们湘西死了很多。就是要他们的枪嘛。（报道人：古丈县双溪乡梳头溪村人，土家族，男，TZC，打工，34 岁）

一些土家族的知识分子则认为，土家族的"蛮"是一种以自我为中心的性格、心理特征的表现，它既不是一种"野蛮"，也不同于苗族的"憨直"：

> 苗族就说土家族蛮嘛。土家族蛮就是不讲理，以我为中心。苗族就是憨直。他和土家族的蛮呢，有一定的差别，人家土家族你和我搞得好，就行了，你和我搞不好，我再答谢你，不管你有没有道理。另外一个，你说你在我面前耀武扬威，你想压倒我，我本来以我为中心，所以我就要惩治你。（报道人：古丈县文化局，瓦乡人，男，LJZ，文艺工作者，30 岁）

2. 土家族规矩多

苗族人认为土家族的规矩特别多，经常会为礼数问题闹不愉快，而不如苗族好客、大度：

> 苗家和土家啊，土家他这个风俗习惯就讲得比较多。很讲究！有的，要是你主人家，礼到不周的时候，他要生气。我们苗家好客，大度，不生气，所以我跟你说，你到那里娶亲，他不说要多少多少，多少那个酒，只要酒够吃。（报道人：凤凰县吉信镇人，苗族，男，WFD，干部，48 岁）

第三节　文化偏见的原因

一　历史上民族隔阂的遗留

对其他族群的习俗怀抱偏见是常见的，但这并不会引起严重的纠纷。人们不会仅仅因为彼此习俗不同便相互仇杀。人们之所以就文化差异发生严重争执，是因为这些文化差异与他们之间的政治裂痕和利益冲突相关联。

（一）历史上的民族隔阂

苗族和土家族以及汉族的心理上的隔阂是有历史缘由的。历代封建王朝对湘西苗族之经略，据有史可考者约 1900 年之久，所经历较大斗争有 60 余次（30 年或 50 年一次）。东汉至隋以前以军事掠夺为主，迫使苗族退处深山。唐至宋设土司制度进行管制。明至清初通过土司统治，并修筑围墙、碉卡进行封锁苗区。清初是剿抚兼施，实行改土归流（改土司设流官）。乾隆六十年苗族大举义，清政府血腥镇压。嘉庆十一年，实行屯田制度，用野蛮的方式直接掠夺苗族土地（永绥是寸土归公，凤凰是均七留三，乾城是均三留七）。国民党时代，清代毒辣统治进一步发展，形成封建的殖民地式的压迫与剥削。1935 年在于范传任屯边使时实行了保甲制度。乡保甲长，布满苗区，乡长以上多为汉人，控制苗民。利用权位土地枪支制度，制造苗区内部的恶霸地主土匪（注：原文如此）。而国民党军队与政府控制这种分子，形成湘西的特殊社会状态，加深了苗族内部的阶级压迫，更加重了苗族对汉族（包括土家族）仇恨的潜在因素。①

历代的经略和杀戮造成了苗族与汉族和土家族之间的隔阂。苗民强悍勇敢、勤劳俭朴、重情守信、爱土地，但由于历史上大民族主义的压迫，养成忧愁、沉默、自卑的习性和怀疑、报复、戒备的心理，民族性很强，情感浓厚。新中国成立后的湘西苗族访问团成员说："我们到处都遇到民族问题，苗民称苗人统治者为'苗把总'（指供汉人干活者），说他们忘本，流行着'铜不粘铁，苗不粘客'。清代剿杀时某村只剩一人逃入深山，以厥充饥，至今到腊月三十必食厥粑以示不忘仇恨。屯田运动的苗民领袖龙老德事迹至今已编成流行歌曲流传。永绥翁（今花垣县）科寨的井，苗人不用，因传说有汉人血，喝了中毒。这些事迹都由老年人说古而相传下来。"② 可见，土家对汉人和苗人的关系都有些隔阂，而且土家对苗人的隔阂要比对汉人深些。

---

① 《凤凰县民族志》编写组编：《凤凰县民族志》，中国城市出版社 1997 年版，第337 页。

② 中南湘西访问团：《中南湘西苗族访问团综合报告》，载《凤凰县民族志》编写组编《凤凰县民族志》，中国城市出版社 1997 年版，第 340 页。

（二）历史上民族隔阂的遗存

这些历史隔阂在新中国成立初期仍然存在。在土家族民族识别过程中，一些学者官员对这些隔阂有着深刻的体会。在汪明瑀、潘光旦等人的报告中，都对这种民族隔阂有大量的记载。

如汪明瑀在谈到土、苗关系时说："在我们调查的龙山县苗市乡，在赶场时，土家族和汉人发生冲突，苗人总是帮汉人反对土家的。我们知道苗土之间的隔阂不是没来由的。他们有远因也有近因。远自唐代起，无论在土司制度实行前后，凡属当土官的一贯是土家人。其他在同地区以内的少数民族如苗、仡佬是很少当土官的。苗人当土官的可以说完全没有。这样统治者就利用了土家的土司如彭氏之流来统治当地汉人以外的少数民族，无事时管制，有事时弹压，乃至出兵讨伐。在《凤凰厅志》卷三所载的炮楼山，据说就是当初'土人立炮'攻苗之所。这就是统治者利用苗土两族之间的矛盾，来实行'以夷制夷'的政策。从宋代起，便有所谓荆湖路义军的设置，就是以土家人为主体的军队。土家和他们的先人是历史上有名的勇敢善战的，所以统治者便利用他来控制和土家族人民杂居一处的其他少数民族，特别是苗。《保靖志稿辑要》卷四曾记有'明代土司最重，盖籍以防苗也'。平日的管制，有事的镇压，以致八九百年来造成了土家与苗人之间的隔阂乃至仇恨。……但现在这 10 个县或属湘西苗族自治区，或属自治区代管，且以苗人为主，苗人的干部也多，土家人相形之下，便认为苗族自治区有些大苗族主义的表现。我们希望苗人与土家人要认清以上的这些隔阂。无论由于远因或近因，都是以前反动统治者的挑拨离间所造成的。他们把这点认清楚以后，才能加强民族间的团结，互相合作，来发展湘西生产建设事业。"①

在潘光旦的报告中也提到土家、苗家的这种隔阂。"历史上，特别是从第十世纪到十八世纪，由于中原统治者有形无形地利用了'土家'的统治阶层来'约束'苗人，苗、'土'关系也不是很好的，解放前，'土'、苗相遇，你骂我'苗子'，我骂你'土蛮子'，据反映，也是常

---

① 汪明瑀：《湘西土家族概况》，载全国政协暨湖南、湖北、四川、贵州、政协文史资料委员会编《土家族百年实录》，中国文史出版社 2007 年版，第 503—504 页。

有的事。当然这种现象到今天早也成为历史的一部分了，今天湘西的苗族与'土家'基本上是团结的，干部一起工作，群众一道生活，相处得都很好。但表面上的和谐并不完全等于内心的融洽；历史上长期的创伤还须一定时期的将养与护理，才能康复。"①

苗族历代受统治阶级压迫，灾难深重，民间流传着很多反映阶级不平等的反歌或时政歌。其中也有对民族隔阂的反映，如"苗家开的大好田，傅鼐贼子来霸占，寸土不留我一分，瘦了苗家肥了官"、"官占田，民占坡，苗家赶进山窝窝"、"不是苗家爱造反，不是苗家性爱杀，山穷水尽走无路，撵狗入角才伸牙"。这些时政歌反映的事实得到了土家族人的承认，一位土家族干部这样分析苗族和土家族的差距：

> 土家族一般住在比较开化的地方，苗族一般性格比较刚烈。清朝的时候，不服从领导、不服从统治，所以把它赶到偏远的地方，山包包上。土家住得比较好的地方，在明朝、清朝、民国手里做官的多少土家族。苗族经常反抗啊，经常起义啊。我们这里还有个边墙，就是专门管治苗族的。像修长城一样的，里面的喊生苗，外面的喊熟苗，外面的少。外面的就是比较驯服的。现在不能讲生苗、熟苗。讲这个马上遭到苗族的激烈反对。（报道人：湘西州政府，土家族，男，GZQ，干部，46岁）

这种心理隔阂至今依然存在，并影响着人们的交往。"苗不粘客，铜不粘铁"、"岩头不能当枕头，苗族不能和汉族"这样的俗语仍停留在人们的脑海里。

> 原来土家族统治苗族，土司就是统治苗族的，原来土家族好像基本上和汉族是一个集团的。原来当官的都是土家族，土家族好像和汉族的社会地位差不多的。（报道人：古丈县文化局，苗族，男，WBCH，退休干部，64岁）

---

① 潘光旦：《访问湘西北"土家"报告》，载全国政协暨湖南、湖北、四川、贵州、政协文史资料委员会编《土家族百年实录》，中国文史出版社2007年版，第527页。

　　苗家和汉家啊，原来有隔阂，现在一般都没有了。原来呀，隔阂是相当大，他就是说岩头不能当枕头，苗族不能和汉族。土家族和苗族也有隔阂，现在都是逐步……从原来说，汉族瞧不起苗族，因为原来我是到这个村，本来是这个村的（吉信村），我是这个村的支部书记，那时候我们去搞民事纠纷呀，在调解的时候，调解总有的人占理，有的不占理，不占理的我们必须要坚持原则。他们那时说，这些苗儿办事呀，办事很毒。哈哈，他们说我们苗儿办事很毒，因为你本身不占理，我们处理的时候必须要在理。

　　从我们这个说呢，关系呢现在相当的好，现在时代不同了，再一个，现在呢，有的过去是冤家，现在都变为亲家了，他女儿喜欢啦，你说是吧，所以这个隔阂现在已经缩小，没有什么了。在工作中都没有，有的原来我们和镇长一起的时候，大家讲这话，你们看着我们说，苗儿，苗儿，实际上就有些歧视我们苗族。他那还说你们苗族看见我们汉族，小伙子怎么说，叫汉族？就说是叫花子，同样有瞧不起嘛。（报道人：凤凰县吉信镇人，苗族，男，WFD，干部，48 岁）

今天，土家族、苗族的关系得到了根本改善，这种隔阂有时也表现为戏谑的自嘲之语：

　　人家过去是那么讲，苗不粘客，铜不粘铁，他现在都粘了呢，原来有个把个，现在多得很，前天我赶场嘛，和溪流墨的坐车，他喊龙医生，坐一起嘛，我讲苗不粘客，铜不粘铁，他骂我，你还不是天天粘，你不粘我，你给我滚出去，哈哈哈。（报道人：古丈县双溪乡官坝村人，苗族，男，LQZH，苗医，80 岁）

在每个小的土家、苗家杂居的社区也流传着历史上相互争斗的故事。如在双溪乡，在官坝苗家人中间流传着他们是梳头溪从上河赶下来的故事：

　　土家族、苗族本来上下住一寨人，关系相当好，后来我们土家族和苗族搞扯皮了，闹事端了。总不是为田土嘛，他人少些，把我们这里的田土占去，所以把他们撵走，他们不肯走，不肯走杀了好多人，在那下面大田好大坑坑，杀了一坑坑人。现在这个矛盾啊还在一代一代地流传下来。现在这么大的小儿都传的呢。我怎么晓得这个情况呢，我有时候去官坝搞家访啊，那边人我都认识，和我并且玩得好。他们请我吃酒，吃酒的时候他们讲起了这个情况：我们是梳头溪人把我们撵下来的。把我们杀了好多人。我说现在一去不复返了，这些仇恨甩掉了，忘记了，算了。现在不能再重演了。再重演就要死人了。现在嘛，政策好了，我们和他们通婚啊，男女都成婚成对的了。以前都不许婚配的了，他苗族和我们不开亲的，现在他年轻人不顾了。我们嫁过去的有，他们嫁过来的也有。接亲的吃酒的时候还讲这个，杀了好多人。（报道人：古丈县双溪乡梳头溪人，土家族，男，TZHX，退休教师，65岁）

在保靖绿绿河也流传着同样的故事：

我们是从丰宏搬到乌梢河，那时两弟兄，那是清朝的时候，大概两三百年了，他两弟兄屯兵养马，打客人，不让客人管苗子。打到花垣去，打到四川去，敲锣打鼓，喊不杀苗人，杀客人，不要客人管苗人。皇帝睡午觉，他猛然一醒，唉，上湖南反了，那时候是永顺府啊，又下到保靖县一查，噢，已经达到四川、贵州了，就跟两弟兄讲，你们不要闹了，孙悟空七十二变就不行，你们两个苗子称大王，怎么吃得开啊！你要当官？一查，这个地方是向家住的地方，他们每天赶牛赶马下练，把那园子里的菜啊，都搞坏了，告状也告不响，就走了。他们姓向的就讲，你们住的是我们的屋场。就修了个衙门，修了个粮仓。到翁科那边这些粮食全部交到这边来。这个是国库粮。长枪短棍都有的，催粮。（报道人：保靖县涂乍乡绿绿河客寨人，土家族，男，LZY，教师，58岁）

很清楚，这段故事的"母题"是清代"乾嘉苗民大起义"。当然，这只是一个错乱，是不甚清晰的关于湘西区域和本社区内土客苗之争的历史记忆。然而，迄今为止，民国时期绿绿河两岸的冲突仍令双方讳莫如深：

> 这个不好讲，讲怕出问题。就是对门河出一个LML，是个国民党的保长。他开会讲，我们俩寨人开个会，我们要买枪，为什么要买枪呢，我们要保护这个寨子的治安。买了枪后，他又那么讲，欺负我们苗寨，他们想搬过来。他抓壮丁，想害我们，想住过来。国家安仓库，这边是好地方。解放以后我们寨上几个老人家，就到保靖告状去了，开宣判会把他给杀了。（报道人：保靖县涂乍乡绿绿河苗寨人，苗族，男，LMQ，老司，57岁）

在官坝村，苗族村民们也有和溪流墨土家族打官司的故事以及他们的勇武故事：

> 当时前后左右都怕我们这个寨，永顺那边的大土匪头子都不敢进我们寨。我们是武术之乡，他不敢进寨，进寨就搞掉你一个。官坝就是苗坝。以前我们打过县城，过去县官收草鞋税，我们五十多人，卖草鞋的把贪官打得屁滚尿流。警察就搞不过我们。
>
> 溪流墨以前为岩门打官司。岩门有个坳，以前讲风水嘛，岩门是个门嘛不准他们破，不准他们破嘛。现在解放以后被他们破了嘛。不准他们修路，从这儿起按过去，打一官司，我们打赢了。民国时候，县里搞不好，还到镇竿，到凤凰呢。永顺有个大土匪，下来拿枪，我们拿拳头。过去和溪流墨搞不好，和梳头溪搞得好，我们上面有田有地。（报道人：古丈县双溪乡官坝村人，苗族，男，LQF，63岁）

在吉信镇，人们对边墙、碉卡仍记忆犹新。一位苗老司女儿讲述他们家族从两头羊搬迁到吉信城外居住的经历以及童年的族群隔阂记忆：

> 还愿要请汉老司，九月重阳后才能做。我们苗老司随时可以做，过年都可以做。他们资格比汉老司大点，他们可以坐在板凳上

做。红衣老司就没资格坐。苗老司是文官，汉老司是武官，他要念经。道士是道教，帮人家送亡。城墙内的新娘子、油坊垇、高楼哨、水井湾。城墙一直连到凤凰呢，是守我们苗族的，还有炮守着我们苗族，现在还有好多碉堡摆在那里。

我们是民国时候搬来的，是我们太公搬来的，从两头羊搬来的，河那边的全部是苗族，有好多还不会讲汉话。像我们这一般大的年纪都不会讲汉话。那边上高山没有我们这边平。田也多，大多在阴山旮旯里，产量好低。过去我们在两头羊一个小小的寨子。太公手里搬下来的，想在吉信做个生意。过去在碑亭垇做生意嘛，折本了就搬到这边来了，白手起家，买了点地。粮站那边就有我们的地。我们在两头羊是富农。解放前我们是中农。都吾、新田是城墙里面的，汉族，墙外这边，对门都是苗族。过去我们苗族的女孩喜欢汉族的要嫁到汉族的父母都要杀掉嘛。他就不喜欢你嫁到汉族，汉族的男儿到苗寨也要打死。苗不粘客嘛。

你互相讲苗话，就照顾一些，我们苗族比汉族齐心些。苗族在外面打工，凤凰的、山江的，一讲汉族打我们呢，我们要帮忙呢，苗族都齐心得很，认不到都要帮忙。哪怕两个人打架了，汉族来打了，他帮苗族就不会帮你汉族。

以前我们读书，也讲苗汉，骂我们是苗子嘛，我们就打嘛，汉族打不赢我们苗族的嘛。因为他汉族讲一个个的，一个蛮行，我们苗族一个个不行，都来帮忙。读小学的时候，我们苗族的一起，他们就打不赢我们苗族嘛，老师就解劝，要我们团结嘛，要讲嘛，不讲我们随时要打架嘛，汉族的那些儿都要骂我们"苗老槐"嘛，我们发气就要打架。我们喊他们"××"（苗话，听不懂），他也不是没懂。打架打通街从这边打到联欢去。（儿子们）现在还是有点把点。

我们那时候苗族不嫁到汉族的，我们这代还有点，我们小时候玩，父母就讲你不要跟汉族孩子一起玩，就要讲打死去了。我的儿们这一代就没有了。我们也没管，喜欢嫁苗族也好，嫁汉族也好，都是一样的。解放这么久了，思想也慢慢改变了。（报道人：凤凰县吉信镇大麻元人，苗族，女，LMY，农民，40 岁）

二　经济发展水平的差距

族群差距可以分为两种情况：（1）由于各自所居住的地区在自然资源环境、经济发展基础等方面存在差异，这种差距很大程度上是由客观条件和历史原因带来的，并进一步造成各族群之间在收入等方面的现实差距。在这种情况下出现的在收入方面的族群差异，实质上反映的是地区差异，但以跨地区的族群差异的形式表现出来。人们仍然会以族群差别或族群间的"事实上的不平等"来看待这一差距。（2）政府对于不同地区实行不同的制度与政策，对一些族群聚居区采取优惠和歧视的态度，并使其在发展中处于有利或不利的地位，存在着以地区为单位的"法律上的不平等"。在这种政策下，族群关系必然比较紧张，而且处于不利地位的族群必然怀着改变这一格局的强烈愿望。[①] 湘西土家族和苗族之间的差距主要是由第一个原因造成的。

（一）从居住环境上看，苗族住在山区，海拔高，远离城镇

从全国来看，不同阶段土家族的城市化水平都要高于苗族。（见表5—4）新中国成立初期，湘西的苗民95%以农业为生，但苗区山多地少，生活穷困，永绥（今花垣）一年产量，中农以下只够半年粮食，乾城常年亦缺4个月食粮，夏荒时以野菜、野果充饥。当时流行一首歌谣："贫苦人家很费力，无酒无肉几时吃，想吃一餐净白米，除非过年逢初一。"汉人住城镇经商，苗人住乡务农，有客边乡边之分。历来汉商互相拉拢，操纵市场，山货土产与外来之日用必需品，都是极不合理的差价，苗民与汉商交易中大秤进小秤出，不找零数，居奇垄断，欺骗盘剥。苗民赶场以物易物，以桐油与五倍子等换取粮米与日用品。[②]

即使在一个小的社区，这种差别也会很明显地体现出来。如在吉信镇，当地干部就讲述了土家、苗家的这种差距：

最近的就是满家、吉信。苗族一般住在很偏僻、很落后的地

---

① 马戎：《民族社会学——社会学的族群关系研究》，北京大学出版社2004年版，第285页。

② 《凤凰县民族志》编写组编：《凤凰县民族志》，中国城市出版社1997年版，第338页。

方。我认为这就是镇压苗民起义，后来南方长城就是为了镇压苗民的，修了很多城堡，都是为了镇压苗民的，这样苗民、苗族一般就住在比较高的地方，比较偏的地方，像腊尔山、山江，像我们这边的都是住在山上。河那边就比这边条件要差点，以前基础设施建设不好的时候，都是非常偏的地方。（报道人：凤凰县吉信镇人，汉族，男，YMF，政府干部，43 岁）

关于这种居住状况，苗族人也承认。

苗族都是从外地搬过来的，因为那时候苗族都是从各地搬来的，国民党的时候，要抓壮丁呀，你像我家里，老家在山江那边，那时候我爷爷只有一个小孩，在那边土匪比较多，那里住不下，就搬到这里，苗族都是从外地搬过来的，我们全部是从外地搬过来的，在那个山比较高的地方基本上都是苗族，比较平的地方都是土家族和汉族，所以只要你走到对面去，全部是苗族。（报道人：凤凰县吉信镇人，苗族，男，WFD，干部，48 岁）

表 5—4　　　　中国各族群的城市化水平（1990、2000）[①]　　　单位：%

族群	市		镇		市镇合计		县（农村）		总计
	1990	2000	1990	2000	1990	2000	1990	2000	100.0
汉族	19.5	24.6	7.6	13.4	27.1	38	72.9	63.1	100.0
土家族	7.2	7.4	4.7	10.9	11.9	18.3	88.1	81.6	100.0
苗族	4.1	5.7	3.9	8.4	8.0	14.1	92.0	85.9	100.0
全国	18.7	23.5	7.5	13.4	26.2	36.9	73.8	63.1	100.0

（二）土家族占有较多的经济资源，经济意识强

新中国成立之初，湘西土家族和苗族在经济资源占有上极不均衡，"在湘西地区，土家所占的 6 个县（龙山、永顺、保靖、古丈、桑植、

---

① 马戎编：《民群社会学——社会学的族群关系研究》，北京大学出版社 2004 年版，第 676—677 页。

泸溪）比苗人所占的 4 个县（凤凰、永绥、大庸、乾城），土地较好，土家人也多。苗人的人口虽然逐渐增加向北发展，但较好的土地一般来说仍掌握在土家人手中。这也反映了当初土家势力大，而苗人势力小；同时也说明了历史上苗人对土家不满意的一个因素。"①

历史上，双溪乡的梳头溪、溪流墨、官坝的土地全部是土家人的，苗族人只有少量的田地。溪流墨一位一直靠给两头的土家人打工维持生计的土家族老人讲述了新中国成立前到现在苗族在生产、生活上和他们的差距：

> 好的是个别，一般的赶不到我们。官坝过去就是给人打草鞋，过去我们打谷子啊，稻草就给他们。我们吃谷子，他们吃稻草。过去给我们打谷子一算多少钱就把稻草给他们算了，让他们打草鞋卖。好的也有几家，打草鞋的占大多数。
>
> 苗族待客就是搞几斤牛肠子，搞些萝卜。我们土家族最差的你得一百斤两百斤肉，亲戚来了回去还打发肉、打发猪腿。他苗族打发个卵。几十个人没吃几斤牛肠子。清汤寡水，几大坨萝卜摆在那里。官坝那个习惯是老习惯，他就是那么的。我们村里大搞也没穷，你那么节约也没富啊。
>
> 我们村辣椒、豆角、黄瓜、茄子、西红柿，随便乱搞一点点就可以上市。又不是专一的。官坝不卖，他们没那个习惯。生活上还是赶不上我们。种菜那赶不上我们，一个他没那个习惯。二来土质不肥。我们这里你像那个豆角啊，黄瓜、冬瓜随便撒在上面就有了。
>
> 做菜吃在他们那里一个卫生不好，办菜味道不好。现在好了，过去走来……
>
> 梳头溪土好些，随便撒些苞谷，就可以，这边靠施肥，管理。这边人劳动习惯比我们的好些。我们那边到四五点钟就吃饭了。这边忙起来了到六七点都不吃晚饭。（报道人：古丈县双溪乡溪流墨

---

① 汪明瑀：《湘西土家族概况》，载全国政协暨湖南、湖北、四川、贵州、政协文史资料委员会编《土家族百年实录》，中国文史出版社 2007 年版，第 503 页。

村人，土家族，男，XFQ，农民，51 岁）

土改后，虽然土地进行了重新分配，经济上的差距逐渐缩小了，但改革开放后这种差距又拉大了。一方面，两头的土家人所占有的田地土质较好，他们利用田间地头种植蔬菜瓜果，逢场便可出售，经济远比苗家人活络。另一方面，土家人经济开发意识强，梳头溪、溪流墨的茶叶，溪流墨的矿产开发，在当地远近闻名，需要大量的劳动力。历史似乎又开始重演了：官坝的苗族人现在又开始到梳头溪、溪流墨采茶、挖矿……到土家族寨子"打工"又成了土官坝苗家的"生计方式"。

（三）风水与龙脉：苗族对这种差异的文化解释

官坝苗族人对这种经济上的差距解释为，官坝村的龙脉被破坏了，风水不好。

> 都差不多的，好也没好，我们这地方你看啦，高山陡水，茄通，断龙那边风水好些嘛，埋得好的就当官嘛，我们住在高山，哪里有风水，没有风水嘛，都把围死了，转头山多了，你看都要回来，你看嘛，完全是转头山，当官都要回来，当不了官嘛。你看那个山都是回头山，出去不了嘛。梳头溪的风水没蛮好，他也出去也少，就茄通断龙多，龙鼻那边也多，龙鼻那边风水也好，它宽脱些，就我们这条河上去出去的人少，围死了，出去不了哎。我们出不起人，过去也是贫呀，把那个过赶龙过河了，就架一杆桥在上头，他把斩断了，原来我们这里当官的人多了，一斩断出不起人了。李世民嘛，他斩龙，把龙斩丢了，原来我们后面是个老虎山，我们坐在右手，那边有左手，脑壳呢在那个溪旁边，劈了，把它劈坏了，也出不起人，风水搞坏了，起码有一丈多深，有两丈多宽，那个包包都凹下去了，又劈你一刀，把它劈死了，一直下到洞上那里，把他劈死了，现在出不起人，把龙脉搞丢了。（报道人：古丈县双溪乡官坝村人，苗族，男，LQZH，苗医，80 岁）

湘西苗族与土家族和汉族地区发展上的差距已经引起了相关部门的

重视，如在凤凰县，湘西苗族的核心地区——"两山"地区（腊尔山片区和山江片区）的社会经济发展长期滞后于县内土家族和汉族地区。"两山"地区辖 13 个乡镇 167 个村，14.6 万人。至 2008 年底，该地区还有贫困人口 5.34 万人，占全县贫困人口总数的 50.1%，是该县乃至湘西州典型的"边、山、穷"纯苗族聚居区。

这种状况引起了凤凰县的重视，为促进苗族聚居区和土家族、汉族聚居区之间的平衡发展，凤凰县加大了对苗族聚居的"两山"地区的发展支持力度。2007 年以来，凤凰县委、县政府先后出台《关于扶持"两山"地区加快产业开发的意见》和《"两山"地区产业开发实施方案》等文件，并累计投入资金 5000 余万元，加快推进该地区产业发展，加大对该地区产业开发的扶持力度，促进农民脱贫致富奔小康，目前已取得了初步成效。但历史和自然等方面的原因，该地区产业发展仍然面临不少突出问题。

三　教育水平差异

从全国来看，土家族的受教育水平在各个层次上都要高于苗族。从土司时代开始，土家族地区教育水平就高于苗族地区。根据新中国成立初期在苗族地区的调查，"永绥平均每 7 户半才有一个苗民子弟入学"。① 20 世纪 90 年代，凤凰县的苗族与土家族教育水平也存在很大差距（见表 5—5）。21 世纪之初，苗族与土家族的教育水平有所提高，但仍存在差异（见表 5—6）。在凤凰县，苗族地区由于生活困难，学生起点低和受"读书无用论"的思想影响，教育的发展仍远远跟不上时代的要求，个别地方学生流失严重，教学质量普遍较差，小学升入中学的人较少，小学苗族占在校生的 52.4%，中学苗族仅占在校生的 25%，升入中专、大学的人就更少了。近年来，学校收费较高，尤其是大中专收费令人吃惊，还没有完全解决温饱问题的苗族人民因供子女读大、中专学校而债台高筑的人已为数不少，不少农民望校门却步。②

---

① 《凤凰县民族志》编写组编：《凤凰县民族志》，中国城市出版社 1997 年版，第 340 页。

② 同上书，第 107 页。

表5—5　　　　中国各族群6岁以上人口的教育水平（1990）①　　　单位：%

	15岁以上人口文盲	6岁及以上人口						
		未说明	小学	初中	高中	中专	大学	总计
汉族	21.53	19.81	42.17	27.15	7.49	1.75	1.63	100.00
苗族	41.85	38.89	42.72	13.09	2.86	0.98	0.46	100.00
土家族	25.24	23.02	48.75	20.56	5.22	1.63	0.82	100.0
全国	22.21	20.86	42.23	26.47	7.30	1.74	1.58	100.00

表5—6　　　　中国各族群6岁以上人口的教育水平（2000）②　　　单位：%

	6岁及以上人口							
	未上过学	扫盲班	小学	初中	高中	中专	大学	研究生	
汉族	7.3	1.7	37.6	37.3	8.8	3.4	3.8	0.1	100.0
苗族	17.1	3.4	50.9	21.5	3.3	2.3	1.4	0.0	100.0
土家族	9.9	1.3	47.6	29.9	5.7	3.3	2.3	0.0	100.0
全国	7.7	1.8	38.2	36.5	8.6	3.4	3.7	0.1	100.0

注："未说明"中可能包括文盲和在校小学生；大学包括大学本科和大学专科。

当代，土家族、苗族受教育程度也存在差异，如从2007年湘西参加高考和被录取的土家、苗家人数可以发现，2007年土家族7062人参加高考，苗族4243人参加高考，土家族从绝对人数上比苗族多2819人，土家族、苗族的人数比为1.66：1（见表5—7）。而2005年末，全州在册人口268.34万人，其中土家族110.59万人，占总人口的41.21%；苗族88.61万人，占总人口的33.02%。湘西州的土家族、苗族人口比仅为1.25：1。从当年录取的情况来看，土家族4070人升入大学，苗族2465人升入大学，土家族从绝对人数上和比例上都要高于苗族（见表5—8）。

① 马戎编：《民族社会学——社会学的族群关系研究》，北京大学出版社2004年版，第664—665页。

② 同上书，第666—667页。

表5—7　　　　　　　2007 年湘西普通高等学校招生考试
报名情况统计表（全部）　　　　单位：人

	合计	汉族	土家族	苗族
合计	13154	1625	7062	4243
吉首市	1533	236	720	542
泸溪县	1551	421	330	795
凤凰县	1241	213	393	615
花垣县	926	113	214	594
保靖县	1182	69	817	234
古丈县	558	16	287	255
永顺县	2730	116	2182	413
龙山县	2341	308	1555	437
州直	1092	133	564	358

表5—8　　　　　　2007 年普通高等院校招生录取情况统计表　　　　单位：人

	合计	汉族	土家族	苗族
合计	7498	856	4070	2465
吉首市	886	123	431	311
泸溪县	908	222	194	489
凤凰县	626	106	205	304
花垣县	568	67	164	334
保靖县	601	34	427	135
古丈县	309	5	169	135
永顺县	1494	56	1183	242
龙山县	1225	140	839	223
州直	881	103	458	292

对于这种差距，当地政府也有清醒的认识，如在保靖县为了提高吕洞山区苗族聚居区的教育水平，政府对苗区政策采取扶持优先原则，推进教育公平。一是制定政策措施。2003 年以来，保靖出台了《关于进一步加快教育事业发展的意见》和 8 份县委、政府常务会议纪要，制定

了系列针对苗族聚居区吕洞山区实行扶持的政策。《关于进一步加快教育事业发展的意见》及相关会议纪要规定，凡吕洞山区全日制大专以上毕业生，愿意回本地区工作的，2008 年以前可以实行免考，直接录用、聘任；在吕洞山区服务年限达五年以上的，由政府给予特殊津贴；吕洞山区学生考高中，降低 20 分录取，家庭困难的学生由学校减免学杂费；凡吕洞山区籍应届高中毕业生考入本科院校的，分别给予 3000 元至5000 元的入学救助等。二是抓好优惠政策落实。优惠政策颁布实施以来，极大地鼓舞了少数民族学生的学习积极性。县文化局严格依据相关政策，兑现落实优惠政策。近几年来，吕洞山区已有 422 名贫困学生免费进入本县高中；有 250 余名少数民族学生考入各类高等院校；有 21名应、往届吕洞山区籍大专毕业生已直接免试录用，成为发展当地教育的骨干力量。同时，教育投入吕洞山区学校的建设资金、扶助资金，每年都要高于全县平均水平。2005 年实施农村寄宿制学校建设，投入吕洞山区的建设资金达 380 万元，高出全县平均水平 3.4 个百分点。① 透过保靖县上述措施，我们可以深刻地感受到土家族、苗族之间的教育资源和水平是多么的不均衡。

四　政治资源占有不均衡

在多族群国家内，不同族群的成员往往是被区别对待的，他们不能平等地获得有价值的社会资源，比如财富、声望和权力。也就是说，有些人比其他人得到的更多，并被更加友好地对待。这种不平等并不是偶然出现的，而是已经被完全确立并持续了很多代。

（一）不同阶段湘西土家族、苗族政治资源占有情况

1. 全国苗族、土家族政治资源占有情况

就全国来看，苗族占据的政治资源相对要弱于土家族。如从 2000年人口职业结构统计来看，土家族就业人口中担任负责人的比例要比苗族高 0.27%，专业人员要比苗族高 1.29%，办事人员高 0.62%（见表5—9）。

---

① 《坚持四个优先，发展民族教育》，保靖县教育局（http://zzz-hnagri. gov. cn/topic/info436. html）。

表5—9 中国各族群就业人口的职业结构（2000）① 单位：%

	负责人	专业人员	办事人员	商业服务业	农业人员	生产运输	其他	总计
合计	1.67	5.70	3.10	9.18	64.46	15.83	0.07	100.0
汉族	1.72	5.80	3.19	9.52	63.09	16.61	0.07	100.0
土家族	0.81	3.96	1.76	4.83	80.89	8.51	0.03	100.0
苗族	0.54	2.67	1.14	2.91	86.84	5.86	0.04	100.0

2. 新中国成立之初湘西苗族土家族干部资源占有情况

新中国成立之初，由于湘西苗族知识分子少，所以大部分干部由汉族担任。资源占有不均衡主要表现为苗族干部少，比例严重失调。如1951年的《中南湘西苗族访问团调查报告》认为当时苗区工作村存在的一个问题是，苗族"干部不仅数量少，质量亦弱，永绥11万苗民占全县人口85%，但苗族干部仅72名，仅占全县干部不到30%。乾城苗民占36%，而苗族干部仅16名，只占全县干部的5%。凤凰苗民占67%，干部59名，占全县干部的不到20%"。②

3. 改革开放后苗族土家族政治资源占有情况

通过分析湘西统计局1995年固定职工数也可以发现：1995年湘西共有少数民族干部31840人，其中土家族干部19403人，占干部总数的60.94%；苗族干部9786人，占干部总数的30.73%，土家族大约为苗族的2倍。在全民所有制单位中有少数民族干部30528人，其中土家族干部18588人，占60.89%；苗族干部9409人，占30.82%，土家族也约为苗族干部的2倍。在县以上集体单位中少数民族干部1312人，其中土家族干部817人，占62.27%；苗族干部377人，占28.73%，土家族同样比苗族多一倍。再进一步细分，在全民所有制单位中的中央、省直、州属、县属单位中也存在很大差距，其中最大的是在县属单位中，土家族干部是苗族干部的1.97倍，最接近的中央单位中土家族的干部也是苗族干部的1.65倍。而根据1990年的湘西人口普查，土家族

① 马戎编：《民族社会学——社会学的族群关系研究》，北京大学出版社2004年版，第672页。

② 《凤凰县民族志》编写组：《凤凰县民族志》，中国城市出版社1997年版，第346页。

806433 人，苗族 711126 人，土家族和苗族的人口比例大约为 1.13：1。如果按照这个人口比例，土家族干部和苗族干部就存在严重的不均衡现象。因为这时湘西土家族苗族自治州已有 38 年，土家族苗族联合自治也有 38 年了，这种局面确实会在各个族群心中留下一个强弱不均的印象。

对于这种不均衡，一些土家族人认为是由历史的原因造成的：

> 这个也是历史造成的。相对来说从思想、历史、开发来说，从文化这方面来看，土家族可能略胜一点。因为从历史上就生活在开发和进步的环境里面，《血色湘西》那是比较真实的反映湘西土家族、苗族的。你看，土家族的好漂亮，苗族住在山高头。苗族封闭、闭塞。苗族也是的，你像凤凰出了好多苗族大干部，他不是讲他不聪明，而是在一定的范围里限制了他。他要是走出去了他还不是聪明！你看沈从文、熊希龄。但是相对大众来说，土家族略胜一点。从文化、思想意识、开发，包括经济方面都要稍微强一点。
>
> 苗族都在深山老林，大山深处。土家族大多在湘西的酉水河沿岸、沅水支流那边，保靖、永顺、龙山。这一带都是比较开化的地带。在古丈呢，土家族居住的地方比苗族以前的居住地的交通都要好得多。都是大河的边上。你按照古时候，发达的地域都是河流的左右，土家族进化得比较早些。湘西的土家族，古丈的也好，土家族现在的人数多些，能够讲土话的人基本上没有什么了，你像再过几年，土家族的语言如不好好保护，就要绝迹了，基本上都被汉化了。他的语言、民族习俗基本上和汉族一样了。而苗族呢，好多地方的苗族还保留苗族的语言和苗族的习惯，他苗族相对来讲落后一些，所以他出的人少些，土家族任高官的人多些，你包括以前出去的，中华人民共和国毛泽东出去的，湘西出去的几个基本上是土家族，苗族的少嘛，塔卧，他后来改成白族，他实际上和土家族是一样的。古丈出去的，跟毛泽东一起出去搞革命的基本上是土家族的，老红军基本上是土家族，苗族的也有，但基本上也少。（报道人：古丈县县政府人，土家族，男，PZK，干部，49 岁）

（二）权力占有的不均衡

人们对政治资源占有关注的焦点一个是高级领导干部，一个是基层干部。高级领导干部关乎族群荣誉，基层干部则直接涉及资源分配和社区纠纷的裁决。而在湘西，人们对于高级领导干部的关注首先就是州长和州委书记。从 1952 年苗族自治区成立开始到 1957 年湘西土家族苗族自治州成立，州委书记一直由汉族干部担任。一直到 1973 年始由苗族干部石邦智担任书记，此后先后担任书记的民族干部分别为：1983 年至 1990 年土家族干部担任州委书记，1994 年至 1995 年苗族干部担任州委书记，1998 年至 2003 年土家族干部任州委书记。虽然各有 2 位土家族、苗族州委书记，但人们开始攀比各自族群领导干部升迁的职位高低。1995 年湘西州少数民族干部人数如表 5—10 所示。

表 5—10　　　　　　湘西州少数民族干部人数（1995）①　　　　单位：人

	合计	在合计中									
		少数民族干部					少数民族工人				
		小计	土家族	苗族	白族	其他少数民族	小计	土家族	苗族	白族	其他少数民族
总计	59786	31840	19403	9786	1475	1176	27946	18456	7715	1032	743
一	55148	30530	18586	9409	1410	1123	24320	16482	6489	943	406
中央	3537	1833	1156	572	53	43	1713	1084	531	47	51
省直	3174	1397	891	486	48	62	1687	1013	528	115	31
州属	9265	3681	2343	1127	103	108	5584	3615	1691	172	106
县属	39166	23536	14196	7224	1206	910	15631	10770	3739	609	518
二	4638	1312	817	377	65	53	3326	1974	1226	89	37

注：一类为全民所有制单位；二类为县以上集体单位（保留全民身份）。

这种政治资源占有的不均衡不仅关乎普通族群人们的族群荣誉感，也是族群地位的象征，人们对这些非常敏感。他们对这种不均衡的感觉首先是族群的政治领袖地位的高低。客观地分析，湘西土家族、苗族都

———————

① 湘西州统计局内部资料，1995 年。

分别出现了一批高级领导干部。如土家族干部有被选为省长、中共中央委员、省委副书记、省委书记的；苗族干部有被选为省人大常委会副主任、省政协副主席、省民委主任、省统战部长的，也有当选为中央候补委员的。但人们往往认为某民族领导任职时间的长短、升迁的高低与州内各族干部的分布情况有着必然的联系，以至于在州内总会滋生出各种各样的"政治谣言"。虽然查无实据，但当地族群政治生态的不平衡无疑是这些"谣言"产生的温床，我们从中也不难揣度当地权力资源分配的不均衡状态。

（三）地域分布不均衡：湘西北的干部多

湘西干部队伍结构的另一个特点就是湘西北的干部多。由于湘西北历史上教育比较发达，文化底蕴深厚，加之革命时期这个地方走出不少革命干部，所以这里的政治资源一直比较丰厚。对于这种现象，一些人认为是湘西北一带出过土家族大干部，他上任后就提拔了那一带的干部，当然也有苗族。而苗族人也认为这是连续两任土家族州委书记的结果。总结起来，苗族人的看法主要集中在这样几点：第一，土家族两任州委书记提拔了大批干部，而且大部分都是湘西北的。第二，土家族州长、州委书记比苗族州长、州委书记提拔得快、高，权力大，苗族干部提拔到省里，担任的是闲职。第三，土家族干部扶植家乡力度大。第四，州里干部制度的变更与土家族、苗族之间的"钩心斗角"有关。

同样，在一些土家族、苗族占绝对多数的县市，干部也存在不均衡现象，如有些土家族就认为××县的干部全部是苗族的，土家族或汉族干部去了是开展不了工作的。一位教师讲了一个汉族不愿去当县长的故事：

> 还有个例子就是说我们那里有个老师，他有个叔叔啊，到××市的法院当院长，当院长的时候，当时就准备把他调到××县当县长，他就不回来。他说，他不敢回来，他讲这里全部是苗族，他说我到这里管不了，他是汉族。他讲我不管讲什么事情，只要一举手表态，他就跟着你否决。他讲我情愿在那里当一个法院的院长，不愿转来当县长。（报道人：凤凰县吉信镇居委会人，土家族，男，ZXH，教师，30岁）

对于这种不均衡，土家族的看法是：土家族、苗族是基本平衡的。这是一种合理的秩序：

> 土家族、苗族基本上平衡，但他要通过党的民族政策，培养干部慢慢地疏通啊，特别是高层领导，你像州长必须是土家族、苗族。为什么要搞自治法呢，就是要考虑到民族和谐平衡，本来要按照原来的自治法，土家族、苗族自治州，书记是从外面派的。其他县里的干部、州里的局长、副书记、副州长、人大政协就要考虑平衡了。

> 湘西来讲，土家族人恶一些，势力大些，你要追溯历史，湘西土家族基本上是土司的后裔，或者是一些头人的后裔。他土司王在湘西称王称霸几百年，并且能够攻打长沙王。苗族虽然出了好多名人，毕竟是到外头，出去的人。在本地称王的就是哪个呢，解放前那个凤凰的陈渠珍，他是苗王，但他和土司王根本不能比嘛。他是借助部队的势力，借助国民党的势力，到湘西称王称霸，实际上就是国民党在湘西的总司令。土司王不是哪个党派到湘西的，他是土生土长的，在这里称王称霸的，这里的土皇帝。（报道人：古丈县县政府人，土家族，男，PZK，干部，49岁）

之所以土家族干部多，土家族人的看法是：这并不是个人的原因，而是土家族干部工作能力强的结果。

> 土家族当官的多，这个是一种感觉，从某种角度来看是这么的。这个啊也不是哪个人这么搞的。实实在在地讲，你苗族人、土家族人，同时比较的话，同样的环境，同样的工作，同样的职务，土家族工作会搞些，开展工作是好些。苗族老实些，老老实实，比较死板一点，不灵活。和他性格有关系，你和他搞好了，什么都依你的办，你和他没搞好，什么都和你对着干。这个只是讲一些少数苗族干部。而且从现实来看，他苗族干部出来的确实不多。他出不来，为什么出不来呢？确实考虑到要有能力啊，你提一个干部你要有能力，搞得才行。我把你摆在那儿，你越走越苦，走不来，不行

啊。二是你干不出成绩来，管一个地方你管不好。土家族是长期以来形成的，是文化素质问题。上面来考察州长、州委书记，只要你能达到这个能力，不管你土家族、苗族都能搞。苗族你可以看，不是不提你，提上来你干不了。相对来说土家族这方面人多些，能力强些。这个也是一种现实，你讲硬是有意地把苗族蹭在那儿，不提拔。不是这样的。不是误解，是一种自我意识，自己感觉到自己受压抑，他是一种气不平，这也是一种民族意识。不是讲不提你苗族的，就是讲我这儿提的是一个副厅级，你那个水平只能当个正处级，再上一层你就干不得了。这种就要挑人选人了。这几届都是土家族。提拔干部不是一下子的，他要从开始慢慢上来，就像上台阶一样的，上到九十九步了。所以在长期的培养干部上苗族就慢些。

××、××的干部多，这也有，这个里面有很多东西也讲不出有个原则性的东西，但是出了某些人，某些高层有权人的意识。

与革命根据地有关，这个不是绝对的。这个好跟当前的当权者他的意识有关，不管他是从哪里走出来的，反正他的意识上觉得哪里人可以。这个你下面人没得办法，主要是一把手和省里面的领导，或是国家中央领导对湘西比较熟悉，从本人来说是个机遇问题，但从整体上确实我们湘西土生土长的干部在这个开发、思维、远景思维上确实赶不上，始终抛不开传统的观念，抛不开历史留下来的痕迹，走不出湘西这个小圈子。你要把湘西这个地方如何做大做强，如何快速发展起来。容易互相攻击，点把点问题就想把你搞下去，我想把我那些人提上去，成天滚在这个小圈子里，那是搞不好的。

工作能力也有差异。外地的干部想做大做强，他想保持稳定，他想择优录取、重视人才，他那边就想你把我的人都撤了，你把我们赶尽杀绝啊。这个位置上你按倒一个苗族，他硬是不行，不行呢就要照顾民族关系，这里头就有好多的民族意识，比较狭隘的民族意识。但是这个是不能说的，这个是通过好多事实，通过好多开发的实践决策体现出来的这些问题。所以外地的干部相对来说比我们的水平要高，看得远，而且见识也多，但是你到这里来了之后呢必须尊重民族习惯，必须尊重这里大批的干部群。不尊重干部群，你的决策干不下去，你一尊重这些干部群，好，你的思维，大手笔发挥不到作用。（报道人：湘西州政府，土家族，男，GZQ，干部，46岁）

同样，在保靖县绿绿河村这样的基层社区也存在这种资源的占有不均衡，从 20 世纪 80 年代以来，二组苗寨再也没有一个人担任村委会干部。对此，一位"退休"的土家族村干部这样评价，苗族干部没有为他们村带来好处，没有利用好民族政策，没有为村里争取到项目：

最近几年，村干部全部是土家族，以前还有苗族，可能要占一个名额，我们那一届没有苗族，这一届也没有苗族。这一二十年他们村都没有出一个村干部。因为以前呢他们有个村长，看来看去它苗族作为一个少数民族，特殊的弄一个村长过来。再就是质量上跟不上，本身带头人质量跟不上，譬如说国家扶贫这些好多项目，它就没有那个脑筋去想这些问题，去想，去搞到这些国家项目，怎么样才能争取到国家的资金，他就没有这些思想。再就是讲没有能力去争取国家的资金，以前也是一二十年没有少他们一个村干部，原来还有村长或者是秘书，通过一二十年看了后硬要把他们放一个重要的干部，确确实实对整个村是不利的，所以那以后就换了。我还记得有一个现在已经去世了的，老秘书，是从一解放开始当这个村的秘书，一直到责任制，把他换了。可以说他搞了这么多年没有为大家做过什么事，因为他思想就那么个，就小学文化，好多事情他都不敢想。解放初期的时候有个民族政策，优惠嘛。我们这里修了个学校，那时候是五几年，国家拨款一万元修这个学校，紧接着修完学校后要给我们修一座桥。我们是少数民族地区啊，少数民族政策，党的民族政策优惠，当时他是秘书，是内当家，管内务的，要钱他不敢要，他说这个钱不敢使用，国家就收回去了，要不现在我们也不存在过河难了。给钱、送钱上门都不敢要，牵扯到人的质量、素质问题。

（他们）没有意见，通过多年，他们已知道他们不能胜任。以前我们这个长潭电站，六几年我们还在读小学，那时候开始修长潭电站，修了二十年，我们还是长潭电站的淹没区，还没解决照明问题。六几年修的，到八几年，一直到 90 年以前我们还是用煤油灯，淹没区首先要给我们解决通电照明问题，但是他们没有向上级要求这个事情，老百姓也没有办法，你必须千民有头，万民有脑，下面的老百姓再说也是空谈。换了我们以后，90 年、91 年，刚从高中毕业，对村里也不了解，边摸索边看，慢慢知道照明问题当时来讲是头等重要的问题，有了电就能办好多事情，91 年我就着手写报告，向上级政府要求解决我们的照明问题，第二年下半年就通电了，紧接着我又搞了好多项目，比如栽桑树养蚕，栽药材黄柏树，还有栽其他的杜仲，最后还是适应不了我们，周期长，受益小。97 年就考虑到我们这个低海拔地区，我就想我们这里的柚子啊，结得好。我想柚子和柑子、椪柑是一个科的，它们性质基本相同，种椪柑肯定好。所以我就想，想了就写报告，向乡政府送，乡政府看了，论证啊，觉得可以，就批了，获得这个项目，实实在在给老百姓做的事情就两件看得见的，一件是桥，一件是栽椪柑。（报道人：保靖县涂乍乡绿绿河客寨人，土家族，男，LZY，教师，58 岁）

政治资源占有不均衡会直接影响到族群的利益分配。如在双溪乡官坝的一个苗族村，他们认为他们的贫困现状应归咎于乡里的苗族干部太少，而一位苗族乡长的到来，则给他们的经济文化繁荣发展带来了希望：

干部土家族多些，保靖那些地方全部是苗族，在我们古丈，三分之二是土家族，苗族很少，我们乡里政府只有两个苗族。平常有些政策，那吃亏，以前那个，前几年从上头搞下来的那个乡长、主席呀，一讲全是土家族，对我们还是不那么太好。上面的政策贯彻还是贯彻，但对我们还是有点偏见。你像一般的经济开发，投那个指标搞到其他村里去了。反映没有用嘛，像搞其他开发嘛，上面投资的钱，搞的面积，他搞到其他村去了，我们村里一般都搞不到。今年吧，就是从 2004 年那个乡长是九龙的，是我们的家门，现在她一过来，把指标全部放到我们村里了，扶贫项目主要的还是放在我们村，她也是苗族。原来就搞不好，原来放在他们那边的项目多，一般的到农村嘛，就是搞鱼，像田里面搞那个池子，开个池子一般要三米，好大，好多田搞过，我们村没有开那个池子。田里干了，鱼就进去，有水的时候鱼就出来了。原来向那边倾斜的多一些。养母猪呀，羊呀，这些都在他们那边，现在我们也是一样，换了个苗族乡长对我们还是比较关心的，现在我们官坝村茶叶都上电视了，州扶贫队都住在我们村，乡长也住我们村。（报道人：古丈县双溪乡官坝人，苗族，男，LMK，村干部，50岁）

实际上，也不能说是一种巧合，但的确自从苗族乡长来了之后，官坝便被州土地局确定为扶贫对象，重点扶贫。为他们开辟了新的茶园、实行了农田改造，帮他们建立了一支苗鼓队。

政治资源占有的不均衡不仅关乎族群的政治荣誉感，更重要的是它牵涉到族群利益的分配，影响族群的发展，使得经济社会发展差距拉大，使得文化差异带有政治色彩，从而导致族群相互偏见的心理。所以土家族与苗族之间的这种文化偏见乃是一种维持族群边界的文化手段，其目的在于使双方在竞争和交流中保持族群优越心理，提高族群凝聚力，促进族群内部整合与稳定并激发相应的文化变迁。所以文化偏见的强弱往往成为族群关系好坏的晴雨表。庆幸的是，这些文化偏见基本不涉及基本价值观或共同观念，只是对附着在文化之后的社会经济发展水平差距的映射和各自对社会报酬分配不均以及人们对这种分配不均的一种失望表达。所以，文化偏见成为缓解当地族群关系的一种减压阀，而不至于使这种意识中的偏见化为现实中的歧视。

第六章

当代湘西土家族苗族族群关系

族群边界依靠文化差异来维持。巴斯认为，尽管族群认同和族界的维持并不能解释为什么会出现文化差异，但却能让我们看到文化差异是怎样在族界维持过程中得到延续的。正如男女区别能够增生出许多男女文化和社会角色差别一样，族属认辨和维持族界的需要也可以增生许多文化差别出来。

在族群互动过程中，在族群意识和凝聚力增强的过程中，一些本族的古代传说、历史人物，与本族群有关的山水或城市，本族群独有的生活习惯、宗教信仰、歌曲舞蹈等，都可能被固定下来，并不断被加工或者神化，最终被人们视作本族群的象征。这些象征或者标志着本族群在历史上的辉煌，或者标志着本族群与其他族群的区别，从而成为向下一代进行族群意识教育的主要内容。在缺乏实质性差别但是存在族群特殊利益的情况下，也许有些已经淡漠了的"族群象征"会被人们有意识地重新加以强化，作为维持本族民众族群意识的重要手段。①

在族群关系长期处于矛盾冲突的状态下，或者政府有关政策是在有意或无意地不断强化族群界限和族群意识的情况下，这些具有族群象征意义的东西就会被人们强化，甚至创造出新的族群象征来。巴斯也指出，"族群成员们自身保持来自他们以往历史的一些文化特征，这样的记忆可能并不能得到史料的证实或检验。在一些案例中，……行为者们把一些文化特征归属于自己的群体。这些或者被假定为群体外在特征的符号（如服装、语言等），或自身的传统，或者甚至可以简单地为人们

---

① 马戎编：《民族社会学——社会学的族群关系研究》，北京大学出版社 2004 年版，第 100 页。

所创造"。①

第一节　族群边界变化

族群边界不是孤立静止的，而是动态的、双向的。从某种程度上讲，族群边界是族群内涵的前提和基础，没有边界问题，就不存在边界的内涵和特征，也就谈不上族群的认同与互动。文化特征形成重要的族群边界，也是维持族群边界的重要因素。在族群互动中，尽管这些文化特征会变化，甚至是新制造的，但仍然是原文化的继承。在一些国家中，族群的政治地位被正式认可。各族群的文化完整性被普遍承认，并且相关条文规定，在主要的政府机构，这些族群必须有其政治代表。②从而，文化的族群身份更为清晰，也更容易成为维持族群边界的手段，自然成为族群认同与区分的参照物。

族群自我认同通常包含符号（如语言、表现文化、宗教、民族英雄、服饰、节日、宗族与姓氏等）、饮食传统、边界过程等因素。③在多族群杂居区，因为相互之间存在着生存资源竞争关系，各族群在语言、风俗、信仰等方面往往努力保持本族群的风格特征。

一　语言

（一）语言作为边界的意义

语言是族群最重要的特征。语言与族群紧密相连，因为语言是从很小就开始学习的，是家庭重要的纽带，是文化各方面传递的主要机制，亦是族群认同的基础。在某些多族群的社会中，常常用本地语言来排斥局外人和团结局内人，在一些大的都市的单位中（如学校、工厂），有些小群体选择土语来排斥局外人和保持局内人的稳定性，甚至这些人都可以讲非常好的主导语言。即使大家都说同一语言，其中有些群体会保持不同的说话方式。只要族群保持高频率的交往和维持族群界限，语言

①　Roosens, Eugeen E., *Creating Ethnicity: The Process of Ethnogenesis*, Newbury Park: Sage Publications, 1989, p. 12.

②　Van den Berghe, *The Ethnic Phenomenon*, New York: Elsevier, 1981.

③　周大鸣：《论族群与族群关系》，《广西民族学院学报》2001年第2期。

的维持就很重要。①

在历史上占据统治地位的族群都会毫无例外地试图在自己控制的行政疆域内推行自己的语言文字，使它成为通用语言或"国语"，……这样既便于它的行政管理，也有利于在文化上对其他族群实行同化。而处于弱势的族群，也必然会极力试图保存自己的语言的文化传统。在人类社会发展和族际相互竞争的过程中，由于语言是各族历史与传统文化的象征与载体，也是本族群成员之间相互认同的重要文化特征，所以也不可避免地寄托着人们对自身所属族群的历史与文化的深厚感情。②

我国的宪法和相关法令规定，各少数族群都有使用和发展本族群语言文字的自由。语言平等是族群平等的一个重要内容和重要标志。政府为了帮助各少数族群使用和发展本族群的语言文字，在新中国成立后建立了少数民族语言的研究机构。在使用方面，政府也有具体规定：（1）族群自治地方的自治机关把本族群的语言作为主要工作语言之一；（2）各自治地方的人大选举时，使用当地族群语言；（3）少数民族地区用当地族群语言文字进行审判或发布文告和文件，各族群成员有使用本民族语言进行诉讼的权利；（4）有本族群通用文字的少数民族地区，在学校里注意使用当地族群的语言文字进行教学；（5）在有条件的自治地方，建立使用本族群语言文字的新闻、广播、出版事业。③

随着使用不同语言的群体之间的相互接触与交流，他们各自的观念与文化也必然通过这些交流而对彼此发生影响。所以从一个社会对于其他社会、其他族群语言文字的吸收情况，有助于了解不同族群、不同文化之间的交流态势与融合程度。一般来讲，发展相对滞后的民族会比较多地吸收发达民族的词汇，它的知识分子也会比较积极地学习发达民族的语言和文化，这是推动本民族社会改革与发展的需要，是发展本民族科技与经济的需要，也是他们在生活中吸收和使用发达国家物质和精神产品的需要。

不同的族群特征最外在、最明显的表现就是所操持的语言不同。在

① 周大鸣：《论族群与族群关系》，《广西民族学院学报》2001 年第 2 期。

② 马戎编：《民族社会学——社会学的族群关系研究》，北京大学出版社 2004 年版，第 358 页。

③ 马寅：《马寅民族工作文集》，民族出版社 1984 年版，第 17—18 页。

笔者调查中，报道人几乎是众口一词地认为判断一个人是土家族还是苗族，就是看他是讲苗话还是客话。

（二）苗语

语言既是一个族群传统文化的载体，也是现时人们相互交流的工具。人们在对待使用语言的选择时，面临着把它在感情上看作"文化象征"和理性上看作"交流工具"的双重性，前者注重族群以往的演变历史和文化价值，后者注重族群成员在目前生活中的实际应用价值和未来发展机会。[①]

1. 作为交流工具的苗语

苗语首先是一种交流工具。作为交流工具使用的湘西苗语属于苗语东部方言，又分为东部次方言和西部次方言。东部次方言通行在泸溪县西部、吉首市东部、古丈县南部、龙山县南部、永顺县东部等地，使用人数大约有 10 万人。这种方言又分南部土语、中部土语和北部土语。西部次方言通行于凤凰、花垣、保靖等县的所有苗区和吉首大部分地区以及古丈县西部。这种方言同样有两种土语：东部土语和西部土语。

作为一种语言，苗语语音由 48 个声母、35 个韵母、6 个声调组成，有丰富的词汇和完整的词类以及多种句子格式。历史上苗族人还创制过文字记录苗语，这些苗文有板塘苗文、古丈苗文、苗语速写符号、老寨苗文。新中国成立后国家根据民族政策，以拉丁字母为书写符号，以花垣吉卫的语音为标准音创立了苗语东部方言文字。

对这种纯粹作为交流工具的苗语，自然也会成为族群间差异的客观标志。对于操同样语言的族群，这种客观差异起到了促进族群认同的最基本作用。保靖绿绿河的一位苗族人讲他到花垣碰到当地苗族和他们用苗语交流，很快被对方接受：

> 讲苗话当然好些啦，我到花垣去，我讲苗话。他们（苗族）说，咦，你会讲苗话，那你是苗子啊！我讲我当然是苗子，难道还是客子。会讲三种话更好了。往日是落后一些，现在不落后，往日

---

①　马戎编：《民族社会学——社会学的族群关系研究》，北京大学出版社 2004 年版，第 358 页。

读不起书，不会讲客话。我们苗族不会讲客话，你一字不识，到街上买东西，就老火。（报道人：保靖县涂乍乡绿绿河苗寨人，苗族，男，LZG，老司，58岁）

相反，对操不同语言的族群来说，这又成了一种最简单、最直接的区分：

有学苗老司的东西，因为苗老司的话我们这里汉族语言还是隔阂的，学不会，语言有隔阂。像我们这里汉苗居住的话，我们讲苗族只能讲日用，吃饭，坐呀，我们只能讲一般的话。你要讲很多的语言，连贯起来，讲不到，像我们这里汉族的人就讲不来。他们外面做生意的会讲苗话也只会讲一般的，现在好多苗族做生意呀，现在挨到河边那一路有很多都是苗族住。（报道人：凤凰县吉信镇联欢村人，回族，男，ZHDT，草医，72岁）

这种区分是不带任何文化意义的。如在绿绿河，村干部一起开会就讲客话，苗族队长回寨子里就和村民讲苗话。

一起开会的时候都讲客话，干部都不会讲苗话。一组有干部他同样讲客话，不讲苗话。我们这儿土族占优势，苗族占少数，他讲苗话好多人不懂啊。原来我们大队秘书是一组的嘛，他讲苗话是在他一组范围内。开生产队社员大会的时候讲苗话。（报道人：保靖县涂乍乡棉花旗人，男，LZHZH，土家族，村主任，60岁）

2. 作为文化象征的苗语

语言是一种符号，对维持族群边界有重要意义，在生活诸方面可以区分局内人和局外人，个人常用来表达对群体行动的认同，这种符号是由群体成员共享的，并常常由局外人和局内人所认识。语言文化的因素对边界维持的符号作用是非常重要的。符号的维持也导致集体的活动以及群体成员之间的交往增加。这种群体认同的符号之所以受到重视，是因为其代表了集体的认同。如在墟场交易中，同样的语言能增进彼此对于商品价格和质量的信任。在吉信赶场时，苗族之间用苗语交流，一样的价格，苗族跟苗族一讲就成交了。

在特定的宗教活动中，苗语的运用也会起到区分族群的作用，如第四章在讲丧葬习俗时用过的一个例子：

> 苗族老人，同样请人，但他们请的那个人是说苗话，我们听不懂。唱歌也是唱苗语的，他们请那个应该是老司吧，他们请那个是戴面具的，我搞不清楚。（报道人：凤凰县吉信镇政府人，土家族，女，WMF，干部，33岁）

在工作单位中，讲苗话会被视为自己人：

> 你像我们单位的，只要有一个苗族的，有外族，我们都说苗话，他习惯了，如果苗家和苗家你不说苗话呢，人家就说你这个高傲，现在还不那个，如果你像过去，我们在那里如果你不说苗话，这个寨子里的人都要讲你。（报道人：凤凰县吉信镇人，苗族，男，WFD，干部，48岁）

讲话带"苗音"是苗语作为族群象征最极端的标志。所谓苗音就是指那些苗族人已经讲汉话了，但是还夹杂着苗语的口音。这种细微的差别就足以将苗族从其他汉族、土家族中区分开来。如在学校里，苗语、苗音也是区分我群与他群的标志，不同的语言、语音使得小孩子们自然分化成不同的团体。

> 上学的时候，汉苗分得好清，他们说话带苗音，讲汉话不好，老师经常讲，不要看不起苗族，但我们跟他们讲，他们都不理我们。（报道人：凤凰县吉信镇人，土家族，女，TKC，花圈店老板，28岁）

所以，在吉信镇，"苗音"也是区分苗族和汉族、土家族的重要手段：

> 像我们小时候，苗族汉族说话说不了几句就打起来了，假如你汉族小伙子追那小姑娘，进了苗族寨子，人家都会揍你。镇上，小

时候，别人就会骂你苗子、苗子。镇上苗家的姑娘穿苗族的服装嘛。就穿衣来讲，现在就比较统一了。苗家人说汉话和汉族人还是不一样，带那个口腔，带那个苗族的音。（报道人：凤凰县吉信镇联欢村新良子人，苗族，男，WDG，道士，32 岁）

一些当地的文化人甚至能逐字逐句地对比苗族带"苗音"的客话：

　　吉信的土家族和苗族基本上都差不多的，有些土家族，他到这边来他也不讲土话，苗族也不讲苗话了，都是讲汉语，统一讲汉语，统统讲吉信话。河那边的还是讲苗话，一个寨子就是一方，他们的话没讲客话，都讲苗话。就是赶场来讲，统统讲客话，但是赶场来讲也讲的不像，讲得不好，像一般人讲的普通话一样的。讲不圆。不蛮准，平仄呀，平声上声呀，仄声呀，这些嘛，马马虎虎，但是大概是一个意思。打个比方，他讲一个天，天上的天，他苗里过来的讲千，千就变一千两千的千，他们是讲天上的天，他舌头就是扯直的，没卷一下。你像说田，他们苗区的呢，他们就讲好多钱，田就变成用钱的钱。（报道人：凤凰县吉信镇联欢村新良子人，苗族，男，WZHB，苗医、老司，63 岁）

上述例子充分说明了苗语已经成为一种文化象征，哪怕是讲汉语，只要带有苗音，仍然是族群身份的一种标志。

当地人认为，这种标志会为自己带来利益，一个年轻的少数民族干部如果通晓本族群语言，他的晋升有可能得到本地汉族和本族领导的双重支持。在这种情况下，"语言"没有多少应用性，而是成为某种特殊的"族群象征"。这一象征由于有助于建立与本族群其他重要成员的认同、有助于使自己成为本族群的代表而有功利性，也就成为具有特殊实用意义的"工具"，但并不是相互交流信息的工具，而是促进群体身份认同的工具。① 语言的差异对于族群认同的作用和意义还体现在方言地

---

① 马戎编：《民族社会学——社会学的族群关系研究》，北京大学出版社 2004 年版，第386 页。

名和亲属称谓的差别上。

为什么苗语能促进他们的认同呢？因为在多族群社会中的个体来说，族群是社会心理依附的根源，也是重要的自我认同的所指对象。人们自然会将自己与那些具有同样族群身份的人联系在一起，并且将自己与族群视为一体。

客观的差异及其附着其上的文化象征共同促成了苗语成为苗族和土家族之间的顽强的边界。如在双溪乡，官坝和西岐同样是苗族，但由于西岐已经不讲苗话了，所以梳头溪和西岐相处得很好，对官坝则另眼相看：

> 西岐它那个地方石堤下面是苗族。他们和官坝合成一个村。石堤上面就说不来苗话了。西岐它虽然是苗族，但它和官坝合不来，性格合不来。它和我们这边开亲。比方说来了客人，它一律用苗话，你说我，还是骂我？苗族有这么个习惯。到底是议论什么名堂呢，你也不知道。还是语言上的问题。从我们上一辈的，八十多岁的，觉得他们低人一等。为什么呢？我们这个村，娶了个苗族做老婆的，在我们这个地方汉族、土家族找不到的才找他那个苗族。现在还说讨不到亲，找个苗婆去。他们有时听到这个话不好想。过去我们歧视他们苗语的话。过去我们这里有个木匠是苗族的，本来他的手艺可以的，就说，哎，找他去，他好待啊，不要肉啊，不要酒啊，不要饭啊，做事就做啊，他听到他也不好想。这些点把点。讲来讲去还是有个歧视的味道。说他直爽啊，愚蠢啊，实际上他手艺蛮好的。现在还是这样说，请苗族就是好待、肯做。现在从每个人脑子里还是这样的，哎，干脆请个苗子做一下。苗木匠啊，苗瓦匠啊。就是这么叫。手艺好，实际上还肯做一些。好像思想意识形态的这个改变比较慢。他自己就觉得比别人低一些。（报道人：古丈县双溪乡梳头溪人，土家族，男，TZB，土老司，65岁）

确实，对讲苗语的苗族人的歧视阻碍了土家族、苗族在交流互动中对苗语的学习。在绿绿河，土家族寨子和苗族寨子同属于一个行政村，龙姓土家族被河对岸的苗族视为客族，他们也以客族自居。即使是村小学建在苗寨，他们也不愿意学苗语。苗语真正在这里成了几百年前是一家的龙姓不同族群人的边界。

> 他们会说苗话，他们都说苗话，我们不说苗话。我们大部分都不会说苗话，只是小时候读书的时候，学到一点点，懂到一点点。我们现在只能讲一点点，大部分还是讲不利落，有些听得懂（他们几弟兄就他讲不来苗话）。上一辈也不会讲苗话，不去学，不喜欢学，因为他有一种隔阂，苗族、土家族，我们土家族本来也是少数民族，但是他把我们统叫作客族，他们叫苗族，苗族么，少数民族，讲得久的，就是歧视他们。好像苗族、少数民族低一等。反正苗话我们也不感兴趣。虽然隔这么近，小时候读书在一起，生活也在一起，像集体化的时候，一起劳动，一起开会。不喜欢他那个苗话。不愿学习。（报道人：保靖县涂乍乡绿绿河客寨人，土家族，男，LZY，教师，58 岁）

（三）土家话、客话

1. 作为交流工具的土家话、客话

作为交流工具的土家语属于汉藏语系藏缅语族，语支的归属尚未确定。目前湘西土家族使用土家语分为单用型、兼用型和转用型三种情况。土家语有北部方言和南部方言，北部方言分布在龙山、永顺、保靖、古丈，各地均能通话。南部方言分布在泸溪县，语音、词汇均与北部方言有较大差异，不能相互通话。土家语同样有自己独特的语音、词汇和语法。

由于土家语的衰微，土家族普遍使用汉语。湘西汉语方言主要为西南官话，在当地被称为客话。此外，还有泸溪话称为湘语，古丈、泸溪与沅陵交界处有佤乡话。

2. 作为族群边界的土家话、客话

作为族群重要特征的土家语在土家族族群身份识别中起到了重要作用。面对土家语的不断衰落，土家族文化精英也力图巩固这一文化特征。1983 年春，为发展土家族聚居区的文化、教育，开展"土家汉语双语教学"和传承民族传统文化，吉首大学民族研究室土家族学者彭秀

模、叶德书根据土家语北部方言的语音系统，以龙山县苗儿滩镇星火村为标准音点，创制了土家族文字方案。1987年，中国社会科学院民族语言研究所将《土家语拼音方案》编入《中国少数民族的文字》一书出版。土家族形成了语言文字体系，得到了国家的承认。

同样，土家语曾对族群认同起到很关键的作用。1955年6月20日，潘光旦教授来到罗依溪，采访一区区委委员田开胜（土家族、田家洞人）。田开胜说："在我的家乡，作为一个土家人，如果不说土话，老辈和壮年就会反对你。尤其如果你是土家干部对他们说客话，他们便会毫不客气地骂你忘了本，吃了客家人的屎。"①

随着土家语的式微，客话成为土家族的通用语言，客话为西南官话。西南官话也是湘西各民族间的通用语。泸溪话（湘语）、伍乡话也是汉语方言。在土家族、苗族杂居区，客话、苗话成为土家族、苗族不同的标志。

　　　　隔阂还是有，我跟你举个例子你就晓得了，有一次我们坐车子啊，我们坐那个四轮车，福田车，回木里。我到木里教书嘛，那天我们到乾州去回来，回来在吉信到木里的那个路上，就发生了一个车祸，就是我们坐的那个福田车把摩托车撞伤了，撞到了之后，两边才相互讲，讲赔钱啊，从他们的语言里，我晓得有民族偏见，那个骑摩托车的首先就讲，他说如果你是汉族的话，我就要八百元，看你是那里的苗族，在苗区，我只要五百，从这个问题可以看出，还是有点隔阂的。他第一句话吐出来的就是这句，看你是苗族我只要你五百。还有买东西，你会讲苗话，他便宜一点就会卖送你，讲汉话他就搞得硬些。这个方面有区别，你讲苗话，他和你有感情了，便宜点也卖了。所以从刚才讲的这个，你就可以看出汉族和苗族还是有一定隔阂的。越到上层越明显，老百姓不那个，一般老百姓出事的时候就有点那个。我跟你讲的都是在那里面，纯苗区里面。假设我们到这里啊，全部是吉信这儿，不会出现这样的。一个例子，讲理，苗族还是汉族，如果是哪个没对，就是以理来讲，他

① 内部资料：湖南省古丈县委宣传部伍秉纯、尹立柱提供。

就不会讲，你那里是汉族啊。（报道人：凤凰县吉信镇居委会人，土家族，男，ZXH，教师，30 岁）

二　风俗

"一个民族……强调一些有别于其他民族的风俗习惯、生活方式上的特点，赋予强烈的感情，把它升华为代表民族的标志。"① 这些标志是构成族群边界的基础。不同的族群常常有一些特定的节日和仪式活动，庆祝自身文化的节日就是一项重要的维持族群边界的活动。新中国成立后，土家族、苗族的一些宗教活动逐渐与宗教相脱离，走向世俗性和娱乐性，对这些活动的展演，也是族群边界强化的一个过程。

为了诉求自己也是一个族体或民族，就必须有一个可被用以认同的形象或神话。传说、历史、宗教、诗歌、民俗或所谓的传统都能为他们提供这样的形象。这个形象并不需要十分准确，相反，它通常具有可塑性，可以被逐渐改造。一个族群器重自己的哪些文化特质，取决于哪些文化特质最有利于它诉求平等的公民资格。② 于是，一些凝聚着土家族、苗族历史、文化、风俗等各种文化因子的节庆或活动如土家族赶年、毛古斯、摆手舞以及苗族的苗鼓、椎牛等的族群边界作用日益凸显。

（一）赶年

1. 赶年仪式

土家族要比汉族提前一天过年，谓之"过赶年"。"土人度岁，逢月大，以二十九为岁；月小，则以二十八日。"③ 土家族过赶年有如下仪式：

（1）围圈、挂枝、置筷。土家人过"赶年"时，要在堂屋里用青布围成一个圈子，在大门口挂一串松柏枝，桌上放一竹篓筷子。松柏枝象征郊野，筷子表示箭，青布围象征军营，表示随时警惕敌人来犯。

（2）吃"合菜"。土家人过"赶年"时，家家桌上都有一道"合菜"，所谓"合菜"，就是把猪肉、海带、香菇、粉条、豆腐、萝卜、白菜等数种菜，混合而蒸或煮的"大杂烩菜"。传说当时时间紧急，唯

---

① 费孝通：《费孝通民族研究文集》，民族出版社 1988 年版，第 174 页。

② Brackette F. Williams, "A Class act, Anthropology and Race to Nation Across Ethnic Terrain", *Annual Revieu of Anthropology*, Vol. 18, 1989, pp. 401-404.

③ 嘉庆《龙山县志》卷七《风俗》。

恐做起一道一道菜来时间不够，将多种菜混合来做，较为节省时间，日子久了，逐渐形成习俗。

（3）深夜吃团年饭。吃团年饭，一般是在年三十或二十九的下午，可土家人吃团年饭的时间是在深夜甚至快天明时进行，据说当时过"赶年"时，一是因为时间紧急，必须抓紧进行；二是为躲过敌人袭击。

（4）团年席只坐三方。土家人的团年饭，桌子只坐三方，靠大门的一方始终空着，传说是为了"观察敌情，随时提防不测"。

（5）每人面前放一大块熟肉。土家人吃团年饭时，每人面前放一大块熟肉。传说这也是当年过"赶年"留下的习俗。桌上每人面前放一大块熟肉，目的是一旦战事兴起，每人可以拿着这块肉，边走边吃，一则不会耽误时间，二则肚子填饱了好行军打仗。

（6）吃团年饭时，大门轮流防守。谁家吃团年饭，谁家门口就站着一个手持刀具的人，据说这也是当年为提防客王入侵，每家门口都有人防守而遗传下来的习俗，所以土家人只要吃团年饭，一般是不串门的。[1]

2. 赶年传说的流变

过赶年的说法和来历很多，主要有三种：一说清代古丈会溪坪的山坡上，清兵众多势大，土王不敢冲出去，于是大家决定提前过年，待客王过年不备杀出去。大家过年后，就准备武器，有的人砍根"野猫树"做长枪，有人吹"呆呆哩哩"。第二天一早，清兵正在过年，山上人个个伸出野猫树干，到处吹起"呆呆哩哩"，喊声连天。由于雾大，敌人只见山上密密麻麻，长枪林立，吓得四处逃跑，土王取得了这次战争的胜利。为了纪念这次战争的胜利，后人过年就提前了一天，渐成风俗。二说是在明代嘉靖年间，正值年关，突然接到朝廷圣旨，调土家土兵协同抗倭。按路程计算时间，不等过年就得出发，才能按时赶到目的地。为了让官兵过完年再走，就决定已集中的官兵提前过年。土家兵出征后，立了"东南第一战功"，后人为了纪念这次战争的胜利，祀祖颂功，每年过年都提前一天。三说是，土家族祖先家境贫苦，年三十都不休息，为了全家团圆，就提前一天吃了年饭。

传说各不相同，不足为怪，也并不阻碍"赶年"得到土家人的认

---

① 田特平：《土家族的过"赶年"》，《老年人》2001 年第 1 期。

同。因为在实际社会生活中，各族群中还存在着一种维系本族群凝聚和发展的"族群特征"观念，它对于族群的存在具有某种象征意义。"一个族群用来定义自己的'文化特征'，从来没有构成为一个可观察的文化整体，而仅仅不过是一些特征的组合，他们把这些特征归之为自己并自认为它们与本族群相关。在时间的推进中，这些特征可以被另一些'特征'所代替。为了证明一个族群存在，使用一些文化符号与价值观的特点，就足以在一个族群与其他群体之间划出一条社会边界，并在自己和他人眼中体现出彼此的不同之处。"①

传说经历了土王、客王战争说到抗倭说，再到贫困说，上述种种传说无不透露出一种信息，那就是土家族过赶年这种习俗是在族群互动中改变了自己原有的风俗，而成为有别于汉族和苗族的过年时节，成为其与汉族和苗族之间的文化边界。后又通过传说和每年的仪式操演，来强化族群历史的记忆，增进族群认同。它已经成为一种文化边界，成为区分"我群"与"他群"的标界。

3. 赶年名称的统一

湘西的土家族"赶年"的说法，并不是内生的，而是外来的。因为在土家族确认过程中，"赶年"是作为土家族族群一个重要文化特征的。土家族过赶年的正式提出，是在 1982 年。20 世纪 80 年代，湘鄂川黔四省边境临近地区部分群众要求恢复土家族民族成分，在起草《关于湘鄂川黔四省边境临近地区部分群众要求恢复土家族民族成分工作的初步意见》（讨论稿）时，土家族干部田荆贵在修改"这个《意见》时，着重加进了土家族的特点即'土家族语言、土家族习俗（如"过赶年"、崇拜祖先祭祀土王、信奉土老司、跳摆手舞等）、土家族意识'等内容。其中过赶年一词，放弃了湘西土家族'提前过年'的说法，照顾了川东等地的说法。"② 这个提法之后，"赶年"被官方正式命名为土家族的族群标志。它体现了土家族精英人物对土家族族群性匀质性建构的一种追求。

---

① Roosens, Eugeen E., *Creating Ethnicity: The Process of Ethnogenesis*, Newbury Park: Sage Publications, 1989, p. 2.

② 田荆贵：《确定与恢复土家族民族成分的前前后后》，载全国政协暨湖南、湖北、四川、贵州政协文史资料委员会编《土家族百年实录》，中国文史出版社 2007 年版，第462 页。

反映这种对族群匀质性建构的例子还可以从土家族的其他节日中找到。如同样是提前过年，在梳头溪姓向的是腊月二十五，姓田的是腊月二十四，姓彭的是腊月二十五。

此外，许多土家族关于过年的节日有很多种不同的说法。如土家族有过六月年的传说，有过十月年的传说，永顺的土家族也有过六月年的传说。① 而在丰宏、绿绿河，土家族和苗族节日的一个区别就是他们过七月年，苗族不过七月年。棉花旗的梁姓土家族也有过六月年的习俗。丰宏坡上的龙姓土家族人是过七月二十六，绿绿河客寨是过七月二十五。绿绿河客寨之所以相隔一天是为了第二天上丰宏坡上去一起团圆，祭祀共同的祖先：

> 过年呢，七月年就是过半年。我们过七月二十六，绿绿河这边客寨的就过二十五。他们怎么呢？他过了这个呢，要到丰宏老家来过这个节气，大团圆。他哪一族就到哪一族过年。上来要敬神龛，像我们大家族啊，哪个是长辈，就在他屋里去敬。先敬神龛，祖先在外头敬。
>
> 苗族就不过七月二十六了，他们过七月十三。他们是七月半，我们没过，我们只过清明，七月初一，或者是吃新。端午节也过。中秋节过，就是杀鸭子，重阳节我们过。隆重的就是七月二十六，还有清明节，重阳节不隆重。家先，绿绿河那边的在中柱上，丰宏坡上的没搬出去的都在神龛上。（报道人：保靖县水田河乡丰宏村人，土家族，男，LQF，土老司，63 岁）

绿绿河客寨的土家族也更认同七月年是他们自己的"年"，而三十是春节。在另一土家族、苗族杂居的社区，土家族和苗族也有关于过年的区别。在梳头溪土家族要过六月年、十月年。过十月年的来历是说他们姓龙的来这个村，最晚的一个姓，人家过完了他们不能过，就提前过年。他们是从保靖那边搬过来的，他们过十月初一，姓龙的叫小年。

---

① 刘黎光：《中国民间故事集成湖南卷·湘西土家族苗族自治州分卷》，湘西保靖印刷厂 1989 年版，第 6 页。

可见，无论是腊月二十四、二十五或二十六提前过年，或者是六月年、七月年、十月年，其实都完全可以充当区分土家族与苗族的边界。然而，土家族中的精英人物还是挑选了"过赶年"并使之成为全族群年节的标志，因为"过赶年"有着一系列传说故事的演绎和仪式，这里面蕴含着丰富的内容来增进族群认同。而后抗倭说成为赶年成因的主流传说也反映了利用赶年这种习俗来增强土家族内部的族群认同与国家认同的工具作用。

（二）毛古斯

1. 仪式及传说

毛古斯产生于土家族祭祀仪式，是一种以土家族历史、耕作、渔猎、信仰等为内容，融歌、舞、话为一体的原始祭神戏剧舞蹈。土家族语称"谷斯拔帕舞"、"帕帕格次"或"拨步卡"，意为老公公。它是土家族纪念祖先开拓荒野，捕鱼狩猎等创世业迹的一种古老舞蹈。汉语多称为"毛古斯"或"毛猎舞"。毛古斯主要流传在地处武陵山区的湘鄂渝黔边土家族聚集地，主要分布在永顺、龙山、保靖、古丈四县。表演毛古斯的人数为10—20人不等，他们都身披稻草，赤着双脚，面部用稻草扎成帽子遮住，头上用稻草和棕树叶拧成冲天而竖的五根草辫以示威猛。

2. 当代展演

民族民间艺术是一个民族的历史沉淀与智慧的创造，这种融入各种情感美元素的艺术是一个民族共同的记忆和身份的象征。毛古斯已经成为土家族的文化标志，被列为第一批国家级非物质文化遗产保护名录。2008年，在举世瞩目的奥运会上，湘西永顺县的土家毛古斯舞入选奥运会开幕式前的文艺表演节目。湘西土家人民与其他各民族一道，以本民族特有的文化方式，表达对奥运及全世界和平发展的祝福。毛古斯成了湘西土家族人的骄傲。对于毛古斯登上奥运表演场，湘西《边城报》这样报道：

土家毛古斯迷倒奥运观众

8月8日下午，北京"鸟巢"，举世瞩目的北京奥运会开幕式进入最后倒计时阶段，开幕式前的文艺表演正式开始。

代表湖南省的我州永顺县的土家毛古斯舞表演队甫一现身，其异样的着装立即吸引住了全场目光。5 时 57 分，第 6 个出场的节目毛古斯《欢庆》开演。伴随着古朴的民族音乐声起，100 名从远古走来的"毛古斯"，身披草衣，头戴草帽，赤着双脚，抖动双肩，在"树林"中欢快舞动……队形不断变化，后来形成一个大大的五环图案。湘西土家人民以本民族特有的文化方式，展示了五荒时代的原始艺术之美，为全球奥运观众奉上了一道当地最具民族特色的文化大餐，表达出湘西各族人民对奥运及世界和平发展的美好祝愿。现场掌声雷动。

当天奥运开幕式前的文艺表演上，全国共有 28 支代表队近 3000 人参加表演，《土家毛古斯——欢庆》是表演人数最多的团队之一，也是最令观众着迷的节目之一。①

在上述新闻稿中，以"本民族特有的文化方式"、"当地最具民族特色的文化大餐"等语句特别突出地强调了毛古斯的土家族属性。奥运会结束后，永顺县筹划了一个大型活动，将毛古斯与永顺王村（芙蓉镇）的旅游开发以及土家族传统文化保护结合起来：

红网 9 月 28 日讯（特派记者章尧）　9 月 28 日至 29 日，首届"中国湘西芙蓉镇·土家族毛古斯文化节"在湖南永顺芙蓉镇隆重举行。永顺县以《土家族毛古斯——欢庆》节目代表湖南参加北京奥运会开幕式前文艺表演为契机，着力举办土家族毛古斯文化节，以展示毛古斯这一国家级非物质文化遗产的独特魅力。毛古斯文化节是一次集原生态毛古斯展示表演，文化娱乐及休闲旅游于一体的重大盛会。

此次文化节活动共有六大项，一是举办中国湘西芙蓉镇·土家族毛古斯文化节文艺演出。二是举办"土家牛头宴品尝会"和"毛古斯狂欢之夜"活动。三是举办土家族毛古斯论坛。四是著名电影演员刘晓庆在拍摄《芙蓉镇》22 周年后第一次重返芙蓉镇，举办授予刘晓庆芙蓉镇荣誉市民称号系列活动，并请刘晓庆为电影

---

① 刘国建、刘文化：《土家毛古斯迷倒奥运观众》，《边城报》2008 年 8 月 17 日第 1 版。

海报艺术馆剪彩。五是举办湘西自然风光、民俗风情、历史文化和民间传统技艺现场展示活动。六是漂流"天下第一漂"猛洞河，考察小溪原始次生林。

……

下午，毛古斯文化节文艺演出在芙蓉镇政府广场上演，近万名游客和当地居民享受到一场视觉盛宴。代表湖南参加北京奥运会开幕式前文艺节目——《土家族毛古斯——欢庆》，赢得了观众的阵阵喝彩。

出自湘西的歌手阿朵、土苗兄妹组合、付辽源、彭辉等在这里一展歌喉；刘晓庆也登台献艺，与永顺县县长郑桂章一同表演的《刘海砍樵》将文艺演出推向高潮。

"乘土家毛古斯走进北京奥运的强劲东风，举办中国湘西芙蓉镇土家族毛古斯文化节，彰显芙蓉镇乃至全县旅游景区厚重的历史文化内涵，提升民族原生态文化品位，打造土家族毛古斯这一品牌，打磨包装芙蓉镇这一旅游景点，以文化激活旅游，以旅游展示文化，发展壮大文化旅游产业，实现文化与旅游双赢。"永顺县委书记周云说。

举办土家族毛古斯文化节是湘西永顺县的首创。湘西州永顺县是中国土家族重要发源地。全县土地面积 3810 平方公里，总人口 50 万人，其中以土家族为主的少数民族人口 43.1 万人。永顺县民族文化积淀深厚，全县共有非物质文化遗产保护项目 10 大类 169 项，其中已被列为国家级保护名录的有土家毛古斯、摆手舞、打溜子、土家织锦、梯玛神歌 5 个，省级有 3 个，州级有 18 个。

"近年来，永顺大力引导挖掘旅游文化的旅游功能和旅游的文化属性，实现文化与旅游的嫁接、融合，促进了旅游业的发展。永顺确定了以芙蓉镇为集散中心，以提质增效和转型升级为目标，以品牌打造和市场营销为重点，以自然生态和民族风情为特色，着力构筑以芙蓉镇为旅游产业发展平台，打造芙蓉镇、猛洞河两大旅游品牌，带动小溪、不二门、塔卧等景区共同发展的旅游发展新格局。永顺旅游接待总人次、总收入的增长幅度连续 5 年保持在 20% 以上。"周云告诉记者。

同样，在这些报道中也充分强调了毛古斯的原生性、族群性及其作为一种文化资源的可利用性。

3. 作为族群边界的毛古斯

周大鸣将有关族群认同和边界有关的领域称为表现文化，包括人体运动、舞蹈、音乐、宗教、民俗和神话、人体交流的形式，动作和空间手势距离都可以用于族群分界的标尺，许多都显示出怎样用于族群认同，运用与否也算一项族群内容。民俗、神话、舞蹈、文学都是表现艺术，能有效地把个人与群体联结起来。长期保存表现文化的结构和形式对群体成员的认同极为重要，也成为族群区分的因素。[1] 因此，毛古斯的族群边界作用体现在以下几点：

（1）毛古斯是对土家族历史的重演，它能恢复土家族的历史记忆，增强族群认同。我们每个人都生活在许多以集体记忆结合的社会群体中。我们许多的社会活动，是为了强固我们与某一社会群体其他成员间的集体记忆，以延续群体的凝聚。[2] 毛古斯是土家族为了纪念祖先开拓荒野、捕鱼狩猎等创世业绩的一种原始戏剧形式，毛古斯的表演内容以反映古代土家族先民的生产、生活为主，诸如"扫堂"、"祭祀请神"、"打猎"、"挖土"、"钓鱼"等，其程序分为"扫堂"（意为扫除一切瘟疫、鬼怪，使后代平安）、"祭祖"、"祭五谷神"、"示雄"（表现土家族人民的生存和繁衍）、"祈求万事如意"等几个大段落，每个段落中细节繁多，如祝万事如意的表演中，有打露水、修山、打铁、犁田、播种、收获、打粑粑、迎新娘等。这些表演再现了远古时期土家族先民渔猎、农耕的生产生活以及婚姻习俗情况。通过展演，重塑了土家族人共同的历史记忆和历史归属感。这种共同的历史记忆和历史归属感无疑会增强他们的族群认同。

（2）毛古斯保留了土家族一系列独特的文化特征和文化要素，成为区分族群的标志。毛古斯表演者模拟上古人古朴粗犷的动作，讲土家语，唱土家歌，全用古代土家语演唱，有些土语今人无法翻译。其程序"扫堂"、"祭祖"、"祭五谷神"、"示雄"、"祈求万事如意"等也反映

---

① 周大鸣：《论族群与族群关系》，《广西民族学院学报》2001 年第 2 期。

② 王明珂：《华夏边缘：历史记忆与族群认同》，社会科学文献出版社 2006 年版，第 26 页。

了毛古斯中自然崇拜、图腾崇拜、祖先崇拜等增强祖先认同的功能。正是通过对包含自己独特的语言、信仰崇拜形式和内容的原生态文化的强调与不断展演，凸显了他们与其他族群的差别。以这种活动和"语言"为媒介唤起许多共同记忆，强化族群的凝聚力。

（3）它代表土家族的文化成就，是一种文化夸耀的资本。土家族学者认为，从戏剧发生学来说，毛古斯是中国戏曲的一条古根，从中可以找到戏曲的写意性、虚拟性、模仿性等基本的创始缘由和载歌载舞表演形式的造因。因此，有些戏曲专家赞它为"中国戏曲的最远源头"。从舞蹈发生学来说，毛古斯也是我国民族舞蹈的一条古根，被称为"中国舞蹈的最远源头"。因此，它可以激发族群的文化自豪感。

（4）它是一种文化资源，可以成为旅游经济发展竞争中的有力工具。在旅游业开发中，毛古斯可以成为一种可资利用的资本，如经过奥运会上的表演，毛古斯成为土家族文化的一个品牌。永顺王村就很好地利用毛古斯来推动当地的旅游业。在湘西旅游经济蓬勃发展，而土家族传统文化普遍衰退与消亡的背景下，大力发掘和复兴这种具有原生性，蕴含大量族群历史、语言、信仰等文化形式，其重要意义不言而喻。

（三）摆手舞

1. 摆手舞及其来源

"摆手"是源于湘、鄂、川、渝边祭祀土王而举行的一种礼仪活动，是土家族最主要的民俗活动。摆手舞流行于龙山、永顺、保靖、古丈等县。龙山称"起也"，永顺称"舍巴"，保靖县称"社粑罗坨"、"罗坨格蚩"、"调年"，古丈县称"社巴粑"，汉语统称摆手舞。摆手舞内容丰富，有生产劳动类，如挖土、撒小米、种苞谷、插秧、踩田、割谷、打谷等；日常生活类，如打粑粑、打蚊子、美女梳头等；武术健身类，如拉弓、切削、踏浪、缠腰等；还有长途跋涉、对敌作战、欢庆胜利等。另以单摆、双摆、下摆和回旋摆等动作起兴、收煞和上述各类动作之间的连接。

因土家族居住区域和氏系等差异，摆手舞有大小之别。大小摆手舞活动，都在每年农历正月或三月逢单日结束，都在摆手堂、三月堂或调年坪举行，男女老少均可参加，人数越多越好。大摆手舞又称大摆手歌，时间为三天三夜，内容丰富，场面壮观，所祭主神为"八部大神"。跳大摆手舞，队伍依村寨或姓氏组成，分祭祀队（即梯玛）、摆手队、鼓乐队、披甲队、爆竹队、旗手队。在三天内依次表演"排甲举神"、"闯驾进堂"、"纪念八部"（即八部大神）、"猪祭"、"狗祭"、"送驾归堂"等。在上述祭祀程序中，皆需跳摆手舞。跳小摆手舞之先，在摆手坪及大路边以干竹捆扎长龙火把，夜幕来临之际，一一点燃，宛如若干条火龙蜿蜒，人们借助火兴汇集于土王祠前摆手唱歌。在七个夜晚中必先跳"摆手舞"，再依次表演《毛古斯》中"扫进扫出"、"接新姑娘"、"狩猎"、"钓鱼"（又名甩火把）、"教书"等片段以及"唱十二月歌"等。第七夜再将前六夜精彩片段综合表演，狂欢结束。跳摆手舞由二人在场坪中央击鼓打锣伴奏，众人随锣鼓节奏，绕成圆圈而舞。跳小摆手舞时，中途可以停止锣鼓伴奏，唱"十二月歌"（一人领唱众人和），边唱边依歌的节奏而跳。跳大摆手，锣鼓伴奏也可位于场坪一端，舞者随内容变化而摆出各种队形。

　　小摆手舞，土家族叫"舍巴日"，规模小，一般以村寨为单位举行，一村一姓或几寨一姓，一族人，共祭一祖先，所敬之神是土王或某一人的祖先，供奉的是彭公爵主、向老官人、田好汉；人数少，一般为数十人或百人；时间短，一般只摆一天或一夜，一年摆一次，其中有正月堂和三月堂之分。内容较简单，与大摆手相同的是：摆同边手和锣鼓拍子。每到农历正月，土家族山寨的大部分地区都要在摆手堂举行一次小摆手。其具体项目主要是表演生活生产中的一些简单动作。叶冬起也、查查起也、物打哈、泽尺克换灯活动，表演祖先与山打交道、渔猎和农事活动。

　　摆手舞的来源众说纷纭，一说是产生于宗教祭祀，土家族人民看重祖先，热爱领袖人物（如向老官人、田好汉、彭公爵主、八部大神等），为了不忘怀他们的业绩，大兴摆手舞以表纪念。二说是土司王爱作乐，喜欢唱歌跳舞，于是创造了摆手舞。三说是起源于战争，说彭仕愁与吴著冲打仗时，彭仕愁为鼓励士气，瓦解敌人军心，创造了摆手舞。[①] 清光绪《龙山县志·风俗》卷十一记载了另一种战争说的版本："相传某土司前明时征调广西，某县城守坚，屡攻不下，时某军营城南

---

　　① 彭继宽主编：《土家族摆手活动史料辑》，岳麓书社 2000 年版，第 196 页。

门外，乃令士卒扮女妆，连臂喧唱，为靡靡之音。于是守城者竟集观之，并动于歌，流荡无坚志。某则以精兵潜逼他门，跃而入，遂克城。归后演为舞节，盖亦蹈咏武功之意。"新中国成立后，文艺工作者逐渐归因于劳动说，认为从内容和动作特点看大多反映四季生产的过程和模仿（反映生活和军事与狩猎等）。

2. 历史上的摆手舞活动

历史上，摆手舞是土家族重要的祭祀歌舞活动。清改土归流后，土司制度废除，摆手舞逐渐演变为颂春调年歌舞。龙山县西湖乡卸甲寨建于清乾隆二十六年（1761 年）的摆手堂碑文记载曰："……每岁于三月十五日进庙，十七日圆散。男女齐集神堂，击鼓鸣钟歌舞之，名曰摆手，以为神之欢也，人之爱也。……香灯朝夕，香火不断，灯火不熄……"清乾隆《永顺县志·风土志》卷四载："又一土俗，各寨有摆手堂，每岁正月初三至初五、六之夜，鸣锣击鼓，男女聚集，摇摆发喊，名曰摆手，盖拔除不详也。"清光绪《龙山县志·风俗》卷十一亦载："土民赛故土司神。旧有堂曰摆手堂，供土司某神位，陈牲醴。至期，即夕，群男女并入。酬毕，披五花被锦，帕首，击鼓鸣钲，跳舞歌唱，竟数夕乃止。其期或正月，或三月，或五月不等。歌时男女相携，翩跹进退，故谓之摆手。"清同治贡生彭施铎《溪州竹枝词》记载了摆手盛况，曰："福石城中锦做窝，土王宫畔水生波。红灯万点人千叠，一片缠绵摆手歌。"清咸丰举人唐仁汇亦有竹枝词曰："千秋铜柱壮边陲，旧姓流传十八司。相约新年同摆手，春风先到土王祠。"民国年间，龙山县马蹄寨、龙车的摆手舞轮流交替进行，三年两摆。据老艺人胡雨春回忆："马蹄寨摆手，人数最多的还是民国十几年的时候，那次包括看摆手，做生意和搞其他文娱活动的达两万多余人。"① 后来因国民党政府害怕聚众造反，规定凡须摆手，必由保甲长主持，遂引起土家族人民不满，摆手舞一度衰落。

新中国成立后，摆手舞趋向歌、舞分离，从宗教歌舞演变为"摆手舞"、"摆手歌"娱乐性节目，或在舞台或在旅游区表演。摆手歌大都

---

① 湘西土家族苗族自治州地方志编纂委员会编：《湘西土家族苗族自治州·文化志》，湖南出版社 1996 年版，第 28 页。

以土家语唱。"摆手歌"土家语叫"舍巴歌",其内容由神话传说和生产生活题材两部分组成,掌坛师或土老司领唱,群众随后和声相应。以龙山马蹄寨摆手堂流传下来的摆手歌为例,第一部分是《雍尼、不索尼兄妹相配创造人类》、《雍泽雍米涅带领土家人迁入龙山》等;第二部分是歌唱四季农活,如砍火畲、撒小米、种苞谷以及纺纱织布等。

3. 土家族文化精英对摆手舞的恢复与发展

新中国成立初期,随着汉文化的不断影响以及土家族语言的逐步消失,这一传统习俗随之消失或变异。新中国成立前在大部分地区基本绝迹。但是在土家族民族识别过程中,土家族文化精英开始了对传统文化的整理和挖掘。在这种背景下,摆手舞作为一种重要的传统文化被恢复和发展了。

他们首先在原活动频繁而又保留有土家语言的湘西部分土家族地区,根据健在土老司对摆手歌舞的记忆,随后经过政府的组织进行提倡和挖掘整理,使湘西的摆手活动又恢复了青春,在原来较有名气的地方又跳起摆手舞来。如永顺的双凤、龙山的马蹄寨、保靖的普戎、古丈的田家洞以及湖北来凤的卯洞等地。在当地政府有关部门的支持和老艺人的带动下,依照历史的做法,又重新开展起摆手调年活动,使濒临失传的土家族优秀传统文化得以继承和保留。[①] 1953 年春节前后,永顺县文化馆派出干部下到双凤溪组织春节活动,发掘出摆手舞。1957 年 8 月,湖南省土家族访问团在龙山、永顺、保靖等地的访问过程中,发动群众恢复摆手舞。1958 年底,湖北省土家族调查队到湘西自治州对摆手舞做过挖掘收集工作。1959 年,中央文化部组织省、州、县民族文艺调查组,对摆手舞进行了全面普查和收集,并写出调查报告。1963 年 10 月,湖南省民委派员访问摆手舞艺人,写出了"马蹄寨摆手舞访问记"。

20 世纪 80 年代,随着湘鄂川黔四省边境临近地区部分群众要求恢复土家族民族成分,土家族摆手舞活动又进入到了一个高潮。1980 年 8 月,湘西州群众艺术馆邀请各县土家族艺人来馆传授摆手舞,并现场拍摄成电影资料片,留下影像资料。1983 年春节,龙山县、保靖县分别举行了大型调年摆手舞活动。龙山马蹄寨摆手观众达 4 万余人,有中

---

① 彭继宽主编:《土家族摆手活动史料辑》,岳麓书社 2000 年版,第 7 页。

央、湖南省、湘西州等有关部门领导、各单位新闻记者、各文艺团体，以及邻省、县来宾参加。1983 年 2 月 18、19 日（农历正月初七、初八），保靖县在县城举行了盛大的土家调年会，县境 11 个社（镇）3000 多人参加文艺表演，观众达 6.5 万余人，县长亲自升起龙凤旗。入夜，在堆堆篝火旁，县长领头跳摆手舞，万众欢腾。中央文化部民族文化司、湖南省文化局群众文化处、省民族事务委员会、湘西州委、州政府、州文化部门以及邻省、县的 40 个文艺单位，共 176 人专程莅会参观。1984 年开始，摆手舞活动在境内中小学普及，部分民族学校还组建了摆手队。在龙山、保靖、永顺等县土家族聚居区村寨，每年春节期间皆摆手舞蹈，欢度新春。① 2006 年 5 月 20 日，土家族摆手舞经国务院批准列入第一批国家级非物质文化遗产名录。

同毛古斯一样，摆手舞也同样成为土家族文化的象征。在湘西州重大文艺节目表演中，土家族的摆手舞和苗族鼓舞是必演节目。湘西州文化局一位工作人员介绍说，这两个节目，要么是以摆手舞开头，要么是以苗族鼓舞结尾；要么是以苗族鼓舞开头，要么是以土家族摆手舞结尾。有时甚至将两者结合起来，中间是苗族鼓舞，外围是土家族摆手舞，借此来象征民族团结。

（四）苗族鼓舞

1. 苗族鼓舞概述

巴斯认为，族界和族群是由族群认同生成和维持的，那些用以区别族群的外在文化特征不过是族群认同和族界维持的一种牵涉或结果。苗族鼓舞也是一种显示苗族与土家族文化判然有别的文化标志。在族群文化的交流中，能与土家族摆手舞、毛古斯对话的就算苗族鼓舞了。

湘西苗族鼓舞，流传在吉首市和凤凰、泸溪、保靖、花垣、古丈等县，有着丰富的文化内涵和强大的社会功用。每逢春节或苗族盛大节日，村寨的男女老少都要集中到坪场进行鼓舞表演赛。鼓舞是湘西苗族运用最为普遍的一种民间艺术形式。它以鼓乐指挥生产劳动，以鼓乐传播民族文化，以鼓乐娱乐身心，它把音乐、舞蹈、表演等艺术种类有机

---

① 湘西土家族苗族自治州地方志编纂委员会编：《湘西土家族苗族自治州·文化志》，湖南出版社 1996 年版，第 28—29 页。

地组合在一起，具有鲜明的民族特色。它不但反映苗族人民的生产生活、劳动习惯，还表达男女爱情及审美情趣，形成了一种独特的艺术形式。《苗防备览·风俗考》云："刳长木，空其中，冒皮其端以为鼓。使好妇人之美者跳而击之，择男女善歌者，皆衣优俗王彩衣，或披红毡，戴折角巾，剪五色纸两条垂于背，男左女右旋绕而歌，迭相和唱，举手顿足，疾徐应节"，名曰"跳鼓藏"，描述了苗族"椎牛"时的打鼓情景。苗族学者石启贵在《湘西苗族实地调查报告》中也论述道："苗人在环境上，苦于种族、政治、经济之压迫，无以进展，故文化知识较落人后，而所居之地，又在荒山峡谷之间，出作入息，少与汉人接近，坐井观天，孤陋寡闻。若不寻求一种娱乐，则不足以资人生乐趣、提高思想、活跃精神、促进健康，而有裨益于人身者，仅鼓乐一项。"此时，苗鼓的社会功利作用得以充分体现。

苗族鼓舞种类繁多，按其表演形式和内容，可分为花鼓舞、猴儿鼓舞、团圆鼓舞、单人鼓舞、双人鼓舞、四人鼓舞、跳年鼓舞等。表演时，先将牛皮大鼓置于木架之上，表演者手拿小木棒击鼓，常用双棒敲边伴奏。鼓舞的动作，大多是来自日常的生产、生活，也有些武术和动物动作的模拟。

2. 苗鼓队的兴起

（1）文化精英对苗鼓的发掘和继承。宗族、地域、历史记忆、艺能文化等是区分族群认同的重要因素。湘西苗族鼓舞历史久远，在与外来势力的争斗和反抗封建朝廷的过程中，苗鼓号角起到了号召与激励民众的作用，形成巨大的民族凝聚力，苗鼓更是成了湘西苗族的圣物。自古以来，苗族鼓舞的表演蕴含了苗族人民的虔诚信仰和勇于创造、顽强拼搏的民族精神。所以，苗鼓在湘西苗族人的心目中有着神圣的地位，苗族人在农历"四月八"、每年春节前后、赶秋、椎牛、丰收喜庆、婚嫁、迎宾客等重大活动中，他们都以鼓乐相迎，以鼓乐作为抒发自己情感的特殊方式。

新中国成立以来，独特的苗族鼓舞为苗族人民赢得了许多骄傲和荣誉，同时也得到苗族文化精英的强化。新中国成立后，湘西苗族鼓舞在城乡都极为盛行，每逢年节或农闲时，随时可以看见跳动的苗族鼓手身影和节奏铿锵的苗鼓声。在现代族群意识中，族群认同往往表现为主观认同，需要不断地表述和证实。新中国成立后党和政府十分重视苗族鼓舞这种深受苗族人民喜爱的民族舞蹈艺术，多次派出舞蹈专业工作者深入苗寨村落，搜集、整理、传承、保护苗族鼓舞的舞蹈素材及表演艺术。1953 年，凤凰县落潮井苗族艺人麻管送、麻顺太赴北京参加全国第一届民族民间音乐舞蹈会演，表演了精湛的苗族花鼓并获奖。1955 年，古丈县苗族女青年龙彩莲被选拔为中国青年代表团成员，参加了在波兰举行的第五届世界青年联欢节，表演了苗族女子单人鼓舞。此外，苗族第一代（新中国成立以后）女鼓王龙大姐，也被原中南民族学院聘为客座教授，专门传授苗族鼓舞。1991 年，第二代鼓王龙菊兰赴新加坡参加国际民间艺术节，表演苗族鼓舞获得极大成功。

近年来，在政府的支持和文化精英们的努力下，湘西苗族鼓舞这一独特的民族舞蹈艺术得到了很大的发展，一批批优秀舞蹈人才脱颖而出，一次次苗鼓盛会在湘西大地上奏响，苗族鼓舞几乎成为一种普及性的群众性体育活动。1994 年，凤凰县山江乡、古丈县龙鼻咀乡被湖南省文化厅授予"苗族花鼓之乡"称号。与此同时，湘西苗族鼓舞在专业艺术舞台表演及全国少数民族运动会的竞赛表演中，也以其独特的艺术魅力和风格频频获奖，在国内外观众中产生了强烈的反响。笔者调查期间，经常见到苗族地区几乎村村都有自己的苗鼓队，乡镇上也有很多专门开办苗族鼓舞培训的培训班。

2008 年，湘西州委、州政府也做出了争取把苗族鼓舞打进 2008 年奥运会的决定，五个县市整合资源，调集了五百多面鼓、近千人进行排练。最后因种种原因落选，给苗族人心里留下了不少遗憾。对此，一些苗族文化人解释说，是组委会认为苗族鼓舞规模大，需要大量的鼓，运输和舞台布置不方便。但是，在奥运会期间，湘西苗族还是举行了各种苗族鼓赛活动。

（2）经济精英对苗鼓的开发。新中国成立后，人们对舞技高超者冠以"鼓王"之称，如猴儿鼓打得好的称为"猴王"，保靖县著名的猴王就有谭子全、梁洪堂、石成业、龙桥恩等。吉首市也有五代苗鼓王，如第一代苗鼓王龙英棠、第二代苗鼓王石顺明、第三代苗鼓王龙菊兰。因苗族鼓舞的表演朴素、热情、大气，深受游客喜爱，成为湘西州很多景区的表演项目。吉首市德夯、凤凰县山江已经形成了苗族鼓舞品牌。

2003 年，吉首德夯举行了规模盛大的首届中国（德夯）苗鼓节，吸引了众多中外游客，有力地促进了湘西的民族旅游业。2002 年湘西吉首市旅游景区德夯苗寨举行"苗鼓节"推选中国苗鼓王，至此又产生了第四代鼓王龙献菊、第五代鼓王黄娟。

（3）政治精英对苗鼓的利用。在双溪乡，苗族聚居的官坝经济社会发展一直落后于周围的梳头溪、溪流墨等土家族村落。2007 年乡政府换届后，调来一位苗族乡长。这位乡长看到官坝苗族人的落后面貌后，就希望通过帮助官坝组建一支苗鼓队来振奋人心。恰逢当时自治州土地局在对口扶贫官坝村。于是在州扶贫办的帮助下，从默戎请来师傅，投入资金 2 万元，购买了苗鼓、服装等。目前，该苗鼓队共有队员20 人，苗鼓 12 个，组建了官坝村苗鼓队。在 2007 年的建州五十年大庆和一些婚庆等重大活动中，官坝村苗鼓队都展示了独特的风格，赢得了群众好评，产生了初步的经济和社会效益。

（五）椎牛

1. 湘西苗族椎牛习俗

湘西苗族称椎牛为"弄业"，即"吃牛"之意。它是苗族最大的原始宗教祭祀活动，有着极其悠久的历史。据文献记载和民间口碑资料证实，它产生于苗族远古的渔猎文化时期。至新中国成立前夕，居住在我国境内的各苗族支系几乎都存有这一习俗，湘西苗族的椎牛习俗保留得最为完整。

椎牛一般历时四天三夜。古时椎牛多是"合寨之公祀"，数年间举行一次，名曰"跳鼓藏"。清中叶后，椎牛逐渐转变为单家独户的私祀，其目的一是解除重病，二是求子。主要程序有许愿、买牛、开门、敬家先、享客、摆古、赎名赎利、喂牛水、椎牛、散客等。时间多选定在秋后举行。在夜以继日的祭祀活动中，苗老司扮演了沟通人神的特殊角色，且歌且吟且舞，使得祭祀场面显得分外神秘而又活跃。尤其是他所吟诵的巫辞，长达近万行。其中含苗族的创世纪神话、民族的形成与迁徙、苗族的伦理道德观念、生产和生活习俗等丰富的内容，这部分巫辞长约 5000 余行，是一部苗族的"史诗"。苗族椎牛也是苗族文化的集中展示，其祭祀对象几乎包含了苗族信仰的众多鬼神，前往作客的苗胞皆盛装艳服，展示了苗族服饰的风采；在椎牛祭的迎客、摆古、接龙、送客等仪式中，都贯穿了苗家以歌为言、以歌为情、以歌为媒的优良传统习俗，显示了苗家热情好客、开朗向上的精神品格；尤其是在最后一天的晚上，还要举行盛大的"跳鼓藏"表演。

苗族椎牛在历史上促进了苗族内部的团结，是苗族合族共济的黏合剂之一。苗族人民还利用椎牛之机，展开了一场又一场反抗民族压迫和阶级剥削的斗争，推进了苗区经济社会的发展。

2. 当代苗族椎牛的变异

在历史上，苗族椎牛曾一度遭到政府禁止，但在民间仍没有禁绝。苗族椎牛传统上以家户或家族为单位举行。新中国成立后，湘西苗区自发的椎牛祭祀活动已很少举行。

当代，湘西苗族椎牛仪式和组织形式都发生了大的变革，新的椎牛活动仍在上演。各个族群的精英挑选出该族群文化的某些方面，赋予它新的价值和意义，把它用作象征符号以动员自己族群的成员来捍卫自己族群的利益以与其他族群竞争。首先，椎牛成为旅游区的表演项目，如在德夯 2007 年的赶秋节中就把椎牛作为表演项目。其次，椎牛成为政府组织的活动。政府组织的目的之一是将其申报为文化遗产。如 2005 年 7 月 24 日，湘西自治州政府为了将椎牛申报进入"国家级非物质遗产名录"，花垣县排碧乡板栗寨特地组织了一场祭祀活动。为了抢救和保护这一文化遗产，当地政府也曾在苗族重大节日如"四月八"、"赶秋"之时有目的地组织举行过十多次苗族椎牛祭祀活动，其中花垣县排碧乡板栗寨的椎牛祭祀活动即达九次之多，从而使这一文化遗产得到了应有的保护和传承，也使得板栗寨获得了"苗族椎牛文化之乡"的美称。在这种活动中的椎牛仪式已经发生了很大改变。在调查中，当地人介绍说，排碧赶秋椎牛时，乡政府出钱买了一头牛，邀请了从本地出去的干部、商人、名人来，按其官职或影响力大小分别充当大舅、二舅、三舅。而在吉首椎牛，古丈是大舅，凤凰是二舅。吉首就是椎牛的主人家。虽然仪式改变了，但其利用椎牛的形式来凝聚族群的目的还是达到了。

三　信仰

在族群内部，共同的宗教信仰是一种强大的文化聚合力，不同的宗教信仰也是强化我群和他群的区分力量。我们既然"把族群视为'文化群体'，那么各族群的宗教信仰也就与语言等一样，可以被看作是族群的文化特征之一"。① 调查区域的神明信仰表明，土家人与苗家人在宗教信仰上虽然有很多相同之处，如同样信奉佛教、道教，同样信仰白帝天王、土地、五谷神、四官神等，但是在有些神明信仰上也有很大差异。对不同神明的祭拜活动则加深了不同族群的归属和认同。

每一个族群对自己的来源都有共同的记忆，这种共同记忆具有凝聚族内人、区分族外人的重要意义。除了一套共同的文化特性，族群成员之间还展现出一种社群意识，也就是一种亲切的感觉和紧密联系的意识。更简洁地说，就是在族群成员之间存在着一个"我们"。密尔顿·戈登认为，在创造某种"民族意识"的过程中，族群首先是一种社会心理的所指对象。② 这种族群意识和同一感源自对一个共同的祖先或传统的理解。族群成员认为他们有着同样的根，并且好像真的存在。当人们分享他们所相信的共同的起源和经验时，"他们会感觉彼此之间存在一种密切关系"。"这是一种可以引导人民聚居在一起的'舒适区'，即使这种密切关系并不是由排他性屏障而形成。"③ 土家族和苗族的这种区分主要体现为白虎图腾和盘瓠崇拜。

（一）白虎图腾

从古代的巴人到现代的土家，崇虎历久不衰。除了进行宗教式的虔诚敬祭，土家人的世俗生活中也随处可见白虎的影子。白虎在土家人心目中的地位举足轻重。土家族自称是"白虎之后"。相传，远古的时候，土家族的祖先巴务相被推为五姓部落的酋长，称为"廪君"。廪君率领部落成员乘土船沿河而行，行至盐阳，杀死凶残的盐水神女，定居下来。人民安居乐业，廪君也深受人们的爱戴。后来廪君逝世，他的灵魂化为白虎升天。从此土家族便以白虎为祖神，时时处处不忘敬奉。每家的神龛上常年供奉一只木雕的白虎。结婚时，男方正堂大方桌上要铺虎毯，象征祭祀虎祖。古代土家族先民作战时所持的钅于、戈、剑上面，

---

① 马戎编：《民族社会学——社会学的族群关系研究》，北京大学出版社 2004 年版，第 17 页。

② Gordon, Milton M., *Assimilation in American Life*, Oxford: Oxford University Press, 1964.

③ Bob Blauner, "Talking Past Each Other: Black and White Languages of Race", *The American Prospect*, Vol. 10, 1992, pp. 55–64.

都铸镂有虎头形或镂刻有虎形花纹。如今小孩穿虎头鞋，戴虎头帽，盖"猫脚"花衾被；门顶雕白虎、门环铸虎头。其意用虎的雄见来驱恶镇邪，希冀得到平安幸福。

1. 白虎图腾的表现形式：赶虎与敬虎

（1）打恶虎。在土家族神话传说和民间故事中，有一系列打虎的故事。酉水流域的《摆手歌》经常歌颂打虎、捉虎的英雄。摆手歌《洛蒙挫托》赞美土家的始祖："八个儿子本领大，捉住老虎当马跨。"① 摆手歌《将帅拔佩》赞美拔佩："他的力气大，粗树连根拔。捉虎如捉猫，放在背上耍。"② 酉水流域的土家有《向莲打虎的故事》③。

沅水土家、澧水土家的"梅山"，无论是男是女，都因为杀虎而献身的业绩，成为猎神。有打虎技能和勇气的人叫作"打虎匠"，通常都受土家民众的钦佩。故事《守山大哥》说："守山大哥自由跟山公公住在守山岩下。山公关年轻时是个打虎匠，为人公正，是山寨里的'善菩萨'。后来，他年纪大了，就守在岩上守山，大家就称他山公公。山公公78岁那年还大显神威，从虎口里救出一个小孩，这个小孩就是守山大哥……"④

打恶虎还表现为一些禁忌。沅江流域的土家早晨最忌言虎，改称虎为"大猫"或"大虫"。当地的汉语方言"父"、"虎"不分，操汉语的土家说到斧头时续改称"猫头"。

（2）赶白虎。沅水土家、澧水土家都忌讳白虎，以为白虎是灾星，"白虎堂中坐，不死老子就死娘"。⑤ 在永顺，白虎有行堂白虎和坐堂白虎之分。坐堂白虎家家有之，是善神；行堂白虎是灾星，到处乱窜。不满十二岁的小孩如遇见行堂白虎，则会口吐白沫，人事不知，呼吸困难，全身抽搐。如遭此难，只有请梯玛退煞，才能得救。在县境内流传着"白虎当头坐，无灾必有祸"的民谣，有人运气坏，说是"走了白虎运"。有人家运不顺，说是"白虎星当令"。家里有小孩，连白狗、

---

① 彭勃、彭继宽整理译释：《摆手歌》，岳麓书社1989年版，第317—377页。
② 同上书，第422—445页。
③ 湘西土家族苗族自治州群众艺术馆：《湘西民间文学资料第1集》，湘西土家族苗族自治州群众艺术馆1980年版，第90—92页。
④ 同上书，第79页。
⑤ 同上书，第6页。

白毛都不能喂，怕白虎以它们为替身，惊骇小孩。每年腊月都要请梯玛赶一次白虎。

土家族人怕行堂白虎的原因，传说行堂虎生前是土王的爱妾，后遭受土王遗弃，气愤之余，投河而死，变成白虎，立誓要害土家后代。[①]另据民间传说，在古代，土家族先民响应皇帝招募，用白竹弓弩射杀危害人类的白虎，白虎死后化为白虎神，作祟报复人类，特别是不能走动的婴儿，常遭白虎袭击而夭折。于是，土家族人形成了驱赶白虎的习俗。

"赶白虎"的有关法事仪式由梯玛主持，保佑婴儿。永顺的土家婴儿满月时，大人要用锅灰在他的前额上画一个黑"×"，摇篮边插一把小刀，还用布巾搓成火绳，路上点着，说是这样可以吓走白虎。因为白虎是凶恶之神，专抱土家族的小孩，婴儿额门的黑"×"算是"×"，又有武器又有火神，白虎就不敢拢边了。[②] 表明他是"打虎匠"，用以吓跑白虎。

凡婴儿发生口吐白沫、眼珠翻白症状，即认为是被白虎罩了，须立即请梯玛驱赶白虎。梯玛到家后，拿拿婴儿脉，掐掐人中穴，并念咒语画符水喂婴儿，再抹抹婴儿双眼，婴儿即恢复如常。然后梯玛还要手持竹弓竹剑，向婴儿住房的东南西北中五方各射三箭，将白虎神赶出家门。再用手指点符水在钱纸上画符，折成小三角形缝进布包系在婴儿衣扣上，以防白虎危害。[③] 有些地方"梯玛先在室外放一张椅子，椅子要绑一支带枝叶的小竹，将一只白公鸡放在竹上。梯玛在厅堂做完法事，用卦在房柱上击拍。如果白公鸡在竹上啼叫，就说明白虎（煞）被赶走了"。[④] 这种习俗，在新中国成立后还大量存在，据汪明瑀的调查，只要是不足 12 岁的小孩，即使没有得急惊风，为了不让白虎把魂招走，也可以在秋收后由"土老司"为他做赶白虎法事，小竹竿可以插在地

---

① 湖南省永顺县民族事务委员会编：《永顺土家族》，四川秀山土家族苗族印刷厂 1992年版，第 167 页。

② 同上书，第 161 页。

③ 田荆贵：《时代流传的梯玛活动》，载全国政协暨湖南、湖北、四川、贵州政协文史资料委员会编：《土家族百年实录》，中国文史出版社 2001 年版，第 37 页。

④ 赵海洲：《巴人崇虎与赶虎初析》，载彭万廷编《巴楚文化研究》，中国三峡出版社1997 年版，第 165— 170 页。

上，公鸡则是捆着挂在小竹竿上的。① 有些地方的土家，生儿育女以后，得子者在三天内，得女者在七天内，都要为婴儿赶白虎。

湘西民间"凡婚丧喜庆和节日，则于门口画一白虎，又画一弓箭，引弓欲射白虎。有人害病时，由土老司（梯玛）念咒语在屋里赶白虎，并用草扎一只白虎烧掉……每逢婚丧喜庆以及建屋开门和外出经商等最嫌忌寅日，因寅日即虎日，时被看作不吉利的日子，或看作是凶煞的日子"。②

射白虎。湘西田、杨二姓土家族，把惊蛰日这天定为"射虎日"。这天，家家户户用石灰在木楼堂屋中央，对着门，画上弓箭，称为"射过堂白虎"。相传，田、杨二姓初期到湘西时，家家崇祀白虎，哪晓得有年祭虎时，真的来了一只白虎，吃贡品，咬人畜，闹得人畜不安，户户自危。于是，土王出榜招募打虎勇士。有一个土家族后生揭榜，射死了白虎。山上的其他老虎前来为白虎报仇，冲进山寨。后生又拔箭射虎，老虎被吓走了。寨里土家族怕老虎又前来骚扰，家家户户用石灰水在堂屋画了弓箭，从此老虎不敢来了。这天正是惊蛰节，因此，就形成了一种独特的节日——惊蛰射白虎。③ 泸溪射白虎，是在惊蛰的早晨，鸡叫以前，由当家的老人用石灰或草木灰，在自家的堂屋正中和大门口的地上，画一幅弓箭图，表示张弓搭箭射白虎。④

在特别敌视白虎的永顺县一带，受白虎连累，白鸡也被认为是凶物。当地的土家不养白鸡，说是："笼里有白鸡，家中有白虎。"有些地方的禁忌更加严重，连白猪也是不养的。⑤

（3）对虎又爱又恨。沅水、澧水土家对虎感情恨中有爱，畏中有敬。土家的小孩，常带有虎头帽、穿虎头鞋的，至少可以说明，土家对

---

① 汪明瑀：《湘西土家概况》，载中央民族学院研究部编《中国民族问题研究集刊第4集》，中央民族学院研究部1955年版。

② 仁丘：《虎方、白虎夷小考》，载彭万廷编《巴楚文化研究》，中国三峡出版社1997年版，第71—80页。

③ 赵海洲：《巴人崇虎与赶虎初析》，载彭万廷编《巴楚文化研究》，中国三峡出版社1997年版，第165—170页。

④ 湖南省泸溪县志编纂委员会编：《泸溪县志》，社会科学文献出版社1993年版，第571页。

⑤ 彭秀枢：《土家族族源新议》，载湘西土家族苗族自治州民族事务委员会编《土家族历史讨论会论文集》，1983年版。

虎相和虎威也有好感。

永顺土家传说，最早到永顺的土家老祖宗是两兄弟，一个叫铜老虎，一个叫铁老虎。① 保靖土家传说，他们的"祖公"是三兄弟，一个叫飞老虎，一个叫过山虎，一个叫爬山虎。②

酉水流域的土家传说，始祖卯玉是喝虎奶长大的。酉水流域摆手歌《雍尼补所》的六位兄长是"吃虎奶长大，喝龙奶成人"的。酉水流域的土家还有这样的传说，八部大王也是"喝虎奶长大"的。③ 武水流域的土家族有类似的传说，始祖蒙夷神婆是"喝虎奶长大"的。④

酉水上游某些地方的土家，继承了廪君蛮和板盾蛮的文化基因，相信土家的田、杨、覃、向、彭、王、冉七姓的祖先是芭梅姑娘与白虎星神结婚后所生的七子，或者相信土家是三公主嫁给半人半虎的"虎儿娃"以后所生的子女的后代。如《虎儿娃》讲，虎与人结合，生下一个孩子，男孩子脸半边人形，半边虎形，既聪明又勇猛。虎儿娃上山，百兽拥他为王。皇帝的三公主被魔鬼摄去，他立即奔赴魔山，要魔王交出三公主。那魔王吐一口气，顿时刮起狂风，石头遍坡乱滚，大树连根拔起，虎儿娃却纹丝不动；魔王喷一口水，顿时洪水滔滔，汹涌澎湃，铺天盖地，虎儿娃却纹丝不动。他斩杀魔王，救出三公主，三公主自愿嫁与他。他俩成亲后，繁衍子孙，遂成为后来的土家族。⑤

（4）对白虎或赶或敬。酉水流域北部的土家介于两种不同的信仰的土家之间，北面是拜白虎的土家，南面是赶白虎的土家，他们自己则北南交融。为了摆脱困境，不得不谋求妥协，即把白虎分为坐堂白虎和过堂白虎两种。坐堂白虎是家神，对他只能敬，不能赶。东起石门、慈利，中经龙山、来凤，西至秀山、酉阳，在这个地带上，许多土家都有白虎坐堂。过堂白虎是恶煞，别称"行堂白虎"，或"行脚白虎"，对他只能赶，不能敬。久而久之，在北面拜白虎的土家中间，也逐渐相信

---

① 潘光旦：《湘西北的"土家"与古代的巴人》，《中国民族问题研究集刊》1995 年第 4 期。

② 胡天成：《土家族的白虎崇拜》，《土家学刊》1998 年第 1 期。

③ 杨昌鑫：《土家族风俗志》，中央民族学院出版社 1989 年版，第 199 页。

④ 胡天成：《土家族的白虎崇拜》，《土家学刊》1998 年第 1 期。

⑤ 湘西土家族苗族自治州地方志编纂委员会编：《湘西土家族苗族自治州·文化志》，湖南出版社 1996 年版，第 78 页。

有"行堂白虎"了，但还不普及；在南面赶白虎的土家中间，则效验尚不显，至今仍普遍认为凡白虎皆恶煞。① 笔者在调查中，丰宏的一位梯玛也讲述了他至今还在给人赶白虎：

> 这边土家族是赶白虎。赶白虎就是屋里不利顺，屋里有三病两痛，小孩作黑，害怕，要的东西要火×股，白帕子，要个请家，要个蓑衣。（报道人：保靖县水田河乡丰宏村人，土家族，男，LQF，土老司，63 岁）

在凤凰、吉首、泸溪等地，白虎则被作为祖神受到敬奉。这三县交界一带的田、杨二姓土家族，还称自己为"禀家田"、"禀家杨"，意即自己是禀君的子孙，虎族的后代，以示与其他民族的区别。"禀君死，魂魄世为白虎。"从此土家族便以白虎为祖神，时时处处不忘敬奉，家家户户的神龛上常年供奉一只木雕的白虎。结婚时，男方正堂大方桌上要铺虎毯，象征祭祀禀君虎祖。②

2. 关于白虎图腾的史料回溯和文物论证

白虎作为一种图腾，不仅需要一些宗教仪式的操演，还需要民间故事的传说来不断强化人们的族群意识。在文化互动日益频繁，这些仪式和传说慢慢消退之时，族群精英就需要通过其他的途径来强调这种意识。于是，史料回溯和文物论证成为新时期土家族白虎图腾的两种表现形式。近年来湘西出土的大批带有"白虎"文化符号的文物，成为湘西土家族白虎图腾的又一种诠释。湘西出土的文物如铜戈、铜肖形印章，都有虎形。如古丈县白鹤湾战国西汉墓葬出土两件肖形"白虎"印。湘西出土的錞于多为虎钮，土家族人认为这与巴人对虎崇拜有很大关系，并从史料中找到了大量的证据：如《后汉书·南蛮西南夷列传》中的："禀君死，魂魄世为白虎，巴氏以虎饮人血，遂以人祠焉。"认为这可能是一种原始的图腾崇拜。还有唐人樊绰《蛮书》卷十中的"巴氏祭其祖，击鼓而祭，白虎之后也"。这种对虎的崇拜，土家族的

---

① 杨昌鑫：《土家族风俗志》，中央民族学院出版社 1989 年版，第 195 页。唐明哲、覃柏林：《湘北土家族探秘》，香港凤凰出版公司 1999 年版，第 362—364 页。

② 《凤凰县民族志》编写组：《凤凰县民族志》，中国城市出版社 1997 年版。

一支作为一种习俗一直流传下来。当今湘西土家族则流行坐堂白虎敬奉，过堂白虎驱之的赶白虎习俗，凡婚丧喜庆和节日，则于门口画一白虎，又画一弓箭，引弓欲射白虎。谁家有人生病，还请梯玛赶白虎行法事。一敬一射，说明其间的习俗差异，对于这种差异，学者表明这是土家族族源存在两支不同支系。

神明信仰也是族群认同的载体。不同的宗教信仰和实践也是族群符号的一个来源，无论是赶白虎还是敬白虎，都会通过这种自然的信仰和巫术的实践来区分局内人和局外人。

（二）盘瓠图腾

"图腾"有"亲属"和"标记"的含义。图腾制度有概念图腾制和祖先图腾制。祖先图腾将个体的与历史的或神话的过去连接在一起。盘瓠是南方众多族群的祖先图腾。明跃玲曾提出，五溪苗族以盘瓠为祖先，但在与周边族群的交流中，为了避免被同化，只有通过不同的盘瓠神话形态发展自己的文化特征以强化其族群意识。① 这种图腾表现为对盘瓠神话衍生的一系列故事的民间流播，以及对盘瓠文化的开发和利用。

1. 盘瓠传说的演变

苗族图腾"盘瓠"神话，在东汉《风俗通义》佚文二十一、《搜神记》、《后汉书·南蛮西南夷列传》中均有记载。其中以后者记录最为全面：

　　昔高辛氏有犬戎之寇，帝患其侵暴而征伐不克，乃访募天下：有能得犬戎之将吴将军头者，购（赐）黄金千镒、邑万家，又妻以少女。时帝有畜狗，其毛五采，名曰盘瓠。下令之后，盘瓠遂衔人头造阙下。群臣怪而诊之，乃吴将军首也。帝大喜，而计盘瓠不可妻之以女，又无封爵之道议，欲有报而未知所宜。女闻之，以为帝皇下令不可违信，因请行。帝不得已，乃以女配盘瓠。盘瓠得女，负而走入南山，止石室中，所处险绝，人迹不至。于是，女解去衣裳，为仆鉴之结，著独力之衣。帝悲思之，遣使寻求，辄遇风雨震

———————————

① 明跃玲：《盘瓠神话与族群认同》，载徐杰舜编《族群与族群文化》，黑龙江人民出版社 2006 年版，第 485 页。

晦，使者不得进。经三年，生子一十二人，六男六女。盘瓠死后，因自相夫妻，织绩木皮，染以草实，好五色衣服，制裁皆有尾形。其母后归，以状白帝，于是使迎致诸子，衣裳斑烂，语言侏离，好入山壑，不乐平旷。帝顺其意，赐以名山泽，其后滋蔓，号曰"蛮夷"。外痴内黠，安土重旧。以先父有功，母弟之女，田作贾贩，无关梁符传租税之赋。有邑君长，皆赐印绶。冠用獭皮。名渠帅曰精夫，相互为姎徒，今长沙武陵蛮是也。①

这则见于史册的神话传说基本上确立了盘瓠作为"武陵蛮"或者今天苗族象征意义的祖神地位，并对盘瓠以下的世系做了清楚的勾勒。

盘瓠传说在湘西苗族中不断发展，演绎出从盘瓠到辛女的一系列故事。在多族群社会，出于增强族群凝聚力的需要，有关族群起源的神话传说会被逐渐加工，最终被固定下来，作为一个象征控塑着本族群的族群认同。盘瓠传说很早就在湘西苗族中流传。南方其他少数民族的盘瓠神话一般只提到盘瓠之死，而湘西苗族的神话却讲述了盘瓠之死的奇特过程，并塑造了辛女的形象，还留下一连串的地名。据说盘瓠的六个儿子从水牛口中得知盘瓠是自己的父亲后，感到羞愤，要杀掉父亲。他们把盘瓠领引到一个小山冲，一路追杀。辛女听到这一消息后哭得死去活来，抱住盘瓠的尸体不放。六个儿子从辛女手中抢过盘瓠，将其抛向江心。辛女见不到盘瓠踪影，只有站在溪边久久伫立，化为岩石。后人将辛女停留的地方叫辛女村，辛女寻夫的溪叫辛女溪，辛女抱尸的滩头叫娘抱滩，辛女伫立的地方叫辛女岩。这些地名都在《辰阳风土记》及明代《泸溪县志》中有记载，今天依然存在。这就是现在李家村的辛女溪村，上堡的辛女桥、辛女岩、辛女坪、黄狗蛇，达岚的狗老坡寨等。湘西苗族就是以不同的传说、独特的地名以及服饰语言等显性的文化特征诠释着盘瓠神话，强调大家具有共同的世系和起源，维持着本族群民众对共同族群渊源的认同。

2. 盘瓠图腾的文化遗存

族群成员为了证明本族群的存在，常使用一些文化符号"使同一族

---

① 《后汉书》卷八十六《南蛮西南夷列传》，中华书局 1965 年版。

群的人感到彼此是自己人"。① 在族群互动中，为了避免族群认同的削弱而被周边族群同化，他们又通过宗教仪式及生活习俗等来巩固和强化自我认同和归属意识，维护族群边界。这种从内部构建独特文化表征的方式成为维持族群内聚力的有效手段。所以说神话传说带来的共同记忆对族群认同起着至关重要的作用。② 因为这样，一个族群就成了一种亲属关系的延伸，从而起着强化族群认同的作用。

（1）盘瓠庙。湘西苗族地区至今仍保留了大量的盘瓠庙等遗迹。如在紧邻湘西泸溪县、麻阳苗族自治县有盘瓠庙18处之多，庙内供奉着石刻的"盘瓠大王之神位"，每年年头年尾，麻阳苗族都要举行祭祀活动，祭祀时主持人要引吭高歌："初一十五开神门，椎牛杀猪祭祖神，盘瓠大王是我祖，代代相传记心灵……"

（2）盘瓠传说及有关的地名。湘西苗族流传着众多的盘瓠传说故事，如《辛女岩》、《辛女与白龙岩》、《辛女与盘瓠洞》等神话在泸溪广为流传；《奶滚妈苟》（汉语意思为"犬父鬼母"）的神话流传在凤凰、吉首、花垣一带。同时还存在大量与盘瓠有关的地名，泸溪县西的武山上有盘瓠石室等遗迹。泸溪县城南三十华里沅江西岸，有山名辛女岩，山腰有盘瓠洞，辛女岩下侧绝壁上，有一腾飞的白龙，白龙岩绝顶上的盘瓠辛女庙，昔日有盘瓠神像，此地还有用辛女盘瓠命名的滩、桥、村等。其他诸如盘瓠洞、盘瓠山、盘瓠墓、盘瓠石室、辛女岩、辛女溪、辛女滩、辛女潭、辛女村、辛女坪、辛女祠、盘瓠庙、辛女庵等文化遗迹密集，形式多样。盘瓠与辛女的形象在湘西苗族其他地区也很多，如凤凰县的"狗脑坡"，吉首市的"辛女溪"、"辛女桥"等。在这些地方的龙王庙内，有"本祭盘犬王之位"的主祭牌位，有"辛女大殿"、"娘娘庙"等。

（3）盘瓠崇拜的展演。苗族的族群认同不仅以神话传说的形式及文化表征来表现，而且还经常在宗教仪式及生活习俗中展演盘瓠神话，通过宗教仪式及生活习俗使族群成员共享这些文化符号，有效地把个体

---

① 雷海：《对"族群"概念的再认识》，《广西民族研究》2004 年第 4 期。

② 明跃玲：《盘瓠神话与族群认同》，载徐杰舜编《族群与族群文化》，黑龙江人民出版社 2006 年版，第 485 页。

与群体整合起来，使得盘瓠传说及其信仰有了广阔的生存土壤和大量的信众，达到维护族群边界，巩固族群认同的目的。

①椎牛中的盘瓠崇拜。湘西南部的广大苗区是盘瓠崇拜与盘瓠文化最浓厚的地区。花垣苗族的椎牛祭祖，湘西苗区的还傩愿，麻阳苗族盛行的祖先崇拜都有大量祭祀盘瓠的内容。他们认为盘瓠是苗族的始祖，苗族是盘瓠的后裔。麻阳与湘西苗族还把崇拜盘瓠、椎牛祭祖和接龙活动统一起来。他们不但崇拜自己的狗父（又称"龙犬"），而且牢记自己神母（奶棍）的教导：椎牛为父谢罪。因为，传说是牛害死了盘瓠。湘西苗族地区世代流传的《古老话》中，有"奶夔爸苟"的传说故事。在苗语里，"奶"是母亲，"夔"是指当官人家的女儿，"奶夔"则可译为"公主母"；"爸"即父亲，"苟"即犬，"爸苟"汉语直译为"狗父"。《奶夔爸苟》中叙述："男国王养豆来，女国王养王基，豆来养奶夔，王基养爸苟。"奶夔和爸苟生下来七个儿子，他们长大后不知道自己的父母是谁，他们就到处询问，最后水牛告诉了他们实情：奶夔是他们的母亲，爸苟是他们的父亲。后来兄弟们误杀了爸苟。奶夔知道后要儿子们为爸苟赔命抵罪，儿子们说是水牛吐露了实情，结果奶夔和儿子们商议以水牛抵罪赔命。"捉它来捆，捆它来杀；杀它来抵爸苟命，杀它来祭爸苟魂。"从此以后，苗族世世代代都要杀牛祭祖，祭祀盘瓠。

②跳香。泸溪苗族还以跳香的方式祭祀盘瓠和辛女。据《辰阳风土记》及清代陆次云的《洞溪纤志》载，明朝时五溪苗族就盛行这些祭祀盘瓠和辛女的仪式，他们"云集于庙，扶老携幼，环宿庙夯凡五日。招以牛承酒酢，椎鼓踏歌欢饮而还"。《洞溪纤志》还描述了跳香的具体仪式，"揉鱼肉于木槽，扣槽群号以为礼"。"群号"的原因是"自云狗种，欲祖先闻其声而为之垂庇也"。沅水流域的上堡乡侯家村人说，每年农历七月二十五，他们便在辛女岩顶上的盘瓠庙前跳香，祭祀辛女娘娘，周围沅陵、辰溪的人也来，很热闹。仪式内巫师主持，请神敬神以后，在跳香殿前众人围着巫师翩跹起舞。整个仪式既充满神秘的巫风，又有欢快场面，完全保留了苗族先民人神共乐的遗风，具有群聚性与狂欢性。其目的是"表示族员与图腾有同一性质，彼此有亲缘关系"，"使氏族的'神话过去'复活在氏族成员的精神中，使之振奋起

为生存所必需的集团意识——社会意识"。① 如今盘瓠庙、辛女祠已是断壁残垣，但跳香祭祖的仪式仍延续着，盘瓠辛女的传说仍流传不衰。

③划龙舟。为了使这种"神话过去"永久保存，沅水一带的苗族还以划龙舟的仪式祭祀盘瓠。据沅陵苗族传说，盘瓠被六个儿子打死，抛到溪沟，辛女便和女儿们每人驾了一只独木舟，满江寻找盘瓠尸体。划龙舟就是为了寻找盘瓠祖灵。如今划龙舟成了他们的一种祭祖节日，每年的五月初一，族长便带领族人到沅江河畔盘王庙前，摆刀头牙盘，燃纸钱圣香，祭酒献茶各三杯，并唱起《接龙歌》："且艄停来慢艄停，慢慢艄停将歌论，别人划船端阳节，船溪（村）划船有根本。盘瓠原居辰州府，辰州府内有家门（亲属），庙堂设在木棺上，赫赫威灵多显神。"唱完歌后，将一对龙头从庙里抬出，全村人敲锣打鼓放爆竹将它送上船，装成龙舟推下水，再邀兄弟船只参加祭祖赛舟，龙船划至十一日才上岸。清洗龙船后，还要举行送神仪式，将一对龙首送回盘瓠庙内，愿盘瓠保佑人畜平安。②

④爱狗敬狗。苗族为了表示对盘瓠的崇拜，把不食狗肉当作一种禁忌，而且爱狗敬狗，把对盘瓠崇拜的信念渗透到日常生活中。他们家家养狗，狗已成为他们生活中不可缺少的一部分。每家饲养的狗，任何人不许随意打骂，逢年过节或举办红白喜事，主人必以丰富的肉饭给狗饱吃一顿。这种习俗今日仍存。在泸溪达岚岩门村的先冲寨中，全寨二十多户人家，无论大小男性都喜欢以狗取名，就是做了父亲或爷爷，人们叫起名字来，仍是什么"亮狗、六狗、焕狗"的，老人说，他们祖先到此是黄狗领的路，住下后添子发孙，兴旺起来了，以后给儿孙取狗名表示吉利。狗不仅与苗族人的生活息息相关，而且还是一种神灵，时刻庇护着人们。在天旱无雨时，他们抬狗求雨。前面是两人抬着穿上衣裤的狗，后面是手捧高香、头戴杨柳野藤蔽日的人群，在烈日炎炎中鸣锣击鼓。若落大雨，便杀猪祭之。所以说神话传说诠释了生活习俗的来源，生活习俗又使"已具威慑力和权威性的传说成为族群内成员相互

---

① 钟敬文：《盘瓠神话的考察》，载钟敬文《民间文学论集》，上海人民出版社 1998 年版，第 118 页。

② 明跃玲：《盘瓠神话与族群认同》，载徐杰舜编《族群与族群文化》，黑龙江人民出版社 2006 年版，第 485 页。

（主要是年长的对年轻的）训诫的宗教话语"①，从而不断地强化着族群成员的自我认同和归属意识。

关于盘瓠的传说也渗透到了土家族文化中，但遭到土家族的坚决否认。在古丈县田家洞关于社菩萨的来历有下述说法，但受到田家人的强烈反对，即说社菩萨是狗。过去神狗成了田家祖先。传说古时候田家祖先遇到一个仇人，老人许愿，谁杀仇人，就把女儿嫁于谁，结果狗将仇人下阴咬掉而死，田家女儿与狗婚配，生了八个儿子。儿子不知道父亲是谁，母亲被逼无法，嘴巴朝狗一翘，儿子们在山上打猎有意将狗打死，谁知狗子到皇帝那里去告了阴状，儿子杀老子，非同小可，皇帝要捉人抵命，结果娘娘向皇帝哀求，莫杀了儿子们，皇帝依了，把狗封为社菩萨。后把狗子从土里挖来，已长满蛆虫。这一传说，田姓人一般不讲，认为是侮辱人格，其实这也是一种"原始信仰"的反映。②

3. 盘瓠文化的复兴

（1）盘瓠文化研讨会的召开及相关学术专著的出版。"对于族群象征物强弱演变过程的分析，也是理解一个多族群国家中族群关系变化趋势的一个重要视角。"③ 历史上，由于封建统治者推行民族歧视政策，对苗族习俗中的图腾崇拜加以歪曲，使崇拜盘瓠戴上若干被侮辱的色彩，以致一些苗族精英开始否定盘瓠这样一种崇拜。20 世纪 90 年代，盘瓠文化开始受到苗族文化精英的重视。盘瓠文化成为苗族与土家族文化竞争的一种资源。

1990 年 10 月在湘西泸溪县举行了全国盘瓠文化学术讨论会，全国百余名专家学者会聚盘瓠文化的故乡，探讨盘瓠文化现象。会后，专家学者还对盘瓠文化遗迹进行了实地考察。一些专家学者的题词对泸溪县的盘瓠文化开发起到了推动作用。如中央民族大学石建中向泸溪县政府提交了书面建议：盘瓠神话产生的历史非常悠久，泸溪县盘瓠文化内容十分丰富，希望在新县城建设中能规划建立一座盘瓠文化博物馆，以便集盘瓠文化于一室，为中外学者、旅游者提供方便，提高本地区的知名

---

① 万建忠：《传说记忆与族群认同》，《广西民族学院学报》2004 年第 1 期。

② 彭继宽主编：《土家族摆手活动史料辑》，岳麓书社 2000 年版，第 149 页。

③ 马戎编：《民族社会学——社会学的族群关系研究》，北京大学出版社 2004 年版，第 100 页。

度，为开发建设本地区作贡献。①

为配合这次盘瓠学术研讨会，泸溪县还动员民间修复辛女祠。之后，泸溪县一些地方文人和政府出版了一系列盘瓠文化的读本。盘瓠辛女的故事，在泸溪县广为流传。历史上一些文人、史家、民族学家撰写了许多文章。泸溪县民委搜集整理了历代有关文章以及泸溪县史志资料和传说故事、诗词等，出版了《盘瓠研究与传说》。为配合当地旅游业的开发，侯自佳、姚本奎等地方人文学者通过精心的策划，编选了一本以散文为主的集子《沅水盘瓠文化游览》。

（2）对民间工艺中的盘瓠遗存进行挖掘与弘扬。盘瓠文化大量表现在苗族民间工艺中。一些学者开始系统地对民间工艺中的盘瓠文化进行挖掘、诠释。如苗族人民今天仍非常爱好"五色衣服"，上绣"五彩"图案。同样穿汉装，一些土家族、汉族也认为，苗族女子的衣服色彩艳些，而土家族、汉族的颜色则显得纯一些。苗族儿童爱戴一种帽子，后有尾，前有双眼，两边有耳，俗称"狗头帽"。中老年妇女常用三尺到五尺青布包于头帕外，呈三角状，象征"犬头"。苗族蜡染的背面、头巾上都有一种一点位团聚，形似梅花的图案，苗语叫"本粘苟"，汉语意为"犬足花"。苗族青年男女谈恋爱中的信物"花荷包"中有五彩图案，结婚后妻子为丈夫绣"花褡裢"等都传说是象征高辛公主，初配盘瓠，"解去衣裳，为仆鉴之结，著独立之衣"，表示相亲相爱。②

其中，对踏虎锉花中的盘瓠文化的挖掘影响最大。踏虎是泸溪县最边远的一个小地方，有16个自然村，人口不足3000人。踏虎乡的山脚坪村是著名锉花大师黄靠天的家乡，全村十几户人家，人口不到100人，该村的锉花远近有名，家家户户都锉花卖花，1949年以前一直是整个湘西地区民间剪纸的生产中心。踏虎锉花不仅用于服饰刺绣，还被广泛用于民间建筑、礼仪、社交、祭祀、巫傩等活动。踏虎位于泸溪县与麻阳县交界之地，这一带盘瓠文化繁盛，踏虎锉花中的不少作品均与盘瓠文化相关联，成为盘瓠事象艺术的体现和盘瓠文化现象的活化石，

①　姚本奎：《沅水盘瓠文化游览》，中国文史出版社2002年版，第7页。
②　隆名骥：《苗族风俗中祖先崇拜》，《吉首大学学报》1986年第2期。

如"狗脑帽花"、"狗脑荷包花"等图案就带有盘瓠崇拜的遗痕。1993年9月，以苗族民间老艺人、中国美术家协会会员黄靠天作品为主体的泸溪县盘瓠锉花艺术作品在湖南省会长沙展出，省内外美术界名流以及有关专家学者无不跷指夸赞。目前，蕴含着丰富"盘瓠"文化色彩的踏虎锉花已进入湖南省第一批非物质文化遗产保护名录。

（3）泸溪盘瓠广场、盘瓠文化村的兴建和盘瓠酒的开发。在市场经济体制下，盘瓠图腾成为一种文化资源。一些苗族精英敏感地意识到这一点，开始做起了"盘瓠"文章。泸溪县先后兴建了盘瓠广场，筹建盘瓠文化村，一些商人对盘瓠文化进行开发，如县人民招待所取名为"辛女宾馆"，推出盘瓠酒，等等。

盘瓠文化广场的兴建。2007年，泸溪县投资300万元在县城白沙镇修建一个盘瓠文化广场。盘瓠文化广场占地总面积2000平方米，在广场周围是用浮雕的形式展现盘瓠故事。在此基础上，泸溪县还将以盘瓠文化广场为核心，进一步建设白沙盘瓠公园，占地总面积为40000平方米，成为展示民族文化，县城居民活动、健身、游乐的一个好去处。

盘瓠文化村的建设。2007年，泸溪县为促进旅游业的发展，开始策划建设泸溪盘瓠文化村，并在互联网上公开招标，将盘瓠和泸溪众多文化资源进行整合，增进泸溪旅游的竞争力。

泸溪县盘瓠文化村建设

项目内容：盘瓠是苗族崇拜的图腾，泸溪是盘瓠文化的发祥地。泸溪县位于沅水中游，属五强溪库区，风光迷人，文化独特。泸溪县拟根据自身的自然、人文资源，建设以盘瓠文化为主体的盘瓠文化村，景点主要有民俗吊脚楼、盘瓠盘王雕像、辛女雕像、十里赤壁画廊、箱子岩（沈从文笔下的悬棺）及屈原祠、屈原诗碑、水上游乐、避暑山庄等，项目总投资10000万元，其中自筹1000万元，引资9000万元。

合作方式：独资合资或买断经营

联 系 人：杨 俊

项目单位：泸溪县旅游开发公司

电 话：0743-4261208

盘瓠酒的开发。利用丰富而又浓厚的盘瓠文化，泸溪县一位商人成立了湖南泸溪盘瓠酒业有限公司，生产"盘瓠人家酒"非常畅销。盘瓠酒的广告词为："尊贵典雅，盛世盘瓠"。商标为一个犬形标志，并附上"PANHU"的拼音，并附有下面一则故事：

盘瓠传说

盘瓠，传说中之原始部落英雄，西南少数民族之祖先，相传为天庭之五色斑毛龙狗下凡转世。

高辛帝为抵御强悍之外敌入侵，悬赏招募勇士，许诺斩敌将军头颅，可招为东床驸马，嫁爱女辛女为妻。

盘瓠经历千辛万苦，砍敌悍将之头于朝堂。高辛帝见其是狗，欲赖婚。盘瓠化一英俊后生，与辛女双双私逃，隐身武水之源，沅水之滨，住岩洞，餐风饮露，披星戴月，开发山岭，播种五谷，繁衍子孙后代……

盘瓠为抵御风寒，活络经脉，亲手调制了五谷酒，日饮三盅，长此以往，虽年迈仍鹤发童颜，红光满面，常饮可强身健体，御衰养颜。

上述三个项目无疑都成功地利用了"盘瓠"这一文化资源。因为他们很清楚，这类项目既能够很容易得到苗族上层官员的支持，又能迅速地得到下层族群民众的认同。族群精英就是这样来"征用"传统文化，以便增进族群认同。正是在这种对盘瓠文化的选择、征用的过程中，族群边界开始形成。对此，一位干部也说"盘瓠文化和摆手舞一样，是为了激发民族情绪的"：

我们这儿苗族古代有个盘瓠洞，他就是盘瓠从那里出发的，是个狗子。你讲苗族是狗子的后裔，到时候他会找你的麻烦的。不吃狗肉？这些东西基本上已经谈化了。研究历史？你知道这个东西是怎么来的，其实好多苗族他根本不知道自己的风俗习惯，他只是好玩，搞么节日还要政府组织，自发的除非是一些老把式。这一般是政府在里面发扬一些历史文化传统，组织一些活动，激发一下民族情绪。你像龙山组织大摆手还不是政府组织，拨了好多钱，十多万块钱，现在还每年都搞，唱大摆手歌，几百人，上千人。苗族四月八是最大的活动，每年四月八成千上万的人组织在一起，有椎牛啊，上刀梯啊，苗老司啊。但是这些活动土家族也搞。你像椎牛，土家族也有这种习惯。（报道人：湘西州政府，土家族，男，GZQ，干部，46 岁）

四　当代族群文化边界的再创造

当族群的认同意识（对于本族群内部的特征和与外族群差别的观念）根据政治形势的变化有所调整时，为了适应族群"边界"的变化，族群的文化也会进行相应的调整。[①] 这种调整或者在边界"扩展"时，在新的范围内进行文化扩展或重建本族群的文化上的"共性"，或者在边界"收缩"时强调族群所保留部分的成员与舍弃部分的成员在文化上的"差别"。[②] 新中国成立后，除了对上述文化事象的恢复，以及土家族文字的创制外，苗剧的创制和苗装、土家族服装的革新就是一个族群边界再造的过程。

（一）苗剧的创制

新中国成立前，苗族无本民族剧种。新中国成立后，湘西苗族以苗歌、苗老司唱腔以及苗族传统武术、舞蹈为基础，并吸收傩堂戏等剧种的表演艺术创造出一种独特的剧种——苗剧。

1954 年 2 月，花垣县文化专干石成鉴，与该县麻栗场乡文化站业余演员石成业、刘光旭、吴兴华等人，在继承民间艺术的基础上，第一次将新编苗剧《团结灭妖》搬上戏台，诞生了我国新兴少数民族剧种——苗剧。首演之日，轰动四邻，观众达两万余人。剧种始创时名称不一，称"苗戏"、"苗语剧"，20 世纪 70 年代末又称"苗歌剧"，苗族人自称"戏雄"，1982 年被正式命名为苗剧。

苗剧以民族歌、舞、说、唱为基础，吸收流行于湘西地方大戏中表

---

① Horowitz, Donald L., "Ethnic Identity", in Nathan Glazer & Daniel P. Moynihan (eds.), *Ethnicity: Theory and Experience*, Cambridge, Mass.: Harvard University Press, 1975, p. 126.

② 马戎编：《民族社会学——社会学的族群关系研究》，北京大学出版社 2004 年版，第 87 页。

演技艺而成。经过30多年来不断探索、试验，有的以原始苗歌为唱腔，多见于农村业余苗剧团，专业剧团视剧中人物性格、情感变化也曾采用；有的借用汉族民间音乐或地方小戏曲调；有以苗族民间音乐为素材，创作新唱腔，其中又有的采用戏曲板式与歌剧技法之别；也有的采用曲牌联缀体结构形式的。戏曲表演上，一般在苗族人民生活动作基础上提炼加工，并融合苗族舞蹈、武术，借用地方大戏表演技艺，皆颇有特色。[①]

1955年，湘西苗族自治州文化主管部门举办民族艺术训练班，重点研究苗剧。《龙宫三姐》、《谎江闪》等一批新剧目，深受苗族人民欢迎。《谎江闪》还于1956年11月参加湖南省首届农村群众艺术观摩汇演，获优秀节目奖。1958年，花垣县文工团成立，陆续演出了苗剧《喜事重重》、《千歌万颂石昌忠》等。70年代中期，苗剧移植现代京剧《红灯记》、《智取威虎山》片段参加省级调演。1978年，苗剧又开始兴盛。花垣县文工队大力发展苗剧，编演了大型苗剧《带血的百灵鸟》。该剧从编剧、导演、音乐、表演等方面皆有较大提高，使苗剧艺术发展到一个新的高度，并涌现出如罗千里、罗元明、张子伟、周克佳、杜鹃等一批苗剧知名演员。1979年5月，该剧参加湖南省专业剧团戏剧、歌舞创作节目汇演，荣获演出一等奖，创作二等奖以及导演奖，音乐设计奖，一、二等演员奖。随后，花垣文工队改名为花垣县苗剧团，《带血的百灵鸟》又连续获得中央有关部门奖励，《拿贼》、《逃犯审官》等剧目相继问世，周克佳亦被湖南省文化厅授予优秀中年演员称号。[②]湘西学者罗千里还专门撰写《苗剧志》。这种从无到有的创造发明，为苗族文化植入了新的文化因子。

（二）土家族服装改革

服饰作为族群文化内涵的显要符号和标志，是族群中人认定或表达自己身份的重要方式。新中国成立后，土家族、苗族日常服饰本已趋同，特别是土家族传统服装，已经难觅踪影。2002年，在"保护弘扬民族文化，发展民族风情旅游"的名义下，湘西自治州民族事务委员会组织专家学者对土家族、苗族服装进行改革。其总体构思是：保持传统

---

① 湘西土家族苗族自治州地方志编纂委员会编：《湘西土家族苗族自治州·文化志》，湖南出版社1996年版，第77—78页。

② 同上书，第78页。

特色，吸收现代气息，具有明显标志，参入民间工艺。经多次评审修改，确定土家族女子服饰特征为：织锦头饰配银器；上衣立领右开襟，云肩、襟沿、袖口、下摆滚花边，以阳雀花为主题图案，腰饰如意钩；下衣为八幅罗裙。土家族男子服饰特征为：人形青丝帕，对襟衣配长裤，罩织锦马甲，以八勾和如意为主题图案。后经推广，土家族服装又得到恢复，在湘鄂渝黔边区普遍受到欢迎。2007年湘西州文化局发布《湘西自治州土家族苗族文化生态保护基地实施方案》就规定要"以节庆活动为契机大力推行新的土家族、苗族服装"。虽然新的土家族服装只是在庆典、旅游场合中出现，但毕竟这种改革又为土家族增添了一个文化符号。

文化特征是表达族群身份的工具。强调文化特征以刻画族群边界，常发生在有资源竞争冲突的边缘地带；相反的，在族群的核心，或资源竞争不强烈的边缘地区，文化特征则变得不重要。① 所以无论是原有语言、风俗、信仰的维持，还是当代文化边界的再创造，都在于维持明确的族群边界，从而使得以族群为界的资源竞争更有序、有效。

第二节　族群关系新格局

纵观土司时期以来湘西地区的族群关系史，土家族、苗族的族际关系逐渐从不平等走向平等，文化互动逐渐增多、深入。特别是新中国成立后，经过民族识别和民族区域自治政策的实施，特别是在土地改革和剿匪战斗中，双方的关系迅速得到改善，新型的社会主义民族关系逐渐形成。虽然双方在新中国成立初期民族区域自治形式协商时，出现了一定的分歧，但是双方在确定联合自治后，共同投入到一系列社会主义改造和建设的大潮中，友好的民族关系得到进一步巩固。改革开放和社会主义市场经济体制建立以来，土家族、苗族开始在市场化、工业化、信息化城市化背景下展开竞争，但共同团结进步、共同繁荣发展仍是主流。因此，在这种竞争与合作的背景下，双方的族群关系呈现出新的格局。

---

① 王明珂：《华夏边缘：历史记忆与族群认同》，社会科学文献出版社2006年版，第38页。

一　族群的法律身份与文化身份的错位

（一）族群的法律身份的固定化、清晰化

明确的族籍和族界同时也是人们对于他们所处的互动场景以及彼此行为异同形成的某种定义和看法。这种定义和看法有助于而不是阻碍了他们的互动。[1]

第一，我国族群的法律身份的固定化。族群本是建立在共同的文化基础之上自认为和被认为的一种人类群体。但是在我国的政治体制和民族政策之下，首先，通过一系列制度安排，政府组织进行了"民族识别"，明确了各族群的"正式名称"，划清了各族群在相互认同方面的族群意识边界；其次，通过居民户籍登记填写"民族成分"，又划清了各"民族"彼此之间的法律身份边界；再次，通过建立"民族自治地方"，进一步划清了各族群在行政上"当家做主"的地理行政边界；最后，通过制定和实施"民族区域自治法"等一系列对待少数族群的优惠政策，把少数族群成员当作"特殊公民"，划出了他们与多数族群成员之间在有关法律和其他管理办法适用程度上的边界。而在多民族联合自治区域，也有可能使得各族群也被划分为不同利益表达的群体，从而形成联合自治体制下的独特族群竞争与合作的格局。

在湘西，苗族最先被确认为少数民族身份，并在此基础上自治，先后建立了湘西苗族自治区和湘西苗族自治州，有了自己的自治区域和自治机关。这样，湘西苗族不再是单单一个文化群体，而成为一种"文化—政治群体"。随后，长期同化于汉族中的土家族也经过一系列的调查、访问、论证，被识别为一个少数族群，拥有了和苗族一样的"少数民族身份"，并和苗族一起组成了联合自治政府——湘西土家族苗族自治州。经过这样一系列的制度安排，苗族、土家族的族群身份具有了法律意义和政治意义，身份被固定下来。与此相对应的族群文化也分别被贴上相应的族群身份标签。

第二，族群法律身份的清晰化。在湘西，土家族、苗族的族群身份被固定下来，并一起分享自治权利。这就要求在现实政治、经济生活

---

[1]　庄孔韶编：《人类学通论》，山西教育出版社 2002 年版，第 345 页。

中，在资源分配和竞争中要有相应的制度安排来使族群身份清晰化。于是，便由政府确认每个公民的"族群"身份，这一做法就是把"族群"和"族群边界"制度化，使之成为一个正式制度，任何跨越这个身份的行为（一个公民改变自己"族群身份"）都必须得到政府的认可，需要经过一个正式的官方审批手续。在中国，一个人一出生，便面临着族群身份的选择，因为从出生到上学、工作等都有许多程序需要一次一次地确认自己的法律族群身份，更改自己的族群身份有着严格的法律规定和法律程序。如更改族群身份需要通过村委会、派出所和县、州民委的层层审批。而且根据国家民委、国务院、公安部 1990 年联合下发的《关于中国公民确定民族成分的规定》，"原来确定为某一少数民族成分的，不得随意变更为其他民族成分"。

在湘西，土家族、苗族同样作为少数民族，享有同样的自治权利和少数民族优惠政策。所以，他们的族群身份一旦被固定下来一般就不会再更改。这样也就便于他们按照各种制度安排，自动分别归类于各自的群体。"边界的维护是一个族群的中心任务。一个族群如果失去了维护边界所需要的自外部进入的阻力和内部同化的压力，其成员就会不再具有相互认同的标志。"① 这种安排对于湘西土家族、苗族之间的相互交往和文化融合无疑制造了制度性的障碍。一方面，土家族、苗族的族群分类是按照法律，即身份证、档案来确认，与是否具有相应的文化特征关系不大。另一方面，虽然已经丧失文化特征，但却需要不断强化民族文化来增进民族意识。新中国成立后，政府开展的"民族识别"工作和一系列制度化措施与政策，对这些民族进行识别并确定各自的"自治区域"之后，湘西各族群就开始有意识无意识地选择搜集和利用各种"史料"来构建"民族话语"，包括在对史料进行重新诠释的基础上构建"民族"历史。如苗族、土家族都通过对史籍、神话、传说以及近代出土文物重构了族群发展史。为这种现实中不证自明的族群法律身份作注。

族群边界的"清晰化"和个体"族群身份"的固定化，使当代湘

---

① Kaufmann, Eric, "Liberal Ethnicity: Beyond Liberal Nationalism and Minority Right", *Ethnic and Racial Studies*, Vol. 23, No. 6, 2000, pp. 1086-1119.

西有了一个稳定和清晰的族群格局和秩序，便于土家族、苗族联合行使
自治权力，公平合理地参与各种资源竞争，分享国家的优惠政策。但是
这种法律和制度安排也使得族群边界有时会成为一个社会问题。"当族
群身份与某些优惠政策或歧视政策相关联时，族群边界就进一步成为政
治问题。这些制度、措施、政策的制定、实施会诱生、固化、加强族群
意识，鼓励族群通过政治手段追求本族群的政治与经济利益。"① 这种
后果，轻则引起族群间的竞争和冲突，如果这种持续性的恶性竞争导致
族群分层，族群意识不断强化，就会通过"民族主义"运动建立起独
立的"民族国家"，族群的政治分裂获得成功。虽然在湘西这种严重的
政治分裂不会出现，但利用族群身份参与竞争和冲突则是极有可能出现
的现象。

（二）族群文化身份的模糊化

从族群关系的长远发展角度来看，随着持久、深入的文化互动，族
群交往的历史发展大趋势只能是相互融合而不是进一步分化，是族群成
员间界限区域"模糊化"而不是"清晰化"。

1. 从族群文化上看，土家族苗族文化相互交融，文化边界逐渐
模糊

虽然湘西各种民族民间文化已经被纷纷贴上族群身份的标签，但是
在现实生活中，这种标签常常被人所忽视，"拥有权"和"使用权"经
常相互交叉。湘西土家族、苗族作为两个世居少数民族，"错居杂处，
他们的文化既各自传承，又相互交流"，"相互依存、相互渗透、相互
转化"。土家族、苗族文化之间也是传播、取代、变通、交融共存。②
一位湘西学者也认为：由于独特的地理环境和历史的风云际会，湘西人
创造的湘西文化呈多元一体之格局，即湘西各民族文化是多元，湘西文
化是一体。各民族长期在湘西这方山水中大杂居小聚居，各民族文化相
互混融，形成一个我中有你、你中有我，而又各具个性的多元统一体。
湘西文化呈现一种以土著原始文化为底蕴，以楚文化为主流，以巴文化

---

① 马戎编：《民族社会学——社会学的族群关系研究》，北京大学出版社 2004 年版，第611 页。

② 董珞：《湘西北各民族文化互动试探》，《民族研究》2001 年第 5 期。

为干流，以汉文化为显流的多元一体的格局。① 上述学者的总结也在笔者的田野调查中得到印证。如在凤凰吉信镇土家族、苗族一起信奉白帝天王，一起做"土地会"、"观音会"，在这些宗教民俗活动中，他们已经撕掉了文化标签。

2. 族群间的文化身份可以相互转化

"一个群体之所以成为一个族群，并不是由于它可以被测量的或被观察到的区别于其他族群的差异程度，相反，这是因为在群体内和群体外的人都认为它是一个族群；群体内和群体外的人们的语言、感觉和行为让它看起来就像一个独立的群体。"② 所以族群的文化身份是可以转化的。如前文中，双溪乡的西岐河两岸苗寨的苗家人由于长期地和周围的土家族开亲、交往，一些显性的族群文化特征如语言、服饰都已经丧失，并且大量接受了土家族的生活习俗和民间信仰。他们不仅自己不再认同自己的苗族身份，"土不土、苗不苗"，也被官坝的苗族人称为"假苗族"。而在绿绿河、棉花旗的龙姓和梁姓土家族长期和苗族居住，虽然被确认为土家族，但他们走出山村，到涂乍赶集，仍然被那里的土家族人戏称为"苗子"。

正如郝瑞所认为的那样，族群情感与工具因素尽管同时并存，但事实上在不同情况下，两者发挥的作用不同。在中国，一方面，国家介入民族识别，通过法令将官方认定的民族变成永久性的范畴；另一方面，工具论的利益只要符合国家的政策，也会在某一民族范畴中持续下去。③

二 多民族成分家庭的增加

（一）多民族成分家庭增加

土家族、苗族长时期交错杂居，和睦相处，同居一块地，同饮一井水，在同一块土地上劳动，世世代代结成了民族间的团结友谊。族群通

---

① 郑英杰：《文化的伦理剖析：湘西伦理文化论》，贵州民族出版社 2000 年版，第 30—85 页。

② Hughes, Everett C. & Helen M. Hughes, *Where Peoples Meet：Racial and Ethnic Fronties*, Glencoe, Ill.：Free Press, 1952, p. 156.

③ ［美］斯迪文·郝瑞：《田野中的族群关系与民族认同——中国西南彝族社区考察研究》，巴莫阿依、曲木铁西译，广西人民出版社 2000 年版，第 268 页。

婚限制的逐渐消亡使得各民族间多结成姻亲关系，在一个家庭中不少是多民族的组合，"土家老子客家娘，苗家姑娘土家郎"现象普遍存在。在血统中常常你中有我，我中有你。如今，在湘西土家族苗族自治州，平等、团结、互助的社会主义新型民族关系得到巩固，各民族间通婚已经相当普遍，随之而来的是由多民族组成的家庭越来越多。在一个三代之家，土家族、苗族、汉族及其他少数民族人员共处的现象比比皆是。

根据湖南省统计局统计，湘西的多民族家庭达到了较高的水平。湘西自治州单一民族户比例为 74.5%，在整个湖南省比重最低；从有两个及以上民族的户所占比例看，湘西自治州、张家界和怀化市这 3 个少数民族较多的市州所占比例则明显高于全省及其他市，其中，湘西自治州为 25.5%，张家界市为 20.2%，怀化市为 15.0%，分别比全省平均水平高 21.5 个、16.2 个和 11 个百分点。① 另外，笔者根据户籍资料统计，在吉信镇镇区的吉信村、联欢村和居委会 1176 个家庭中，三个民族的家庭有 43 户，两个民族的家庭 479 户，单一民族家庭 658 户，多民族家庭占到了 44.4%。

（二）多民族家庭成分增加折射出的族群关系

双族或三族家庭的出现是民族平等团结的体现。在湘西，土家族长期与苗族、汉族比邻而居或错杂而居，彼此不仅有经济联系和文化联系，而且相互通婚。在湘西泸溪、凤凰、吉首三个县、市里，有不少双族家庭和双语人口，有的甚至是三族家庭和三语人口。"三族"指土家族、苗族和汉族；"三语"，即土家语、苗语和汉语。董珞在泸溪县的大小陂流村进行实地调查发现，在大陂流村，与土家人通婚的苗人和汉人都能讲土家语，子女成了土家人。在离大陂流村不远的小陂流村，尽管多数原住民同大陂流村的多数原住民一样都是土家人，而且同姓同宗，但是他们与苗族通婚既久，已经改讲苗话，变成苗族了。大陂流村汉人土家化了，小陂流村的土家人则苗化了。② 这里的土家、苗、汉三个民族错居杂处，三方都在谋求调适。调适的两个结构性因素，一是语言，二是婚姻，都听其自然。在大、小陂流村，不同民族之间，没有歧

---

① 石梅：《湖南省家庭户规模呈缩小趋势》，载湖南省统计局编《湖南统计信息网统计信息》2006 年第 136 期（http：//www. hntj. gov. cn）。

② 董珞：《巴风土韵——土家文化源流解析》，武汉大学出版社 1999 年版，第 277 页。

视、压迫，彼此既能通话又能通婚，通常都能以诚相待。而在笔者调查的双溪乡和吉信镇，族群通婚也促进了双方对对方文化的了解、赞赏与采借，减少了对对方文化的偏见。而正是这种因通婚而带来的文化互动改善了历史上这些多族群聚居区内不和谐的族群关系。

族际通婚可以深刻地反映族群关系深层次的状况，这是因为族群之间的基本差异深植于人们的群体认同观念之中，从而使人们把周围的人群区分为"同族"与"异族"。而每一个人只有对另一个人在感情和心理上都认为"可以接受"和感到十分亲近的时候，才有可能考虑到与他（她）缔结婚姻的问题。而在族际通婚的情况下，这样的婚姻也标志着把一个"异族人"吸收进了"本族"的族群。正因为如此，族际通婚通常并不被本族群认为仅仅是通婚者个人的私事，在许多场景下，这种族群认同观念和相应的凝聚力会使本族的父母、亲属、家族、社区对于子女、族人的跨民族通婚表示他们或者赞同或者反对的意见。[①] 在这种多族群家庭中，一方面，通过血缘融合淡化了族群边界和社会边界，双方都进入到对方的族群的家庭、社区组织、社会组织之内；另一方面，在家庭内部和通婚双方家族之间，在语言、风俗、信仰上的相互交流，无疑会有助于增进对对方文化的了解和认同，消除历史上残存下来的文化偏见，增进族群间的团结友谊，提高多族群聚居区的社会整合。

三　多民族家庭子女民族成分选择的多样化

出生于不同族群相互通婚家庭中，这些混血子女对于自己的族群身份选择可以从许多方面反映出一个社会中族群关系的基本格局。

1. 父母的选择

族群的成员资格通常是出生时获得的。在中国，这种身份确定的依据是他们的父母、祖父母或外祖父母的民族成分。通过对通婚家庭父母对子女民族成分选择的问卷调查可以看出：土家族、苗族都对子女的民族成分的选择存在多样化的倾向。但是，通过户籍资料对比后发现，在多民族家庭中，父母对子女民族成分的选择呈多样化的趋势：一是子女

---

① 马戎编：《民族社会学——社会学的族群关系研究》，北京大学出版社 2004 年版，第436 页。

的民族成分多随父亲的民族成分；二是汉族和土家族、苗族通婚则多选择土家族或苗族身份；三是土家族、苗族或其他少数民族之间通婚中如有多子女的情况，有时会出现为几个子女选择不同的族群身份（见表6—1）。

表6—1　　　　　　　父母对子女族群身份选择的态度　　　　　单位：%

		随您	随您配偶	有的随您，有的随您配偶	其他
您孩子的姓	土家族	68.18	27.27	4.55	
	苗族	59.09	36.37	4.54	
	汉族	100			
	综合	65.3	30.4	4.3	
民族成分	土家族	59.09	27.27	13.64	
	苗族	70.00	20.00	10.00	
	汉族	50.0	50.0		
	综合	63.6	25.0	11.4	

2. 子女的态度：选择性认同与族籍迷失

子女在族群身份的选择中多处于被动的地位。在随后的社会化过程中，个体很早就充分地认识到他的族群身份，并且了解自己与其他族群成员之间的差异。群体认同逐渐被内化，个体接受群体认同与接受自己的性别是同样的自然。戈登认为："一旦一个社会的族群类型被建立，人们就会被自然地划分到这些类别中，并且不完全由人们的意识所决定。"① 在族群界限并不严格，以及有大量跨族际婚姻的多族群社会，族群性的这种特性变得更加显著。因此，个人在就其族群身份上"他们是谁"做决断时，有些人是主观的，而另一些人却是无意识的。如在湘西，许多人是不同民族混合婚姻的后代，他们虽然在法律身份上不能变更自己的族群身份，但在现实的族群互动中，却可以通过对当地主导族群的认同来提高他们的地位。因为一个人如何被对待，主要根据他或她

① ［美］马丁·N. 麦格：《族群社会学：美国及全球视角下的种族和族群关系》，祖力亚提·司马义译，华夏出版社2007年版，第12页。

所属的族群在社会中的地位。在多族群社会，族群性是决定"在这里能得到什么"和"得到多少"的一个非常重要的因素。而在湘西，决定"在这里能得到什么"和"得到多少"，在不同的场合下标准是不一样的。在日常交往中，人们凭借的是"文化身份"；在升学、提干等政治场合是按"法律身份"的。在笔者调查的两个村落和一个集镇的访谈中，那些土家族、苗族与汉族通婚家庭的子女对外界一般会声称自己是客家，只有在进一步追问下他们才会确认自己的土家族或苗族身份。而在他们的身份证和户籍上则会明确地表明自己的族群身份。笔者在一家土家族苗族通婚家庭中，亲历了这种族群身份选择性的策略的精彩对话：

> 父亲：我们是苗族，姓张的住在苗族就是苗族，住在土家族、汉族就是土家族、汉族。
> 儿子：我是汉族。
> 媳妇：你是土家族。
> 儿子：乱填的，我上户口又改过来了的。现在我的孩子是苗族，我的媳妇是苗族，麻阳的，假苗族，不会讲苗话。

在这种族群法律身份和文化身份的错位中，他们采取选择性认同，并由此而产生了"族籍迷失"。

文化互动与族群关系互为里表。文化互动是结成各种民族关系的深层原因，族际关系则是文化互动表现出来的物质表现形式或精神表现形式。因此，族群关系是文化互动的结果，文化互动是族群关系的动态表现形式。① 湘西土家族、苗族文化互动过程中族群边界的清晰与模糊，以及他们对维持族群边界的文化事象的选择与利用，正是他们之间竞争又合作的族群关系的复杂写照。

---

① 罗康隆：《族际关系论》，贵州民族出版社 1998 年版。

第七章

多民族社区族群文化互动关系模式

　　文化的独特性、社群意识，族群中心主义（优越感），与生俱来的成员资格以及领地，这些族群特征在不同的族群中会得到不同程度的呈现。这些族群特征是变量，不仅各族群特征相异，而且在不同的历史时期其特征也完全不一样。因此，我们不能期望发现，一个社会中所有族群都具有同样独特的文化习惯、强烈的自觉意识、族群外其他人的承认，甚至族群优越感。族群被关注的程度，以及其成员间保持一种强烈的族群意识的程度，同时依赖于族群内和族群外的反应。有些族群寻求迅速的同化，以及相对较快的被主流社会接纳。而其他族群，由于被支配群体排斥，或他们自身希望保持族裔社群，又或者是两者结合，从而很多代都能保持其族群认同。① 湘西历来是一个土家族、苗族、汉族等多民族聚居区、多元文化区，这就使得土家族、苗族之间的文化互动不可避免地受到其他民族的影响，并呈现出独特的文化互动关系模式。

第一节　汉文化在土家族苗族文化
互动与族际关系中的作用

　　湘西位于中国腹心地带，是中原和西南的通道，自古以来就与中原、华夏相邻，这里历来就是各种文化的交汇点。自秦统一后，在武陵地区建立郡县，通过政治军事等手段，汉文化不断传入湘西地区，即使

---

　　① ［美］马丁·N.麦格：《族群社会学：美国及全球视角下的种族和族群关系》，祖力亚提·司马义译，华夏出版社2007年版，第14页。

在元明清土司统治时期，汉文化向湘西地区的播化从未停止过。当代的湘西土家族苗族文化受到汉文化前所未有的涵化。

一 汉文化的传播与两族对汉文化的借用

（一）当代汉文化的传播

文化传播是人们社会交往活动过程中产生于社区、群体及所有人与人之间的共存关系之内的一种文化互动现象。[①] 当代湘西，汉文化的传播过程可以从文化的共享性、传播关系、传播媒介和传播方式几个角度来分析：

1. 汉文化具备土家族、苗族的共享性

文化的共享性是指人们对文化的认同与了解。自古以来，汉文化对湘西土家族、苗族文化的濡染十分明显。秦汉以来汉文化多通过战争和驻兵、移民、朝贡以及中央政府强制推行汉化政策来影响土家族、苗族文化。汉文化在湘西已经得到了普遍认同。如汉族的生产技术普遍为苗族、土家族所接受。汉语、汉字是湘西各族群学习、交流的通用语言文字。汉族的风俗习惯、宗教信仰也都不同程度地渗透到土家族、苗族文化中。如汉族的春节、清明、端午、中秋、重阳成为各族群的共同节日，汉族的佛教、道教、祖先崇拜都不同程度地为苗族、土家族所采纳。如土老司、苗巫中的客老司都采用了道教的经书和引入道教的神灵系统。

2. 传播关系的多重性

第一，从地理区位上讲，湘西土家族、苗族文化区与中原汉文化区紧密相连，湘西东部与沅、辰、常等汉族地区相接，南与长沙、衡阳相邻。根据文化学理论，相邻的文化区文化最容易发生流动。第二，汉文化和土家族、苗族文化是一种高势能文化与低势能文化的关系。文化虽没有优劣之分，但有高势能和低势能之分。作为一种高势能的汉文化总是流向低势能的土家族、苗族文化。在这种大环境中，汉文化是绝对的强势文化，汉语、汉文自产生以来就是官方语言、官方文字。这就使得苗、土家文化，从语言文字开始，到民俗，都受到汉文化"润物细无声"的涵化。第三，汉文化与土家族、苗族文化是主体族群文化与少数族群文化的关系。汉文化的众多文化符号都是作为官方文化符号，如汉

---

① 司马云杰：《文化社会学》，山西教育出版社 2007 年版，第 213 页。

语是官方语言，是中华各民族的通用语言，汉族的各种节日也被确定为官方节日。汉族的价值观，如儒家思想也被确立为中华民族的主流价值观。上述三种关系紧密相连，又重重叠叠，彼此间相互联系、相互作用，从而构成了汉文化向土家族、苗族传播的多重信道。

3. 传播媒介多样化

传播媒介是文化传播的中介，也是联络传播关系的工具和手段。第一，新中国成立以来，湘西建立起报纸、杂志、广播、电视、电影、网络等体系健全的大众传播媒介，并覆盖全州。如除国家和湖南省的各种报纸外，每个行政村都订有湘西《团结报》，各县城也都能订阅到《边城》报；所有的村寨都能收看到电视节目，各个乡镇所在地都能登录互联网。第二，湘西从小学到大学健全的民族教育体系也成为汉文化的重要传播媒介。第三，湘西本身就是汉族、土家族、苗族交错杂居，再加之中华人民共和国成立后，大批汉区知识分子和干部到湘西支援少数民族地区的建设。人群流动是文化播迁的主要渠道，汉族的迁入，不仅带进了汉区的工具技术，也带入了汉文化。特别是西部大开发以来，人口流动增强，众多的汉族人口也成为流动的传播媒介。

4. 传播方式的多层次交互性

传播媒介的多样化必然会形成传播方式的多样化。汉文化向湘西土家族、苗族文化的传播方式既有根式传播，也有波式传播。根式传播表现为土家族、苗族政治、经济、文化精英对汉文化的吸收及其再传播，以及汉族与土家族、苗族之间的人际传播。波式传播则表现为从城市向乡村，以及从汉族聚居区向土家族、苗族聚居区的边缘到中心的波浪式推进，在这个过程中，还包含了汉文化从土家族地区向苗族传播的过程。并且两种模式交互作用、交替发展，共同促进了汉文化向土家族、苗族的传播和渗透。

（二）土家族、苗族对汉文化的借用

1. 苗、土家受强势的汉文化浸染，广泛接受汉文化

第一，汉族的生产技术在国家的推广下，迅速在土家族、苗族中推广。第二，汉语汉字被土家族、苗族全面接受。新中国成立后，土家语、苗语无论是使用人数，还是使用频率都呈下降趋势，汉语、汉字成为湘西土家、苗族的族际交流通用的语言文字。第三，汉族的服饰、饮

食习俗被土家族、苗族借用。如今天土家族、苗族日常服饰都以汉式为主。第四，汉族的宗教信仰继续向土家族、苗族渗透，如土家族、苗族传统的巫师土老司、苗老司地位逐渐衰落，活动日益减少，而一些客老司、土老司也开始转行，学习道教，文武两教都做。不少土老司、客老司现在既是梯玛、老司，也是道士。对于强势的汉文化向土家族、苗族的传播，古丈县一位干部也深表赞同：

> 湘西不是土家族向苗族学习，也不是苗族向土家族学习，实际上是土家族、苗族向汉族学习，包括语言，苗族向汉族靠拢，土家族也向汉族靠拢，汉化。包括生产工具啊都是向汉族学习。（报道人：古丈县县政府人，土家族，男，PZK，干部，49岁）

一位凤凰吉信镇退休土家族教师也觉得他们完全被汉化了：

> 土家族汉化得太严重了。土家族根本就没什么土家族的习性出现，我长这么大我也不知道，土家族到底有什么样的生活习性我都不知道，从来没有看到过。（报道人：凤凰县吉信镇居委会人，土家族，男，ZXH，教师，30岁）

吉信土家族的大小神龛

2. 苗族、土家族采用汉文化，实现文化增值

（1）借用汉语丰富和发展本族群语言。随着社会的发展，土家族、

苗族和汉族交往日益密切，特别是科学技术进步，土家族、苗族都借用了不少汉语给苗语、土家语增添新词，如土家语中的"摆手"、"毛古斯"，苗语中的"打米"、"干部"等。此外，土家族和苗族都利用汉语配合土家语、苗语开展双语教学，既加强了知识学习，又传承了本民族语言。如一位苗族干部就讲述了小学中用苗语配合学习汉语拼音的故事：

> 老师首先要学苗话，像我们野竹的，1982 年以前，特别是 70 年代的人，主要是讲苗话，汉化程度都不高。像叫那个拼音，a o e、i、u、ü 那个 ü，按我们的谐音就是"鱼"，鱼的苗话就是"缪"，同学们读就是"u"，老师就跟着解释"塘里'缪'的'缪'"。到 70 年代末 80 年代初的时候，汉话程度还不高，80 年代以后，汉话就快了。教师队伍好了，再一个改革开放走出来的比较多，原来的教师都是当地的土教师，不然你讲不来苗话。断龙那边受教育程度要比苗族这边快些，虽然他们的传统语言没有什么改变，但他们读书的习惯好得多，所以他们的文化底蕴要深一点。要高得多，思想意识的那个开化土家族比苗族开化的早。断龙、茄通出去人好多，以前他读过书啊，地主私塾里读过两年书的都是知识分子，那时候你记工分都骗不到他的。（报道人：古丈县农业局，瓦乡人，男，WYF，干部，47 岁）

（2）利用汉文化促进民族文艺发展。第一，傩堂戏与阳戏的改造与新生。在湘西，还傩愿是土家族、苗族、汉族共生的祭祀仪式。其核心法事是请桃源洞傩坛弟子降临傩厅为户主勾销良愿，同时演出赐福扫邪驱魔的戏目。在凤凰、吉首一带指巫师行法事、演傩堂正戏娱神为"阴戏"，庭前搭台唱戏娱人叫"阳戏"。新中国成立后，还傩愿的法事逐渐减少，但其伴生的傩堂戏和阳戏却不断吸收汉文化，发展出一批新剧目，演绎本族群神话和英雄人物，为这一传统戏曲赢得新生。

湘西傩堂戏包含两部分，即正戏和本戏。正戏剧目有《搬先锋》、《搬开山》、《搬算匠》、《搬铁匠》、《搬师娘》、《搬八郎》、《送子》、

《搬笑和尚》、《搬土地》、《搬判官》等多出。① 本戏（或折子戏）统称花朝。本戏剧目最著称者为"三女戏"，即《孟姜女》、《庞氏女》、《龙王女》，其中《孟姜女》为各派傩堂戏必演剧目。新中国成立后，傩堂戏曾一度销声匿迹。随着国家宗教文化政策和文艺政策的制定，傩堂戏艺人开始编唱新内容，少数艺人改唱阳戏、花灯。1955 年，湘西苗族自治区举行春节民间艺术观摩会演大会，凤凰县代表队演出的傩愿戏《雷交锤》被评为优秀节目。1956 年，湘西苗族自治州举行第三届民族民间歌舞戏曲观摩表演大会，大庸县代表队演出的傩堂戏《观花》被评为优秀节目奖。各地业余剧团还以傩堂戏移植或编演了一些现代小戏，如凤凰的《骆四爹买牛》、《补锅》等。②

　　阳戏在发展过程中，也向辰河戏、荆河戏、汉戏等大剧种学习，借鉴了京剧出场的"打引"、"念诗"，采用了某些过场音乐曲牌，移植了如《蜜蜂头》、《攀丹桂》等传统剧目，学用了做功、武功等表演程式，从而成为湘西自治州富有特色、颇具影响的地方小戏。1953 年，凤凰县举办首届阳戏会演，吉信业余剧团创作演出了第一个阳戏现代戏《翻身竖新房》，受到观众赞扬，曾两次被湘西自治区人民政府调演。1957年，大庸、凤凰相继成立阳戏专业剧团，其中有不少土家族、苗族、白族等少数民族文艺骨干。在国家文艺政策指引下，挖掘整理传统剧目，积极创演现代戏，借鉴兄弟剧种的表演技艺，充实伴奏乐器和舞台演出设备，使阳戏艺术得到较大提高。1959 年，湘西州代表演出的反映土家族神话传说的阳戏《春哥与锦鸡》，在湖南省戏剧会演中获奖。1978年以后，各县阳戏剧团得以陆续恢复，传统剧目《桃花装疯》、《雷交锤》、《孟姜女》、《绣楼记》等重放光彩。新创作的剧目《边城雾》、《金鞭岩》、《爱扯谎的婆娘》等先后获奖。尤其是大庸阳戏剧团演出的新编历史剧《罗大将军》，描写土家族民族英雄罗荣光在天津大沽口抗击八国联军壮烈殉国的故事，在 1984 年湖南省第三届戏剧节中获多项

---

① 湘西土家族苗族自治州地方志编纂委员会编：《湘西土家族苗族自治州·文化志》，湖南出版社 1996 年版，第 84 页。

② 同上书，第 86—97 页。

奖励,剧本亦于次年获得中央有关部门奖励。① 1959 年,湘西州歌舞(剧)团古今、彭正鹤根据长诗《锦鸡》编创歌剧《锦鸡姑娘》,第一次将土家族历史题材搬上舞台,其后又编创出《卡洛与锦鸡》。②

第二,利用汉语对土家族、苗族民族史诗的整理、改造,促进民族文化的传播。土家族、苗族均有丰富的民族史诗和神话。一般都只被土老司、苗老司等少数人掌握,而且多用苗语、土家语传唱。为了保护、抢救、弘扬民族文化,他们的族群精英近年来纷纷将这些神话、史诗翻译成汉语。如保靖县土家族人龙泽瑞、龙利农父子历时五年,寻访湘西各地梯玛,整理出《牛角里吹出的古歌——梯玛神歌》一书,类似的作品还有《梯玛歌》。苗族的苗族古老话、婚姻礼词,也因苗族无文字,故未成书,均由历代艺人口传至今,新中国成立后也被整理出版,如《苗族婚姻礼词》、《古老话》、《板塘苗歌选》等。

第三,利用苗语给汉语电影配音,促进文化交流。新中国成立之初,苗族人民看电影听不懂对白,只是看热闹。1954 年,湖南省电影 2 队巡映到凤凰县廖家桥乡,放映前请当地歌郎、歌娘将《草原上的人们》影片编成苗歌演唱,帮助苗族观众看懂电影。1957 年,吉首县电影 1 队在己略乡放映《天仙配》出现七仙女回天庭的镜头时,请一位小学教师用苗语唱道:"七姐床木黄大叭,秀大董永义够雪。"(汉语意为:七仙女回天上去,心挂董永在人间)同年 7 月,古丈县电影放映第 1 队在该县老寨放映时,请苗族教师把《智取华山》影片编成苗歌,在映前演唱道:"亚做大雨吹大风,呕炭得屋哈吹谣,人民军队重情义,苟被出瓦盖七巧"(汉语意为:常母和媳妇正遇匪兵,我们人民解放军赶来消灭了匪军,并冒雨盖屋),群众反映很好。龙光全母亲说:"你们电影队用苗歌一唱,我们就看明白了。"1964 年 7 月,凤凰县电影 2 队放映员吴文杰到吉林省学习用朝鲜语给朝鲜族放映电影的经验,掌握配音技术。他在放映现场对口型用苗语配音,一人扮演多个角色,模仿男女老少各类语气,苗族人民反映说:"扑雄(苗语)的电影太好看

---

① 湘西土家族苗族自治州地方志编纂委员会编:《湘西土家族苗族自治州·文化志》,湖南出版社 1996 年版,第 82—83 页。

② 同上书,第 104 页。

了，很合我们的口味。"苗族社员吴志文激动地说："毛主席和共产党为我们苗家想得太周到了。"1965 年 5 月 25 日晚，凤凰县电影放映 2 队在吉首放映故事片《夺印》，做了苗语对白放映表演，受到中共湖南省委书记处书记万达、省民委主任谷子元、州委书记齐寿良、州长石邦智等领导的赞赏。此后，湘西自治州电影公司成立涂磁配音小组，有配音演员、翻译员共 5 人。选择故事片 6 部、纪录片 7 部，经涂磁后再用苗语配音。同年 10 月，将已配苗语的故事片《雷锋》、科教片《保护青蛙》在凤凰、吉首、花垣等县苗族聚居区试映，收效良好。1977 年 4 月，凤凰县电影公司孙万元等人试验成功用副磁带录音，用苗语录制了美术片《画廊一夜》和幻灯节目《鸳鸯袋》的配音解说。① 20 世纪 80 年代后，农村经济文化不断发展，懂汉语的人越来越多，苗语录音遂告停止。

（3）汉文化对宗教信仰领域的渗透。苗族、土家族民间信仰大量借用了道教、佛教的文化因子。自改土归流后，道教、佛教对土家族、苗族的民间信仰就开始渗透。在当代这种趋势依然存在。

随着汉文化的大规模传入，传统的土家族、苗族的法事如还傩愿、椎牛祭鬼等的舞蹈形式虽然被开发成文艺节目登上大雅之堂，但其宗教活动在民间却逐渐衰微。一些苗老司、土老司的生存受到威胁，于是他们开始进行自觉的调整。他们往往集道士、老司多重身份于一身，其法事巫、道、佛相互杂糅。吉信镇一位 80 多岁的回族老人，就说现在的法事完全搞混了，他都看不懂了：

> 一般的话，土家族到二十八，现在的白事也还搞那个溜罗。溜罗有两餐的，打绕棺的也有，现在的形式，因为解放以后呢，二十多年消失了，现在又搞。用我们的眼光来看，他们是不规则的，有好多是这里问的一点，那里搞的一点。他连佛教的有好多东西，法事，经文他也拿来念，旧社会他就道士是道士，但是你要念经呢，念佛教高头呢，专有一个人在道教的法事，这一堂做完了，归那个

① 湘西土家族苗族自治州地方志编纂委员会编：《湘西土家族苗族自治州·文化志》，湖南出版社 1996 年版，第 273—274 页。

人，佛教的那个书呀，劝世书呀，在那里念，他两个是分开的，他不是由道士来搞的。现在混淆了，他做的对不对，现在都是年轻人不晓得。（报道人：凤凰县吉信镇联欢村人，回族，男，ZHDT，草医，72 岁）

这种杂糅，是苗族、土家族宗教信仰对汉文化传播的一种调适，将佛教和道教与本族群信仰进行整合，为自身赢得了继续生存的空间。凤凰县吉信镇联欢村 WZHB 老人，既是一位苗老司，也是一位道士，文武兼作。他有两套法具，一套是做老司的法具：司刀、笭、绺巾；也有一套佛教的行头：锡杖、袈裟、木鱼。这些变化说明土家族、苗族开始对自身族群信仰的扬弃与对汉族宗教信仰的主动采纳。新中国成立后，土家族、苗族的一些民间信仰被蒙上了"封建迷信"的外衣，改革开放后虽然有所复兴，但是随着教育的发展、科学的昌明，人们开始以现代科学、文明的眼光衡量他们那些神秘的民间信仰与巫术，认为佛教和道教有经书、有庙宇、庵堂更容易让人感知。一位苗医就认为这是一种"进化"：

> 老人呢，原本呢就不一样，原来苗族就不用道士，他就用苗老司。但是通过解放以后，因为生活提高了，道士的开支要大，他那也不是一个人，最少的有六七个，多的话有十来个人。苗老司就是一个人，他这一个做一下就成了，你像我道士就不是一下的，他那个生活，一解放，慢慢地用两样，用道士的也有用苗老司的，有的呢他又改了，他用道士以后他就不用苗老司了，如果用苗老司就不用道士了，反正进化了。（报道人：凤凰县吉信镇联欢村新良子人，苗族，男，WZHB，苗医、老司，63 岁）

二　汉文化在两族文化认同中的作用

西方人类学家认为，"在多族群社会，支配族群的文化霸权体现在主要的规范和社会价值观里，而并非表现在社会的各个文化元素中。在任何一个异质社会，少数族群的某些文化特征必将渗入主流文化"。①
在我国多元一体的族群格局中，汉文化作为国家的主体族群文化，在促
进土家族、苗族文化互动中的相互认同方面起到重要作用。

（一）汉文化成为两族文化互动的中介

汉文化在湘西已经成为土家族、苗族等各族群共享的文化。这种共
享的文化使得土家族、苗族文化交流与互动有了一个中介。如在语言交
流中，土家语与苗语分属不同的语支、语系，几乎没有沟通的可能性。
但是，土家族、苗族都会讲汉语——客话，在交流中双方都采用汉语。
同样，在宗教信仰领域，土老司、苗老司各有自己的神灵系统，但引入
道教后，双方就有了一个对话的渠道。如苗族客老司（巴代咱），也称
红衣老司，其法事活动主要以道教为主，就很容易被土家族接受。同样
一些汉族宗教信仰为土家族、苗族共同信仰，还为他们提供了交流的机
会和空间。如前文所述的，在吉信镇莲花庵和土地堂，土家族、苗族共
同做土地会和香会，这就为他们提供了交流的机会和空间。此外，双方
还借用汉文化诠释自身文化，这也有利于双方的沟通和对对方文化的认
知。如在古丈县河篷乡苗族《七月七谢双星》的传说借用汉族的牛郎
织女故事来解释民族节日"七月七"的来历。②

（二）汉文化缩小了两族的文化差异，消解了两族的族群特征

汉文化的传播与土家族、苗族的主动借用，使土家族、苗族部分文
化要素趋同。特别是在一些物质文化领域、社会组织结构以及语言等方
面，土家族、苗族不断被汉族同化，土家族、苗族的族群特征被逐渐消
解。双方的文化差异开始缩小。如在土家族、苗族一些独特的禁忌逐渐
消失，或者不再被严格遵守，就大大减少了交流中发生矛盾的可能性。
另外，土家族、苗族的节日体系逐渐开始与汉族节日同步，节日风俗也
逐渐趋同。土家族、苗族文化的趋同，使得双方的文化差异逐步缩小，
共同性逐步扩大，无疑会促进彼此的认同感。如在吉信镇，一位苗老司
就认为苗族的风俗受汉族影响很大，苗家和客家、土家都"搞成一锅

---

① ［美］马丁·N.麦格：《族群社会学：美国及全球视角下的种族和族群关系》，祖力
亚提·司马义译，华夏出版社 2007 年版，第 41 页。
② 刘黎光：《传说中的湘西》，湘西吉首卫校印刷厂 1999 年版，第 199 页。

粥了"，很难区分：

> 清明节上坟这个是从汉族学来的，一般的像往回呀，他都是过
> 年才挂，现在清明节也挂。苗家、客家好像搞成一锅粥了，一样的
> 了，也没有哪样特殊的了。解放以后呢，社会比较平安，走上走
> 下，往来往去，像往回结亲，一般汉区和苗区都没开亲，各是各
> 的。现在呢，这家女要来，就讲成了，都开亲了。你像往回结亲
> 呀，唱苗歌呀，苗礼节话呀，现在都没讲了，因为他和汉区一开亲
> 以后，汉区没讲，他也没讲。（报道人：凤凰县吉信镇联欢村新良
> 子人，苗族，男，WZHB，苗医、老司，63 岁）

（三）汉文化加速了土家族、苗族文化的传播，使其价值得到彰显

在土家族、苗族文化互动中，双方仍保留许多独特的传统文化。一
些土家族、苗族文化精英便利用汉文化来挖掘、整理、推介族群文化，
如用汉语整理神话、传说、民间歌谣，借鉴汉文化的各种因子，改造传
统民族音乐、舞蹈、戏曲或创制新的文化形式，这些活动都加速了土家
族、苗族文化向对方族群传播的速度，其蕴含的独特价值更易于被对方
理解和接受。

（四）以汉文化作为族群文化边界的标志

在湘西，土家族与苗族吸收、借鉴汉文化的程度不一。因此，汉文
化也会成为土家族、苗族区分我群与他群的参照物。如土家族、苗族同
样过年，但是在梳头溪，土家族是大年三十晚上吃年夜饭，而在官坝苗
族却是在初一早上。对此，官坝人解释说，过新年就是要初一新年的第
一天过，三十过的是旧年。在这里，吃年夜饭的时间就成了土家、苗家
区分的标志。另外，家先及神龛位置也成为土家、苗家区分的标志。在
苗家的家先则摆在火坑边的中柱上，一些受汉文化影响的苗族人也开始
在中堂设"天地君亲师位"神龛，特别是一些苗老司和苗医家中非常
普遍。在湘西，苗族人经常把大量吸收汉文化的土家族和汉族一起称为
客家，并根据自己族群内部"汉化"程度的深浅，分为"真苗"与
"假苗"。

古丈双溪官坝苗医的祖师坛

第二节　多维的族群关系模式

当不同的族群长期共同生活在同一个社会，他们或者是向某种统一的社会形式靠拢，或者是保持甚至强化他们之间的不同。这些不同形式的整合和分离被称为同化和多元化。马丁·N.麦格认为族群关系主要有三种模式。族群之间接触后，会产生竞争与分层，然后族群关系会朝着三个方向发展。第一个方向是同化方向，经过文化整合，最后实现各族群间的融合；第二个方向是不平等多元主义方向，即族群间出现等级制的差异，严重的后果会导致族群间的驱逐或消灭；第三个方向是平等多元主义方向，之间会出现团体多元主义的族群关系模式，当然也会走向政治自治。① 在这三个方向中，过程和结果并不互相排斥，而且同化和多元化都不是线性的（见图7—1）。

---

① ［美］马丁·N.麦格：《族群社会学：美国及全球视角下的种族和族群关系》，祖力亚提·司马义译，华夏出版社2007年版，第113页。

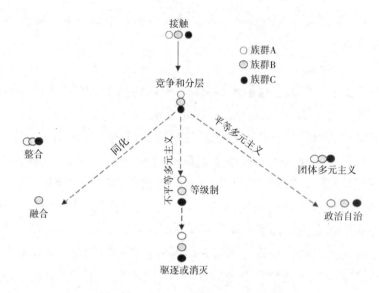

图 7—1 马丁·N. 麦格的三个方向说

根据上述族群关系模式来分析湘西土家族、苗族的族群关系模式，我们会发现经过认同与互动过程后的族群关系呈现的是独特的多维族群关系模式。有的表现为多种文化并行、多个族群并存，不是一种族群及其文化统治乃至于消灭另一种族群与文化的同化现象，而是一种多元文化的共生与和谐；有的则表现为各个族群间的竞争和冲突，但却没有形成不平等的等级制。在发展趋势上，通过互动与整合，族群在发展过程中保留自身文化特征、习俗、语言的基础上，同时趋向对新的族群认同与归属。

一 和谐与共生

合作和融合也是族群关系的特征。许宪隆曾提出在散杂居地区，各族群处于一种共生状态，倡导用"共生互补"理念构建散杂居地区和谐社会①。其实在多民族聚居区，族群间的共生状态更为显著。这种长期的共生关系是形成和谐族群关系的基础，也是和谐族群关系的表现形式。

---

① 许宪隆、沈再新：《共生互补——构建散杂居和谐社会的实践理念》，《中国民族报》2008 年 7 月 18 日第 6 版。

（一）和谐与共生的历史渊源：神话与传说中的土家、苗家共生与和谐关系表述

1. 三族同源

湘西土家、苗家、客家及其先民很早便共同生活在湘西，共同开发这片土地，有着长期共生关系，并建立起和谐的族群关系，土家、苗家、客家对这种共生与和谐的族群关系的认识集中地体现在土家、苗、汉是一家兄弟的神话中。例如土家族的《摆手歌》说，人类的始祖补所和雍尼是兄妹，结婚以后生下一个没有五官四肢的"肉坨坨"。他们遵照神灵的旨意，把肉坨坨切成一百二十块，拌了三斗三升沙子撒出去，变成了客家人；拌了三斗三升泥土撒出去，变成了土家人；拌了三斗三升树苗撒出去，变成了苗家人。人们在摆手时唱道："客家哩，土家哩，苗家哩，都是娘身上的肉哩！""客家哩，像河里的鱼群；土家哩，像雨后的新笋；苗家哩，像树上的密叶。"① 流传于保靖、古丈交界地区的苗族长歌《果雄略西沙贡》（即苗族起源、迁徙古歌，又叫"吃牛古歌"）中也有关于苗族、汉族为兄弟的传说，"早在远古时期，7个果咱（苗族对汉族的称谓）和5个果雄（苗族自称）兄弟，从洞庭湖区沿江而上，经过艰苦的跋涉，一同迁入武陵境内。"② 关于土家族、苗族兄弟的传说在前文关于棉花旗梁姓人和丰宏坡龙姓人迁徙和分化的例子也有提及。如今这种土家、苗家、客家是一家兄弟的故事还在许多土家族、苗族杂居区演绎。如在双溪乡的梳头溪村和官坝村的土家、苗家人结成异性兄弟的真实故事。这种兄弟同源的传说的形成、演变与流传，反映出人们对湘西各民族人民具有共同世系和起源的一种推论，既是对历史和现实中各族群间密切联系的形象概括，也表达出事实确实应该如同兄弟般团结的一种主观诉求。

2. 文化同源的传说

除了这种三族同源的神话，在湘西各地区都流传着他们文化同源的传说。如他们的宗教同源的传说：土老司、苗老司、客老司都是去拜张天师或者去西天找佛爷取经的故事。

---

① 彭勃、彭继宽：《摆手歌》，岳麓书社1989年版，第113—116页。

② 湘西土家族苗族自治州民族事务委员会编：《湘西土家族苗族自治州志丛书·民族志》，湖南人民出版社1999年版，第319页。

土老司到张天师那里学道法，学了几年没学出个名堂。他很勤快，给张天师背柴挑水，深得师傅器重，回来时，给他打发了一本经书，叫他一切法事都按经书做。路上，土老司遇到客老司，客老司说："伙计，你和张天师好，你个儿再去取一本啰，这本书就送给我吧。"土老司心直口快，当真送给了人家，回头又找张天师要经书。张天师说："经书只剩下半本了，你拿去吧。"他带着这半本经书回来，路上又碰到个苗老司。苗老司说："颇卡（土语：先生），你和张天师好，你个儿再去取一本啰，这半本经书送给我讨吃吧。"土老司是"快心婆娘无裤穿"，又把半本经书送给苗老司了。等他再一次向张天师求经书的时候，张天师犯难了，想了大半天才说："经书确实没有了，这样吧，我送给你一把司刀，八颗铜铃，这司刀是斩妖宝刀，这铜铃是八宝铜铃，再送给你一碗水，包你乱搞乱好。"土老司欢欢喜喜回来了。路上又碰到苗老司。苗老司见了这黄金金的八宝铜铃，涎水都爱滴了，就左一声"颇卡"，右一声"颇卡"地缠着不放，土老司只好给他分了两颗，至今的土老司是没有经书的，八颗铜铃只剩六颗了。①

从三族同源到宗教同源，这些神话、传说既是对土家族、苗族族群多元文化间的共生与和谐关系的一种朦胧意识，也是土家族人对现实族群关系目标的一种理想追求。在新中国成立后土家族识别后，这种追求在一些土家族知识分子诗歌中得到了充分表达。如湘西土家族苗族自治州成立后，人们唱道：

> 荷花吐艳正逢秋，传来喜讯乐悠悠；
> 千年喜事今朝到，成立联合自治州。
> 共产党，打金晒，土家苗汉团拢来；
> 同艰共苦情义好，相亲相爱不分开。

---

① 刘黎光：《中国民间故事集成湖南卷·湘西土家族苗族自治州分卷》，保靖印刷厂1989年版，第113页。

　　　　一根藤上两个瓜，土家苗汉是一家；

　　　　兄弟并肩搞建设，山寨同开向阳花。

　　从神话、传说到当代诗歌，有着对土家族、苗族、汉族之间的同源
共生关系的一脉相承的表述和认识，反映了各族群对长时期的族群间的
和谐与共生关系的一种历史记忆。

　　（二）和谐与共生的当代实践

　　1. 对族群关系史的重新诠释

　　在历史上，由于封建政府的民族分裂政策，造成了民族间的隔阂与
矛盾。这些隔阂与矛盾成为当代和谐族群关系建构的隐患。新中国成立
后，官方和学者开始对历史上的这些冲突和矛盾重新诠释，人们开始从
阶级的角度来分析土家与苗家的关系，并将土司与一般土家族人剥离开
来，转移人们对土司镇苗的历史关注。此外，对自明代开始修建的防苗
的"边墙"、"屯田"，人们对其进行重新诠释。如强调苗疆边墙为苗族
保留和维持了相对稳定和相对独立的生活空间，① 对民族间的交往的限
制与隔离是流官在"民苗为二以相安"的指导思想下，把各民族生存的
地域空间法制化，为"和平共居"创造一个基本的物质环境。屯政则推
动了苗疆社区的近代重构。② 除此之外，政府开始将历史遗留下来的带有
民族压迫和歧视的地名更改为新的名称，如永绥改为花垣、得胜营改为吉
信、苗河改为兄弟河等，逐渐淡化残存的冲突记忆，营造一种和谐氛围。
随着旅游业的兴起，人们又开始把这种民族隔阂的遗迹作为一种旅游资源
来开发，称作"南方长城"，悄然改变残留在人们记忆中的冲突。

　　当然，两族人民历史上更多的则是相互依存，"土家族有求于苗族，
苗族有求于土家族"，③ 各有所求，共生互补。长期以来的婚姻关系，
以及两族人民历史上多次联合斗争，抵抗外侮的历史都是土家、苗家和
谐族群关系的有力证明。吉首县 60 多岁的黄穆如副县长说：乾嘉暴动
时，住在万溶江一带的土家，就有很多人和苗族一道反抗了清朝的残酷
压迫。新中国成立前，在共产党的领导下，两族人民共同抗击国民党血

---

① 伍新福：《湖南民族关系史》（上），民族出版社 2006 年版。
② 谭必友：《湘西苗疆多民族社区的近代重构》，民族出版社 2007 年版。
③ 董珞：《湘西北各民族文化互动试探》，《民族研》2001 年第 5 期。

腥统治的事实，和在新中国成立后一系列的社会改革和发展生产的群众运动中的紧密团结都是有目共睹的。① 当代人们更多的是强化诸如此类的历史记忆。

2. 和谐与共生的当代实践

新中国成立后，土家族、苗族先后被确认为少数民族，并成立了湘西土家族苗族自治州，土家族、苗族联合自治，历史上的共生与和谐关系开始在一种新的历史条件下形成和发展。国务院批准成立土家族苗族自治州，土家歌手田茂忠再次将土家族、苗族的关系形象地比喻为：

> 金银开花一根藤，荷花莲藕一塘生；
> 各族兄弟手牵手，齐奔锦绣好前程。②

民族和谐是指在各民族间存在着特点的差异和文化的多样性的基础上，各民族的合法权益得到保障和实现，各民族的经济和社会事业得到协调发展，各民族的特点和文化受到尊重，各民族和睦相处，关系融洽。③ 60 多年来，湘西自治州经过努力，湘西自治州各族人民文化上相互认同，共存繁荣；政治上实现了一律平等，共同合作，共同分享自治权力和现代法治理念；经济上互补合作，共同发展区域经济。这正如土家族著名歌手田茂忠所唱的："共产党，打金筛，各族人民团拢来，同甘同苦情义好，共建家乡花楼台。"特别是近年来，民族团结进步工作做得有声有色，民族关系十分融洽，汉族离不开少数民族，少数民族离不开汉族，各少数民族之间也相互离不开，即"三个离不开"深入人心，平等、团结、互助、和谐的社会主义民族关系正在湘西全面建立。

（三）共生与和谐的民间表现形态

在当代，土家族、苗族之间的这种共生与和谐有着多样的民间表现形态。从居住格局上看，交错杂居的状态依然存在，人口的自由流动以及城镇化的发展，居住格局继续混杂。随着族群地位的平等以及经济发

---

① 《凤凰县民族志》编写组编：《凤凰县民族志》，中国城市出版社 1997 年版，第 356 页。

② 刘黎光：《传说中的湘西》，湘西吉首微小印刷厂 1999 年版，第 300 页。

③ 吴仕明主编：《中国民族理论新编》，民族出版社 2007 年版，第 288 页。

展差距的缩小，族群通婚范围和地域不断扩展。随着交往的增多和文化互动的深入发展，族群间的宗教信仰已经开始互相渗透、交融。这种渗透和交融体现在吉信镇一位巫师身上。这位巫师前面已经多次提及，在此做一个集中介绍：

1. 多重身份的巫师

第一，巫师 WZHB 具有多重身份，他集老司、道士、苗医于一身。他今年 70 多岁。1956 年考取铁道部后，曾在郑州、衡阳铁路工作，后来又从铁路转回凤凰三拱桥医院，并担任了十多年院长，1980 年退休回来后，由于他二爷曾当过老司，他便开始从他二爷手里把老司接了下来。他属于苗族老司中的客老司。其次，他又是一个道士，据他自己介绍，他是从贵州南千山普济派那里学来道教的。另外，他退休后，还在继续行医，且中医、苗医、西医结合，一般逢场，五天一场，赶场就摆摊子，已经摆了二十多年。与此三个身份相对应的是他也有三套法具。作为老司他有司刀、绺巾、牛角、法衣和经书、竹鞭；作为道士，他的法具则显得有些杂糅，既有经书，又有木鱼、如意、锡杖。此外他还有和苗老司一样的一个铜铃。作为苗医他家中安有祖师神坛，还有大量草药。

WZHB 的苗医执照

第二，他的三个身份都得到了官方和各族群民间的承认。首先，他是官方认可的苗医，凤凰县卫生局给他颁发有个体开业行医执照，开业项目为民族医，行医范围是吉信区。其次，他是一个苗族的客老司，他给吉信周边的苗族人还愿，驱邪赶鬼，有时候甚至土家、客家也会请他去做法事赶鬼。最后，他是一位道士，远近闻名，吉信的土家、苗家、客家有人去世都请他诵经超度，打绕棺。

WZHB 做道士和做老司的两副打扮

2. 神坛：多重神灵的秩序与融合

WZHB 的三重身份、三种信仰也在他家的神坛上有了合理的安排，体现了多种神灵的融合与秩序。

在他的中堂上共有三个神坛。中堂正壁最上面的一个坛上书"释道同坛"，在此坛的左右两侧分别为"福祸无门唯人自召"、"善恶之报如影随形"。在"释道同坛"中，最核心的是"南无证盟真空，三教九室，无极能人之位安坛大吉"和"师尊师祖各派师众，祖师傅名号"。其两侧也有一副对联："神佛众圣亲属缘众，三坛共教香灯供养"。

中间偏右的一个坛是骑虎大坛，上书"手持金鞭擒猛虎，足踏火轮射蛟龙"。中间供奉的是"供奉下坛南郊"各种兵神之位。在其两侧又有早来屯兵和夜来歇马。

三个神坛

在中堂正壁下面桌子上又有一个坛：坛中供奉的神灵有当皇土地，太上老君。太上老君之下又有东木程兵春雷兵、南火程兵夏雷兵、西金程兵秋雷兵、北水程兵五百马雷。中间是白帝天王三兄神位。再右是药王仙师，其下供奉起水仙师、白鹤仙师，最后则是财禄神，之下又有宗君神、团宗神。

在这三个坛中，总共供奉的神灵有道教神灵、佛教神灵、苗医祖师神、白帝天王、土地、药王、财神等众多神灵，体现了道教、佛教、白帝天王、客教以及苗族各种民间信仰的融合，在这个神坛中每个神灵都得到了合理的位置。

三种身份、三套法具、三个神坛，在WZHB的身上融合、转换，而且没有任何冲突，官方和各族群对其一致认可。这种多神灵的秩序安排和融合是吉信这个多族群聚居区民间信仰相互交融的写照，也是现实中族群间和谐共处的象征。

两套法具

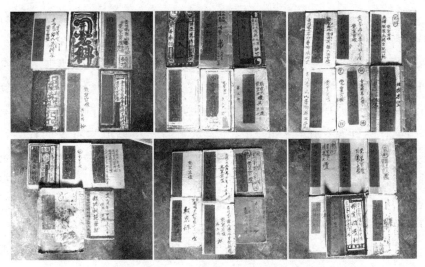

经书

二　竞争与冲突

族群关系也会表现为冲突和对抗。在人类学的族群研究中，许多学者，特别是"工具论"者，强调"族群"是人类在资源竞争中为了追求集体利益，并限定可分享资源的人群范围，而产生的以主观认同凝聚的社会人群。① 在湘西土家族、苗族的文化互动中，我们也可见到各种资源竞争与分配关系的形成、维持与变迁的背景。

社会科学家一直认为，由于工业化和现代化力量，在族群多样化的社会中，种族和族群性的重要性将会降低。他们认为，随着小的、独特的社会单位的衰落，以及大规模的、非人格化的官僚体制的出现，人们的忠诚和认同将被引向民族国家，而不是内部的种族和族群团体。但是，似乎相反的趋势正在成为当今世界的特征，有很多证据支持现代化导致了族群分离主义需求增长理论。② 工业化不会必然引导更良性的族群关系或是替代已经建立起来的族群制度。③

① 王明珂：《华夏边缘：历史记忆与族群认同》，社会科学文献出版社 2006 年版，第 249 页。

② Conner, Walker., "Nation-Building or Nation Destorying?", *World Plitics*, Vol. 24, 1972, pp. 319-355.

③ Blumer, Herbert, "Industrialization and Race Relations", in Guy Hunter (ed.), *Industrialization and Race Relations*, London：Oxford University Press, 1965, pp. 200-253.

在另外一些虽然在法律上承认族群平等但事实上明显存在"族群分层"现象的国家中，个体和群体之间的竞争同样是十分激烈的。这里虽然不存在政府对一些族群实行的制度性歧视，但是有些族群长期在社会和政府中占据了重要的位置，他们可以在形式平等的竞争当中给予本族群成员一定的"照顾"，从而形成非制度化的族群关系网络来无形控制与分配社会资源。在这样的社会中，族群身份可以成为重要的社会资本。一个人属于哪一个族群，仅仅具有这一身份本身就会使他在社会资源、各种利益和发展机会的分配中享有特权或遭受歧视，毫无疑问，在这样的社会场景中，无论是占优势的族群还是占劣势的族群，都会为捍卫或争取自己族群的利益而斗争。①

有的美国学者甚至认为，当前世界上种族和族群之间冲突的重点正在十分清楚地实行转移，从强调各自文化、语言、宗教等方面转向强调族群成员的各种实际利益。② 对于族群历史和文化特征的强调在很大程度上已经不再成为族群运动的目的，而演变成为群体加强内部和进行社会动员以争取实际社会经济利益的手段。③ 湘西土家族、苗族之间同样存在着利用族群文化参与资源竞争与冲突。

（一）政治资源的竞争

作为联合自治的两个少数族群，联合自治这种政治体制既使他们共同分享湘西区域社会经济管理事务的权力，也给他们提供了竞争的场所。这种竞争在民族识别以及确定联合自治形式的时候就有所表现。

1. 族群精英对自治的诉求

新中国成立后，苗族率先被承认为少数民族并享有自治权利。土家族人也开始了对这种自治的诉求。如田心桃在中央领导接见的时候，开始声称"我是土家人"。苗族自治州在1952年成立以后，"土家"人中流行如下的两首歌谣：

---

① 马戎编：《民族社会学——社会学的族群关系研究》，北京大学出版社2004年版，第96页。

② Glazer, Nathan & Daniel P. Moynihan, *Ethnicity: Theory and Experience*, Cambridge: Harvard University Press, 1975, p. 8.

③ 马戎编：《民族社会学——社会学的族群关系研究》，北京大学出版社2004年版，第96页。

> 苗族土家一家人，犹如同胞同奶生；
>
> 过去走的排排路，土家成了掉队人。
>
> 民族团结是一家，客家土家分明他；
>
> 客家土家分明了，土家人民好当家。①

与此同时，大量的土家族知识分子开始通过写信等各种方式来呼吁中央政府承认他们的少数民族身份。在这种背景下，土家族的传统文化在国家的民族识别过程中开始得到恢复、发展。

恢复承认土家族的民族身份是对新中国成立后湘西刚刚形成的族群政治格局的一个调整，这首先会对苗族造成冲击。因此，在明令承认"土家"为一个少数民族之前，中央必须对湖南省与湘西苗族自治州的有关领导进行教育和说服工作。这种冲击，在潘光旦的《访问湘西北"土家"报告》中曾认为土家族确认的阻力主要有"两怕"：

> 1. 怕苗族吃亏。解放前在很长的一个年代里，中原统治者利用土家祖先中的统治阶层来"约束"苗族，乃至镇压苗族，苗族确乎是吃过"土家"土司、地主、富农、商人的亏的。但"土家"老百姓和苗族之间，没有这问题。民族矛盾归根结底还是阶级矛盾。解放以后，由于群众一般接受了革命理论与民族政策，苗、"土"关系基本上还是好的。但一则由于历史上不愉快的经验，再则由于新的理论与政策的深入不深不细，在苗族方面，对"土家"人，不论以前是否属于统治阶层，还难免心存几分畏惧。这是很自然的。二省州方面的领导同志，或自己是苗族，或虽然是汉族而多年来同情于苗族，工作上也和他们特别接近，因而不免以苗族的观感为观感，以苗族的情绪为情绪。这也是很自然的。×××同志在又一次谈话中，就流露出这种感情地说："解放前'土家'与客家一样的压迫过苗家，你能让'土家'与苗家一样么？"意思是：不能让他们一样，"土家"不应当接受为一个民族，如果被接受，岂不

---

① 潘光旦：《访问湘西北"土家"报告》，载全国政协暨湖南、湖北、四川、贵州政协文史资料委员会编《土家族百年实录》，中国文史出版社 2007 年版，第 529 页。

是成为一样了么？

2. 怕承认以后事情不好办。承认以后，自治的问题就来了。自治州必须改组。两个民族联合搞罢，则"土家"知识分子多于苗族，人口可能也多些。人事上重新安排就不简单。分开搞罢，则北四县的人口（100 万）多于南 6 县（70 万），面积也大些，物产业多些，分后的苗族自治州的发展显然受到很大的限制，苗族又要吃亏，这就结合到了第一点怕。①

这两怕集中反映了一点就是湘西确认两个少数民族后，就会改变原有的族群格局，而且土家族人口和文化上的优势会迅速占据过多的资源，从而形成新的"事实上的不平等"。

对于土家族对自治权利的诉求，苗族也有同样的顾虑。所以在土家族确认后经过反复的协商和激烈的讨论，终于达成了联合自治的形式。这种竞争虽然没有酿成严重的冲突，但也留下了一些消极后果，在后来的反右斗争中土家族、苗族的一些族群精英受到了打击。这段历史在下层民众中至今仍印象深刻。

2. 联合自治体制下的政治资源竞争与冲突

（1）两族共治下应对民主选举的文化机制。政治资源总是有限的，各个族群都希望将本族群的人才精英输送到自治机关中，代表本民族利益，为本族群说话，为本族群办事。这种资源竞争与冲突往往会以非正式的方式体现出来，它是一种无形的文化机制。在我国的民族自治机关，最高行政长官实行的是组织考察推荐、人民代表选举的方式产生。自治州州长、副州长先由组织考核后，推荐该州人民代表大会，由土家族、苗族等各族人民代表选举。面对现代的民主选举制度，我们虽然无法洞察族群政治力量是如何角逐的，但我们看到了这种角逐的结果：州长轮流坐的特有政治现象。从 1957 年土家族苗族联合自治州成立后，在 1957 年到 1992 年间，除"文革"期间有过 3 位汉族人担任革委会主任外，自治州最高行政长官都由苗族担任，从 1992 年开始形成州长轮

① 潘光旦：《访问湘西北"土家"报告》，载全国政协暨湖南、湖北、四川、贵州政协文史资料委员会编《土家族百年实录》，中国文史出版社 2007 年版，第 533 页。

流坐的特点：1992—1997 年为土家族人，1997—2003 年为苗族人，2003—2007 年为土家族人，此后又先后由苗族人、土家族人担任。在湘西另一重要的政治资源聚集地就是州委，通过州委历任书记，总共产生过两位土家族书记和一位苗族书记。

在实际的政治运作中，国家和州里对土家族和苗族干部的安排会考虑到选贤任能与族群间政治力量的平衡。作为一个联合自治的自治州，政治资源的分配如各民族人大代表等都有一定的比例，并且得到了相关法律的保护。首先，以中共湘西土家族苗族自治州第九届委员会为例看，这次大会共选举产生的州委委员 43 名，候补委员 8 名，常务委员 13 名，书记 1 名，副书记 2 名。在 43 名委员中土家族 14 名，苗族 15 名，汉族 13 名；候补委员 8 名中，土家族 7 名，苗族 1 名；13 名常委中土家族 4 名，苗族 3 名。书记为汉族，副书记土家族、苗族各 1 位。其次，在人大中州第十二届人民代表大会常务委员会委员、常委会中，土家族 8 名，苗族 9 名；常委副主任中，土家族 4 人，苗族 2 人。在政府中州长为苗族，副州长中 2 名土家族，1 个苗族，政协中主席、副主席中，土家族 5 名，苗族 3 名。单从人数上看，土家族、苗族达到几乎绝对的平衡。对于这种现象，一位土家族干部表示这种平衡是必需的：

> 土家族、苗族基本上平衡，但他要通过党的民族政策，培养干部慢慢地疏通啊。特别是高层领导，你像州长必须是土家族、苗族。为什么要搞自治法呢？就是要考虑到民族和谐平衡。本来要按照原来的自治法，土家族苗族自治州，书记是从外面派的。其他县里的干部、州里的局长、副书记、副州长、人大政协就要考虑平衡了。（报道人：湘西州政府，土家族，男，GZQ，干部，46 岁）

另一位干部则讲述了一个县从不平衡到平衡的过程：

> 打个比方，人大提了苗族的干部，政协就要提土家族的干部。书记一般是外来的，县长、人大、政协这三个要平衡。××县选举的时候有民族观念，好比候选的几个人是土家族，县长是差额选举，就发动他本地的，拉票。送烟啊，请饭吃啊。TJD 的搞差额选

举，要刷掉两个。打个比方，县委书记是土家族，重点干部考虑的
都是土家族干部。原来有个 TZK，搞得全县的局以上的全部是他们
土家族，州里、县里发现了。苗族他象征性的搞点吗，他不重视你
嘛，好比方十个局，他九个局就要搞土家族。他是永顺人，就提永
顺人，在永顺搞工作的，他在××县提拔是永顺籍的人。（报道人：
古丈县文化局，苗族，男，WBCH，退休干部，64 岁）

（2）民众眼中的湘西官场政治生态：提拔本族群干部。在现代化
进程中，随着政府行政机构的建立与扩展，经济市场化和网络化，族群
隔离的基本格局必然要冲破，而在冲破之后的一段时间内，随着教育的
普及和媒体的宣传，少数族群民众及精英人物将迅速接受这些现代政治
观念（自由、民族、平等、人权等），从而对过去存在的不平等以及现
实中仍然存在的"不平等"现象提出质疑，并学习运用新的政治手段
（组织政治性团体、进行社会动员、组织示威游行等）来为本族群争取
应当获得的权利，而族群之间在语言、宗教等方面的文化差异便成为以
族群进行社会动员的文化基础。① 如在湘西，"苗话"就能轻易地把土
家族、苗族干部区分开来。在土家族人看来，苗话是苗族干部天然的动
员工具，认为苗族干部讲苗话就是"有点排他性"：

> 苗族干部在一起就讲苗话。这个有点排他性。人家听了有点不
> 舒服。那你包括土家族、汉族都不舒服。像你两个是苗族，我是土
> 家族，你两个噼里啪啦的，我一听听不懂，你不愿意我听，就那意
> 思。有的他两个不是这个意思。他两个讲那个话自然了，他讲苗话
> 就觉得距离拉近了。（报道人：古丈县县政府人，土家族，男，
> PZK，干部，49 岁）

下层民众对这种竞争非常敏感，在他们看来哪个族群的人担任了州
长或者书记，就会提拔本族群的干部。对于现在一些岗位的汉族领导干

---

① 马戎编：《族群社会学——社会学的族群关系研究》，北京大学出版社 2004 年版，第
413 页。

部，他们认为这是中央为了平衡土家族苗族之间的竞争的。一位退休干部曾这样评价：

> 肯定是这样的呢，提携嘛，他搞就要培养他的干部，现在就是我要用我的人，我要调我的人，我要到哪个单位我就要调我心腹的人来。我做事说话得有人听。做事才有人帮，你不架空了。土家族势力大些，苗族没什么势力。宣传部长啊，组织部长是外地的，组织部长必须是外地的。为什么呢？因为是人事的问题呀，规定的。反腐败。前前后后呀，通过派系斗争呀，中央也知道，现在已规定州委书记外地人来，组织部部长外地人，实权派啦。宣传部部长是土家族啊，纪检书记也是土家族啊。SBZ 在的时候，那个时候苗族各个机关各个部呀，组织部呀，宣传部呀，几个大的单位，还有州的几个大的机关呀，基本上都是苗族搞，民族概念相当深。（报道人：吉首市人，苗族，男，SHYM，退休教师，62 岁）

的确，"现代国家使用的行政程序会无意中制造出合法的族群政治组织，科层制政府的有关政策会加强，有时事实上会重新划定族群边界。当政治利益的分配方法有所调整，从而使政治竞争激化时，就有可能出现族群动员"。① 在资源、利益和发展机会分配方面的族群差别越大，族群之间歧视的程度就越严重，优势族群捍卫自身特权和劣势族群力图改善自身状况的动力就越来越强烈。在这种以族群划界的利益分配斗争中，各个族群都把增强族群意识作为加强自身凝聚力和团结其成员的手段，族群的象征意义也在这种斗争中最鲜明地显示出来。②

（二）对经济资源的竞争：梳头溪与官坝的例子

在一个多族群国家，一个多族群城市或一个多族群农村社区里，几个不同的族群集团共同生存在这同一个地域空间和同一个社会结构中。如果这些不同族群在社会地位、经济收入等方面差距很大，那么这些族

---

① Olzak, Susan & Joane Nagel（eds.）, *Competitive Ethnic Relations*, New York：The Academic Press, 1986, p. 8.

② 马戎编：《民族社会学——社会学的族群关系研究》，北京大学出版社 2004 年版，第96 页。

群看待这个社会结构的观点（是否平等、公平的社会）和相互之间的看法（是否存在剥削者和压迫者）绝对是不相同的。如果在一个社会中不同族群集团之间也存在着类似的结构差异，存在着"富裕族群"和"贫困族群"，而资源的占有又决定了权力的分配。

在此，我们可以从双溪乡梳头溪和官坝村资源竞争与分配关系的历史来分析他们的竞争与冲突。在官坝苗族人和梳头溪土家族人之间一直存在资源分配的竞争与冲突。据梳头溪人介绍，他们的祖先是居住在断龙，从断龙山上搬下来也不过五代人。他们先是居住在梳头溪上游，而官坝的苗族居住在梳头溪的下游。后来随着梳头溪人势力的增强，他们和官坝的苗族人打了一架，后来就把苗族人赶到梳头溪与西岐河汇合处居住。这个故事也在官坝寨中流传，老人们经常给孩子讲那一架死了很多人。到新中国成立前，梳头溪人已经占据了这里的大部分土地，而官坝则在下游溪流墨和梳头溪的挤压下，丧失了几乎全部的田土。据这里的老人回忆，新中国成立前，官坝人自己已经没有田土，他们寨子门口的田就是溪流墨的，只能靠给梳头溪和溪流墨人打短工和编草鞋维持生计，甚至戏称"官坝，官坝就是管坝"。

新中国成立后，在土改中，国家对这里的资源进行了重新分配。梳头溪人主动把田土和粮食分给了官坝人。国家介入的这种调整并没有平息双方之间的资源竞争，20世纪70年代，双方还曾因为梳头溪人禁止官坝人到他们山上砍竹子，而大动干戈。

今天在市场经济体制下，官坝人又在竞争中处于不利地位。由于梳头溪人居住地区地理条件相对优越，集体化时期兴建的茶林现在开始发挥效益，经济率先发展起来，同时也争取到各种项目，如农田改造，引进了湖南群博科技发展有限公司投资兴办波尔山羊场。而官坝则一直从事传统种植业。现在他们又像祖辈一样开始到梳头溪"打工"，春天上梳头溪给人摘茶叶、冬天上梳头溪给茶叶松土。

许多西方社会学家认为，族群矛盾在一定程度上反映的实质是社会阶层之间的利益冲突，但是由于族群成员之间体质、文化认同而很容易使族群成为社会动员的单位，所以这些利益冲突有时候以族群矛盾的形式表现出来。① 对于官坝在资源竞争中的不利地位，梳头溪人认为是官坝人思想落后的结果，对官坝人充满偏见，而官坝人在这种不利地位下自然会顽强保留自己的族群特征：讲苗话、穿苗装等来加强族群凝聚力。

庆幸的是，在湘西土家族和苗族中间并没有明显的社会结构差异，他们之间这种竞争和冲突可能被控制在文化领域而不会危及整体性的社会结构。当地政府也注意到了他们之间这种不平等的竞争，2007 年，自治州土地局开始驻官坝村重点扶贫，为官坝整修了农田，村寨道路硬化，修建沼气池，开挖了茶园，扶持了三家茶叶加工厂。官坝有望在新时代里和梳头溪、溪流墨村平等竞争。

三　族群关系走向：从"团体多元主义"到"中华民族多元一体格局"

按照戈登的思路，在族群关系的发展取向上大致存在着 4 种社会类型：种族主义社会、平等基础上的同化主义社会、强调机会平等的自由主义的多元社会和强调结果平等的团体多元主义社会。

（一）湘西的民族联合自治体系与团体多元主义

1. 团体多元主义的特征

团体多元主义是戈登对瑞士、比利时、马来西亚、加拿大等国家的族群政策的概括，即族群之间的结构和文化差异受到国家保护，制度条文鼓励社会性报酬按族群比例进行分配。②

第一，在团体多元主义体系中，族群得到政府的正式认可，政治和经济权力在族群原则上进行分配。因此，在政治舞台上，立法席位和其他政府职位的分配以族群性为基础。这不仅指政治利益按比例分配，而且更重要的是指在各个重要多元社会的领导之间存在合作。③ 而且，各个群体在本地事务上拥有很大程度的政治自主权。在经济领域内，也应

① Glazer, Nathan & Daniel P. Moynihan (eds.), *Ethnicity: Theory and Experience*, Cambridge, Mass.: Harvard University Press, 1975, p. 7.

② Gordon, Milton M., "Toward a General Theory of Racial and Ethnic Group Relations", in Nathan Glazer & Daniel P. Moynihan (eds.), *Ethnicity: Theory and Experience*, Cambridge, Mass.: Harvard University Press, 1975, pp. 84-110; "Models of Pluarlism: The new Amercian Dilemma", *Annals of the American Academy of Political and Social Science*, Vol. 454, 1981, pp. 178-188.

③ Lijphart, Arend, *Democracy in Plural Societies: A Comparative Exploration*, New Haven, Com.: Yale University Press, 1977.

按照各群体在国家人口的比例，对收入和工作进行平等分配。

第二，这种多元类型强调而不是压制文化和结构分离，多语言化得到官方支持。如瑞士有四种官方语言——德语、法语、意大利语、罗曼语（Romansh）。[①]

第三，在团体多元化社会里，各族群主要由同质的、在地域上集中的、扎根于本土悠久历史的人们构成。通过政府或自愿向中央政府放弃主权以保证自己经济和政治利益的方式，这样群体构成了一个更大的国家社会的一部分。

第四，在团体多元体系中的族群在本质上是"亚国家"[②]。它们仅效忠于一个更大的国家政府，并需要参与国家的经济体系而整合在一起。从理念上说，没有哪个群体是支配群体，每个群体都几乎按照比例被给予社会性报酬。

2. 团体多元主义的缺陷：政治自治与分裂

比利时、南斯拉夫和加拿大等国的例子暴露出在多族群社会实行团体多元主义的缺陷。比利时是实行团体多元化路线的典型代表。比利时社会主要基于语言进行划分：瓦龙人说法语，佛兰芒人说荷兰语。每个群体在地域上都是集中的。法语是传统的主流语言；如果佛兰芒人想要提高其社会地位，他们就必须接受法语以及法语文化的其他方面。这种情况在"二战"之后有了变化，因为佛兰芒区的经济地位有了显著的提升。但是，语言分化却更加尖锐，族群分割更加显著。相应地，比利时社会和政府机构在原有的协和式特征的基础上更进一步地加以调整来适应这种分化。[③] 每个群体都有语言和教育权利，最重要的是，形成了政治权力分配方案。例如国家内阁必须包括同等人数的操荷兰语和法语成员。[④]

---

① McRae, Kenneth D., *Conflict and Compromise in Multilingual Societies: Switzerland*, Water-loo, Ont.: Wilfrid Laurier University Press, 1983.

② Petersen, William, "Concept of Ethnicity", in Stephen Thernstrom (ed.), *Harvard Encyclopedia of American Ethnic Groups*, Cambridge, Mass.: Harvard University Press, 1980, pp. 234-242.

③ McRae, *Conflict and Compromise in Mulitilingual Societies*, Vol. 2, Belgium, Waterloo, ont.: Wilfrid Laurier University Press, 1986.

④ Heisle, Martin O., "Hyphenating Belgium: Changing State and Regime to Cope with Culture Division", in Joseph V. Montivile (ed.), *Conflict and Peacemaking in Multiethnic Societies*, New York: Lexington Books, 1991, pp. 177-195.

比利时等多元化更多的是群体选择的产物。但如果我们审视选择这条族群和谐路径的现代社会，会发现其结果并不总是好的。南斯拉夫的解体就是一个悲剧性的例子，各自基本生活在不同地域的几个种族式民族组成了一个国家，大体上按照各族群比例分配政治权力。但该体系在1991年崩溃了，引发了最残暴的族群冲突之一。在加拿大，法语和英语冲突已经持续了（虽然不是暴力性的）两个世纪。比利时和瑞士这种族群关系较为和谐的例子似乎是例外，并不常见；并且，即使是在这些社会，间歇性的群体冲突也很明显。[①]

3. 湘西的民族联合自治体系与团体多元主义

湘西的民族联合自治体系与团体多元主义有许多类似之处。第一，具有相似的族群群体。土家族、苗族都是具有法律地位的自治族群，政治地位平等，他们共同享受中央政府的族群优惠政策，没有支配族群和从属族群之分。第二，具有相似的族群政策。在湘西，土家族、苗族族群联合实行自治，自治州是国家不可分裂的一部分。双方共同分享自治州的权力，在政府和人大等权力机关和政府部门根据人口比例分享政治权力。土家族、苗族都是世居此地的族群，并形成了相对稳定的居住区域，各有自己独特的文化体系，国家和自治州的各项法律都支持和保护他们的文化特色。第三，在这样一种体制之下，族群关系整体上是和谐的。

不同的是，湘西土家族苗族联合自治的体系既没有走向政治自治和分裂，也没有在自治州内出现土家族、苗族单独自治的倾向，而是与中央政府保持着紧密的联系。因为从历史上看，无论是羁縻制度时期，还是土司时期，这一地区都对中央政府有着强大的向心力。改土归流后，这一地区实际上也已经完全和全国实现一体化了。另外土家族、苗族虽然都有自己独特的文化，但他们基本都认同汉文化，就是在土家族苗族之间，虽然文化具有一定的差异性，但也有许多共通之处。因此对中央政府的认同以及对汉文化的认同以及土家族、苗族文化之间的相互认同，使得这种带有"团体多元主义"色彩的联合自治制度并没有出现

① ［美］马丁·N. 麦格：《族群社会学：美国及全球视角下的种族和族群关系》，祖力亚提·司马义译，华夏出版社2007年版。

诸如加拿大，乃至南斯拉夫那样严重的后果。

但是，正如韦格利和哈里斯认为的那样，多元化目标使得某种程度的冲突永远存在，必然会导致一个群体从属于另外一个群体。事实上，不管多元化看起来多好，几乎总是会导致冲突。① 同样，在湘西这种体制下，土家族、苗族也存在政治、经济资源的竞争与冲突。

（二）从团体多元主义到中华民族的多元一体

鉴于团体多元主义可能导致的后果，以及我国民族政策执行以来出现的一系列问题。马戎提出，应当以自由主义的多元主义为长远目标，以团体多元主义为过渡手段。② 因为在社会实践中，长期实行"团体的多元主义"政策是会出问题的。所谓自由主义的多元主义就是指政府与社会对于每个个体的族群身份"不进行甚至禁止任何法律上的或官方的认定，以便将不同种族、宗教、语言或不同族群起源的群体看作在法律或政府程序中占有一席之地的统一实体，同时它也禁止应用进行任何形式的族群标准，不管应用这种标准是为了任何类型的族群歧视的目的还是为了对少数族群特殊照顾的目的。当然，按照这种结构，这些少数族群群体中的许多成员，也都会受惠于以解决有关问题为目标的立法……这样一个社会里平等主义的规范强调的是机会的平等，对个人的评价也是基于评价其表现的普遍标准"。③

自由主义的多元主义认为，在多族群社会，忽视族群文化区别的做法，在资源分配和机会竞争的过程中完全不考虑族群背景，强调机会的平等，同时承认个体能力差异，这样才能体现人类社会的平等理念和公平原则。似乎这样，族群文化的多元性就显得无关紧要，族群间的文化差异就不会引起偏见和歧视，族群更不会利用族群文化来进行族群动员。一切似乎是完美的，然而这仅仅只是一种"自由主义"的期望。很显然，在我国现行民族政策体制下，族群边界的存在与维持仍有强大的内在驱动力，忽视湘西土家族、苗族经济社会文化上的历史和现实差

---

① Wagley and Harris, *Minorities in the New World: Six Case Studies*, New York: Columbia University Press, 1958.

② 马戎编：《民族社会学——社会学的族群关系研究》，北京大学出版社 2004 年版，第510 页。

③ 马戎编：《西方民族社会的理论与方法》，天津人民出版社 1997 年版，第 131 页。

距，是不利于多族群社会和谐发展的。

　　在多族群社会背景下，要实现族群关系的平等和谐族群路径，"中华民族多元一体"理论是可供我们选择的路径。费孝通归纳了中华民族大家庭中各个族群之间关系的特点："（这一形成）过程的主流是由许许多多分散存在的民族单位，经过接触、混杂、联结和融合，同时也分裂和消亡，形成一个你来我去、我来你去，而又各具个性的多元统一体。"① 长久以来，湘西土家族和苗族虽然存在文化差异，表现出一种文化多元的状态，但是他们长期在同一地域生活，面临着同样的生态环境和类似的人文环境，同时有着汉文化的中介和通融，两个族群的文化具有很强共生性、交融性，长期、深入的互动，文化互相渗透、互相认同，形成了各族群共享的湘西文化。文化上也具有"多元一体"的特点。这样就会从基于对文化多元一体的认识，超越族群偏见，扩展到湘西族群结构的多元一体认识，从族群认同扩展到地域认同、国家认同，最终实现族群认同和区域认同，族群认同与国家认同同构多元一体族群格局。

---

　　①　费孝通：《中华民族的多元一体》，中央民族学院出版社 1989 年版，第 1 页。

结　语

对构建湘西和谐文化与和谐
民族关系的思考

在一个多民族的国家中如何处理好各个族群集团之间的关系，对于国家稳定、和谐至关重要。古今中外，世界上许多多族群国家所发生的社会动荡都是未能处理好本国的族群关系，从而导致民族冲突的升级与恶化，最终使国家和所有的族群都深受其害。我国历史上就一直是一个多族群国家，如何实现族群文化和谐与族群关系和谐，湘西的历史和现实可以给我们很多启发。

一　反思：同化与多元化的博弈

大多数群体关系模式理论通常认为多族群社会的不同族群要么日渐融合，要么日趋分离。这些群体要么在文化上变得更相像，相互的交往更自由，实现同化；要么在文化上相区别，在社会层面相隔离，维持多元化。同样，在湘西也存在这种同化与多元化的博弈。

（一）土家族苗族族群文化的同化趋势

同化主义的社会理念主张在平等的基础上实现族群之间在社会结构上的完全融合，认为在社会中存在一个在文化传统、社会组织、经济活动、道德伦理、宗教信仰等各方面都堪称楷模的"标准族群"，社会中的其他族群都应当在各方面向这个"标准族群"靠拢，逐步使自己在各方面融入社会的这个"标准族群"中去。① 在湘西这个多族群聚居

① 马戎编：《民族社会学——社会学的族群关系研究》，北京大学出版社 2004 年版，第506 页。

区，土家族、苗族文化都面临着同化的压力。

1. 土家族、苗族文化面临着政治一体化、经济一体化对文化一体化的要求

湘西历史的发展是一个逐渐与区域、国家政治、经济一体化的过程。从羁縻时期到土司时期，湘西基本上处于一个相对封闭的政治环境中。这种政治环境为土家族、苗族文化的形成与发展营造了一个屏障。改土归流后，湘西开始纳入全国的经制州县体系，打破了原来相对孤立、封闭的状态。民国时期，这种一体化继续得到加强。新中国成立后的民主建政、土改、社会主义改造、民族区域自治等加大了对土家族苗族原有社会结构的改造，促使其与现代民族国家的政治、经济体制接轨，改革开放以及西部大开发，使这种经济一体化和政治一体化都不断得到强化和稳固。随之而来的便是文化上一体化的要求。

2. 土家族、苗族族群文化的异质性面临着现代化要求文化同质化的改造

现代化是一种生产方式、一种生活方式、一种消费方式，它的发展将会伴随着一套新的"现代价值"理念。当主流文化得到政治、经济力量和媒体的支持，在族际文化交流中少数族群的文化传统只能处于弱势地位，许多少数族群的成员潜移默化地接受主流文化。现代化正在文化层面上对少数族群文化带来冲击。土家族、苗族的精英人物不免会思考，自己的族群传统文化未来的前景是什么，如何对其进行改造和诠释，才能在现代化的潮流中立足。

3. 土家族、苗族在互动中，文化相互认同、相互借用、相互调适，文化逐渐趋同

土家族、苗族文化本身就是一种共生的文化，现实的文化差异只是由历史上社会环境的差异造成的。随着土家族、苗族文化互动的深入和发展，他们的文化差异也会不断缩小，逐渐趋同。

4. 土家族、苗族面临着汉文化的涵化，族群文化特征不断被消解

自改土归流以来，湘西土家族、苗族文化一直处于汉文化的涵化之中。土家族大量接受汉文化，乃至于土家族到新中国成立后，需要反复地调查论证，才最终恢复和确认族群身份。当代，虽然土家族文化呈现出一定的复兴趋势，但由于受汉文化涵化日深，不少苗家人仍视土家为

客家、汉族。同样，明清以来，因苗族受到汉文化的涵化，文化持续变迁，族群文化的同质性出现分裂，从而出现"生苗"、"熟苗"之分。今天，这种变迁依然在延续，在古丈县等地，人们依据语言的不同而把苗族分为"真苗"与"假苗"。

（二）土家族、苗族对湘西文化多元的维持

与同化类似，多元化也包含几种维度和形式。但无论哪种情况，族群都会保持甚至强化其特征。由于人们在社会生活中属于不同的群体，对社会生活的感受与理解往往不同，加上自然环境、物质要素、生产方式和社会形态等方面的差异，人类文化必然会表现出种种不同的类型和个性，这就是我们所说的多元文化。从这个意义上看，人类社会从来就是一个多元文化社会。

1. 土家族、苗族族群文化差异性会长期存在

虽然随着科技的进步、经济的发展和国家的一系列社会改革，土家族、苗族今天的物质文化、制度文化等发生了剧烈的变迁，文化逐渐趋同，但不可否认的是，由长期的历史积淀和精神文化变迁的滞后性，在双方的族群心理、族群意识中都还会长久地保存这种差异性。

2. 在同化压力下，族群需要不断建构

族群是建立在文化特征基础上的，族群认同的过程也是一个需要不断建构的过程。建构的过程就是一个不断强化、操演族群独特文化的过程，从而寻求族群身份的合理性与自治的合法性。

3. 土家族、苗族的多元文化是一种族群动员工具

当一些利益群体的成员不能依照法定的规则来把自己正式组织起来的时候，他们便会有意无意地来利用既有的文化机制来把彼此组织连接起来，而族群意识也正是在这种条件下产生的。独特的族群文化可以增进族群认同，提高族群凝聚力，以便在资源分配和竞争中保持有利地位，增进族群利益。

4. 土家族、苗族族群多元文化成为一种文化资源

在市场经济体制下，族群文化成为一种资源。现实利益的需求又增强了人们对文化多元的保护、传承、开发、弘扬的动力。

（三）土家族苗族文化借用汉文化自觉进行文化改造

1. 土家族、苗族在吸收汉文化的过程中，又利用汉文化为载体，实现文化增值，继续彰显民族特色

如当地民居，在仿照汉族民居的建筑模式的同时，也给自己房子"穿衣戴帽"，在外部风格上继续保持民族特色。还有部分土家族、苗族的土老司、苗老司，在主持传统的民族宗教仪式的同时，还积极吸收道教、佛教文化，兼做文道场和武道场，为自身赢得更大的生存空间。

2. 各民族文化共生共存，不断实现文化整合，形成各民族共享的湘西地域文化

首先，土家族、苗族、汉族文化长期在相同的生态环境和人文环境中调适，又互动互渗，你中有我，我中有你，从而产生互相认同，各民族文化共生共存局面。其次，各民族相互吸收对方的文化因子，不断实现文化整合，形成各民族共享的湘西地域文化。

毫无疑问，在多族群社会，多元文化的存在必然会导致多元文化的互动，但互动的方向和结果却可能大相径庭。这种互动既有可能是不同文化在相互尊重的前提下取长补短，相互促进，共同繁荣发展和谐互动；也有可能是不同文化之间的敌意、对抗和冲突。而当这种互动在族群资源竞争的背景下展开时，最后达到如费孝通所言的"各美其美，美人之美，美美与共，天下大同"① 的境界，也许还有很长的路要走。

二　对策

"平等、团结、互助、和谐"是我国族群关系的本质特征，"汉族离不开少数民族，少数民族离不开汉族，各少数民族之间也相互离不开"是对我国族群关系现状的高度概括，同时也是我国各族群团结的动力源泉，是正确处理我国民族关系的重要指导思想，也是我国各族人民加强民族团结的行动准则。所以，无论是制定政策的政府，还是族群问题研究的学者，都需要全面、历史和辩证地看待现代化进程中族群关系

---

① 费孝通：《人的研究在中国》，天津人民出版社 1993 年版，第 14—16 页。

的曲折演变，要把族群之间的竞争与冲突看作是各个少数族群现代化进程中不可避免的历史发展阶段，要坚定地相信，只要制定切实可行的政策，族群关系就会沿着族群平等、共同繁荣的方向演进。

（一）文化互动方式多样化

所谓多元文化互动，指的就是不同类型的文化在社会发展过程中相互作用与相互推动。这个过程既包含了不同文化之间的交流，也包含着不同文化之间的相互渗透、融合以及冲突。文化就是在不断的互动过程中，发挥原有文化的内在精神，通过异质文化的相互碰撞、相互吸收、相互融合的互动过程，不断生成新的文化，以滋养本土文化，维护自身文化的根基，从而为本族群文化的发展注入生机和活力。要做到多元文化的相互调适，就必然要求我们找到各民族文化相互沟通的形式，通过相互交流，达成各民族间长期稳定的文化互动运作。

1. 继续强化国家的主导力量

湘西土家族苗族自治州成立后，国家大力介入到了政治、经济、文化、教育等各个层面的民族交流与合作，强化了各民族间的交流。从民族政策的宣传，教育和科技的普及、推广，民族旅游的开发，民族文化的宣传、保护，乃至民族节日的兴办，学术研讨会的举办等，无不是在自治州各级政府的主导下完成的。要充分发挥国家在文化互动中的主导性、权威性，继续强化国家在文化互动中的主导作用。

2. 发挥市场经济体制作用，促进民族之间的联系和交往

通过市场的互惠性、互补性、流动性、平等性来增进各族人民的交往，密切相互之间的联系。

3. 充分发挥民间机制，激发民间互动的动力

鼓励民间艺术团体、学术团体、经济合作组织、基层社区之间展开交流，由自发地开展相互交流转向自觉地开展文化交流。

（二）深入开展民族团结教育

和谐民族关系的形成既需要以诚相待、相互尊重的态度，也需要依靠社会氛围的营造。在现阶段，我国民族关系中的矛盾和冲突多属人民内部矛盾，因而它的解决也主要是通过宣传、思想教育工作加以疏导。

因此要深入开展民族团结教育，重视民族关系和谐氛围的营造，真正在各族干部群众中形成"三个离不开"的观念。

1. 从教育内容上看，既要加强马克思主义民族理论与民族政策以及我国社会主义特色的民族理论与民族政策教育和基本民族知识的宣传教育，从思想上树立科学的民族观、增强民族政策意识；又要普及民族知识，注意对各民族文化、历史知识的宣传教育，增进对双方文化差异的了解，消除文化偏见。

此外还要加强对本地区历史、族群关系史的正面宣传教育与引导。

2. 从教育对象上看，要注意全面性和针对性

民族团结教育要面向社会各阶层，继续把民族团结教育纳入公民道德教育的全过程，纳入社会主义精神文明建设的全过程，纳入青少年思想道德教育的全过程，使全社会树立民族团结的思想观念。但也要有重点和有针对性。认真组织广大干部特别是领导干部学习党的民族理论和民族政策，树立"三个离不开"的思想，引导各族干部群众增强珍惜和维护民族团结的坚定性和自觉性。不仅要教育群众，更要教育干部；不但要教育少数民族干部，更要教育汉族干部；不仅要教育一般干部，更要教育领导干部。各族干部要带头紧密团结，相互学习，彼此尊重，密切合作，为各族群众起好示范带动作用，齐心协力为各族群众谋利益。此外，还要重点抓好青少年学生的民族团结教育。

3. 从教育方式上看，要多层面、多层次地开展民族团结教育，对不同阶层的教育要有针对性

首先，多层面、多层次地开展民族团结教育。在各种媒介如电视、网络、报纸中开展形式多样的民族团结教育，如电视台开辟"民族团结"专栏、专题节目，充分利用农村赶场、民族民间节日等群众喜闻乐见的形式，广泛深入宣传民族政策、民族团结进步先进典型事迹。在敏感区、纠纷较多的地方创办示范点，倡导民族团结进步活动。

4. 民族团结教育、表彰制度化，形成民族团结教育的长效机制

定期举行以各民族相互依存、相互帮助、共同发展、共同繁荣为主要内容，开展各种形式的民族团结进步创建活动，表彰民族团结进步先进集体和先进个人，在全州范围内开展争创民族团结进步模范活动，并形成制度，建立民族团结教育的长效机制。

（三）完善经济社会协调发展政策

在湘西的社会经济发展政策的制定和实施中，要充分认识到地区间、族群间的社会、经济、文化上的差异，要注意机会平等与结果平等的平衡、经济效益与族群平等的协调。

1. 机会平等与结果平等的平衡

自由主义的多元主义强调机会的平等，忽视族群区别，体现的是一种平等理念和公平准则；团体多元主义强调结果的平等，充分考虑族群间的差异。湘西土家族、苗族之间、区域之间的族群差异和发展差距是不容忽视的，单纯强调机会的平等，则会进一步拉大差距，影响整个地区的协调发展。同样，一味地强调结果的平等，也会减弱政策的效用，不利于发挥优势。因此在湘西实现现代化的过程中要把握好机会平等与结果平等的平衡，协调各族群的利益和关系，实现各族群的共同繁荣。如在建立土家族苗族自治州之初，对于文化教育、卫生事业的建设问题。根据土家族聚居于北数县，苗族聚居于南几县的情况，为了兼顾两个族群的具体利益，教育方面，建立吉首民师和永顺民师两所中等师范学校，建立吉首民中和保靖民中两所民族中学；医疗卫生方面，在吉首建立州第一人民医院，在永顺建立州第二人民医院。这些措施都是非常成功的策略。

2. 经济效益与族群平等的协调

在湘西，由于历史发展的差异和族群间资源占有的差异，各族群间发展不平衡。在政府安排各种经济发展项目的过程中，固然要按经济规律办事，根据资源、交通、人口情况合理安排项目，发挥项目的最大效益；也要避免唯经济论，忽视社会效益，否则一个村、一个镇、一个县的经济发展了，整个区域的族群差距却拉大了，使得地域差距成为族群差距，引起族群分层，这样会最终影响整个地区的经济社会发展。因此，在安排和选择项目的时候，要在考虑经济效益的前提下，注意族群平等的协调，善于发现族群经济落后地区的潜在优势，努力缩小差距。

（四）发挥民族精英对族群关系的特殊作用

族群精英就是那些深谙族群文化精神，拥有一系列方式、方法和资源，能够直接或间接地影响全民族与社会的生存及发展方向的人。族群精英可分为政治精英、经济精英、知识精英、文化精英，他们是政治权力的分配者、经济资源的调配者和民族文化的阐释者。湘西各族群都涌现出了一批自己的领袖人物。真正的领袖人物有觉悟、有能力、懂政策，并在本族群广大群众中享有崇高的威信。在历史各个朝代，各少数族群的领袖人物在维系少数族群集团的关系方面都曾扮演了重要的角色。

1. 发挥各自族群精英对本族群的引导作用

少数族群的领袖人物由于了解本族群的历史、文化、传统，了解本族群对中央政府某些政策可能出现的反应，他们可以帮助避免出现政策失误。在族群交往中形成的族群关系可以分为宏观层面和微观层面。在宏观层面，每个族群各自视为一个族群整体，这个族群通过代表人物或主要政党与其他族群进行竞争与协商，有时也会组织群体性活动来显示力量。在这个过程中，各个族群彼此划分利益分配格局并确定相互关系的基本框架。在微观层面，把两个族群的成员都看作一个单独的个体，在这些个体的彼此交往中，在社会基础生活层面上形成族群交往的具体而生动的实际内容，并由此形成一个族群关系的社会氛围。他们相互影响，宏观层面所设定的政治格局与权力分配体制确定并制约着微观层面族群个体之间交往的范围和深度，而微观层面族群关系的氛围（和谐或冲突）也制约着族群领袖人物的决策和其他社会集团的态度，影响族群之间的宏观政治格局。[①]

因此，真正能够有效地影响族群凝聚力的个人，绝不是族群的普通成员，而只能是族群的领袖人物或具有社会影响力的精英分子。[②] 族群精英与本族群群众有着天然的联系，他们熟悉本民族的历史和现状，了解本民族群众心理和愿望，在处理族群关系中可以起到汉族和其他族群难以代替的特殊作用。族群的精英阶层（地方官员、知识分子、商业精英、民间领袖）与一般民众由于社会分层的不同，决定了他们在社会格局中不同的利益分配和价值倾向，主要关注如何挑选和征用传统文化，

①　马戎编：《民族社会学——社会学的族群关系研究》，北京大学出版社 2004 年版，第 396 页。

②　同上书，第 472 页。

唤起族群认同，发动族群动员，争取政治经济社会资源。一些地方精英，比如基层干部、知识分子、宗教界人士的意见对本民族多数群众影响巨大，往往能决定当地民族关系的基调。要充分发挥他们掌握的政治资源、经济资源、文化资源，合理利用他们的族群动员能力，引导本族群形成平等、团结、互助、和谐的正确族群观，合理参与资源竞争与分配。

2. 重视不同族群精英间的对话

在族群间的交往互动中，要特别注重族群政治精英和族群文化精英之间的对话。首先，通过族群政治精英之间的对话，形成族群间资源分配和竞争的合理机制。由于民族交往中存在社会利益与生存资源争夺等民族间的生存竞争关系，政治精英需要通过制定法律和政策对民族关系进行宏观调控，这有利于族群之间的资源分配和竞争关系的合理化、系统化与正规化。"民族政治精英调控族群关系的关键是调整政治权力资源在各族群间的分配。"① 如果权力长期集中于某一个族群手中，而把其他族群排除在外，就会导致族群关系的紧张甚至爆发冲突。而按照公平和正义的原则进行权力的分配，各族群就会通过共同分享权力而意识到这个国家或地区是由各族群共同拥有和缔造的，那么族群关系就会朝着良性方向发展。其次，族群文化精英是文化秩序的阐释者。一方面，通过族群文化精英间的对话，增强对对方文化的了解和认同，消除文化偏见和隔膜；另一方面，以族群文化精英为传播媒介，加速族群文化的相互传播，取长补短，相互借鉴。

西方人类学、民族学的研究旨趣在于用"他者"的眼光审视非西方的"异文化"来达到对自身文化的反思，解决西方文明的困境。作为"多元一体"的多民族统一国家背景下的本土民族研究者，笔者的目的在于希望借用西方的理论，通过对本土素材的分析来探讨如何促进多族群的和谐共处与繁荣，从而维护和巩固多民族国家的统一和发展，实现"自省"。台湾学者王明珂曾说，作为一个族群或民族研究者，在现实的关怀上，应强调族群边界在人类资源分配、分享与竞争关系的意义，

---

① 高永久：《族群政治学》，南开大学出版社 2008 年版。

帮助人们思考如何才可能共商，建立一个资源共享、和谐平等的社会体系。① 同样，本书认为，文化互动的过程，也是族群认同与区分的过程。族群就是人类群体在这种互动与认同的过程中，并在原有文化基础上不断建构而形成、发展、巩固和维持的社会群体。在这个构建过程中，一些文化成为族群边界。而文化的认同与偏见，只不过是族群间在资源分配与竞争中的一种文化机制。而作为民族研究者，其根本使命是"求真"与"经世"，所以本书对湘西土家族、苗族之间文化的认同与偏见以及他们之间的和谐与共生、竞争与冲突的关系进行了毫无保留的展示，以期能对湘西土家族、苗族这两个族群的和谐相处、和谐发展提供一些帮助。

---

① 王明珂：《羌在汉藏之间》，中华书局 2008 年版，第 11 页。

参考文献

一 古籍

[1]（春秋）左丘明：《左传》，山西古籍出版社 2004 年版。

[2]（汉）司马迁：《史记》，中华书局 1959 年版。

[3] 贺长龄辑：《皇朝经世文编》，广百宋斋铅印本。

[4]（后晋）刘昫撰：《旧唐书》，中华书局 1975 年版。

[5]（晋）常璩撰：《华阳国志》，巴蜀书社 1984 年版。

[6]（晋）陈寿撰：《三国志》，中华书局 1959 年版。

[7] 林继钦、龚南金修，袁祖绶纂：《保靖县志》，清同治十一年（1872 年）刻本。

[8] 刘锦藻：《清朝续文献通考》，浙江古籍出版社 2000 年版。

[9] 路振撰：《九国志》，上海古籍出版社 1995 年版。

[10] 苗柴：《苗民考》，载王锡祺编《小方壶斋舆地丛抄》第 8 秩第 2 册。

[11]（明）宋濂等修撰：《元史》，中华书局 1976 年版。

[12]（南朝宋）范晔：《后汉书》，中华书局 1965 年版。

[13] 钱大昕：《潜研堂文集》，清光绪长沙龙氏刻本。

[14]（清）董鸿勋纂修：《古丈坪厅志》，清光绪三十三年（1907 年）铅印本。

[15]（清）董鸿勋纂修：《永绥厅志》，宣统元年铅印本。

[16]（清）符为霖、（清）吕懋恒修，（清）刘沛纂；（清）谢宝文续修，（清）刘沛续纂：《龙山县志》，光绪四年（1878 年）续修刻本。

[17]（清）缴继祖修，洪际清纂：《龙山县志》，清嘉庆二十三年

（1818 年）刻本。

　　［18］（清）李瑾纂修，（清）王伯麟续撰修：《永顺县志》，清乾隆五十八年（1745 年）刻本。

　　［19］（清）李瑾纂修，王伯麟续撰修：《永顺县志》，清乾隆五十八年（1745 年）刻本。

　　［20］（清）林继钦、（清）龚南金修，（清）袁祖绶纂：《保靖县志》，清同治十一年（1872 年）刻本。

　　［21］（清）魏式曾等编，李龙章纂：《永顺县志》，同治抄本。

　　［22］（清）魏源：《圣武记》，古微堂清道光二十四年（1844 年）刻本。

　　［23］（清）谢明谦等纂：《辰州府志》，清乾隆三十年刻本。

　　［24］（清）严如煜编：《苗防备览》，1644 年刻本。

　　［25］（清）杨瑞珍纂：《永绥直隶厅志》，同治七年刻本。

　　［26］（清）曾国荃等纂：《湖南通志》，光绪十一年重修刻本。

　　［27］（清）张天如纂修：《永顺府志》，清乾隆二十八年（1763 年）刻本。

　　［28］（清）朱克敬纂修：《龙山县志》，清同治九年（1870 年）刻本，清光绪四年（1878 年）续刻。

　　［29］（宋）乐史：《太平寰宇记》，中华书局 2007 年版。

　　［30］（唐）杜佑：《通典》，岳麓书社 1994 年版。

　　［31］（唐）樊绰：《蛮书》，中华书局 1962 年版。

　　［32］（唐）房玄龄等撰：《晋书》，中华书局 1974 年版。

　　［33］（唐）李延寿撰：《南史》，中华书局 1975 年版。

　　［34］（唐）令狐德棻等撰：《周书》，中华书局 1971 年版。

　　［35］徐宏祖：《黔游日记》（上），载任可澄编《黔南丛书》第 2 集，民国。

　　［36］（元）脱脱等撰：《宋史》，中华书局 1977 年版。

　　［37］袁珂校译：《山海经校译》，上海古籍出版社 1985 年版。

　　［38］赵尔巽等撰：《清史稿》，中华书局 1977 年版。

二　今人著作

［1］柏贵喜：《转型与发展：当代土家族社会文化变迁研究》，民族出版社 2000 年版。

［2］《保靖县民族志》编纂小组：《保靖县民族志》，2007 年版。

［3］［苏］勃罗姆列伊：《民族与民族学》，内蒙古人民出版社 1985 年版。

［4］［美］C. 恩伯、M. 恩伯：《文化的变异——现代文化人类学通论》，杜彬彬译，辽宁人民出版社 1988 年版。

［5］［美］戴维·波普诺：《社会学》，李强等译，中国人民大学出版社 2000 年版。

［6］邓佑玲：《民族文化传承的危机与挑战——土家语濒危现象研究》，民族出版社 2006 年版。

［7］丁世忠：《重庆土家族民俗概论》，重庆出版社 2006 年版。

［8］董珞：《巴风土韵——土家文化源流解析》，武汉大学出版社 1999 年版。

［9］段超：《土家族文化史》，民族出版社 2000 年版。

［10］费孝通：《人的研究在中国》，天津人民出版社 1993 年版。

［11］费孝通：《中华民族的多元一体》，中央民族学院出版社 1989 年版。

［12］费孝通：《费孝通民族研究文集》，民族出版社 1988 年版。

［13］《凤凰县民族志》编写组编：《凤凰县民族志》，中国城市出版社 1997 年版。

［14］高永久编：《族群政治学》，南开大学出版社 2008 年版。

［15］古丈县民族事务委员会编：《茶乡风情》，州医科教综合服务公司印刷厂 2000 年版。

［16］古丈县民族事务委员会编：《古丈县民族志》，湖南省保靖印刷厂 1992 年版。

［17］侯钧生编：《西方社会学理论教程》，南开大学出版社 2001 年版。

［18］胡炳章：《土家族文化精神》，民族出版社 1999 年版。

［19］湖南省永顺县民族事务委员会编：《永顺土家族》，四川秀山土家族苗族印刷厂1992年版。

［20］湖南省泸溪县志编纂委员会编：《泸溪县志》，社会科学文献出版社1993年版。

［21］湖南少数民族古籍办公室编：《湖南地方志少数民族史料》，岳麓书社1991年版。

［22］黄淑娉、龚佩华编：《文化人类学理论与方法》，广东高等教育出版社2004年版。

［23］金安江：《社会主义市场经济与民族关系》，贵州民族出版社1996年版。

［24］林耀华编：《民族学通论》（修订本），中央民族大学出版社1997年版。

［25］李昌俊、彭继宽：《湖南民族关系史》（下），民族出版社2006年版。

［26］李亦园：《文化的图像：宗教与族群的文化观》（下），允晨文化实业公司1992年版。

［27］列宁：《列宁全集》，人民出版社1959年版。

［28］李远龙：《认同与互动：防城港的族群关系》，广西民族出版社1999年版。

［29］刘伦文：《母语存留区土家族社会与文化》，民族出版社2005年版。

［30］刘黎光编：《传说的湘西》，湘西吉首微小印刷厂1999年版。

［31］刘黎光编：《中国民间故事集成湖南卷·湘西土家族苗族自治州分卷》，湘西保靖印刷厂1989年版。

［32］凌纯声、芮逸夫：《湘西苗族调查报告》，民族出版社2003年版。

［33］罗康隆：《族际关系论》，贵州民族出版社1998年版。

［34］马戎编：《民族社会学——社会学的族群关系研究》，北京大学出版社2004年版。

［35］马戎、周星：《中华民族凝聚力形成与发展》，北京大学出版社1999年版。

［36］马戎编：《西方民族社会的理论与方法》，天津人民出版社1997年版。

［37］［美］马丁·N.麦格：《族群社会学：美国及全球视角下的种族和族群关系》，祖力亚提·司马义译，华夏出版社2007年版。

［38］麻根生：《湘西墟场文化》，湖南师范大学出版社1999年版。

［39］苗族简史编写组编：《苗族简史》，贵州民族出版社1985年版。

［40］宁骚：《民族与国家民族关系与民族政策的国际比较》，北京大学出版社1995年版。

［41］彭万廷：《巴楚文化研究》，中国三峡出版社1997年版。

［42］彭继宽编：《湖南土家族社会历史调查资料精选》，岳麓书社2002年版。

［43］彭勃、彭继宽整理译释：《摆手歌》，岳麓书社1989年版。

［44］彭继宽、彭勃编：《土家族摆手活动史料辑》，岳麓书社2000年版。

［45］全国政协暨湖南、湖北、四川、贵州政协文史资料委员会编：《土家族百年实录》，中国文史出版社2007年版。

［46］石启贵：《湘西苗族实地调查报告》，湖南人民出版社2002年版。

［47］斯蒂文·郝瑞：《田野中的族群关系与民族认同》，广西人民出版社2000年版。

［48］司马云杰：《文化社会学》，山西教育出版社2007年版。

［49］宋蜀华、白振声编：《民族学理论与方法》，中央民族大学出版社1998年版。

［50］孙秋云：《核心与边缘：18世纪汉苗文明的传播与碰撞》，人民出版社2007年版。

［51］唐明哲、覃柏林：《湘北土家族探秘》，凤凰出版公司1999年版。

［52］田敏：《土家族土司兴亡史》，民族出版社2000年版。

［53］谭必友：《湘西苗疆多民族社区的近代重构》，民族出版社2007年版。

［54］土家族简史编写组编：《土家族简史》，湖南人民出版社 1996 年版。

［55］王明珂：《羌在汉藏之间：一个华夏边缘的历史人类学研究》，中华书局 2008 年版。

［56］王明珂：《华夏边缘历史记忆与族群认同》，社会科学文献出版社 2006 年版。

［57］王承尧、罗午、彭荣德：《土家族土司史录》，岳麓书社 1991 年版。

［58］吴仕明主编：《中国民族理论新编》，民族出版社 2007 年版。

［59］伍新福：《苗族文化史》，四川民族出版社 2000 年版。

［60］伍新福：《湖南民族关系史》（上），民族出版社 2006 年版。

［61］武吉海：《湘西州》，民族出版社 2002 年版。

［62］吴永章：《中南民族关系史》，民族出版社 1992 年版。

［63］湘西土家族苗族自治州民族事务委员会编：《土家族历史讨论会论文集》，1983 年版。

［64］《湘西土家族苗族自治州概况》修订本编写组编：《湘西土家族苗族自治州概况》（修订本），民族出版社 2007 年版。

［65］湘西土家族苗族自治州地方志编纂委员会编：《湘西州志》，湖南人民出版社 1999 年版。

［66］湘西土家族苗族自治州地方志编纂委员会编：《湘西土家族苗族自治州志丛书·文化志》，湖南出版社 1996 年版。

［67］湘西土家族苗族自治州民族事务委员会编：《湘西土家族苗族自治州民族志》，湖南人民出版社 1999 年版。

［68］湘西自治州统计局编：《湘西统计年鉴 2007》，怀化市国瑞印刷厂 2008 年版。

［69］徐杰舜编：《族群与族群文化》，黑龙江人民出版社 2006 年版。

［70］杨昌鑫：《土家族风俗志》，中央民族学院出版社 1989 年版。

［71］杨学琛：《清代民族关系史》，四川民族出版社 1991 年版。

［72］余振：《中国的民族关系和民族发展》，民族出版社 2003 年版。

［73］张翅翔：《湖南风物志》，湖南人民出版社 1985 年版。

［74］杨昌鑫、杨正存编：《湘西土家族苗族自治州学校总览》，四川秀山土家族苗族自治县印刷厂 1993 年版。

［75］姚本奎：《沅水盘瓠文化游览》，中国文史出版社 2002 年版。

［76］谢世忠：《认同的污名——台湾原住民的族群变迁》，自立晚报社 1987 年版。

［77］郑英杰：《文化的化理剖析：湘西民族伦理文化》，贵州民族出版社 2000 年版。

［78］钟敬文：《民间文学论集》，上海人民出版社 1982 年版。

［79］中国科学院民族研究所湖南少数民族社会历史调查组编：《土家族简史简志合编》，中国科学院民族研究所湖南民族社会历史调查组 1963 年版。

［80］中国民族年鉴社编：《中国民族民族年鉴 2007》，民族出版社 2008 年版。

［81］周大鸣编：《中国的族群与族际关系》，广西民族出版社 2002 年版。

［82］周明阜、吴晓编：《凝固的文明》，青海人民出版社 2006 年版。

［83］庄孔韶主编：《人类学通论》，山西教育出版社 2002 年版。

［84］中央民族学院研究部编：《中国民族问题研究集刊第 4 集》，中央民族学院研究部 1955 年版。

［85］朱兴文：《权力冲突论》，中国法制出版社 2004 年版。

三　论文

［1］陈心林：《南部方言土家族族群性研究——以武水流域一个土家族社区为例》，博士学位论文，中央民族大学，2006 年。

［2］董珞：《湘西北各民族文化互动试探》，《民族研究》2001 年第 5 期。

［3］段超：《民族地区之间和谐发展问题研究——以湖北省来凤县、湖南省龙山县为例》，《中南民族大学学报》2006 年第 6 期。

［4］段超：《元至清初汉族与土家族文化互动探析》，《民族研究》

2004 年第 6 期。

[5] 段超:《当前影响民族团结和社会稳定的因素分析》,《中南民族大学学报》2003 年第 5 期。

[6] 段超:《当前民族地区新农村建设中农民主体作用发挥情况及其对策研究——以湘西土家族苗族自治州为例》,《中南民族大学学报》2007 年第 6 期。

[7] 费孝通:《中华民族的多元一体格局》,《北京大学学报》1989 年第 4 期。

[8][挪威] 弗雷德里克·巴斯:《族群与边界》(序言),《广西民族学院学报》1999 年第 1 期。

[9] 胡天成:《土家族的白虎崇拜》,《土家学刊》1998 年第 1 期。

[10] 胡鸿保、张丽梅:《20 世纪早期外国民族学家在华调查对中国民族学建设的影响》,载中央民族大学民族学人类学理论与方法研究中心编《探讨》2008 年第 8 期

[11] 黄骏:《文化社会学视野中的文化与多元文化互动》,《中南民族大学学报》2008 年第 1 期。

[12] 何天贞:《松滋市卸甲坪乡土家语地名考略》,《中南民族学院学报》1998 年第 1 期。

[13] 蒋小进:《民族文化的多元互动——永顺县苗寨、双凤、儒家三村民俗调查所见所思》,《中南民族学院学报》2001 年第 4 期。

[14] 雷海:《对"族群概念"的再认识》,《广西民族研究》2004 年第 4 期。

[15] 刘莉、谢心宁:《改土归流后的湘西经济与民族关系》,《吉首大学学报》1991 年第 4 期。

[16] 隆名骥:《苗族风俗中祖先崇拜》,《吉首大学学报》1986 年第 2 期。

[17] 马雪峰:《社会学族群关系研究的几种理论视角》,《西北民族研究》2007 年第 2 期。

[18] 明跃玲:《民族文化多样性与和谐社会的建构——以瓦乡文化变迁为例》,《黑龙江民族丛刊》2007 年第 2 期。

[19] 明越玲:《湘西苗疆边墙与白帝天王崇拜文化》,《怀化学院

学报》2008年第3期。

[20] 潘蛟：《勃罗姆列伊的民族分类及其关联的问题》，《民族研究》1995年第4期。

[21] 那日碧力戈：《族群形式与族群内容反观》，载徐杰舜编《族群与族群文化》，黑龙江人民出版社2006年版。

[22] 彭武一：《明清年间湘西的土家与苗家——兼论土家族苗族历史上的和睦友好关系》，《吉首大学学报》1987年第1期。

[23] 杨伟兵：《由糯到籼：对黔东南粮食作物种植与民族生境适应问题的历史考察》，《中国农史》2004年第4期。

[24] 汤一介：《文明的冲突与文明的共存》，《北京大学学报》2004年第6期。

[25] 王爱英：《变迁之神：白帝天王信仰流变与湘西社会》，《中南民族大学学报》2007年第5期。

[26] 王爱英：《文化传承与社会变迁——湘西白帝天王信仰的渊源流变》，《济南大学学报》2004年第2期。

[27] 谭必友：《苗疆边墙与清代湘西民族事务的深层对话》，《中南民族大学学报》2007年第1期。

[28] 吴承富：《当代中国少数民族村寨政治体系变迁研究》，《民族论坛》2008年第7期。

[29] 王希恩：《深刻理解"和谐"在我国民族关系中的重要意义》，《西南民族大学学报》2005年第8期。

[30] 积赞江：《试论民族地区区域经济一体化的条件和模式》，《贵州大学学报》2008年第2期。

[31] 陆群：《试论湘西苗族信仰的宗族意识特征》，《湖北民族学院学报》2001年第1期。

[32] 李甫春：《湘西旅游产业开发与土家族苗族文化的复兴》，《学术论坛》2007年第1期。

[33] 姚金泉：《试论湘西苗族婚恋自由的相对性》，《西北第二民族学院学报》2001年第4期。

[34] 许宪隆、沈再新：《共生互补——构建散杂居和谐社会的实践理念》，《中国民族报》2008年第7期。

［35］万建忠：《传说记忆与族群认同》，《广西民族学院学报》2004年第1期。

［36］孙九霞：《试论族群与族群认同》，《中山大学学报》1998年第2期。

［37］万明钢、王舟：《族群认同、族群认同的发展及测定与研究方法》，《世界民族》2007年第3期。

［38］高源：《历史记忆与族群认同》，《青海民族研究》2007年第3期。

［39］李继利：《族群认同及其研究现状》，《青海民族研究》2006年第1期。

［40］明跃玲：《认同与互动：兼论苗族瓦乡人的族群意识》，《湖北民族学院学报》2006年第3期。

［41］黄柏权：《文化资源之争引发的思考》，《学院学报》2004年第3期。

［42］彭武一：《明清年间湘西的土家与苗家——初论土家族苗族历史上的和睦友好关系》，《吉首大学学报》1987年第1期。

［43］［美］郝瑞：《民族、族群和族性》，《中国人类学通讯》1996年第196期。

［44］刘思纯：《湘西土家族苗族自治州民族关系及其发展》，硕士学位论文，中央民族大学，2004年。

［45］王平：《地区民族关系的现状及分析》，《黑龙江民族丛刊》2005年第2期。

［46］王平：《从族际通婚看武陵地区民族关系的演变》，《湖北民族学院学报》2007年第5期。

［47］王东明：《关于“民族”与“族群”概念之争的综述》，《广西民族学院学报》2005年第2期。

［48］向柏松：《土家族白帝天王传说的多样性与多元文化的融合》，《中南民族大学学报》2007年第2期。

［49］杨成胜：《西部大开发与湖南民族关系》，《求索》2003年第5期。

［50］张正明：《读书·考古·采风》，载中国民族史学会编《中国

民族史学会第四次学术讨论会论文集》，中央民族学院出版社 1993
年版。

　　［51］郑英杰：《湘西民族团结的伦理基础》，《湖南行政学院学报》
2001 年第 1 期。

　　［52］郑英杰：《湘西文化生态及其影响》，《吉首大学学报》2001
年第 2 期。

　　［53］周大鸣：《论族群与族群关系》，《广西民族学院学报》2001
年第 1 期。

　　［54］周大鸣：《动荡中的客家族群与族群意识》，《广西民族学院
学报》2005 年第 5 期。

四　英文参考文献

　　［1］Abner Cohen, *Custom and Politicis in Urban Africa*, Berkeley：U-
niversity of California, 1969.

　　［2］Allport, Gordon W., *The Nature of Prejudice*, Garden City, N. Y.：
Doublerday, 1958.

　　［3］Barth, Fredrik, *Ethnic Groups and Boundaries*, Prospect Heights：
Waveland Press Inc., 1969.

　　［4］Berry & Tischle, *Race and Ethnic Relations* (4ed), Boston：
Houghton Miffilin, 1978.

　　［5］Blumer, Herbert, "Industrialization and Race Relations", in Guy
Hunter (ed.), *Industrialization and Race Relations*, London：Oxford
University Press, 1965.

　　［6］Bob Blauner, "Talking Past Each Other：Black and White Languages
of Race", *The American Prospect*, Vol. 10, 1992.

　　［7］Brackette F. Williams, "A Class act, Anthropology and Race to Na-
tion Across Ethnic Terrain", *Annual Revieu of Anthropology*, Vol. 18, 1989.

　　［8］Brewer, M., "Ingroup Bias in the Minimal Intergroup Situation：
Cognitive-Motivational Analysis", *Psychologcial Bulletin*, Vol. 86, 1979.

　　［9］Charles Keyes, "Toward a New Formation of Concept of Ethnic
Croup", *Ethnicity*, Vol. 3, 1976.

［10］Charles Keyes, "The Dialect of Ethnic Change", in Charles Keyes (ed.), *Ethnic Change*, Seattle: University of Washington Press, 1981.

［11］Clifford Geertz, *The Interpretation of Cultures*, London: Fontana Press, 1993.

［12］Conner, Walker, "Nation-Building or Nation Destorying ?" *World Politics*, Vol. 24, 1972.

［13］Ehrlich, Howard J., *The Social Psychology of Prejudice*, New York: Wiley, 1973.

［14］Frazier, E. Franklin, "Sociological Theory and Race Relations", *American Sociological Review*, Vol. 12, No. 3, 1947.

［15］Glazer, Nathan, *We are Multiculturalists Now*, Cambridge, Mass: Harvard University Press, 1997.

［16］Glazer, Nathan & Daniel P. Moynihan (eds.), *Ethnicity*; *Theory and Experience*, Cambridge: Harvard University Press, 1975.

［17］Glick, P. C., "A Demographic Picture of Black Families", in Harriete Pipes McAdoo (ed.), *Black Families*, Beverly Hills: Sage Publications, 1981.

［18］Gordon, Milton M., *Assimilation in American Life*, New York: Oxford University Press, 1978.

［19］Gordon, Milton M., *Assimilation in American Life*, Oxford: Oxford University Press, 1964.

［20］Gordon, Milton M., "Models of Pluralism: The New American Dilemma", *Annals of the American Academy of Political and Social Science*, Vol. 454, 1981.

［21］Harding, John, "Stereotypes", in David L. Sills (ed.), *International Encyclopedia of the Social Sciences*, New York: Macmillan, 1968.

［22］Heisle, Martin O., "Hyphenating Belgium: Changing State and Regime to Cope with Culture Division", in Joseph V. Montville (ed.), *Conflict and Peacemaking in Multiethnic Societies*, New York: Lexington Books, 1991.

［23］Horowitz, Donald L., *Ethnic Group in Conflict*, Berkeley: University of California Press, 1985.

［24］Hughes, Everett C. & Helen M. Hughes, *Where Peoples Meet: Racial and Ethnic Frontiers*, Glencoe, Ill.: Free Press, 1952.

［25］Jones, James M., *Prejudice and Racism* (2ed), New York: McGraw-Hill, 1996.

［26］Klineberg, Otto, "Prejudice: The Concept", in David L. Sills (ed.), *International Encyclopedia of the Social Sinence*, New York: Macmillan, Vol. 12, 1968.

［27］Kaufmann, Eric, "Liberal Ethnicity: Beyond Liberal Nationalism and Minority Right", *Ethnic and Racial Studies*, Vol. 23, No. 6, 2000.

［28］Lijphart, Arend, *Democracy in Plural Societies: A Comparative Exploration*, New Haven, Com: Yale University Press, 1977.

［29］Mason, Philip, *Patterns of Dominance*, New York: Oxford University Press, 1970.

［30］Max Weber, "The Ethnic Group", in Parsons and Shis et al. (eds.), *Theories of Society*, The Free Press, Vol. 1, 1961.

［31］McRae, Kenneth D., *Conflict and Compromise in Mulitilingual Societies*, Vol. 2: Belgium. Waterloo, Ont.: Wilfrid Laurier University Press, 1986.

［32］McRae, Kenneth D., *Conflict and Compromise in Multilingual Societies: Switzerland*, Waterloo, Ont.: Wilfrid Laurier University Press, 1983.

［33］Olzak, Susan & Joane Nagel (eds.), *Competitive Ethnic Relations*, New York: The Academic Press, 1986.

［34］Paul R. Brass, *Ethnicity and Nationalism: Theory and Comparesion*, New Delhi: Sage Publication, 1991.

［35］Park, Robert E., *Our Racial Frontier: On the Pacific Race and Culture*, Glencoe: The Free Press, 1950.

［36］Park, Robert E., "The Concept of Social Distance", *Journal of Applied Sociology*, Vol. 8, 1924.

［37］Petersen, William, "Concept of Ethnicity", in Stephen Thernstrom (ed.), *Harvard Encyclopedia of American Ethnic Groups*, Cambridge, Mass.: Harvard University Press, 1980.

[38] Pettigrew, Thomas F. (ed.), *The Sociology of Race Relations*, New York: The Free Press, 1980.

[39] Pettigrew, "Prejudice", in Stephen Thernstorm (ed.), *Harvard Encyclopedia of American Ethnic Group*, Cambridge, Mass.: Harvard University Press, 1980.

[40] Pierre L. Van den Berghe, *The Ethnic Phenomenon*, New York: Elsevier, 1981.

[41] Roosens, Eugeen E., *Creating Ethnicity: The Process of Ethnogenesis*, Newbury Park: Sage Publications, 1989.

[42] Shibutani, Tamotsu & Kian M. Kwan, *Ethnic Stratification: A Comparative Approach*, New York: Macmillan, 1965.

[43] Wacker, R. Fred, *Ethnicity, Pluralism, and Race: Race Relations Theory in America before Myrdal*, Greenwood Press, 1983.

[44] Wagley & Harris, *Minorities in the New World: Six Case Studies*, New York: Columbia University Press, 1958.

[45] Williams, Robin M., Jr., *Strangers Next Door: Ethnic Relations in American Communities*, Englewood Cliffs, N. J.: Prentice-Hall, 1964.

后　记

本书是在我的博士学位论文基础上修改完成的，也是我承担的国家社科基金项目——"当代湘西民族文化互动与族际关系研究"（项目编号09CMZ023）结题成果（结项证书号20110426）。

2005年，我在中南民族大学民族学与社会学学院获得历史学硕士学位后，由于机缘巧合，我幸运地留在南方少数民族研究中心工作，从而与民族学结缘。2006年，我又幸运地考取中南民族大学、中央民族大学联合培养的博士研究生，攻读民族学博士学位。博士生学习期间，众多师友的关怀和鼓励，至今仍记忆犹新。

感谢我的博士生导师段超教授。段超教授无论是治学还是为人上都给予了我无微不至的指导和启迪。从入师门开始，段超教授便为我确定了研究方向，并针对我的特点，为我制订了学习计划，鼓励我做好武陵地区民族研究。学习期间，段超教授先后四次资助我赴湘西调查。毕业论文撰写过程中，从论文的选题到论文的构架，乃至遣词造句，无不凝聚着导师的心血。在生活上，段超教授也给予我无微不至的关怀。

感谢民族学与社会学学院的许宪隆院长、岑峻明书记、张宏斌副书记、丁弘副院长、库少雄副院长、韦东超副院长、赵庆伟副院长等时任领导。他们既是我的领导，也有我的师长。感谢他们为我创造了良好的学习环境和工作环境，并帮助我解决了许多生活困难，使得我能够安心地边工作边攻读博士学位。

感谢给予我诸多帮助的各位良师益友。感谢雷振扬教授、许宪隆教授、李吉和教授、田敏教授、柏贵喜教授、孟立军教授，在论文开题中，他们对我的论文提出了许多宝贵的意见和建议。论文答辩过程中，中央民族大学的苏发祥教授、任国英教授和中南民族大学的雷振扬教授、田敏教授、李吉和教授又对我的论文提出了修改和完善建议。

2009年6月，本人基于博士论文申报的课题获得国家社科基金立项资助，并于2011年顺利结项。在此，本人特别感谢国家社科基金五位匿名评审专家对我的鼓励和肯定、精辟的点评、善意的批评和极富建设性的建议！

感谢我的硕士生导师王延武教授、余和祥教授，在我攻读博士学位阶段，他们一直对我的学习、工作和生活非常关注，并继续给予我指导和帮助。感谢谭必友教授，在论文田野调查和撰写过程中，谭教授给予了我许多帮助和建议。感谢崔榕、马旭、李卫英等众位师兄妹，有他们的相伴，使得我的学习充满乐趣。

特别感谢徐杰舜教授。正是徐杰舜教授使得我与民族学结缘。在担任徐杰舜教授助手期间，从学习到工作都使我获益匪浅。

感谢湘西土家族苗族自治州、古丈县、保靖县、凤凰县民委、文化局、派出所等相关部门，他们无偿地送给我很多资料，并为我的田野调查提供了诸多方便。感谢古丈县双溪乡、凤凰县吉信镇、保靖县涂乍乡的土家族、苗族乡亲们以及政府干部们，他们的纯真、朴实和热情，冲淡了我这个"他者"身处"异文化"的孤寂，使得我的田野调查得以顺利进行。在此，我祝愿他们的生活更加和谐！

感谢我的家人，他们的默默付出，是我一生前行的强大动力和宝贵财富。

李 然

2016年9月